当 代 世 界 学 术 名 著

比较媒介体制

媒介与政治的三种模式

[美] 丹尼尔·C·哈林 Daniel C. Hallin
[意] 保罗·曼奇尼 Paolo Mancini /著
陈娟 展江 等/译

中国人民大学出版社
·北京·

Comparing Media Systems

Three Models of Media and Politics

新闻与传播学
译丛
大师经典系列

新闻与传播学译丛·大师经典系列

展江　何道宽/主编

“当代世界学术名著”
出版说明

中华民族历来有海纳百川的宽阔胸怀，她在创造灿烂文明的同时，不断吸纳整个人类文明的精华，滋养、壮大和发展自己。当前，全球化使得人类文明之间的相互交流和影响进一步加强，互动效应更为明显。以世界眼光和开放的视野，引介世界各国的优秀哲学社会科学的前沿成果，服务于我国的社会主义现代化建设，服务于我国的科教兴国战略，是新中国出版工作的优良传统，也是中国当代出版工作者的重要使命。

中国人民大学出版社历来注重对国外哲学社会科学成果的译介工作，所出版的“经济科学译丛”、“工商管理经典译丛”等系列译丛受到社会广泛欢迎。这些译丛侧重于西方经典性教材；同时，我们又推出了这套“当代世界学术名著”系列，旨在逐译国外当代学术名著。所谓“当代”，一般指近几十年发表的著作；所谓“名著”，是指这些著作在该领域产生巨大影响并被各类文献反复引用，成为研究者的必读著作。我们希望经过不断的筛选和积累，使这套丛书成为当代的“汉译世界学术名著丛书”，成为读书人的精神殿堂。

由于本套丛书所选著作距今时日较短，未经历史的充分淘洗，加之判断标准见仁见智，以及选择视野的局限，这项工作肯定难以尽如人意。我们期待着海内外学界积极参与推荐，并对我们的工作提出宝贵的意见和建议。我们深信，经过学界同仁和出版者的共同努力，这套丛书必将日臻完善。

中国人民大学出版社

“新闻与传播学译丛·大师经典系列”
总　　序

新闻与大众传播事业在现当代与日俱增的影响与地位，呼唤着新闻学与传播学学术研究的相应跟进和发展。而知识的传承，学术的繁荣，思想的进步，首先需要的是丰富的思想材料的积累。“新闻与传播学译丛·大师经典系列”的创设，立意在接续前辈学人传译外国新闻学与传播学经典的事业，以一定的规模为我们的学术界与思想界以及业界人士理解和借鉴新闻学与传播学的精华，提供基本的养料，以便于站在前人的肩膀上作进一步的探究，而不必长期在黑暗中自行摸索。

百余年前，梁启超呼吁：“国家欲自强，以多译西书为本；学子欲自立，以多读西书为功。”自近代起，许多学人倾力于西方典籍的迻译，为中国现代社会科学和自然科学的建立贡献至伟。然而，由于中国新闻学与传播学的相对年轻，如果说梁任公所言西学著述“今之所译，直九牛之一毛耳”，那么新闻学与传播学相关典籍的译介比其他学科还要落后许多，以至于我们的学人对这些经典知之甚少。这与处在社会转型过程中的中国的社会经济文化发展的要求很不协调，也间接造成了新闻与传播“无学”观点的盛行。

从1978年以前的情况看，虽然新闻学研究和新闻教育在中国兴起已有半个世纪，但是专业和学术译著寥寥无几，少数中译本如卡斯珀·约斯特的《新闻学原理》和小野秀雄的同名作等还特别标注“内部批判版”的字样，让广大学子避之如鬼魅。一些如弥尔顿的《论出版自由》等与本学科有关的经典著作的翻译，还得益于其他学科的赐福。可以说，在经典的早期译介方面，比起社会学、政治学、经济学、法学、心理学等现代社会科学门类来，新闻学与传播学显然先天不足。

1978年以后，尤其是20世纪90年代中期以来，新闻与传播教育和大众传播事业在中国如日中天。但是新闻学与传播学是舶来品，我们必须承认，到目前为止，80%的学术和思想资源不在中国，而日见人多势众的研究队伍将80%以上的精力投放到虽在快速发展，但是仍处在“初级阶段”的国内新闻与大众传播事业的研究上。这两个80%倒置的现实，导致了学术资源配置的严重失衡和学术研究在一定程度上的肤浅化、泡沫化。专业和学术著作的翻译虽然在近几年渐成气候，但是其水准、规模和系统性不足以摆脱“后天失调”的尴尬。

我们知道，新闻学产生于新闻实践。传播学则是社会学、政治学、心理学、社会心理学等学科以及新闻学相互融合的产物。因此，“新闻与传播学译丛·大师经典系列”选择的著作，在反映新闻学研究的部分代表性成果的同时，将具有其他学科渊源的传播学早期经典作为重点。我们并不以所谓的“经验学派/批判学派”和“理论学派/务实学派”画线，而是采取观点上兼容并包、国别上多多涵盖（大致涉及美、英、德、法、加拿大、日本等国）、重在填补空白的标准，力争将20世纪前期和中期新闻学的开创性著作和传播学的奠基性著作推介出来，让读者去认识和关注其思想的原创性及其内涵的启迪价值。

法国哲学家保罗·利科（Paul Ricoeur）认为，对于文本有两种解读方式：一种是高度语境化（hypercontextaulisation）的解读，另一种是去语境化（decontextaulisation）的解读。前者力图从作者所处的具体社会语境中理解文本，尽可能将文本还原成作者的言说，从而领会作者的本意；后者则倾向于从解读者自身的问题关怀出发，从文本中发现可以运用于其他社会语境的思想资源。本译丛的译者采用的主要是第一种解读方式，力图通过背景介绍和详加注释，为读者从他们自身的语境出发进行第二种解读打下基础。

“译事之艰辛，惟事者知之。”从事这种恢弘、迫切而又繁难的工作，需要几代人的不懈努力，幸赖同道和出版社大力扶持。我们自知学有不逮，力不从心，因此热忱欢迎各界读者提出批评和建议。

“新闻与传播学译丛·大师经典系列”

编委会

译者序

平心而论，现在呈献给读者的《比较媒介体制：媒介与政治的三种模式》是本人所主持翻译的难度最大、学术价值最高的一部著作。由于作者在传播研究方法论上的创新，由于本书在理论发展上的贡献，由于本书的学术水平以及中国学者对这些理论的陌生程度，要在较短的时间内消化吸收其精华实非易事，所以本人只能尝试着梳理和介绍本书的基本理论和学术价值。

一、《传媒的四种理论》为什么该被体面地安葬了？

早在1956年，三个美国学者西伯特（Siebert）、彼得森（Peterson）和施拉姆（Schramm）就推出了如今名闻遐迩的对世界媒介体制研究的探索性著述《传媒的四种理论》，但是比较研究在国际政治传播学界真正崭露头角，只是近年来的新发展。其中关键性的作品之一，就是由丹尼尔·哈林和保罗·曼奇尼这一对美国和意大利政治科学家组成的跨国学术搭档推出的《比较媒介体制》（2004）。

如同《传媒的四种理论》的地位一样，《比较媒介体制》也是探究政治与大众媒介结构的关联性的一次系统性尝试。它首先提出的，仍然是与《传媒的四种理论》近半个世纪前开篇就提出的相同问题："传媒为什么是现在这个样子？为什么它为不同的目的服务？为什么在不同的国家它的表现形式存在极大差别？"然而，哈林和曼奇尼恰恰认为，这两本著作是有根本性差异的，他们的力作足以结束《传媒的四种理论》

长期占据主导地位的状态。因此他们在书中难得诙谐打趣而不失礼貌地指出：

> 就像是恐怖电影中的一具僵尸一样，《传媒的四种理论》在媒介研究的景观带中风光了数十年，超过了它的自然寿限。我们认为，现在是为它举行体面的葬礼，转而发展出基于真正的比较研究的更高级模式的时候了。

何出此言？首先，哈林和曼奇尼认为，《传媒的四种理论》是规范性的，而不是经验性的。其“问题之一是其范畴如此之广，以至于不可避免地流于表面，就像一幅对比十分强烈的照片，它遮蔽了太多我们需要观看的细节”；它“如此执迷于美国和苏联模式之间的二元对立，以至于几乎不给全世界媒介体制的多样性留下空间。例如，在追溯四种理论的源头时，西伯特、彼得森和施拉姆所例举的基本不外乎三个国家：美国、英国和苏联”；“聚焦于媒介‘哲学’——或者有人可能称之为媒介‘意识形态’——在我们看来，是《传媒的四种理论》关键性的败笔所在”。因此，它“貌似具有比较性，但事实上并不是基于比较分析的”。

其次，虽然《传媒的四种理论》自出版后一纸风行，但是 2004 年时，建立在经验性基础上的比较媒介研究进展十分有限。哈林是加利福尼亚大学伯克利分校的政治科学博士（1980），自那时起的 20 多年来，他的研究旨趣是基于经验的批判性传播研究，先后关注和论述过越南战争中的媒介、拉美媒介、美国大选中的电视报道以及媒介在公共领域中的角色等主题。他从 20 世纪 80 年代中期开始与意大利同行保罗·曼奇尼合作。

哈林发现，比较媒介研究长期乏善可陈。他在 2007 年的一次访谈中说：“当我初入传播领域时，没有任何比较研究的传统。人们期待美国的每个政治科学系都有一个日本政治班、一个法国政治班、一个非洲政治班，但是那种事情不存在于传播学系。那是令人非常讶异的。与此同时，从事比较政治学或政治社会学的人从不研究媒介，即便没有理由认为媒介对于他们所讨论的东西实际上也许是关键性的。他们根本不研究它，所以它真的是姗姗来迟。”“我们明白了，比较媒介研究领域存在这样一种鸿沟——没有任何真正的理论。”而这正是触发他开始这种探索的肇因。

传播学者迈克尔·古雷维奇和杰伊·布卢姆勒曾经长期跟踪比较传

播研究的进展，在1975年他们认为，该领域尚处在襁褓期；到1990年，他们称该领域进入了青春期。又过了14年，他们已经在讨论它的“成熟期”了，并称比较研究已经变成“时髦”。哈林对此不敢苟同，在他看来，如果比较研究成了时髦，那也不是它进入成熟期的标志。他认为它仍然处在青春期。

至于该领域为什么蹒跚不前，哈林和曼奇尼的另一个解释是媒介研究界内部的取向和志趣：“多年来，传播的实证研究几乎就是媒介效果范式的同义词，它不关注较大的媒介结构，而致力于特定讯息对个人态度和信念的效果。这可能是比较分析的系统应用发展缓慢的一个原因。”

当然，先行者获得了不同寻常的回报。尽管二位作者在全书中语调审慎而节制，反复说明比较媒介研究是一个开放和刚刚起步的领域，但是他们的开拓性工作受到了非常广泛的称道。哈林以惯常的低调这样谈到他们对学界反应的看法：“我们有些意外的是，人们没有发现更多的错失。我们真的以为人们会发现我们在对特定案例定性中的问题并且说：‘不，你们真的把这个和那个国家搞错了。’但是我们没有发现如我们所预期的那么多错失。我们的确小心翼翼——我们将文稿给很多人看。”

二、“三种模式”是如何提炼出来的？

根据哈林和曼奇尼的理解，比较分析在社会理论中的作用主要可被理解为两个功能：一是概念的形成和分类，二是因果关系推断。而“大多数有关媒介的文献是高度民族中心论的，从某种意义上来说，它们只涉及单一国家的经验，却是用普遍性的术语撰写的，好像在该国流行的模式是放之四海而皆准的”。因此，“比较分析有可能使我们留意原来没有留意到和因此没有加以概念化的东西，也迫使我们澄清我们所使用概念的范围和适用性。”至于本书是如何开展比较媒介研究的，做到了什么程度，请读者认真阅读本书第一章“导论”。

既然不相信一小批学者能够对全球各地的媒介体制进行透彻研究，并在获取经验性材料的基础上加以比较，哈林和曼奇尼就对研究对象做了限制：限于所谓的“老欧洲”，即属于“西方民主社会”范畴的欧洲的16个大型和中型国家，加上北美的加拿大和美国。

即便如此，作者在采集资料和数据时也遇到了一些困难。他们首先意识到的是语言问题。尽管掌握了英语和罗曼语系（包括法语、意大利语、罗马尼亚语、罗曼什语、葡萄牙语、西班牙语、加泰罗尼亚语），能够研究相关国家的原始文献，直接看电视新闻或读报纸，但是相对于欧洲的语言多样性，这还是不够的，因此该研究在总体上高度依赖二手资料和数据。另一个主要障碍是学术界的歧见，这增加了作者选择其中具有解释性的理论和观点的困难。

面对各国资料和数据不均的情势，哈林和曼奇尼没有采取减低最小公约数即平均使用有限资料和数据的方式，而是详略结合，围绕已掌握文献进行有重点的论述和阐发。例如，本书相当广泛地讨论了西班牙的案例，而这部分与语言有关。哈林和曼奇尼对西班牙新闻工作者进行了访谈，阅读了大量文献，因此研究得足够深入。而在其他情况下，要找到英文材料十分困难，尤其是关于那些较小的国家的。

哈林和曼奇尼的思路是，放弃面面俱到的做法，围绕那些反映基本性体制的逻辑，去发现各国不同体制下的共同渊源。因此在某种程度上，他们用他们最为了解的国家来阐发某个特定模式的逻辑。结果收效良好，因为它的确适用于其他国家的类似体制。

另一方面，与个体研究和本土学术圈组合不同，哈林和曼奇尼是传播研究领域最早的学术搭档之一。他们一个在美国西海岸的加利福尼亚大学圣迭戈分校工作，一个任教于地中海北岸的意大利，长途跋涉和协调沟通也是一个考验。他们承认，“飞机时差反应是共同的挑战”，但是这并非徒劳无益，因为“长途越洋飞行经常是产生新的想法和改进的时机”。

在克服上述种种障碍、从事广泛的调查研究、掌握经验性材料的基础上，作者将以上 18 个国家分为三组，分别归入作者根据四种主要维度——媒介市场的发展、政治平行性、新闻专业主义的发展、国家干预媒介体制的程度和性质——提炼出来的三种模式之下：地中海或极化多元主义模式、北欧/中欧或民主法团主义模式、北大西洋或自由主义模式。在貌似大一统的西方阵营中划分出这样的不同模式的确令人耳目一新。

三、挑战·质疑·误读·回应

那么，本书是不是赢得一边倒的赞扬而没有受到批评呢？非也。第一个质疑便是本书忽略了宗教机构在媒介体制中的角色。对此哈林的回应是，他们认为宗教相当重要，这首先体现在以碎片化多元主义为特征的体制中。碎片化的起因之一就是宗教，民主法团主义国家是这样，其他国家也是如此。而如果视野超越了本书研究的国家——例如在阿拉伯世界和印度，宗教就显得更为重要。

而媒介在欧洲和世界范围内的兴起，可能与一个重要的历史发展有关，那就是世俗化。世俗化的基本含义是人们不再依附于宗教团体。而哈林和曼奇尼在本书后半部分既在字面意义上探讨媒介与世俗化的关系，又强调有一种发生于其他类型意识形态团体的平行过程。作者不仅在观察世俗化，而且还看到了宗教重要性的再度崛起，而这是作者所谓的“反向趋势”之一。

本书英文版问世于 2004 年，当时互联网已经跨越新千年而兴起。而作者既没有涉及计算机辅助传播，更没有讨论互联网和数字媒体的角色，这是不是一大缺憾呢？哈林承认，这是本书的一个“大窟窿”，其部分原因在于：人们已经研究了数十年的报刊和广播电视资料尚且难找，更何况相关研究刚刚起步的互联网。实证研究者所面临的问题是：文献尚不充分和广泛，那么你提出什么问题，如何获取数据呢？而对于比较研究而言，困难还在于：在不同体制之间，互联网的角色可能大相径庭。对互联网的比较分析很有参鉴意义，本书中的分析对于研究互联网、有志于创造出新理论的人将是有用的。

哈林认为，各种媒介体制不是同质的，没有一种体现在所有不同媒介中的单一的媒介体制逻辑。报刊和广播电视是根据多少不同的哲学组织起来的？这种因缘际会与各种媒介在历史上发端的时间、它们发端的历史时代的性质有关，还部分与各种媒介彼此之间的竞争以及它们相对于其他媒介如何定义自身有关。互联网发展于新自由主义时代，其时较老的媒介所根植的政治体制正在崩解，基于有组织社会群体的那种政治文化也在崩解。

假如互联网兴起于七八十年前，它会以大大不同于现在的方式发展。因此，理解语境会有助于分析互联网如何变革。互联网的发展取决于互联网与什么样的媒介竞争，它可能在不同的媒介体制下扮演了不同的角色。互联网将媒介文化改变到什么程度，它对现有媒介文化适应到什么程度，而媒介文化在不同的体制下也许是不一样的，因此对于这个问题还是持一种开放的态度为好。

初读本书，人们可能在三种模式中作出优劣高下的价值判断，可能会倾向于青睐在英国和爱尔兰以及美国和加拿大起主导作用的自由主义模式和盛行于中欧和北欧的民主法团主义模式，而对宰制意大利、西班牙等地中海国家的极化多元主义模式表示不屑。这尤其可能发生在研究欧洲以外的世界其他地方的学人中。当然这是事出有因的，因为对一些人来说，极化多元主义模式在很大程度上是用否定性措辞来定义的，并被定义为一种等而下之的体制，而实际上这种模式最接近世界其他地区的经验。

哈林认为，尽管这样理解不无道理，但是这是对本书的一种误读。他和曼奇尼努力根据其本来面目来理解这种特定的体制。他们明确主张，即便极化多元主义模式严重偏离媒介体制应该是什么样子的普遍看法，即便这些国家内部的文献经常是高度批判性的并且有充分的理由，但是没有经验性证据明确显示这些体制的实际功能运作是次等的。例如，没有理由说西班牙的媒介不如英国或美国的媒介那么适应民主政治。这是本书的一个重要论点。

哈林相信，如果读者仔细审视本书做出的论断，就不会认为极化政治体制缺失某些特征，最突出的恐怕是新闻专业主义的缺失。但是，自由主义模式部分是由它不具有的东西定义的：它没有根植于有组织社会群体的媒介史，因为商业性报刊将它们从媒介体制中驱逐出去。它也没有人们可以在其他媒介体制中找到的国家扮演的那种正面角色。因此作者立意公正地呈现不同的媒介体制，明确主张不应该厚此薄彼，分出高下。作者的兴趣在于通过互相比较来全面理解它们。例如，根据被商业性报刊取代的代表性报刊的缺失来理解自由主义体制，那是非常有趣的。

四、媒介体制趋同与反向趋势

要对各国的媒介体制进行比较，其前提当然是它们之间要有可辨识的差异。有鉴于全球化的滚滚浪潮，一些学者担心，这种差异已经是如此之细微，以至于出现了世界性的媒介趋同现象，因此比较研究不再有意义。本人相信，这也是随着市场化在全世界的推进，许多中国学人非常关注的议题。

因此，除了提纲挈领的第一章，重点揭示和回答上述问题的本书第八章“趋同的力量与局限”的分量也随之体现出来。哈林认为，这涉及两个问题。一个与分析单位有关，本书的基本分析单位是民族国家。以民族国家为分析单位就涉及了媒介与国家即政治体制的关系。如果媒介变得与全国性政治体制关联较少，那么民族国家之间的分殊就减小了。

另一个问题是真正的差异有多少。媒介体制是不是完全同质化了，以至于媒介文化已经一模一样了？作者的回答是，差异的确已经减小了，但是重要的差异依然存在。当许多人在谈论民族国家消失的时候，学者们发现，国家仍然发挥着强大的作用。

本书的一个关键性的论段是，欧美各国的媒介体制出现了明显的趋同——强力趋向以英美为代表的自由主义模式。几年之后，哈林依然坚持这一观点。同时发生在欧美各国媒介体制中的是政治平行性和政党报刊的衰落，而最富戏剧性的是世界许多地方的媒介商业化。有人将这一趋向自由主义模式的论断溯源到本书作者，将他们视为这种立场的捍卫者。但是作者恰恰不这么认为。

今非昔比，三种模式的特性的确不如过去那么鲜明了。但是与此同时，作者在聚焦于媒介体制趋同的第八章中努力平衡有关论断，指出也有与趋同相抵触的种种强大力量，也不相信不同媒介体制的差异会消失。哈林今天更加强调，趋同具有双向性。因此，在所有其他人变得更喜欢自由主义模式的同时，自由主义国家在一些方面变得更像欧洲。最重要的是政治平行性和党派性媒介在美国的重新兴起，其中最明显的场所之一就是互联网。

相信这一点对于中国学界会有不小的启发。根据本书的一个分类，新闻事业有评论取向型新闻事业和信息取向型新闻事业之别。传统上中国的新闻事业是评论取向型的，改革开放以来这一取向型的新闻事业仍然主导了中国新闻界多年。随着20世纪90年代中后期市场经济体制的初步确立和西风东渐，崇尚和实践新闻专业主义的信息取向型新闻事业大有后来居上之势，这在都市类媒体中最为显著。但是，随着新媒体，尤其是微博的快速兴起，信息和意见交织的鼓吹型表达似乎又卷土重来。

对于学界的如潮好评，哈林表现得亦喜亦忧。令他欣喜的是，“我的确认为我们在某些方面期待它得到真正是正面的回应。因为我们知道存在这种间距。我们认为在某个方面它对我们会是容易的，因为我们没有竞争者”。而对于纷至沓来的好评，哈林清醒地意识到：“对于这种认可，我们最担心的事情是人们会过于热情，会忘记我们的前提条件。我们狠狠批评了《传媒的四种理论》，而我们有点担心……我们会变成《传媒的四种理论》。”也就是说，哈林他们担心《比较媒介体制》被再度神化和教条化，被生搬硬套，而不是作为一个新的研究起点。

就在本书的校译完成之际，哈林和曼奇尼主编的《超越西方世界的比较媒介体制》(*Comparing Media Systems Beyond the Western World*)已在2012年初由牛津大学出版社推出。全书分为“案例”和“方法与进路”两部分。正如书名所示，该书的视野扩大到了俄罗斯媒介、波兰媒介、其他东欧国家媒介、南非媒介、以色列媒介、巴西媒介、亚洲媒介、泛阿拉伯媒介等，其中“在世界历史语境中理解中国媒介体制”一章是由旅居加拿大的赵月枝教授撰写的。该书的一个重点便是探讨在西方世界之外运用哈林和曼奇尼的比较框架能走多远。

展　江

中文版序

出于若干理由，我们非常欣喜地看到中文版《比较媒介体制》问世。显然，第一个理由与拙著大量增长的发行量及其声誉有关。

当然，这是一个每次出版冒险中固有的非常简单和合乎人性的原因。当我们首次出版《比较媒介体制》的时候，我们的主要目标是这样的：在一组作为各国多种经验的特征的特定条件之内，将媒介，尤其是新闻事业语境化。首先，我们想质疑单一的“西方”新闻事业模式，并说明即便是在作为本书焦点的相对类似的西欧和北美也已存在的媒介与政治关系上，其发展有不同类型、不同区域的差别。中国新闻事业发展的历史语境明显地不同于我们研究的西方国家。我们确信，拙著中文版以及我们希望它将引起的辩论会突出世界媒介体制的多样性，并且如何概念化和如何阐释新闻事业可以采取的不同形式，以及媒介在政治过程中可以扮演的不同角色能激发进一步的反思。

拙著基于被称为“最相似体制”的那种设计，而我们已经强调，“三种模式”——“最相似体制”设计是围绕它们而组织起来的——无意运用于超越我们所研究的内容的其他案例，尽管它们作为比较要点可能是有用的。我们在本书中所使用的解释性变量——聚焦于媒介市场、“政治平行性”、新闻事业专业化和国家的角色——更具有一般性，有更宽的适用面。然而，对这四个变量的强调以及我们将它们概念化的特定方式明显是与西方的语境相联系的；而我们确信，它们需要在重要的方面被重新概念化，以运用于理解其他的语境。

例如，从本书出版以来我们参与的讨论来看，我们对于国家角色的观点明显深植于西方世界及其历史演进中。在我们的分析中，国家本质上是一种自由主义福利国家，而这在许多案例中肯定是复杂的，这是由于从西方帝国的历史到整个欧洲大陆中，法理型权威的发展不均衡。在世界许多地方，国家的角色是非常不同的，然而在世界更多的地方，它远比在西方更接近媒介体制结构的中心。同样，我们在此形成的“政治平行性”的概念同媒介与政党和有组织社会群体之间关系的类型有关，它假定了多党制、大众型政党的历史以及自由主义的公民社会。社会和政治利益以及种种意识形态视角的竞争可能存在于任何地方，而且媒介无疑在任何地方都卷入了这种竞争，但是它的形式因不同的政治体制而有明显的区别。在接续本书的一部新作《超越西方的比较媒介体制》中，我们和若干其他研究多种媒介体制的学者将就这些问题中的一部分进行反思。

遵循这种论点，我们确信我们的分析与在非常不同的历史、哲学和政治语境下发展起来的中国案例之间的比较，将会凸显以下这些差异性：它们应该既产生新的社会理论，也产生就如何发展和改进对于当代文化和政治极其重要的媒介公共机构的新反思。但是一组重要的问题在此出现了。就媒介角色而言，有没有学者和从业者可能超越全球性差异而达成一致的反映规范性参数的普适性原则？什么形式的民主可能会满足这些标准，在这些形式中新闻媒介处于什么位置？一个关于共同福祉的具体观点，无论它被怎样解释，都会对媒介独立性构成一种限制吗？我们希望这个中译本能超越偏见和超越来自特定学术语境的假定，在回答这些问题方面有所助益。

丹尼尔·哈林、保罗·曼奇尼

前言

我们已经记不清楚撰写本书的念头是什么时候出现的了。可能是在1984年我们即将第一次合作完成《话说总统》(*Speaking of the President*)的那一刻。当时我们就强烈地意识到，比较研究的前景绝对看好，应该尝试在更大的规模上进行更加系统的研究。日积月累，通过对某些特定主题进行其他比较研究得出的经验，使我们产生了开展本项目的想法。简言之，我们所决意要做的就是是否有可能确认政治与大众媒介结构之间的系统性关联。我们感到特别好奇的是，思考不同新闻事业模式以及媒介与政治的关系是否有意义。这一直是传播学领域始于《传媒的四种理论》的一个雄心。而对我们来说，当我们开始调查研究西欧和北美媒介体制的变异时，在不同的类型中真的有相似的媒介体制特征的集群。接下来我们将介绍一个以三种新闻事业和媒介制度为中心的图式(schema)① ——尽管对存在于隶属这三种模式的各个现实媒介体制内部和彼此之间的变异有大量限定。我们一直尝试以实证性的比较分析来进行这种努力，不在头脑中预设任何据以对其他媒介体制进行测量的

---

① 指存在于人脑中的对外在事物的结构性认识。现代图式理论是认知心理学兴起之后在20世纪70年代中期产生的，由于图式概念有助于解释复杂的社会认知现象，很快就被社会心理学和其他学科所采用。——译者注

理想的专业参照模式——因而规避以规范为中心的进路，正如我们接下来所证明的那样，这个进路阻碍着传播学的比较分析。与此同时，我们将尝试在本书中评估每一种作为对民主的支持的媒介体制的优缺点，而传播理论的这一规范取向在很大程度上当然是值得坚持的。

基于方法论的和实际的理由，接下来我们将解释为何会选择将本项研究限定在一批在历史、文化和制度方面有着许多共同点的国家，即那些西欧和北美国家。我们相信，这一分析中有许多也会令研究其他地区媒介体制的人感兴趣的观点；我们将约略谈到我们如何看待我们的模式与世界其他地区的关联；我们还将强调，这一分析未经修改就被简单地套用于其他媒介体制并非我们的初衷。

开展本项目的经验实在令人振奋：我们发现了意料之外的种种有趣特质，以及在我们原先期待差异性的地方出现的种种相似性。我们乐于与世界各地的同行进行讨论。我们挑战我们的语言能力，花费大量时间解读对方的草稿，将我们各自的想法凝结成一个一致的论点（我们知道，大学评审委员会有时会认为，合著一本书只是一部独著的一半工作量，但是我们可以肯定，本书不是这样的!)。本书部分写于圣迭戈(San Diego)[①]，部分写于佩鲁贾（Perugia）[②]。飞行时差反应只是普通挑战，长途越洋飞行经常是产生新的想法和改进的时机。最后，我们并不认为已经呈现的是一种大功告成的分析。这一点对于传播学比较分析的状况来说太初浅了，在概念层面以及可用数据和案例研究方面都是如此。我们相信，我们能够提供重要的成果，但是我们认为，比其他东西更重要的是，我们已经能够为未来研究指明可能的领域和战略。

本研究“正式”启动于1998年在伯克利（Berkeley）举办的一次会议。那次研讨会期间和之后，我们受惠于多位同行的建议和多所公共机构的帮助。我们在此对他（它）们谨表谢意。加州大学圣迭戈分校资助了我们二人的旅行费用，并提供了讨论和撰写本书的重要教学机会。加州大学伯克利分校的德国和欧洲研究中心（Center for German and European Studies）促成了1998年会议的举办，并对我们的一些内容分

① 位于美国加利福尼亚州西南部，美国和墨西哥边境港口城市。——译者注
② 意大利中部城市，位于罗马以北。——译者注

析和在加州大学圣迭戈分校联合讲授的一次研究生研讨会进行了资助。来自佩鲁贾大学（Università di Perugia）设计学院（progetti d'Ateneo）的赞助为我们提供了额外的旅行资源。来自意大利广播电视台（Radiotelevisione Italiana，RAI）的赞助促成了大量纪录片资料的收集。多特蒙德大学（University of Dortmund）的新闻学研究所（Institut für Journalistik）与埃里希·布罗斯特[①]基金会（Erich Brost Stiftungsprofessor）共同举办的一次研讨会为我们的一些早期成果提供了重要的讨论机会。由德意志研究联合会（Deutsche Forschungsgemeinshaft）资助、卡琳·伯梅-迪尔（Karin Böhme-Dürr）[②] 教授安排的杜塞尔多夫大学（University of Düsseldorf）客座教授职位为研究提供了重要机会，美国新闻署（United States Information Agency，USIA）的一笔“学术专家”津贴资助的我们的希腊之旅也是如此。由马其顿（Macedonia）[③] 和色雷斯（Thrace）[④] 新闻工作者联盟组织，并在新里斯本大学（Universidade Nova de Lisboa）[⑤]、马德里完全大学（Universidad Complutense de Madrid）[⑥] 举办的会议，也是非常有帮助的。

---

① 埃里希·布罗斯特（1903—1995），德国新闻工作者和发行人。出生于德国一个造船工人家庭，10 岁时随家人迁往但泽自由市（今波兰格但斯克），他在那里成为书商并从事政治和工人运动。19 岁时在社会民主党的《但泽人民之声报》（*Danziger Volksstimme*）上开设他的第一个专栏，直至 1936 年报纸被取缔。1935 年他成为但泽自由市社会民主党议员，此后流亡波兰、瑞典、芬兰和英国，并为 BBC 工作。1945 年定居德国鲁尔地区，成立今日德新社（Deutsche Presseagentur）的前身德国通讯社（German News Service）。在获得盟军许可证之后，于 1948 年 4 月 3 日在英军占领区的埃森创办《西德意志汇报》（*Westdeutsche Allgemeine Zeitung*），影响该报数十年，该报已成为今日德国主要的财经报纸。1991 年创办埃里希·布罗斯特基金会。——译者注

② 卡琳·伯梅-迪尔，德国多特蒙德媒介符号学教授。——译者注

③ 马其顿有广义和狭义两个概念，广义的马其顿指希腊所认为的属于其历史概念的马其顿地区、希腊北部的马其顿地区，希腊北部的马其顿地区包括马其顿共和国以及保加利亚的西南角；狭义的马其顿指从南斯拉夫独立出来的马其顿共和国。这里指广义的马其顿。——译者注

④ 色雷斯有广义和狭义两个概念，广义的色雷斯指保加利亚南部（北色雷斯）、希腊北部（西色雷斯）和土耳其的欧洲部分（东色雷斯），狭义的色雷斯指希腊的色雷斯地区。这里指前者。——译者注

⑤ 1973 年成立的葡萄牙公立大学，其强项是艺术与人文以及工商专业。——译者注

⑥ 世界上最古老的大学之一，其前身可上溯至 1293 年，现为西班牙第一学府和世界名校，本科生近 75 000 人，研究生逾 11 000 人，优势学科包括哲学、西班牙文学、史学、药学、眼科学、新闻学、心理学、社会学等。——译者注

斯蒂利亚诺斯·帕帕萨纳索普洛斯（Stlianos Papathanassopoulos）①、拉尔夫·内格林（Ralph Negrine）②、温弗里德·舒尔茨（Winfried Schultz）③、沃尔夫冈·东斯巴赫（Wolfang Donsbach）④、何塞·路易斯·达德尔（José Luis Dader）⑤、迈克尔·古雷维奇（Michael

---

① 斯蒂利亚诺斯·帕帕萨纳索普洛斯，希腊传播学家，伦敦城市大学传播学博士，巴黎第一大学历史学硕士。主要研究欧洲传播政策、电视、数字转型以及媒介效果。现任雅典大学传播与媒介研究系主任、教授，欧洲媒介研究小组（Euromedia Research Group）和欧洲政治传播学者网（Network of European Political Communication Scholars）成员，希腊唯一的传播研究专业刊物《传播学议题》（*Ζητ ή ματα Επικοινωνίας*）的主编，曾参与欧洲科学基金会（European Science Foundation）资助的“变革的欧洲——变革的媒介”研究项目。著有《21世纪的电视》（*Television in the 21st Century*）（2005）、《媒介与政治》（*Media and Politics*）（2004）、《数字时代的欧洲电视》（*European Television in the Digital Age*）（2002）、《欧洲传播：欧盟在传播领域的政策》（*European Communications: The Policies of European Union in the Communication Domain*）（2002）、《电视及其观众》（*Television and its Viewers*）（2000）、《希腊电视中的暴力》（*The Violence on Greek Television*）（2000），主编有《21世纪媒介视角》（*Media Perspectives for the 21st Century*）（2011）、《20世纪到21世纪的传播与社会》（*Communication and Society from the 20th to 21st Century*）（2000）、《媒介伦理议题》（*Media Ethics Issues*）（1997）、《电视权力》（*Television Power*）（1997）、《全球电视》（*Television Around the Globe*）（1994）、《电视》（*Television*）（1993）、《电视的国际化》（*The Internationalisation of Television*）（1990，与拉尔夫·内格林合著）等。——译者注

② 拉尔夫·内格林，英国传播学家。莱斯特大学博士，主要研究政治传播。2006年起担任设菲尔德大学新闻系教授，著有《政治传播的转型》（*The Transformation of Political Communication*）（2008）、《政治传播的专业化》（*Professionalization of Political Communication*）（2007）、《1945年以来的电视与报界》（*Television and the Press since 1945*）（1998）、《政治传播的“美国化”批判》（*The "Americanization" of Political Communication: A Critique*）（1996）、《英国的政治与大众媒介》（*Politics and the Mass Media in Britain*）（1994）、《国会与媒介》（*Parliament and the Media*）。——译者注

③ 温弗里德·舒尔茨，德国传播学家，自1965年起任伊丽莎白·诺艾尔-诺依曼（Elisabeth Noelle-Neumann）的研究助手。1977年任明斯特大学教授，1983年至纽伦堡大学任教，研究方向为政治传播、选战研究、传媒的效果以及传播方法。——译者注

④ 沃尔夫冈·东斯巴赫，德国传播学家，美因茨大学博士。德累斯顿理工大学传播系创始主任、教授，此前任教于多特蒙德大学、美因茨大学和柏林大学，1995—1996年任世界公共舆论研究协会会长，2004—2005年任国际传播学会会长，为12卷本《传播学国际百科全书》（*The International Encyclopedia of Communication*）（2008）总主编。——译者注

⑤ 何塞·路易斯·达德尔，西班牙传播学家，主要研究政治传播和精确新闻学。著有《精确新闻学》（*Periodismo de precision: via socioinformatico de descrubrir noticias*）（1997）、《政治拟态传播新闻学》（*Periodismo y pseudocomunicacion politica: Contribuciones del periodismo a las democracias simbolicas*）（1983），主译美国学者菲利普·迈耶的名著《精确新闻学》（*Precision Journalism*）。——译者注

Gurevitch)[①]、彼得·汉弗莱斯（Peter Humphreys）[②]、埃里克·内沃（Erik Neveu）[③]、卡塔琳娜·哈达米克（Katharina Hadamik）[④] 和格尔德·科佩尔（Gerd Kopper）[⑤] 出席了本项目的多次研讨会，他们所提供的信息和批评对我们的研究是非常有帮助的。我们劳烦了世界各地的其他同行，请他们阅读本书的部分文字并纠正其中的错误。彼得·汉弗莱斯、詹姆斯·柯伦（James Curran）[⑥]、伦纳特·韦布尔（Lennart Weibull）[⑦]、拉伊莫·萨洛坎加斯（Raimo Salokangas）[⑧]、罗伯特·哈克特（Robert Hackett）[⑨]、温弗里德·舒尔茨、吉斯·布兰茨（Kees Brants）[⑩]、杰伊·布卢姆勒（Jay Blumler）[⑪]、斯蒂利亚诺斯·帕帕萨纳索普洛斯、何塞·路易斯·达德尔、伊莎贝尔·费尔南德斯（Isabel

---

① 迈克尔·古雷维奇，美国传播学家。曾任教于英国开放大学和莱斯特大学，1983 年起为美国马里兰大学新闻学院教授。——译者注

② 彼得·汉弗莱斯，英国政治学家。1986 年起任教于曼彻斯特大学，现任该校社会科学学院教授。著有《西欧的大众媒介与媒介政策》（*Mass Media and Media Policy in Western Europe*）（2006）。——译者注

③ 埃里克·内沃，法国媒介社会学家。主要研究社会运动、政治新闻学，著有《社会运动社会学》（*Sociologie des mouvements sociaux*）、《新闻社会学》（*Sociologie du journalisme*）、《社会运动》（*I movimenti sociali*）等，与罗德尼·本森主编《布尔迪厄与新闻场》（*Bourdieu and the Journalistic Field*）（2005），与雷蒙德·库恩主编《政治新闻学：新挑战，新实践》（*Political Journalism: New Challenges, New Practices*）。——译者注

④ 卡塔琳娜·哈达米克，波兰女传播学家。——译者注

⑤ 格尔德·科佩尔，德国社会理论家。现为多特蒙德大学埃里希·布罗斯特欧洲新闻学中心主任。著有《德国媒介手册》（*Medienhandbuch Deutschland*）（2006）、《媒介与政治传播学》（*Medien-und Kommunikationspolitik der Bundesrepublik Deutschland: Ein chronologisches Handbuch* 1944 *bis* 1988）（1992）、《作为竞争性媒体的广告小报》（*Anzeigenblatter als Wettbewerbsmedien*）（1991）等。——译者注

⑥ 詹姆斯·柯伦，英国传播学家。——译者注

⑦ 伦纳特·韦布尔，瑞典政治学家。政治科学博士，1989 年任教于哥德堡大学，1991—1994 年任新闻与大众传播研究系主任、教授，1999—2006 年任社会科学学院院长。——译者注

⑧ 拉伊莫·萨洛坎加斯，芬兰传播学家，韦斯莱大学传播系教授。——译者注

⑨ 罗伯特·哈克特，加拿大传播学家。——译者注

⑩ 吉斯·布兰茨，荷兰传播学家，阿姆斯特丹大学和莱顿大学荣休教授。毕业于乌德勒支新闻学院，获阿姆斯特丹大学政治科学和传播研究博士，1969—1971 年任报纸记者，1994—2005 年任阿姆斯特丹大学欧洲传播研究硕士项目主任，1998—2011 年任阿姆斯特丹传播学院资深研究员，1999—2011 年任莱顿大学政治传播学教授，主编有《成问题的媒介：大众文化与公共利益》（*The Media in Question: Popular Cultures and Public Interests*）(1998)。——译者注

⑪ 杰伊·布卢姆勒，美国传播学家。——译者注

Fernández)[①] 和埃里克·内沃对我们的草稿的回应是非常有帮助的。我们请许多同行提供我们所缺乏的关于特定国家的信息。除了已经提到的各位之外，我们还得到了来自以下各位的帮助：埃尔斯·德·本斯(Els de Bens)[②]、莫妮卡·耶尔夫-皮埃尔（Monika Djerf-Pierre)[③]、汤姆·奥尔松（Tom Olsson)[④]、扬·埃克克兰茨（Jan Ekecrantz)[⑤]、赵月枝（Yuezhi Zhao)、鲁迪·伦格尔（Rudi Renger)[⑥]、内尔松·特拉基纳（Nelson Traquina)[⑦]、埃里克·达拉斯（Eric Darras)[⑧]，约拉姆·佩里（Yoram Peri)[⑨] 和西居尔·霍斯特（Sigurd Høst)[⑩]。我们多次与之讨论本书内容的学者有：赛斯·海姆林克（Cees Hamelink)[⑪]、彼得·达尔格伦（Peter Dahlgren)[⑫]、卡勒·诺登斯特伦（Kaarle Norde-

---

① 全名为伊莎贝尔·费尔南德斯·阿隆索，西班牙女传播学者。其博士论文研究的是1975—1982年西班牙的民主转型与媒介政策。1997—1999年在比利时自由大学从事研究工作，现任巴塞罗那自治大学等高校新闻系讲师，主要研究欧洲数字电视和报业津贴制度。著有《民主西班牙的国家与大众媒介》(*Estado y medios de comunicacion en la Espana democratica*)(2000) 等。——译者注

② 埃尔斯·德·本斯，比利时传播学家。——译者注

③ 莫妮卡·耶尔夫-皮埃尔，瑞典女性学者，任教于哥德堡大学，主要研究媒介文本与分析、危机传播与管理、环境新闻学、性别歧视。——译者注

④ 汤姆·奥尔松，瑞典传播学家。——译者注

⑤ 扬·埃克克兰茨，瑞典传播学家。20世纪70年代中期任教于斯德哥尔摩大学新闻学、媒介与传播系，1999年任教授。曾任教于俄罗斯和巴西，主要研究瑞典新闻事业社会史、媒介全球化等。——译者注

⑥ 鲁迪·伦格尔，瑞典传播学家。——译者注

⑦ 内尔松·特拉基纳，葡萄牙传播学家，巴黎第五大学社会学博士，现任新里斯本大学教授。——译者注

⑧ 埃里克·达拉斯，法国传播学家。——译者注

⑨ 约拉姆·佩里，以色列传播学家。——译者注

⑩ 西居尔·霍斯特，挪威传播学家。——译者注

⑪ 赛斯·海姆林克，荷兰传播学家，阿姆斯特丹大学国际传播学教授。——译者注

⑫ 彼得·达尔格伦，瑞典传播学家。美国纽约城市大学社会学博士（1977），1978—1980年任纽约城市大学传播艺术与科学系助理教授，1980—1997年任教于斯德哥尔摩大学新闻与传播学系，1997—2010年为隆德大学媒介与传播研究教授，现荣休。著有《电视与公共领域：公民身份、民主与媒介》（*Television and the Public Sphere: Citizenship, Democracy and the Media*）(1995)、《媒介与政治参与：公民、传播与民主》（*Media and Political Engagement: Citizens, Communication, and Democracy*）(2009)，主编《青年公民与新媒体：为民主参与而学习》(*Young Citizens and New Media: Learning for Democratic Participation*) (2007)、《互联网、媒体与传播》(*Internet, medier och kommunikation*) (2002) 等，与科林·斯帕克斯主编《传播与公民身份》(*Communication and Citizenship*) (1991) 和《新闻事业与大众文化》(*Journalism and Popular Culture*) (1992)。——译者注

nstreng)[1]、克劳斯·舍恩巴赫（Klaus Schoenbach）[2]、罗德·本森（Rod Benson）[3]、帕特里克·尚帕涅（Partick Champagne）[4]、多米尼克·马尔谢蒂（Dominique Marchetti）[5]、霍莉·塞米特科（Holli Semetko）[6] 和J·M·诺布雷-科雷亚（J. M. Nobre-Correia）[7]。拉克尔·费尔南德斯（Raquel Fernández）、柳西亚·奥利瓦（Llucia Oliva）、胡安·迪亚斯·尼古拉斯（Juan Diez Nicolas）和玛丽亚-特丽莎·科德罗（Maria-Teresa Cordero）大力帮助我们安排在西班牙的访谈。许多国家的多名新闻工作者、媒介管制者等也都乐于为我们的问题抽出他们的时间。罗德·本森和莫罗·波尔托（Mauro Porto）[8] 进行了编码并帮助我们拓展在此报告的内容分析。阿兰·科恩（Alain Cohen）[9] 和费鲁·耶尔马兹（Ferruh Yilmaz）提供了翻译帮助。

---

① 卡勒·诺登斯特伦，芬兰传播学家。赫尔辛基大学心理学学士（1963）、硕士（1965）和博士（1969），1971—2009年为坦佩雷大学传播、媒介与戏剧学院新闻与大众传播系教授，现荣休。主要研究传播理论、国际传播和媒介伦理。——译者注

② 克劳斯·舍恩巴赫，德国传播学者，在荷兰阿姆斯特丹大学任教。——译者注

③ 即罗德尼·本森，美国传播学家。艾奥瓦大学新闻学与大众传播学学士（1983），加州大学伯克利分校社会学硕士（1994）、博士（2000），曾任巴黎的美国大学国际传播和社会学助理教授，现为纽约大学斯坦哈特文化、教育与人类发展学院媒介、文化与传播系和社会学系副教授。他是美国对欧洲学术界最了解的美国媒体研究者，先后在法国、德国、丹麦和挪威多所高校访学。著有《框定移民：美国和法国媒介如何塑造公共辩论》（*Framing Immigration: How the French and American Media Shape Public Debate*）（2008），并主编《布迪厄与新闻场》（2005）。——译者注

④ 帕特里克·尚帕涅，法国社会学家。——译者注

⑤ 多米尼克·马尔谢蒂，法国社会学家。现任职于巴黎的欧洲社会学中心（Centre de sociologie européenne）。——译者注

⑥ 霍莉·塞米特科，美国传播学者，任美国艾默蕾大学副教务长，研究方向为政治传播。——译者注

⑦ J·M·诺布雷-科雷亚（José-Manuel Nobre-Correia），葡萄牙传播学家。现为比利时自由大学媒介社会经济学和历史学教授，主要研究媒介社会学、媒介经济学、媒介史。——译者注

⑧ 莫罗·波尔托，巴西媒介研究者。巴西利亚大学传播学学士、政治科学硕士，加利福尼亚大学圣迭戈分校传播学博士。曾任巴西利亚大学、美国新奥尔良大学的助理教授。现为福特基金会里约热内卢项目官。——译者注

⑨ 阿兰·科恩，法国符号学家。现任美国加利福尼亚大学圣迭戈分校文学系教授。——译者注

目　录

中　编　三种模式

下 编 三种模式的未来

第一章　导　论

“简单地说”，西伯特、彼得森和施拉姆在《传媒的四种理论》 1
(1956) 中写道：“传媒为什么是现在这个样子？为什么它为不同的目的服务？为什么在不同的国家，它的表现形式存在极大差别？例如，为什么苏联的传媒不同于我们的传媒，而阿根廷的传媒又与英国的传媒不同呢？”

近半个世纪以后，传播学领域在回答这样的问题方面仍进展有限。虽然一直有尝试，特别是自 20 世纪 70 年代以来，这一领域走向比较分析，但是这一研究传统基本上仍然处于初级阶段。[①] 在本书中我们试图对西伯特、彼得森和施拉姆所提出的种种问题给予一些初步回答——尽管不是在那样宏大的层面上。我们将自己限定在西欧和北美的发达资本主义民主社会范围内。我们试图确认那些在西方民主社会发展起来的新闻媒介结构和政治角色的重大变异，并探讨如何说明这些变异的一些想法，思考它们给民主政治带来的结果。我们重点关注媒介体制与政治体

---

① 传播学关于这一领域的若干重要论述包括布卢姆勒、麦克劳德和罗森格伦（Blumler, McLeod and Rosengren 1992）、布卢姆勒和古雷维奇（Blumler and Gurevitch 1995）以及柯伦和朴明珍（Curran and Park 2000）的研究。

制之间的关联，因此侧重于分析新闻事业和新闻媒介，并在较低的程度上侧重于媒介政策和法律。

为什么要进行比较研究

2　在西伯特、彼得森和施拉姆最基本的洞见之一这里驻足片刻是值得的：如果我们头脑中想回答“传媒为什么是现在这个样子?”我们就必须转向比较分析。比较分析在社会理论中的作用主要可被理解为两个功能：一是概念形成和分类，二是因果关系推断。[①]

比较分析在社会调查中之所以重要，首先是因为它使我们对变异和相似保持敏感性，极大地促进了概念形成，并使概念工具精致。大多数有关媒介的文献是高度民族中心论的，从某种意义上来说，它们只涉及单一国家的经验，却是用普遍性的术语撰写的，好像在该国流行的模式是放之四海而皆准的。至少在媒介学术研究最发达的国家，如美国、英国、法国和德国，情况就是如此。在其媒介研究传统不那么发达的那些国家，常常出现另一种倾向：照搬其他国家的文献——通常是英美或法国的文献——并以为这些照搬的文献不用质疑就能到处运用。我们相信，这种研究作风经常阻碍研究者，使其竟提不出“传媒为什么是现在这个样子?”这样的问题。媒介体制重要的方方面面被假定为“自然而然的”，或在某些情况下它们是如此相似，以至于根本不能被感知。由于比较方法能够将我们如此熟悉的一种媒介体制“去自然化”，因此它迫使我们更清晰地对实际上需要解释的那种媒介体制的方方面面进行概念化。正如布卢姆勒和古雷维奇（Blumler and Gurevitch 1975：76）所说，在这个意义上，比较分析具有“变无形为有形的能力”，它将我们的注意力引向任何媒介体制的方方面面，包括我们自己的在内，而它

① 有关比较研究方法的基本著作，除了文中引用的以外，还有马什（Marsh 1964）、普热沃尔斯基和托伊内（Przeworski and Teune 1970）、蒂利（Tilly 1984）、多根和佩拉西（Dogan and Pelassy 1990）和科利尔（Collier 1993）的研究。

"可能被认为是理所当然的，或者当焦点只是一个国家时就难以被察觉
到"。我们自己的比较工作正是开始于这种洞见。在比较 20 世纪 80 年代
初美国和意大利的电视新闻时，那些在一定程度被我们假定为是电视新
闻自然形式的相似的新闻建构形态，后来向我们显示出它们只是某一特
定体制的产物。于是，我们被迫留意并说明我们曾经忽略的许多东西。例
如，与意大利相比，美国的电视新闻具有高度的解释性，这一特征有悖于 3
美国体制下的普遍假设——"客观的"新闻事业（Hallin and Mancini
1984）。

比较分析有可能使我们留意原来没有留意到并因此没有加以概念化的东西，也迫使我们澄清我们所使用概念的范围和适用性。正如本迪克斯（Bendix 1963：535）所言，在我们的概念中比较研究"为暗含的概化提供了一项重要的检验"，并迫使我们澄清这些概念适用的限度。例如，社会学家们假定，"城市化"与世俗主义和西方式个人主义关系密切，而后者可被看做城市主义理念的一部分——这是一种本迪克斯认为的概化，当我们观察印度或其他非西方社会时它就分崩离析了。以此类推，我们将试图澄清媒介研究中的若干关键概念的概念性定义——例如新闻事业的专业化——并运用比较分析来发现这些概念的哪些方面真正一起发生变化，哪些方面不是。

如果说比较使我们对变异性保持敏锐，那么它也可以使我们对相似性保持敏锐，而且可以促使我们更加清晰地思考我们该如何去解释媒介体制。例如在美国，过去几十年来，媒介对政治家们的报道越来越负面。我们通常会以越南战争和水门事件等历史性事件，以及大选选战行为的种种变化来解释这种变化。然而，这种趋势并不是美国所独有的。事实上，它在西方各民主社会中具有普遍性。当然，这一变化的普遍性表明，美国国内特殊的历史事件并不足以解释问题。正如本迪克斯所说，比较分析可以帮助我们防止错误概化，还可以鼓励我们在适当的地方从过于特殊的解释走向更加普遍的解释。

当然，比较分析并不能自动带来这些好处。它本身可以是民族中心论的，给形形色色的媒介体制强加一个反映其中之一观点的框架——尽

管这很可能类似于《传媒的四种理论》所述情形，貌似具有比较性，但事实上并不是基于比较分析的。我们稍后将在本章阐述，民族中心论在传播学领域已经被许多理论的强烈的规范性质所强化。比较研究的确可能是民族中心论的。然而我们相信，比较方法只要应用得当，就可以为
4 系统地批评那些落入过度概化和概念狭窄窠臼的著作提供一个基础。

比较研究在社会调查中之所以重要，还因为它可以使我们在许多情况下检验关于社会现象相互关联性的种种假设。“我们只有一种证明一个现象引发另一个现象的方法，那就是对它们同时在场或不在场的种种情况进行比较”，埃米尔·涂尔干（Émile Durkheim 1965）在《社会学方法的准则》（*The Rules of Sociological Method*）中如是说。这已经成为多门社会科学的标准方法论，特别是在那些在体制层面分析社会现象的学科中，在那里变异性经常不见于单一国别的研究中。当然，围绕着为发现涂尔干意义上的“社会学准则”（“sociological rules”）而做的努力，有着许多认识论层面上的辩论。一些人相信，社会理论应当遵循自然科学，去寻求“亘古不变、放之四海”的法则；另外一些人则认为，社会理论的概化必然与特定的体制和历史语境相关联。一些人相信，解释需要辨识因与果、“因变量”与“自变量”；另一些人则思考的是要分清那些也许并不总是被分为“因”与“果”的社会现象共同演化的类型。在传播学领域，那些在体制层面进行分析的人往往倾向于怀疑“实证主义”；而这个领域的“实证主义者”往往是那些专注于在个人层面上工作的人。多年来，传播的实证研究几乎就是媒介效果范式的同义词，它不关注较大的媒介结构，而致力于特定信息对个人态度和信念的效果。这可能是比较分析的体制应用发展缓慢的一个原因。然而我们相信，一味强烈主张自然科学与社会科学之间的同一性，以发现比较分析对研究媒介体制与其社会和政治场景的关联是有用的，这没有必要。

在此让我们试举一例。杰弗里·亚历山大（Jeffrey Alexander）[①]在为分析新闻媒介推出的一个与众不同而又非常有趣的比较框架的尝试

① 杰弗里·亚历山大（1947— ），美国社会学家，社会学新功能主义学派代表人物之一。现为耶鲁大学教授，文化社会学中心主任。——译者注

中，提出了如何解释美国的自治型新闻专业主义的特殊力量的问题。他提出的一个假设是："非常重要的一点是，美国没有大规模出现过与工人阶级政党相联系的工人报纸。"（Alexander 1981：31）他进而对美国、法
国和英国的报刊史进行了比较，并提出如下论点：工人报刊在美国的缺 5
席解释了自治型新闻专业主义的发展。我们将在第四章和第八章中更详细地讨论亚历山大的重要理论框架。至于有关工人报刊的这个特别假说，一旦我们超越了美国和法国之间的对比，比较分析就让我们轻易地推翻它。欧洲有强大的工人报刊和强大的新闻工作者专业自治并行不悖的大量案例；我们的确认为，这种类型在北欧是最为典型的。我们将在后面阐述可能解释新闻事业自治的其他因素（以及若干如何界定它的问题）。

在因果推理中运用比较分析，这属于分析过程中的相对高级阶段。我们自己的研究主要是解释性的，运用比较分析首先是要达到先前概述的第一个目标集群，即厘清概念和发展理论，其次才是假设检验和因果推理。在此我们的目标是建立一个用于比较媒介体制的框架，提出一组它们与政治体制之间在结构上和历史上具有什么样的联系的假设，但是我们没有说已经检验过所有这些假设，其中部分原因是下文中所强调的数据存在严重的局限性。

比较分析，特别是我们在此尝试的大范围、综合性的这一种，是非常有价值的，但是很难做好，尤其是在该领域的状况尚属初级层次时。对于多个国家的媒介体制、历史和政治文化，我们无法了解到同样的深度，因此，对这些国家进行概括是有风险的。这就是为什么我们这个项目要由一名美国人和一名欧洲人合作共同开展的原因。有些人可能想知道我们为什么没有努力组织一次更大范围的合作。当然，这其中存在许多实际困难，但是根本原因在于，我们在本书中的宗旨是创建一个有说服力的理论框架——或者至少朝这个方向迈进。我们这个领域的跨国合作往往退却到寻找理论方面的最小公分母，或者到头来未能解决理论差异。我们希望学者们能发现，本书的一般论点是有趣的，足以宽恕偶尔的错误以及处理特殊案例时精当性的缺失。当然，在比较研究中，许多真正的合作是间接的。我们的研究基于一个跨越欧洲和北美的逐渐成长

的学术团体，我们希望这些学者中的许多人最终能够将本书提出的观点传播得比我们在此所做的更远。

研究范围

6 本研究涵盖美国、加拿大和西欧大部分的媒介体制，但是不包括非常小的国家（如卢森堡，其媒介体制实际上基本定位于邻国的受众）。为此，我们的研究基于一种“最相似体制”的设计。正如阿伦·利普哈特[①]（Lijphart 1971）所强调的那样，比较分析的最大问题之一是“变量多多，案例寥寥”。他提出，解决这个问题的主要方法之一，是聚焦于一组相对可比较的案例，以减少相关变量的数目。这样会减少案例的数目，但是在传播学领域中，由于现有文献和可用数据都很有限，这经常在以下意义上也是一件好事：对于分析家们来说，要游刃有余地处理超过一定数目的案例是不可能的。正如我们所强调的那样，《传媒的四种理论》的问题之一是其范畴如此之广，以至于不可避免地流于表面，就像一幅对比十分强烈的照片，它遮蔽了太多我们需要观看的细节。[②]将我们自己限制在北美和西欧，我们处理的就是这样的体制：它们具有相对可比较的经济发展、存在诸多共性的文化和政治史的层次。这当然是一种限制：在此发展起来的种种模式如果不加以修改，就不能应用于世界其他地区，尽管我们希望它们能够作为建构其他模式的基准点而对研究世界其他地区的学者们有用。这种聚焦的一个优点在于，西欧和北美的优势媒介模式倾向于成为全球范围内的主导模式；因此，理解它们

---

① 阿伦·利普哈特（Arend Lijphart），荷兰、美国双重国籍政治科学家。荷兰出生的世界知名学者，耶鲁大学政治科学博士（1963），加利福尼亚大学圣迭戈分校荣休教授，擅长研究比较政治学、选举与投票体制、民主体制。——译者注

② 另外一例是马丁和肖德哈里（Martin and Chaudhary 1983）。为了对全球媒介体制进行分析，他们将整个世界划分为“三种意识形态体制”，分别是西方的、共产主义的和第三世界的——在对整个世界的研究中，这是一种值得敬佩的做法，但是显然它需要大量的归类工作。此外，还有一些研究几乎没有应用某个共同性的分析框架，例如，尼莫和曼斯菲尔德（Nimmo and Mansfield 1982）的研究。

的逻辑和演化可能对世界其他地区的学者有某种益处：不仅是作为如何开展比较研究的一个范例，而且还因为这些模式实际上影响了其他体制的发展。

正如先前所提及的那样，我们的研究是探索性的，“最相似体制”设计的主旨不在于时刻掌握某些变量以证明因果性，而在于审慎地发展出能用于进一步比较分析的概念和关于它们的相互关联的假设。这是一项探索性研究，它还意味着其范围的地理界定在某种意义上是随意的： 7
我们还不具备一个能够提供案例选择的基础的理论框架。为此，我们遵循了熟悉的策略：将研究限定于一个地区——假定这可以产生一组适合比较的案例。正如利普哈特（Lijphart 1971：689）所言：“在任何特定地域，可比性不是固有的；与随机选择的一组国家相比，它更有可能存在于某个区域。”从务实的角度考虑，这种区域取径还能让研究具有可控性——我们能够更加便利地访问这些国家，利用相对大量的关于欧洲媒介体制的可比较的汇编数据。我们本来也许可以将澳大利亚和新西兰——其历史连带性使它们与西欧国家非常相似——纳入我们的研究中，而不至于使概念框架变得大大复杂起来。然而我们怀疑，我们本来可以加入大多数其他案例，而这势必会引入重要的新变量，损害我们掌握相关文献和以连贯的方式呈现合成性框架的能力。我们将在第四章用一个三角形来描述我们的每一个案例与三种媒介体制模式的对应关系。如果案例大量增加，那么这种二维再现或许就是不可能的！

在利普哈特的术语中，“减少分析的属性空间”（“property space”）的愿望也反映在我们主要聚焦于新闻媒介和媒介管制上的决心。对媒介体制的比较分析当然可以包括各文化产业的许多东西——电影、音乐、电视和其他娱乐；电信；公关和若干其他领域。但是这会涉及其他文献，需要一组大不相同的概念，因而我们在此将不会试图这么做。

《传媒的四种理论》的遗产

我们以《传媒的四种理论》开篇——该书在世界范围内作为谋划一

个用于新闻媒介比较分析的宏大框架的一种尝试，依然具有显著的影响力——既然如此，有理由将西伯特、彼得森和施拉姆的论点进一步发
8 展。① 他们写道：“本书的论点是，传媒总是带有它所属社会和政治结构的形态和色彩，尤其是反映了一种调节个人与社会关系的社会控制体制。我们相信，了解社会的这些方面，是系统地了解传媒的基础。”（Siebert，Peterson and Schramm 1956：1－2）我们认为，问题再次充分展现出来。我们将遵循西伯特、彼得森和施拉姆研究理论所设定的议程，去试图展示不同的媒介模式是如何植根于更宽泛的政治和经济差异中的。我们将说明，撇开社会结构的其他要素不谈，不了解国家性质、政党体制、经济和政治利益集团之间的关系类型和公民社会的发展，就不能理解新闻媒介。

在一点上，我们会比《传媒的四种理论》的作者们对事情更加开放一些。请注意，西伯特、彼得森和施拉姆似乎假定，对应于所“反映”的“社会控制体制”，媒介将永远是一种“因变量”。在这个意义上，他们的推论与马克思主义传统的经济基础与上层建筑理论非常相似。在许多案例中，有理由假定媒介体制本质上“反映了”社会结构（如政党体制）的其他方面。但是有明显的证据显示，媒介公共机构对其他社会结构有其自身的冲击力。

对于媒介仅仅是反映性的还是具有独立的影响力，历史上也是言人人殊。许多学者一直认为，媒介发展的一个重要趋势就是媒介有了更大的影响力，特别是对政治体制而言。媒介已经成为一个影响其他政治体制的“外生”变量，这一信念是比较政治学的学者们开始关注他们此前忽视的媒介体制的一个理由。值得注意的是，正当传播学者对比较分析漠不关心之际，比较政治学的学者对媒介也是漠不关心。检索关于政党的经典著作的索引，人们就会发现，关于新闻界和媒介的一无所有，即

---

① 多年来，西伯特、彼得森和施拉姆图式衍生了许多变种，例如阿特休尔（Altschull 1995）、哈希顿（Hachten 1996）、蒙特（Mundt 1991）和皮卡德（Picard 1985），皮卡德提出增加一种与我们所称的“民主法团主义模式”多少有点相似的模式。麦奎尔（McQuail 1994：131－132）概述了《传媒的四种理论》的若干修正版。

便从政党出现之日起政客们就被它们预先占领和为之忙碌不堪，即便这些经典著作常常将政党界定为传播型公共机构（communicative institutions）（Deutsch 1966；Sartori 1976），这个理论视角似乎表明它们本来应该有一个与其他传播型公共机构相关的关系类型。 9

今天，这种情况开始变化了，部分缘于这样一种日益增长的感受，即媒介与以前相比不那么具有“反映性”了。有时候这种变化可能实际上被夸大了。追随麦克卢汉（McLuhan）传统的媒介学者往往可能有一种过分强调媒介独立影响力的专业偏向。其他领域的学者有时也是这样，也许是因为感觉到媒介已经“超越了它们的界限”，相对于其他社会公共机构变得更强大。布迪厄（Bourdieu）的近作《关于电视》（*On Television*，1998）也许就是一例。比较政治学中关于“视频民主”（“videocracy”）的许多臆测也是如此。在第八章，我们将回答媒介与政治体制的交互影响问题，并努力梳理关于媒介体制变革在塑造当代欧洲政治体制中的相对影响力的一些论点。

西伯特、彼得森和施拉姆继续写道：

> 我们要想全面地了解各种传媒体制之间的差异，就必须考察传媒赖以运行的社会体制。而要了解各种社会体制与传媒之间的真正关系，我们就要关注这些社会所固有的某些基本信念和假设：人的本质、社会和国家的本质、人与国家的关系以及知识和真理的本质。因此，最后的分析表明，传媒体制之间的差异是一种哲学上的差异。本书就是要研究当今世界不同类型传媒背后的哲学和政治学原理或理论。（Siebert，Peterson and Schramm 1956：2）

在这一点上，我们部分地同意西伯特、彼得森和施拉姆的观点。可以肯定，我们也相信政治文化是重要的，我们也将试图展示，媒介体制之间的差异是怎样与国家/社会、客观性、公共利益等社会共有的观念相联系的。但是聚焦于媒介“哲学”——或者有人可能称之为媒介“意识形态”——在我们看来，是《传媒的四种理论》关键性的败笔所在。其实，西伯特、彼得森和施拉姆并没有对媒介体制与社会体制的关系进行经验性分析。他们所看到的既不是媒介体制的实际功能，也不是媒介

得以运作的社会体制，而只是使这些体制合法化的“原理或理论”。“在
10 说明‘最后一次引证媒介体制之间的差异是一种哲学’时，该书忽视了
媒介的物质存在性。”（Nerone 1995：23）

他们的分析实际上也不是比较性的。这部分归因于冷战的背景。《传媒的四种理论》如此执迷于美国和苏联模式之间的二元对立，以至于几乎不给全世界媒介体制的多样性留下空间。例如，在追溯四种理论的源头时，西伯特、彼得森和施拉姆所例举的基本不外乎三个国家：美国、英国和苏联。他们用美国回溯自由至上主义理论和社会责任理论；他们用英国回溯威权主义理论，并连带用美国共同回溯自由至上主义理论。“界定……根据四种理论之一——古典自由主义。”（Nerone 1995：21）在理解欧洲经验时，四种理论作用有限。人们可以说，西欧综合了自由至上主义模式（表现为相对不加管制的商业报刊和政党报刊以及鼓吹型新闻事业的传统）、社会责任模式（公共广播电视、回应权法、报刊津贴、报业评议会）和威权主义传统［戴高乐主义的国家广播电视、英国的《官方机密法》（Official Secrets Act）以及真正独裁时期实施的控制等］。人们也许可以说，任何体制都以某种方式综合了上述要素。但是若要开始做比较分析，这个框架就太过纤细了。

就像是恐怖电影中的一具僵尸一样，《传媒的四种理论》在媒介研究的景观带中风光了数十年，超过了它的自然寿限。我们认为，现在是为它举行体面的葬礼，转而发展出基于真正的比较研究的更高级模式的时候了。①

媒介体制模式

《传媒的四种理论》在这么多年中之所以如此具有影响力，一个原因是许多人有这样的观念：全世界的媒介体制可以用寥寥几个简单、可

---

① 关于该书历史背景的讨论以及进一步的批评性分析可参见内罗恩的著作（Nerone 1995）。

辨的模式加以归类。是否有可能用一组在经验性上更加扎实，但是与原有模式同样简约的新模式来取代四种理论？必须慎之又慎。实际上，我们将推出三种媒介体制模式。它们将在下一章中得到更加充分的阐述，但是简要地说，它们是：自由主义模式（Liberal Model），盛行于英国、 11 爱尔兰和北美；民主法团主义模式（Democratic Corporatist Model），盛行于欧洲大陆北部；而极化多元主义模式（Polarized Pluralist Model）盛行于欧洲南部地中海国家。自由主义模式的特征是：市场机制和商业性媒介的相对支配性。民主法团主义模式的特征是：商业性媒介和与有组织社会和政治团体相联系的媒介共存的历史，以及相对活跃但是在法律上受到限制的国家角色。极化多元主义模式的特征是：媒介被整合进政党政治、商业性媒介较弱的历史发展和国家的强大角色。我们将努力展示规定这些模式的上述特征是如何相互关联的，它们产生于历史发展的某个有意义的类型当中，而不仅仅是偶然共生的。我们还将运用这些模式组织针对单个国家的媒介体制的讨论，努力展示每个国家的媒介体制是否与这些类型相吻合。

我们一开始应用这些模式，就必须引入诸多限制性条件。它们是理想类型，单个国家的媒介体制只是大致与它们相吻合。在我们对这些模式的讨论中，将要被我们进行分组的各国之间存在相当大的差别。英国和美国的媒介体制（我们将其作为自由主义模式的范例加以讨论）实际上有许多不同，即便人们通常将新闻事业的英美模式说成仿佛是一体的。意大利与西班牙大不相同，尽管两国的许多特征与极化多元主义模式接近。前者有一种"共识"政治体制（"consensus" political system）和已存在足足半个世纪的民主政府，后者有一种多数至上主义体制（majoritarian system），向民主体制的转型姗姗来迟。我们将联系民主法团主义讨论德国，尽管德国与体现这个模式典型特征的许多民主小国非常不同。我们将联系极化多元主义模式讨论法国，但是我们将会看到，法国是极化多元主义模式和民主法团主义模式的混合体，正如英国是自由主义模式和民主法团主义模式的混合体一样。我们希望这些模式将有助于发现这些差异。需要强调的是，它们的主要目标不是给单个媒介体制归类，而是划分体制特征之间关联的特征类型。

12 重要的是，要注意到各种媒介体制并不是同质的。它们经常呈现的特征是根据不同原则的媒介运作的一种复杂共存。正如麦奎尔（McQuail 1994：133）所言："在大多数国家，媒介并不以单一目标或哲学原理构成任何单一'体制'，而是由许多分离的、重叠的和不连贯的要素所组成，存在着许多规范期待（normative expectation）① 和实际管制的差异。"例如，英国历史上存在着三种不同的新闻文化——小报界（tabloid press）、质报界（quality press）和广播电视界——它们肯定有一些共性，但是其他方面泾渭分明。在这方面，我们的模式与《传媒的四种理论》相当不同，它所描述的不是一种共同的哲学，而是一个互相关联的体制（麦奎尔不愿用"体制"一词，但是即使他用了，其含义也不真正相同），这个体制可能导致特有的分工，或者甚至是媒介原则之间特有的冲突。

最后，这些模式不应被理解为用来描述静态的体制。我们在这里所描述的媒介体制一直处于持续变革的过程中，1960 年的媒介体制与 1990 年的迥然有异。如果英国历史上存在三种新闻文化（如果我们进一步追溯历史，实际上还可以找到其他的），那么今天它们的差别远不如 20 年前那么明显。我们希望这些模式不应被视为对一组固定特征的描述，而是对一些帮助我们理解这些变革的根本的体制性关联的确认。

在这一分析中，我们相当关注历史。媒介体制一直在演化，其演化的每一步，从较早时期继承的过往事件和体制类型都会影响它们的走向。例如，我们将会看到，19 世纪 90 年代的识字率与今天的报纸发行量之间有很大关联，现存大规模发行的报纸几乎都是在那个时代问世的。诺思（North 1990）称之为"路径依赖"（"path dependence"）。路径依赖只意味着过去有一种强大的影响力。它既不意味着现在或未来的体制在本质上与过去相似，也不意味着那种变化不会发生。我们将看

① 指即便在落空或没有得到实现的情况下也得到社会认可的期待。——译者注

到，近年来西欧和北美的媒介体制实际上出现了实质性的变化。我们将特别注意到，媒介的全球化和商业化导致了媒介体制之间的大幅度趋同。

有一个问题我们无法回答：我们在此划分的这些出现于 20 世纪中期，西方民主社会中的各不相同的媒介模式是否会最终消失于无形。媒介体制植根于民族国家体制，部分原因在于它们与政治世界的密切联系。媒介体制的国别差异显然正在消失。趋同过程是在某个点上停止，还是持续到国别差异变得无关，对此我们无从知晓。 13

我们需要媒介规范理论吗

传播领域对新闻事业的研究，一直是高度规范性的。部分原因在于它们植根于专业教育当中，详细分析新闻事业是什么、为什么是这样，不如分析新闻事业应该是什么来得重要。因此，一本像《世界伟大日报：50 家报纸掠影》（*The World's Great Dailies*：*Profiles of Fifty Newspapers*，Merrill and Fisher 1980）这样的书，收录的显然既不是相关国家新闻事业特征最典型的报纸，也不是那些发行量最大的报纸，而是"伟大"的报纸，即那些在某种意义上堪称新闻实践楷模的报纸。《传媒的四种理论》显然也是规范性的（其副标题是：关于传媒应当是什么、应当如何做的威权主义、自由至上主义、社会责任和苏联共产主义概念），它判定全世界媒介体制所依据的，是它们与免于国家干预的中立的"看门狗式"媒介这一自由主义理想的距离。其后的比较分析，尤其是美国的，多与现代化理论相联系，《传媒的四种理论》也同样参照自由主义理想来比较全世界媒介体制，仅仅是用欠发达（underdevelopment）取代了威权主义作为对立一极。①

主要基于美国或在较小范围内英国经验的自由主义模式在规范理论

① 例如，埃德尔斯坦（Edelstein 1982）所做的概述就是这样。参见哈特（Hardt 1988）关于比较研究的批判性讨论。

中光芒四射，在全世界已经广为扩散——正如布兰查德（Blanchard 1986）所指出的那样，部分原因是美国政府和新闻界在冷战之初所发起的造势——以至于新闻学的其他概念甚至至今仍然被其从业者概念化。即便是在美国，中立和独立的“看门狗”这一规范性理想，也给新闻工作者们理解自身从事什么工作制造了“盲点”，遮蔽了许多超越规范模式的功能——例如展示共识价值观的功能（Hallin 1986：116－118）。理想和现实之间的鸿沟在意大利和西班牙这样的国家更深，两国的新闻工作者愿意表达对中立、客观的自由主义模式的认同，但是一到现实
14 中，新闻实践就深深植根于党派性的鼓吹传统。在学术界，英美等国的自由主义模式比其他媒介体制模式被人们——甚至被批评家们——更加充分地概念化了。比较探讨中的一个强大趋势是给予规范性判断以特权，并且经常是颇有摩尼教[①]的架势（如《传媒的四种理论》）。无论是像亚历山大（Alexander 1981）这样的自由主义模式的捍卫者，还是像沙拉比（Chalaby 1998）这样的批评者，情况都是这样；沙拉比将英国和法国的媒介史描述为一种向去政治化商业性媒介这种反理想的转变。

在此我们无意于参照一种规范理想来衡量各种媒介体制，而乐于在特定的社会场景中分析它们作为体制的历史发展。我们想理解：它们为什么以特定的方式发展出来；它们在政治、社会和经济生活中所扮演的实际角色是什么；它们与其他社会公共机构存在什么样的关系类型。我们所立意的新闻事业模式是经验性的，而非规范性的。

这并不意味着我们对规范性问题没有兴趣，当然也不意味着我们会采取一种功能相对主义（functionalist relativism），去设想现存的任何媒介制度作为整体，**事实上**应当被假定是为社会发挥正面的功能。我们想说明的其实是，比较分析对于回答传播学者所合理关切的那些规范性问题是非常有帮助的。商业化是支持还是削弱了媒介的独立性？在一个多元主义的社会中，声音的多样性更加充分地体现在内部多元主义还是

---

① 又称牟尼教或明教，为3世纪中叶波斯人摩尼（Mani）所创，受基督教与伊朗袄教马兹达教义所影响，摩尼声称自己是神的先知，也是最后一位先知，他的目标是要超越一切的宗教传统，建立一个世界性的宗教。——译者注

外部多元主义的媒介体制中？也就是说，是反映明显政治取向的新闻媒介还是以“平衡报道”的方式去追求新闻报道的新闻媒介？另外，哪一个更积极地回应社会中崛起的新声音，是专业化的商业性新闻界还是与政治体制关系更密切的新闻界？比较分析之所以能够帮助我们回答这些问题，首先是因为它能够对一个民主社会演化出来应对传播问题的各种不同体制所安排的范围有较清晰的认识，其次是因为它能够让我们针对那些我们认为重要的价值观——多样性、公开性和回应性、独立性、信息的准确性与全面性——来评估这些体制结构的实际结果。

我们所疑虑的是，在大多数情况下，比较分析对于上述问题将给出 15
复杂的回答。也就是说，它会帮助我们逐一明示：**在哪些情况下**商业化导致媒介的独立性，在哪些情况下削弱媒介的独立性，在哪些情况下其他体制安排对那些价值的实现更有建设性。我们将坚持这样的宗旨来应对规范性问题，即这些问题决不能以纯粹抽象的和放之四海而皆准的方式来回答。不清楚的是，在某个语境中“运转”的媒介模式在另外一个很不相同的语境中是否也能“运转”。例如，不清楚的是，能否将美国的中立性商业新闻事业或英国的小报新闻事业移植到 20 世纪 50 年代的荷兰或 20 世纪 70 年代的意大利，期待它拥有那种在原来语境里实际产生的对读者的公信力，或者与民主政治的任何相关性？与此类似的是，我们也许会判断，政党报纸与 21 世纪初西欧的民主化进程几乎没有关联，但是这不意味着我们要否定它们数十年前在不同的政治语境中兴盛一时的重要性——也不意味着我们或许要否认它们今天在别的某种政治语境中可能扮演一种重要角色。我们对于一种媒介体制的任何判断，都必须基于清晰地理解它的社会语境——诸如社会内部现存的分裂，它们据以被（或不被）解决的政治过程以及主导性的政治信念类型等要素。

数据限制

“本文写于 1975 年，谁也不会声称自己能够为将讨论的调查领域描绘出一幅清晰的图景，”布卢姆勒和古雷维奇［Blumler and Gurevitch 1975（1995）］在为政治传播的比较分析推出一个框架的早期努力时曾这样写道。“这不仅是因为还没有几项政治传播研究被集中在一个比较焦点上，而且更因为对于这些研究应该关注什么，（没）有确定的看法……”（Blumler and Gurevitch 1975：59）今天，情况略有好转。名副其实的比较研究已有若干项，跨越国境的学术交流大量增加（例如，这一点显见于 1985 年《欧洲传播学刊》的创办）。然而，基本状
16 况与布卢姆勒和古雷维奇 1975 年的描述如出一辙。比较性数据的有限，严重制约了我们就媒介与社会体制的关联得出任何确凿结论的能力。

在某些方面，传播的比较研究也许天生要比一些领域更加艰难。例如，比较政治的研究者可以利用构成选举政治特色的结构性选择，来生成相对便于进行跨体制比较的量化数据。获得以下方面的可比较的量化数据非常容易：报纸发行量、政府对新闻界的津贴或媒介所有权的集中(稍难一些)。但是，一旦我们处理类别非常具体的信息——特定国家是否有回应权法，是否允许付费政治广告——我们仍然惊讶于寻找我们研究的所有国家相关信息是多么困难，我们经常发现每个国家已发表文献中的，或者文献与我们所咨询学者之间的矛盾。至于有些事情，情况就难上加难了，而且当然更加难以量化，例如媒介上日复一日的政治话语流，它们经常依赖于微妙的文化暗示的重要性，而这种文化暗示也许相对于比较政治学的许多主题来说，天生更加难以开展比较研究。我们必须在此强调，比较研究需要的绝不是量化数据，尽管这些数据经常是极其有用的。在很大程度上，我们在传播学中更多地需要基于话语分析或田野观察的质化案例研究——这样的案例研究以一个理论焦点统领，这个焦点赋予案例以更广的意义，以利于对媒介体制的比较性理解。[①] 这将我们带回到布卢姆勒和古雷维奇 1975 年提出的问题：我们仍然不清楚的是，开展媒介体制的比较研究是要寻找什么。我们的著作所定向的

① 关于比较分析中案例研究的作用，见利普哈特（Lijphart 1971）、乔治（George 1979）、乔治和麦基文（George and McKeowan 1985）。

就是这个概念性问题。由于现有研究的局限性，我们不能声称要对这里所提出的大多数假设进行验证，我们也不会试图去填补比较研究的空白。我们的分析主要基于已发表的现有资料来源。我们只对新的经验性研究进行了非常有限的尝试。我们的意图是为媒介与政治体制的比较研究提出一种综合性理论和一个框架。

本书计划

本书其他各章分为上中下三编。上编推出理论框架。在第二章中，我们提出一组用于媒介体制比较的维度，并回应与这些维度共生的若干概念性问题。在第三章中，我们聚焦于我们相信对于理解媒介体制的发展非常重要的政治体制和社会政治史的特征，并提出若干关于政治与媒介体制特征之间联系的假设。在第四章中，我们推出三种模式，然后将三种模式之间关系的讨论推向社会理论，特别是差异化理论（differentiation theory）[①] 的更广博的视野——我们将说明，这在许多将自由主义模式作为一种规范的传播理论中和差异化理论的批评家，特别是尤哈贝马斯（Habermas）和布迪厄那里，都是隐而不彰的。 17

中编将详尽讨论三种模式：第五章讨论地中海模式或曰极化多元主义模式；第六章讨论北欧/中欧模式或曰民主法团主义模式；第七章讨论北大西洋模式或曰自由主义模式。我们在此考察每一种体制的历史发展以及结构与文化逻辑，考虑特定案例如何适用于普遍模式，并试图建立我们在上编中所提出的理论框架的善辩性。

下编为我们的研究作总结，聚焦于目前西欧和北美媒介体制发生的转型。第八章聚焦于各种媒介体制同质化或趋同的问题，并给出正在销蚀我们在此探索的三种媒介体制模式差异的变革力量及其限度——这些

① 也译作“分化理论”、“差别理论”。——译者注

变革力量总体上将它们推向了自由主义模式。第八章还回到围绕差异化的理论争鸣，思考与差异化理论相联系的“现代化”语言能够在什么样的程度上充当理解媒介体制趋同的一个框架。在给出结论的第九章，我们会评估本研究的收获何在，以及对未来的媒介与政治体制比较分析有什么建议。

上　编

概念与模式

第二章　比较媒介体制

本章中我们会推出一种用于媒介体制比较的框架。具体来说，我们 21
提出四种主要维度来有效比较西欧和北美的媒介体制：（1）媒介市场的发展，尤其侧重大规模发行报刊的强与弱发展；（2）政治平行性，也就是媒介与政党联系的性质和程度，更广泛地看，就是媒介体制反映社会中主要政治分歧的程度；（3）新闻专业主义的发展；（4）国家干预媒介体制的程度和性质。请注意，从某种意义上来讲，这其中任何一个都可以被看成单一的数量维度。也就是说，我们可以谈论报刊的发行量、政治平行性、新闻专业主义或国家干预媒介的强弱程度。但是当我们开始分析具体的媒介体制时，我们也会看到，每一个维度都是复杂的，许多更微妙的质量区别变得重要了。在许多案例中，我们将推出媒介体制可能因之而变化的相关和次要的维度。当然，我们并不是首次尝试推出这样一种框架。我们一直努力基于先前的工作，基于我们对在此所涵盖的国家中发现的差异性和相似性类型的理解这样的尝试来提炼它，并将这些类型与它们在其中演化出来的社会和政治语境相联系。与我们的看法特别接近的是布卢姆勒和古雷维奇（Blumler and Gurevitch 1995）的观点，他们在 1975 年首次提出了比较分析的四种维度：（1）国家对大众媒介组织的控制程度；（2）大众媒介党派性的程度；（3）媒介—政治精英一体化的程度；（4）媒介体制符合标准的信条的性质。他们的第一个
22 维度与我们的第四个不谋而合；而他们的第二、第三个维度则可以被我们看做政治平行性的相关成分；他们的第四个维度在本质上与我们的专业化维度相吻合。

本章中我们将努力界定的是这四个维度，以及若干与它们相关的概念，同时阐释一些较成问题的概念，并说明可在各种媒介体制中发现的一些种类的变异。为此，我们将给出从我们对媒介体制的分析中得来的图示。当然，这些图示在此不可能是非常成熟的，我们将会在本书中编以较多的篇幅对其加以阐释。

媒介市场结构——大众报界的发展

各种媒介体制最明显的差异之一与大规模发行报纸有关。在一些国家，大规模发行报纸发展于 19 世纪末和 20 世纪初。其他国家则不是。这种历史差异如今鲜明地反映在报纸发行量的差别上——从最高的挪威，其千名成人拥有 720 份报纸，到最低的希腊，其千名成人仅拥有 78 份报纸。从表 2—1 可以看出，高发行量是斯堪的纳维亚国家和北欧其他国家的特征，而低发行量则是南欧的特征。

表 2—1　　2000 年每千名成人报纸销售量　　单位：份

挪威	719.7
芬兰	545.2
瑞典	541.1
瑞士	453.7
英国	408.5
德国	375.2
奥地利	374.3
丹麦	347.1
荷兰	345.9
美国	263.6

续前表

加拿大	205.7
爱尔兰	191.0
法国	190.0
比利时	186.5
西班牙	129.4
意大利	121.4
葡萄牙	82.7
希腊	77.5

资料来源：世界报业协会（World Association of Newspapers），《世界报业趋势》（*World Press Trends*）。

在这里，差异不仅仅是数量上的，它还包括报纸性质、报纸与其受众以及报纸在更宽广的社会和政治传播过程中角色的差异。南欧的报纸只针对一小批精英——主要是城市中受过良好教育并积极参与政治的那些人，在内容上既是高端化的，也是政治化的，可以说是参与精英阶层之间的辩论和商谈的**横向**过程。相反，北欧和北美的报纸则倾向于面对那些不一定侧身政界的大众化的公众。在这个意义上，它们参与**纵向**传播过程，沟通政治精英和普通公民，同时也在精英间沟通的横向过程中发挥作用。

由于报纸发行量相对低下，南欧的报纸历来不是可赢利的商业企业，一直定期得到政治参与者的津贴，这一点对于我们在接下来的文字中要讨论的政治平行性（political parallelism）和新闻专业主义（journalistic professionalism）的程度有重要意义。而北欧的高发行量报业市场一直作为强大的商业性媒介企业存在着。在许多报纸发行量高的国家，尽管商业性媒介一直与根系更多的在政治世界的媒介共存着，但如同我们可以看到的那样，大规模发行报纸的成长与商业化绝不是一回事。

报界发展类型的一个有趣表现是，南欧的报纸读者群有很大的性别差异，而这种差异在这里涵盖的其他地区则不大或者不存在。这个类型呈现在表 2—2 中，它展示了从葡萄牙 35％的男女读者差异到瑞典的区区 1％。这反映出各个国家在识字率上的历史差异以及媒介功能的差异。由于南欧的媒介与政治世界紧密相连，而女性在历史上被排除在那个领域之外，因此读报习惯从来没有在那里的女性中形成。

24 表 2—2 2000 年报纸到达率的性别差异

国家	男性（%）	女性（%）	男女比例
葡萄牙	58.3	24.1	2.41
西班牙	47.0	26.2	1.79
意大利**	50.2	29.8	1.68
希腊	22.5	17.2	1.31
比利时	57.9	47.5	1.21
加拿大	64.6	54.9	1.17
荷兰	70.8	60.7	1.16
美国	59.0	52.0	1.13
瑞士	78.0	72.0	1.08
奥地利	78.4	73.2	1.07
法国	34.3	32.0	1.07
英国*	84.0	79.0	1.06
丹麦	76.1	72.1	1.06
爱尔兰	59.0	56.0	1.05
芬兰	87.0	84.0	1.04
挪威	87.0	85.0	1.02
瑞典	89.0	88.0	1.01

资料来源：世界报业协会，《世界报业趋势》。

* 只统计了全国性日报。

** 1999 年数据。

大规模发行报纸的差异性发展通常伴随着印刷媒介与电子媒介相对角色的差异。在大规模发行报纸缺席的国家，大众化的公众高度依赖电子媒介来获取有关政治事务的信息。表 2—3 显示了报纸和电视作为消息来源的相对重要性（请注意，电视观众的变化大大低于报纸读者）。

表 2—3 2001 年欧盟国家公众每日新闻观看或阅读率以及电视与报纸消费之比

国家	电视（%）	报纸（%）	电视与报纸消费之比
希腊	65	13	5.00
葡萄牙	64	20	3.20
西班牙	72	24	3.00
意大利	83	30	2.77
法国	62	26	2.38
比利时	60	30	2.00
英国	71	47	1.51

续前表

国家	电视（%）	报纸（%）	电视与报纸消费之比
爱尔兰	67	46	1.46
丹麦	70	51	1.37
荷兰	77	60	1.28
芬兰	79	67	1.17
德国	68	59	1.15
奥地利	61	55	1.11
瑞典	69	70	0.99

资料来源：欧洲晴雨表（Eurobarometer），《欧洲民意调查：欧盟的公共舆论》（*Public Opinion in the European Union*）55 号报告，2001 年 10 月，布鲁塞尔，欧洲委员会。

媒介市场结构的其他方面

在本书中我们特别强调报纸读者身份的广泛差异。这些差异有着深刻的历史根源，据我们所知，一个国家没有在 19 世纪末到 20 世纪初发展出大规模发行报纸，后来就绝不可能发展起来，即便其读写水平以及政治和经济发展类型与那些高发行量的国家相差无几。我们还将说明，大规模发行报界的有无对于作为政治性公共机构的媒介的发展具有深刻影响。

然而，媒介市场结构的若干其他方面将不时进入我们的分析。其中 25
之一与大规模发行报界密切相关，那就是这样一种二元性——一元是煽情主义大众报纸与针对精英读者群的“品质”报纸有一种清晰分离的媒介体制（英国是最典型的例证），另一元是报纸市场缺乏这种分层的媒介体制（或者它仅仅发展到有限的程度），这要么是因为相关国家根本缺乏大众报界，要么是因为这些国家被同时服务于精英和大众读者群的报纸主宰。报纸市场也随着地方性、区域性和全国性报纸之间的平衡而变化。一些国家的报纸市场（英国、奥地利、意大利、西班牙）由全国性或超区域性报纸主导，一些（美国、加拿大、瑞士）由地方报纸占据，一些（德国、法国、斯堪的纳维亚国家）则是二者的结合。正如我们所看到的，全国性报纸市场倾向于催生出在政治上更加分化的报界。
一些媒介市场完全大于另一些，这对媒介机构的数量、国家对媒介的管 26
制和媒介机构与政治行动者的关系具有重要影响。语言也是重要因素，它们将媒介市场划分为分离的碎片（如瑞士和比利时的情况），或者增加来自外界的一个特定的全国性市场竞争的重要性（如爱尔兰、加拿大、奥地利和比利时的情况）。

政治平行性

新闻事业永远具有多重功能：它为经济行动者提供价格和事件信息，例如可能影响他们利益的海难、战争或技术创新。除此之外，新闻事业还以人情味故事或闲话的形式来提供娱乐。自印刷时代发端以来，尤其是自宗教改革时代以来，政治鼓吹也成了印刷媒介的一个中心功能。到 18 世纪末 19 世纪初，报纸作为政治生活中的一支力量而开始崛起，这是本研究中每一个国家报纸的首要功能。政治新闻工作者认为，其角色是以政治派别或事业的名义影响公共舆论的政论家，并且在很多情况下，报纸是根据政党或其他政治行动者的倡议或者靠着它们的支持而创刊的。到 19 世纪末，一种与众不同的政治新闻事业模式开始崛起，新闻工作者在其中被视为政治传播的中立仲裁者，摆脱了特定的利益集团和事业，提供不被党派性“染色”的信息和分析。这经常与商业性报界的发展密切相关，后者的目的是赢利，而不服务于政治事业。它以广告而不是政治行动者的津贴作为财源。它还经常与新闻专业主义的发展相联系，这一点我们将在接下来的文字中加以讨论。

没有任何一位严肃的媒介分析家会坚持说每一个地方的新闻事业都是绝对中立的。大量的研究一直致力于驳斥上述说法，从而说明即便可能有新闻工作者信守“客观性”这一职业意识形态，新闻仍会包含政治价值观，这由一系列影响力所致，包括信息采集常规、新闻工作者聘用方式和更大范围的社会所共享的意识形态概念。为政治性报纸和商业性报纸划出过于鲜明的界限是不正确的。正如我们将看到的那样，商业性
27 媒介在政治上可以是党派性的，而非商业性媒介——即便是由政党支持的——也可能采纳政治平衡的规范。虽然如此，各种媒介体制仍存在以

下重要差异：媒介与政治行动者关联的力量，以及政治新闻事业的鼓吹性和中立的/信息性的传统之间的平衡。

各种媒介体制最显著的差异之一，在于一些国家的媒介具有不同的政治取向，而其他国家的媒介就不是这样。如果请任何一位密切关心政治的人描绘一幅新闻界的路线图，那么在许多欧洲国家，他们可能很快就根据自己的政治取向识别出报纸——在德国，《法兰克福汇报》（*Frankfurter Allgemeine*）是中间偏右的，《南德意志报》（*Süddeutsche Zeitung*）则是中间偏左的；《世界报》（*Die Welt*）更加偏右，而《法兰克福评论报》（*Frankfurter Rundschau*）则更加偏左。即便真正的政党报刊几乎已经消失，即便今天欧洲报纸的政治倾向要比之前模糊，但鲜明的政治倾向仍持续存在着，一些国家比另一些国家更显著——这不仅存在于报纸中，而且在许多情况下也存在于电子媒介中。而在美国，谁也不能以这种方式前后连贯地描绘媒介的政治性；那些处于光谱左侧的有可能告诉你，所有的媒介都是右倾的，而那些处于光谱右侧的有可能告诉你他们是左倾的。

这种差别表现在**政党—报刊平行性**（party-press parallelism）的概念中，它是在媒介体制比较研究领域的早期作品中提出的（Seymour-Ure 1974；Blumler and Gurevitch 1975），而我们将要把它改造为更宽泛的**政治平行性**（political parallelism）概念。西摩-尤尔（Seymour-Ure）和其他早期比较分析家认为，政党—报刊平行性是媒介体制与政党体制的平行度。它的最高形式是每一个新闻组织都与一个特定政党结盟、在公共领域代表该政党。例如在20世纪初，丹麦的每个市镇都有四种报纸，分别代表四大政党。这种媒介与政党之间的一一对应关系现在已经越来越不常见了。在媒介与政治领域仍然分化的国家或地区，媒介更经常地不是与某一特定政党相联系，而是体现出一般的政治倾向。《法兰克福汇报》是一份中右报纸，而没有窄化为仅仅是基督教民主党的报纸；《南德意志报》是一份中左报纸，而没有窄化为仅仅是社会民主党一党的报纸。在荷兰，范德·埃克（Van der Eijk 2000：320）称《人民报》（*Die Volkskrant*）“定位于后物质主义价值观，如教育、文化

28 多元主义和社会经济平等”。因此，我们将采用**政治平行性**这一更宽泛的术语，同时，在更严格的意义上讲，某些情况下政党—报刊平行性并不持续存在。

政治平行性有若干不同的构成要件，有若干指标可以用来评估它在一个媒介体制中表现得有多强。① 它所指涉的最基本的指标也许是**媒介内容**，也就是不同的媒介在新闻和时事报道中体现不同政治取向的程度，有时是它们的娱乐内容。

从历史上看，政治平行性的另一个构成要件是媒介与政党或其他类型机构的各种**组织化联系**（organizational connections），这些机构包括工会、合作社、教会，等等，它们经常连接着政党。在 20 世纪的许多岁月中，媒介组织与这些公共机构相联系，它们资助和帮助分配媒介，媒介则以多种方式为它们的目标服务。这样的组织化联系今天已经气数将尽，尽管我们将申辩，它们的影响仍然可见于那些它们一度强盛的国家的媒介体制中。另一个与政治平行性密切相关的构成要件是**媒介人员积极参与政治生活的倾向**（tendency for media personnel to be active in political life），通常适用于政党或公职人员。这在今天同样也非常少见了。或多或少更常见的是**某些媒介体制中追求新闻工作者职业路径以及媒介其他人员被它们的政治面貌塑造的倾向**（tendency in some systems for the career paths of journalists and other media personnel to be shaped by their political affiliations），比方说他们为政见与自己相似的媒介机构工作，或者说获得职位的部分原因是他们所在的媒介机构想要平衡不同的政治倾向，或者说得到工作是因为他们的政治面貌为他们打开了某些政治大门。

政治平行性在**媒介受众的党派性**（partisanship of media audiences）上也经常是明显的，不同政党或政治倾向的支持者购买不同的报纸，或收看不同的电视频道。

最后，政治平行性体现在**新闻事业的角色取向与实践**（journalistic

---

① 跨体制测量政治平行性的一个尝试是由帕特森和东斯巴赫（Patterson and Donsbach 1993）进行的。

role orientations and practices）上。无论过去还是现在，在一些媒介体制中，在一些历史时期内，新闻工作者保留了更多“政论家”的角色，这个角色曾经主宰政治新闻事业，即影响公共舆论的取向。而在另一些媒介体制中或历史时期内，新闻工作者更愿意将自己看成中立的信息或娱乐的提供者，我们会将这种取向与低层次的政治平行性相联系。这些 29
差异与侧重评论或分析还是侧重新闻采集有关。难以想象同时代的德国人、法国人或意大利人会赞同 20 世纪 50 年代美国最著名的专栏作家（同龄人中为数不多的有特权撰写时评的新闻工作者）约瑟夫·艾尔索普和斯图尔特·艾尔索普（Joseph and Stuart Alsop 1958：5）的主张：“对于一名记者（reporter）来说，他的脚是比头更重要的部位。”对于这个时期欧洲大陆的大部分新闻工作者来说，评论和分析绝对是新闻工作者的中心使命。新闻文化方面的这些形形色色的差异导致了写作风格和新闻实务的差异，华丽而深奥的评论在一些媒介体制中受到推崇，而电报式信息的风格则在另一些媒介体制中受到青睐。在一些国家，评论与新闻有着严格的分界；而在另一些国家，两者则随意地混合在一起。这些差异也体现在新闻劳工的组织中，在一些体制中，新闻工作者可以相当自由地在记者与评论员之间转化角色——如果这种分野对他们真的有意义——而在另一些体制中，这两种角色很可能是分离的。我们将申辩，与新闻事业中的鼓吹传统相联系的，是媒介与政党和有组织社会群体的体制之间联系的历史，我们也将新闻文化的这些特征当作政治平行性的指标。在政治平行性强大的媒介体制中，新闻事业与政治在文化和话语风格方面是密切相关的。

与政治平行性概念密切相关的是媒介体制据以处理政治忠诚和取向多样性的两种方式的分野，这在文献中被表述为内部和外部多元主义。**外部多元主义**（external pluralism）可被定义为这样的多元主义：它是在媒介体制作为整体这个层次上，通过一系列反映社会中的不同群体和倾向的媒介机构和组织的存在而达成的。以外部多元主义为特征的体制显然将被认为具有高度的政治平行性。对应的术语**内部多元主义**（internal pluralism）被定义为在每个单一的媒介机构内部所实现的多元主义。在媒介研究文献中，该术语实际上通常是以两种不同的方式被使用的。我们将用它来指涉媒介组织既避免与政治团体的体制性联系，也试图在它们的内容中保持中立和“平衡”。在这个意义上，一个以内部多
30 元主义为特征的体制将有一个低度的政治平行性。有时，内部多元主义也可以被用于指涉媒介组织——通常是广播电视台——在单一组织的结构和内容形式上代表多种政治力量（Hoffmann-Riem 1996）。这可以被理解为中度的政治平行性，它意味着政治分歧被反映在该媒介组织的结构中，并且经常是在内容中，例如，一档时事节目更可能由一种政治取向的新闻工作者运作，另一档则更可能由另一种政治取向的新闻工作者运作。

广播电视治理与管制中的政治平行性

由于是公共团体，公共广播电视体制和负责监管商业广播电视的管制机构与政治体制之间有着明显的重要关联。然而，这些关联在形式上大相径庭，也可以说反映了政治平行性的不同程度和形式。公共广播电视的治理可以划分为四种基本模式（Humphreys 1996：155－158），而且大多数国家的管理当局通常会遵从颇为相似的类型。

（1）**政府模式**：在这种情况下，公共广播电视接近国家广播电视，直接受到政府或政治多数派的控制。这类经典案例是戴高乐治下的法国广播电视，它在1964年之前一直处在新闻部控制之下，并且从1964年到20世纪80年代，政府实际上通过对名义上独立的法国广播电视局（Office de Radiodiffusion-Télévision Française，ORTF）管理委员会的任命来实施控制。许多欧洲国家在广播电视发展的初期接近于这种模式，但是大多数最终发展出了替代性的体制形式，使公共服务广播电视相当程度上摆脱了政治多数派的控制。然而，它以经过改良的形式存在于西欧最新的民主社会——希腊、葡萄牙和西班牙。在这种情况下，公共广播电视的领导由国会而不是直接由政府任命，但是这样最终赋予多

数派以有效的控制权。

（2）**专业模式**：这一模式首先以英国广播公司（British Broadcasting Corporation，BBC）为代表。在这种情况下，广播电视在很大程度上摆脱政治控制，由广播电视专业人士运作，已成为一种强大的传统。同样，这种模式也是加拿大广播公司（Canadian Broadcasting Corporation，CBC）、爱尔兰的公共广播电视、斯堪的纳维亚国家以及美国的公共广播电视的特征。 31

（3）**国会或比例代表模式**：在这一模式中，对公共广播电视的控制是在各政党中依据比例代表制来实行的，这在意大利以“分地皮”（“*lottizzazione*”）一说著称，在德语国家以“比例”（“*proporz*”）原则闻名。其典型的例子是20世纪80年代的意大利广播电视台（Radiotelevisione Italiana，RAI），不仅其理事会根据比例代表制任命，而且三个频道是由各政党瓜分的：意大利广播电视一台（RAI 1）由基督教民主党控制，意大利广播电视二台（RAI 2）由各“世俗”政党控制，意大利广播电视三台（RAI 3）由共产党控制。意大利广播电视台内部较低层级的任命在很大程度上也要遵循比例代表制原则。国会模式真正有别于政府模式，只发生在以联合政府和权力共享为特征的地方——这个区别将在接下来的文字中进一步加以解释。在一个多数至上的政治体制中，即便公共广播电视在形式上处于国会的掌控之下，而不是直接由政府监管，根据比例代表制来任命管理委员会也导致了政治多数派的控制，西班牙就是如此。①

（4）**“公民”/法团主义模式**：这种模式在以下意义上与国会模式相似：对于公共广播电视的控制权是在不同的社会或政治团体中分配的。但不同的是，这种代表性超越政党，扩展到其他各种“社会相关团体”——工会、商业协会、宗教组织、族裔社团等。荷兰的“支柱化”（“pillarized”）体制就是最纯粹的例证。在这种体制中，广播电视直接由植根于多样化的宗教和意识形态次级组织来运作。这种模式还可见于

---

① 事实上，执政党在意大利占有支配地位；在这个意义上，意大利与其他南欧国家一样，倾向于政府模式。

32 欧洲某些形式的社区电台和德国的广播电视评议会。

凯利（Kelly 1983）提出了一种我们也将提及的三分法。凯利区分出她所谓的政治凌驾广播电视体制（politics-over-broadcasting systems）、形式自治体制（formally autonomous systems）和政治融入广播电视体制（politics-in-broadcasting systems）。我们所说的专业模式显然就是一种形式自治体制，政府模式就是一种政治凌驾广播电视体制，国会和公民模式就是一种典型的政治融入广播电视体制，尽管一些权力共享体制进一步走向政治凌驾广播电视体制，而在那种体制中，政党特别固执地维持控制。还应该注意到，公民模式可能被瓦解成国会模式，在那里“社会相关团体”与政党关系密切。凯利推出的这种区分强调了重要的哲学差异。在某种意义上，专业模式、国会模式、公民/法团主义模式都是防止公共广播电视落入最强大政治力量控制和不能服务于政治上多样化的社会这一问题产生的解决方法。专业模式试图通过分离广播电视和政治利益集团来解决这一问题，目的是将政党或其他有组织的利益集团阻挡在广播电视制作过程之外。就像我们将要看到的那样，国会模式和公民/法团主义模式都是典型的权力共享型或“共识”型政治体制，试图解决这一问题的途径是确认将社会中的所有主要团体**融入**该过程中。至于政治平行性，专业模式显然处于低端，政府模式处于高端，其他两种模式——政治融入广播电视体制——则居中。

这些模式不是相互排斥的，在现实世界中它们几乎总是“你中有我，我中有你”。例如，许多体制将比例代表制中公共广播电视理事会的任命与经常将实质性自治给予广播电视专业人士的一种文化和法律规范结合起来。北欧的大多数体制可被理解为国会模式或公民/法团主义模式与专业模式的结合。一切现代广播电视体制都需要专业人士来运营，如果这些专业人士不享有某种程度的独立性，任何体制都不能有效
33 运转。一切现代广播电视体制都还受制于来自政府的政治压力，而在一个多元主义的政治体制中，这类体制都必须有满足各种社会或政治团体需要的机制。然而，将这些模式综合起来的特定方式因体制间的差别而大相径庭。

还应该注意到，区分这些模式需要超越其正式结构，看到统领它们作为体制的实际运作的规范和实践。英国广播公司就是这方面的一个好例子，它的台长由首相任命。在正式结构上，英国广播公司与国家控制的广播电视并无区别。正如我们将看到的那样，它的独特之处在于支配台长遴选的非正式的规范期待，他或她与政府和在野党的关系，以及新闻工作者和广播电视其他专业人士的角色等。

如前所述，类似的差异还可以从监管私人所有广播电视的管制当局的治理中发现。尤其可以在更加政党—政治化的当局和被组建为独立的公共管理机构的当局之间做出区分，在前者中政党居于中心地位，而后者（类似于中央银行）在很大程度上处于法律或技术专家的控制之下。

专业化

与社会科学中的其他许多概念一样，“专业主义”（“professionalism”）和“专业化”（“professionalization”）的概念一直经受着激烈的辩论。它们的界限模糊不清，它们的核心定义处于不断的再解释中。框定了大多数辩论的专业化的理想类型是基于历史上的典型“自由”职业，首先是医务和法律。而新闻事业与这种理想模式相距甚远。这一模式的核心标准之一在于，一种职业的实践“是基于从长期的特定训练中获得的体制性知识或学说的”（Wilensky 1964：138）。新闻事业没有这样的体制性知识或学说主干。正式的“专业”训练变得越来越普遍，并且在将新闻事业解释为一种职业和社会公共机构的过程中，的确经常扮演着一种重要的角色。但是，这对新闻实践显然不是根本性的，我们在此所界定的专业化与正式的训练之间没有强相关性。在美国，新闻学学位实际上较少见于最负盛名的新闻组织——它们的新闻工作者在其他方面比那些较不知名的新闻组织更加符合专业化概念。同时，西班牙之于 34
德国，很可能有更多拥有新闻学学位的新闻工作者，但是这显然不意味着西班牙的新闻事业比德国的新闻事业专业化程度更高。而且，由于正式训练不是必要条件，新闻职业的准入并没有受到正式管制。颇具讽刺意味的是，西欧和北美的唯一例外却是意大利，在那里，新闻工作者协会的成员资格基于一种考试和从事这一职业实践的委任。然而，正如我们将要看到的那样，根据其他标准，意大利新闻事业的专业化水平特别低。

这一节特别聚集于新闻专业主义。最为经常地提出专业化问题的，是新闻事业领域，而不是其他与媒介相关的职业。然而要注意的是，关于其他类型媒介专业人士的类似问题也可能被人提出。在公共广播电视体制中，尤其是在所有广播电视节目都在某种意义上被看做一种公共服务的地方，提出关于电视制作人的专业自治程度的问题是非常切题的。

专业化诸维度

虽然不符合自由职业的理想类型，但是新闻事业与自由职业有着若干相同的重要特征；围绕新闻事业的专业化程度和形式进行媒介体制比较，也是非常有用的。我们将主要聚焦于三个与专业化密切相关的维度：

（1）**自治**。自治永远是专业化这一定义的核心部分，也是许多职业努力实现自身“专业化”，从而证明对它们的工作过程施加更大控制具有正当性的关键原因之一。典型的案例是医疗行业，即便科层化限制了医生在那个所有人（至少在美国和英国的常态情况下）都是“自由的”专业人士的时代就享有的自治[1]，但是今天仍然有一种强烈的看法，即有些类别的决定只能交由医务专业人士做出，而外界的干预是不合适的。新闻事业从未取得过某种程度上的自治，医生或律师的自治首先是
35 基于医术和法律的“深奥的”知识，而新闻工作者缺乏深奥的知识，尽管他们有时通过在信息流通中的战略地位提供一种部分的替代品。此外，与提供私人服务的医生和律师不同，新闻工作者是在一个以大批量生产为规范的产业中工作的。他们几乎从不拥有自己的制作手段，而是大型企业的领薪雇员。在某种意义上，新闻事业的专业化是从第一批受

[1] 在欧洲大陆，一些专业人士照例是公务员，而不是在市场中提供服务的参与者（McClelland 1990），但是这未必意味着根据我们发展出来的标准，他们较不“专业化”。

聘的采访记者的出现而发端的。这样，新闻工作者的职业才与印刷商或政治家/业主的职业区分开来。除了我们下文将探讨的少数几个历史时刻和特殊案例之外，新闻工作者极少声称，而且几乎从未完全获得媒介组织的控制权。尽管如此，他们经常成功地在组织内部获得重要的相对自主性。换句话说，对工作流程的控制在很大程度上是学院式的，对新闻工作者的管理权主要是由新闻工作者同行行使的（应该注意的是，我们这里所谈论的自治不一定是**单个**新闻工作者的自治，而是整个新闻工作者群体的自治）。

新闻事业的自治随时代而大不相同，它在媒介体制之间和媒介体制内部的程度也不等，从一种新闻组织到另一种（例如“品质”报纸与“通俗”报纸、报刊与广播电视）都不一样。因此，当东斯巴赫和帕特森（Donsbach and Patterson 1992）向美国、德国、英国和意大利的新闻工作者问及“一个人所做的工作”中“来自管理层的压力”的重要性时，他们发现，有27%的意大利新闻工作者认为这种压力“非常”或“相当”重大，而只有7%的德国新闻工作者做了类似的回答。

（2）**独特的专业规范**。正如柯林斯（Collins 1990）所说，专业就是“用某种生活方式、伦理规约、自我意识的身份和对局外人的障碍，将其自身‘水平地’组织起来的职业”。这种“水平”组织的一个重要部分是有一套该专业独特的共享规范。以新闻事业为例，这些规范包括伦理原则——例如保护匿名消息来源或区分广告与编辑内容的义务，以及新闻实践常规——例如“新闻价值”的共同尺度——还有判断专业实践的卓越性和分配声望的标准。因此，新闻事业的专业化有可能突出表 *36*
现在以下方面：新闻工作者无论政治取向是什么都会达成一致的新闻价值尺度，新闻工作者根据同行而不是局外人——例如政党领袖或股东——的意见来界定他们的立场。显然，独特的专业规范的存在与自治密切相关，而如果新闻实践被局外的行动者控制，那么这些规范就不能支配这样的实践。我们将看到，关于独特的新闻事业规范所演变到的程度，那些从事新闻事业的人所享有的共识的程度，以及它们对新闻制作实践的相对影响力，有着重要的变化。

（3）**公共服务取向**。“专业主义”概念的另一个重要元素是这样的理念：职业的定位是一种公共服务伦理。在职业社会学中，这一直是特别具有争议性的观点。帕森斯（Parsons 1939）强调，专业主义的公共服务取向是马克思如下思想中的部分批判性所在：资本主义的发展取代了除去“冷酷计算”以外的一切动机。西伯特、彼得森和施拉姆的“传媒的社会责任理论”就属于这一时代对专业主义的学术研究。20 世纪 60 年代兴起的一股修正主义学术研究浪潮反对帕森斯的观点，认为各个职业的“利他主义”都需要被理解成一种经常掩盖其他目的、特别为经济垄断和专业人士的社会权力辩护的意识形态。这个时代的许多经典的新闻社会学论述所关切的，是对新闻专业主义这一意识形态的批判，而不分青红皂白地接受新闻工作者纯粹是按照表面价值去为公共服务的说法，这当然就太幼稚了。

尽管如此，将新闻事业的意识形态作为“公共信任（托付）”来采纳，这是一个重要的历史发展，它既不应该被贬斥为“纯粹的意识形态”，也不应该作为一种纯粹的利他主义而被接受。它是一个从历史的角度看关于新闻工作者社会角色的特殊观念，对于新闻实践和媒介与其他社会公共机构的关系产生了重要的结果。它在不同社会的不同发展需要加以解释。与其他主张专业地位的职业相比，公共服务伦理对于新闻
37 事业也许特别重要：因为新闻事业缺乏深奥的知识，新闻工作者对自主性和权威性的主张在特别大的程度上依赖于他们服务公共利益的主张。关于公共服务伦理的发展，最清晰的表现之一是新闻事业自律机制的存在，这在一些媒介体制中是有正式组织的，例如以“报业评议会”的形式（在电子媒介领域有时是“视听评议会”），有时以非正式方式运作，而且在力量上相差悬殊，无论它们是否有正式的组织。

工具化

在接下来的文字中，我们将会多次对比媒介的专业化与工具化。我们所说的工具化是指外部行动者对媒介的控制，这些外部行动者包括政党、政治家、社会组织或运动、寻求政治影响力的经济行动者，他们利

用媒介干预政治世界。一份党报在某种意义上是政党干预政治世界的一个工具，尽管正如我们将看到的那样，许多与政党相联系的报纸最终与其社会功能的纯粹工具化观念分道扬镳。我们还将看到，私人所有的报纸主要或部分是为了充当政治干预的工具而创办的。显然，到了媒介组织以这种方式被工具化了的程度，那么如先前所界定的专业化就是低的：新闻工作者将缺乏自主性，由政治的而非新闻界的标准指导新闻实践，并且媒介将服务于特定的政治利益，而不是发挥一种公共信任（托付）的作用了。

在接下来的各章中，我们将会用“工具化”这一概念特指政治工具化，应该注意的是，媒介也可能出于商业目的而“被工具化”：广告在本质上就是这样，媒介组织经常受制于形式上更为宽泛的商业工具化，从电影、电视节目中的产品植入、广告商影响编辑内容的要求之类比较明显的例子，到各种比较微妙的压力，不一而足。正如我们将看到的那样，围绕媒介商业化与专业化之间的关系存在着重大争论。一些人相信，它们在本质上相安无事，认为商业化降低了政治工具化。我们通常将采用这样的观点：专业化可能既受到政治工具化，也受到商业化的威胁，而且在许多情况下，两者的确同时威胁专业化。

新闻专业主义与政治平行性 38

在此可能被提出的问题是，我们为什么将专业化和政治平行性的程度作为两个维度来对待？正如我们在第一章注意到的那样，“英美”或曰“自由主义”媒介模式通常被作为衡量其他媒介体制的规范，而这一概念框架的一个推论是专业化在本质上等同于“客观性”和政治中立性。从这一角度来讲，一种体制如果与有组织的社会和政治团体有联系，而新闻工作者在某种程度上能够充当政论家的角色，那么根据定义，这就是一种专业化发展疲弱的体制。如果新闻工作者所要服务的是公众而不是特殊的利益集团，如果他们的行动所依据的是特定的新闻实践标准，而不是外部强加的议程，那么根据这一解释，他们就必须担当中立信息的提供者，避免与特定观点打成一片。

显然，政治平行性和专业化这两个维度是彼此关联的。思考专业化的一种方法是运用差异化理论：新闻事业的高度专业化意味着新闻事业作为一种体制或实践形式，与包括政治在内的其他体制或实践形式存在着差异；或者用布迪厄的社会学术语来解释就是，专业化存在于这样的地方：新闻事业是作为一个从包括政治场域在内的其他场域中脱颖而出、具有高度自主性的独特场域而发展起来的（我们将在第四章中对差异化理论和布迪厄的场域理论做更深入的探讨）。的确，哪里的政治平行性高，媒介组织与政治组织密切相连，新闻工作者深深卷入政党政治，哪里的专业化就很可能低下。新闻工作者很可能缺乏自治性，除了他们因身处政治高位而欣赏它以外；新闻事业很可能缺乏鲜明的共同文化和鲜明的社会使命感。或者换一种方式来表达，从历史上看，新闻事业专业化的发展在若干重要方面销蚀了政治平行性，削弱了政党和其他政治组织对媒介的控制，创造了模糊媒介组织政治分野的共同实践。尽管如此，我们依然相信，这两个维度之间的经验性关联只是粗疏的，而没有令人信服的理由将它们作为相通的概念。

39 由于这一论题可以帮助我们厘清有关两个维度的区分，因此值得在此稍作展开。我们将思考两个来自本书主要聚焦的内容以外的例证。

关于新闻专业主义的性质，比较有趣的讨论之一是柯里（Curry 1990）对共产主义波兰的新闻工作者的分析——之所以有趣，部分是因为波兰媒介的结构条件并不是我们通常与专业主义相联系的那些。柯里说明，尽管官方意识形态认为媒介是党的工具，但是波兰新闻工作者依然发展出了一种强大的专业文化。当然，这在某种意义上是一种失败的专业主义：外部条件——无处不在的新闻审查、媒介的国家所有制以及政治压制——意味着新闻工作者会因受到阻碍，而不去尝试根据其角色的专业理念行事。然而，他们确实有这样一个清晰的理念：他们对其独特的身份、独特的社会角色有一种强烈意识，并抵制局外人侵入新闻工作，包括斯大林主义年代初期的“工农通讯员”、撰写政治评论但是拒绝加入新联工作者工会的高层政治人物，以及当持异见报纸出现时希望加以控制的团结工会官员。他们高度珍视自主性，甚至对持续存在于政治冲突尖锐时期的专业团结和基于能减少政治分歧的同侪判断的声望体制有一种强烈意识。

与此同时，波兰新闻工作者们将新闻事业明确地视为一种“政治性专业”，正如马克斯·韦伯（Max Weber）曾经论述的那样。他们将塑造政策和解决社会问题视为他们的部分角色。他们认为纯粹报道事实不是真正的新闻工作，因而他们所实践的是一种高度侧重评论的写作风格。这种关于新闻事业的理念似乎一直贯彻到后共产主义时期的独立媒介中。《选举报》（*Gazeta Wyborcza*）最初是一份与团结工会有联系的报纸，今天是波兰的一家主要日报。主编亚当·米奇尼克（Adam Michnik）强调，他的报纸所追求的是避免狭隘的党派性，呈现一种高度的内部多元主义；他又在 1995 年写道：“我总是希望《选举报》有一条明确的路线。它来自团结工会民主反对派和工人的社会伦理的身份……”（76 页）他引用波兰传奇新闻工作者克萨维里·普鲁甲斯基（Ksawery Pruszynski）[①] 的名言说：“新闻工作者的任务……是就他的推理所到达之处发出声音。”（78 页）

另一个有趣的例证来自以色列（它的新闻事业历史上部分发端于中 40
欧）。1989 年，加拿大出版公司霍林杰公司（Hollinger, Inc.）收购了《耶路撒冷邮报》（*The Jerusalem Post*），并迅速重新确立了对这份英文报纸政治路线的控制权。多年来，《耶路撒冷邮报》的业主是与工党有关系的经济机构——这在欧洲也是一种常见的类型：当时的霍林杰公司业主康拉德·布莱克（Conrad Black）在政治上是保守派。主编欧文·弗伦克尔（Erwin Frenkel）反对新发行人干预新闻业务决策的尝试，不久就像其他 30 名新闻工作者那样辞职了。[②] 他在《耶路撒冷邮报》

---

① 克萨维里·普鲁申斯基（1907—1950），波兰小说家、新闻工作者、外交官。曾在雅盖沃大学学习法律。1936—1937 年任《文学新闻》驻西班牙记者。第二次世界大战中在英国等地参加反纳粹斗争。战后回国任外交官，1950 年因车祸死于德国。著有《入侵波兰》（1941）、《使俄一年：一名业余外交官的札记》（1944）、《波兰反击》（1944）等。

② 本案例在劳动争议法院产生了一个有趣的判决：向新闻工作者支付解约赔偿金。法官解释了这样的意见：新闻自由要求主编和记者有表达自由、限制媒介所有者干涉他们工作的权利——这有时被称为内部新闻自由、正如我们会在许多北欧和中欧国家经常看到的那样。

的一篇专栏文章中这样解释他的辞职原因：

> 新闻事业是一种社会判断的行当。这种判断的目标是历史现在时的，即每日事件的快速涌动。新闻事业从这种无限的涌动中采撷那些注定具有公共关注价值的事件，并作为诚实的目击者进行报道。这就叫新闻。它将沉甸甸的重要性和利害关系分派给这类新闻事件。通过进一步的解释性判断，它寻求去帮助将那些事件置于叙事性理解的更加清晰的语境中。
>
> 它所做的一切都代表着它作为其中一部分的社会，笃信它如此传递的“新闻”是帮助那个社会更好地把握自己的基本反馈。在这个意义上，新闻事业是公共信任（托付）的卫士。
>
> 在一家报纸上，判断过程是一种集体努力。它需要制约和平衡。但是它仍然是判断。基于这个原因，所有报纸都有它们自己的风格，像它们所认为的那样去讲述当下的故事。
>
> 为了赋予那种集体判断以连贯性，保护它摆脱想要役使它的权势者，才出现了主编和他的权威。最后，是他的声音，是他关于什么适合刊登的判断，将会从喧嚣和腐败中挽救这个集体过程。只要他关于什么适合刊登的判断不是出于畏惧和偏袒。
>
> 41 现在这个新闻工作者判断的过程也许不能被准确地称为一个专业了。但是它的确描述了一种承诺。一种对它自己诚信的承诺。

新闻事业专业化的关键要素在弗伦克尔的声明中清晰地呈现出来：新闻事业作为“公共信任（托付）”的理念，专业实践的共有标准（弗伦克尔的“制衡”说）的存在，以及对新闻事业自治的强调。如果弗伦克尔的叙述是准确的，那么对新闻事业自治的强调在《耶路撒冷邮报》中壮大起来，他说，在那里，主编和发行人的职位从来就不是分离的，主编的独立性是“绝对的”，这样就保证了“新闻事业旨趣在报纸和公司的运作及政策中的卓越性”。与此同时，弗伦克尔强调了“解释性判断”的重要性，相信“所有报纸都有它们自己的风格，像它们所认为的那样去讲述当下的故事”。他清晰地表达了一种与新闻事业独立性和新闻事业作为一种社会信任的理念不但不对立，而且还密切联系的观点：做一个“诚实的目击者”、像新闻工作者所认为的那样讲述“当下的故事”，就是这个意思；这就是新闻事业怎样服务于公众的方式；这就是为什么新闻事业自治事关重大的原因——所维护的不是中立，而是这一“社会判断”过程的诚信。

这与将北美专业主义作为中立性或“客观性”来理解的概念大相径庭。然而，对于欧洲大陆的许多新闻工作者来说，这是一种熟悉的观点，并且这似乎是一种在本质上对新闻工作者社会角色的一致看法——明显是一种怀疑新闻专业主义与政治平行性不能共存的观点。我们将表明，特别是在北欧和中欧的许多地方，在 20 世纪的大部分时间，相对高的政治平行度确实与高度的新闻专业主义共存，并且它们在某种程度上继续共存着。

国家的角色

在任何社会中，国家都扮演着塑造媒介体制的重要角色。但是在国家干预及其所采取的形式上存有显著差异。最重要的国家干预形式当然就是公共服务广播电视，它存在于除了最小的国家（如卢森堡）以外的 42
每个西欧和北美国家，而且直到近期在大多数国家都是唯一或主要的广播电视形式。当然，近年来（这类广播电视形式）向商业性广播电视转变的势头强劲，但是在本研究所关注的大多数国家中，公共服务广播电视仍然是非常重要的。表 2—4 显示了 2000 年公共广播电视的人均资助金额和其占国内生产总值的百分比、广告和其他商业来源收入的百分比以及公共广播电视所锁定的电视受众的百分比。在这里所涵盖的欧洲国家中，只有一个国家的公共服务广播电视观众份额低于 20%，大多数情况下在 30%到 50%之间——对比加拿大的 9%和美国的 2%。欧洲的资助水平也比美国高得多。另外，就其对商业收入的依赖而言，欧洲各国公共广播电视体制的纯粹性高低不等。

表 2—4 **公共广播电视体制**

	国民人均资助（欧洲货币单位）(1997 年)*	收入占国内生产总值的百分比 (1997 年)**	商业收入百分比 (1998 年)***	电视观众份额（%）(2000 年)****
丹麦	104.5	0.37	34.8	69
英国	103.7	0.30	15.8	39
瑞士	99.7	0.36	26.2	
法语				32
德语				32
意大利语				25
奥地利	88.6	0.39	49.9	57
德国	85.5	0.38	17.2	42
挪威	72.0	0.23	0	41
爱尔兰	69.8	0.36	66.0	48
芬兰	68.8	0.34	25.4	43
瑞典	67.4	0.30	7.3	44
比利时	56.3			
弗拉芒语			33.4	32
法语			27.6	25
法国	55.8	0.21	45.5	44
意大利	49.2	0.20	43.0	48
荷兰	45.0	0.22	22.5	37
西班牙	33.9	0.28	77.6	33
加拿大	23.8	0.13	32.0	9
希腊	17.9	0.18	43.1	12
葡萄牙	12.5	0.15	55.5	34
美国	5.8	0.02	13.0	2

43 * 资料来源：特奥多西和阿尔巴尼（Teodosi and Albani 2000：193）；比利时的数据来自《2002 年欧洲视听观察统计年鉴》（*2002 Statistical Yearbook of the European Audiovisual Observatory*），2000 年也如是。

** 资料来源：特奥多西和阿尔巴尼（Teodosi and Albani 2000：193）。

*** 资料来源：欧洲，舒尔茨（Schulz 2002）；美国和加拿大，特奥多西和阿尔巴尼（Teodosi and Albani 2000：192）；美国和加拿大的数据是 1997 年的。

**** 资料来源：欧洲，舒尔茨（Schulz 2002）；加拿大，洛里默和加希尔（Lorimer and Gasher 2001：141）；美国，霍因斯（Hoynes 1994：17）。

公共广播电视一直是媒介国家所有制最重要的形式（在大多数国度，国家直到最近还经营着电信基础设施）。然而在许多国度，国家还直接或通过国有企业拥有通讯社、报纸或其他与媒介有关的企业。在这里涵盖的大多数国家中，报刊津贴也一直是存在的，并在许多国家扮演了重要角色。这些可以是直接的，也可以是间接的（例如降低邮费、电信费或增值税），既可以针对新闻组织，也可以针对新闻工作者个人（例如以降低税率或公共交通费用的形式）。[①] 国家以及许多国有企业也是广告主，并且通常是非常重要的广告主。对电影业的津贴也很常见。

其他形式的国家干预包括：

- 关于诽谤、侵害名誉、隐私和回应权的法律；
- 关于仇恨言论的法律；
- 新闻工作者专业保密法（保护秘密消息来源）和“良心法”（在其报纸的政治路线变化时保护新闻工作者）；
- 管理使用政府信息的法律； 44
- 管理媒介寡占、所有权和竞争的法律；
- 管理政治传播，特别是在大选期间政治传播的法律；
- 关于广播电视许可证发放的法律，以及管理包括处理政治多元主义、语言和国内内容在内的广播电视内容的法律。

就广播电视体制而言，可以做出这样一种二分：其一是相对偏向自由主义的媒介体制，国家干预在其中受到限制，媒介主要受市场力量影响；其二是社会民主或指令（dirigiste）[②] 传统体现为媒介所有权、资助和管制较突出的国家角色。自由主义体制的极端案例当然是美国，在那里宪法《第一修正案》独一无二的法律优先性限制了多种常见于欧洲的媒介管制形式——尽管我们将看到，在美国有其自己方式的国家角色仍然是非常重要的。还有微妙的变异存在于从不同体制中演化出来的媒介政策的特殊混合物中，通常与我们将在下一章介绍的国家与社会关系比较宽泛的类型密切相连。体制还因媒介管制的效能而异。国家角色偏弱，其原因要么是有一个偏向市场力量的预先准备政策，要么是该政治

---

① 皮卡德（Picard 1984）概括了国家财政干预报业的基本形式。他还就这种干预尝试给出了国别排名，但不是很成功，因为他的排名只考虑了一种特殊形式的国家支持的存在与否，而没有考虑它的力度或管理其分配的政策（例如，这种政策允许当局就特定报纸的政治支持或反对做出奖励或惩罚它们的裁量）。

② 法语词汇——译者注

体制未能建立和实施媒介政策。正如我们将看到的那样，这种现象尤其常见于南欧广播电视的近期历史中，特拉基纳（Traquina 1995）称之为“野蛮的解除管制”。

除了媒介所有权、资助和管制议题以外，国家作为一种信息来源和新闻的“首要定义者”，总是扮演着重要角色（Hall et al. 1978），对公共议题的设置和框定具有巨大的影响。这两个角色不一定相关联，也就是说，我们不清楚的是，较之国家对媒介所有权、资助和管制干预较强的体制，国家在有自由主义媒介政策的体制中是不是一个较弱的“首要定义者”。

小 结

我们指出，至少从媒介与政治的角度而言，在此概述的四种维度涵盖西欧和北美媒介体制比较的大多数主要变量。我们将这些维度视
45 为倾向于一起变化的媒介—体制特征的集群——例如新闻专业主义或政治平行性的几个要件，尽管我们必将看到，它们不是以高度均匀的和可预测的方式这样变化的；例如，一些体制可能发展出比其他体制更完整的新闻专业主义的要件，或者国家在某些方面可能扮演一种强大的角色，而其他体制则不然。这些维度中的每一个还可能有其他关联物（例如以新闻内容为特征），其中有许多也许只能为进一步的研究所证明。我们还将这四种维度视为彼此间最终是不可化约的。对此我们已经围绕新闻专业主义和政治平行性进行了论证——二者以重要的方式相互影响，但是也独立变化。我们怀疑任何一对维度可能也是如此。我们希望后续分析将建立这一框架的理论依据，尽管需要为数更多的研究来充分提炼和评估它。

下一章将提出我们认为构成媒介体制比较分析基础的政治体制的主要维度，并概述这些变量与在此推出的媒介—体制维度之间关联性的若干假设。

第三章　媒介体制的政治语境

在第一章中，我们论证了媒介体制是由政治史、结构和文化的较为 46
宽广的语境所塑造的，在本章中，我们将讨论政治体制影响媒介体制结构的几个主要特征。我们从比较政治学和政治社会学文献中选用了我们相信有助于理解媒介体制演化的若干概念。我们在此相对简洁地概述这些概念——并且向这些领域的专家和媒介学者致歉，因为对前者而言，讨论似乎可能是过于粗浅；同时对后者而言，由于不熟悉，讨论可能又过于仓促。我们希望对这两个群体来说，讨论将深化，这些概念的意义会随着我们将其继续运用到具体案例的分析中而变得比较清晰。在本章中我们还要概述一组关于我们在上一章提出的这些政治体制变量怎样与媒介体制变量相联系的假设。在本章末节，我们提出一个论点，即共同的历史根源决定了媒介体制与政治体制两者的发展，并且对于理解两者关系至关重要。在我们讨论特定体制的演化时，在此提出的所有论点都将以更长的篇幅展开。

我们从政治社会学和比较政治学中引入的概念，在大多数情况下不是着眼于运用到媒介研究中而发展起来的，我们可以用对这些领域的人来说可能稍微有点奇怪的方式，从中选择或加以修改，尽管我们希望我们的修改在接下来的分析中有意义。媒介体制比较研究的挑战之一——我们在本书中只能开始接受——是找出用于比较政治学的框架中的哪些
47 要素实际上与理解媒介相关，以及为了这个目的它们必须怎样在概念上得到修改。

在某种意义上，在此讨论的政治体制变量可被称为我们对媒介与政治体制关系的分析中的“独立变量”，其中有许多是比先前概述的媒介—体制特征更为一般性的和更加根深蒂固的社会结构和文化的方面。然而，正如我们在第一章中所注意到的那样，我们与其说是根据严格的因果顺序，不如说是根据共同演化来看待媒介体制与政治体制的关系。事实上，媒介体制对政治体制以及政治体制对媒介体制的相对影响也许是随历史发展而变化的，一些时期政治力量主宰媒介体制，其他时期媒介体制则较为独立（或更多地受到经济力量的决定），并且可能对政治世界施加较大的自主性影响。这个议题我们将在第八章详细探讨。

与经济变量的互动

我们将在本章介绍关于政治变量与媒介体制变量相联系的方式的若干假说。然而，必须记住以下这一点：这种关联只是粗略的，我们不是在提出政治与媒介体制特征之间的任何一对一的对应。这确实是因为现实政治体制的复杂性以及政治变量与影响媒介的其他因素的互动。在一种非常重要的意义上，媒介是一种政治性公共机构，但是它们也是企业，受到许多经济因素的制约。① 在上一章中，我们已经提及在我们的研究中扮演一种角色的媒介市场结构的一些重要特征，例如，我们注意到在报刊界，全国性报纸市场比地方市场更容易与外部多元主义共存。

---

① 媒介也是文化性公共机构。由于本书的主要焦点放在新闻媒介以及媒介与政治体制的关系上，因此与我们的分析相关的正是特定的政治文化，它是某种与本章所考虑的种种结构要素密切相关的东西。如果我们所做的是更多地聚焦于文化产业的比较分析，那么其他类别的文化要素也需要加以考虑。

相比之下，从比较视角去发展理解这些要素的概念框架的工作为数较
少，而我们在此将不试图去填补这一空白，但是给出可能相关的多种要 48
素的几个例证还是值得的。

一个极其重要的要素显然是广告业的发展，它反过来也与消费和消费社会学的历史类型相联系。例如，皮拉蒂（Pilati 1990：47）对市场营销中的媒介运用发展得既早又强劲的美国与欧洲之间的差异有如下观察：

> 欧洲有比美国小得多的全国的相对于大陆的市场规模，这意味着同质性更强和通过传播来使集体习俗标准化的动机更弱。与此同时，这在许多情况下制约了公司发展到相对的中等规模，导致广告收入比那些与大规模商业组织有关系的公司要低得多。塑造品牌能够降低或中和美国商业的庞大规模所带来的危险和弱点：攀升的组织协调费用，较低程度的地方优势，新产品研发的高昂成本……在欧洲，传统上仍然被工业生产排斥的产品范围（从新鲜面食到意大利冰淇淋，从面包到外携食品）要大得多。地方生产者利用商业要素（毛细血管状的配送网络、价格），受惠于大规模配送网络的较少覆盖，持续维系着经营潜力。

皮拉蒂的观点是，形形色色的文化和经济要素使得品牌营销和广告在欧洲不那么集中，这在许多方面影响了媒介的发展。甚至公共广播电视在西欧的盛行可能也部分归因于这个事实。

我们怀疑的另一个相关要素是，在个别意义上，媒介产业中和一般
意义上经济中的资本寡占的程度。情况似乎是，哪里资本高度寡占，哪
里就将有国家与媒介所有者之间相对较高的相互关联，或通过津贴和管
制，或以依侍主义的联系和党派结盟的形式——如果其他要素均等——
还有一种媒介受到外部商业利益集团影响的倾向。例如，我们将在第五
章中看到，掌握着西班牙这个国家许多资本的相对少数的银行对媒介产 49
生了巨大影响。

为了本章的平衡，我们将特别聚焦于媒介体制的政治语境。

国家的角色

国家作为媒介的所有者、管制者和资助者，其所能扮演的不同角色清晰地植根于国家在社会中的角色的更为一般的差异。在最基本的层面上，可以区分**自由民主体制**——以美国为最明显的例证——和在欧洲，尤其是在欧洲大陆大行其道的**福利国家民主体制**。这一区别显然不是绝对的，因为在所有资本主义民主社会，国家都扮演着一种既重要而又有限的角色。当然，欧洲内部有许多细微的差异。以瑞士为例，与瑞典、挪威或邻国奥地利相比，它在相当程度上接近自由主义类型。但是，在美国那种相对受限的国家角色与欧洲那种更加积极的国家干预的传统之间，明显存在着一种重要分殊，这一分殊强烈地反映在国家与媒介体制的关系中。正如在欧洲，国家既承担着资助卫生保健、高等教育、交响乐队和歌剧一类文化公共机构以及政党和教会的责任，同时国家又承担着资助电视和在相当程度上资助报刊界的责任。在 20 世纪的大部分时间内，在欧洲，媒介首先被视为社会公共机构，其次才是私人企业。正如在欧洲人们期待国家积极斡旋劳资争端、保护民族产业一样，人们也期待它干预媒介市场，以达到从政治多元主义到提高民主生活的质量(Dahl and Lindblom 1976；Gustafsson 1980)、从维护种族和谐到保护民族语言和文化等多种目标。事实上，就国家干预的程度而言，美国与欧洲之间的差异在媒介领域比在社会其他领域明显，因为美国的法律传统赋予新闻自由——被理解为私人行动者摆脱国家干预的自由——以超越其他价值观的首要地位。这种差异的一个明显表现可见于如下事实，即欧洲国家通常对政治传播进行管制：许多国家禁止付费政治广告，一
50 些国家限制选战期间的广告长度，一些国家对政治家在公共服务电视台或商业电视台出镜的时长进行控制。在美国，这些管制被法院认为是违反宪法《第一修正案》的。

“积极的国家”这一欧洲传统有其复杂的历史根源。它既源于贵族统治的前自由主义传统，又源于较为现代的社会民主传统。与其他领域一样，媒介领域杂糅了较多威权性的或家长式的，以及较多参与

性的或多元主义的要素。英国的《官方机密法》和各届西班牙政府影响媒介所有制的干预行为可以看做前者的例证，而瑞典的报界监察专员（press ombudsman）或者德国关于社会团体在公共广播电视评议会中代表性的规定，可以看做后者的例证，尽管许多体制性结构和实践——法国管制外语内容的法律也许是一个例证——将以上两个要素综合了起来。

除了福利国家和自由主义民主社会的差异之外，关于国家在社会中的角色还可以做出其他许多分类。例如，卡岑斯坦（Katzenstein 1985）将其划分为以下三类：美国和英国的自由主义，日本和法国的国家主义，欧洲各小国和德国较低程度上的法团主义。在讨论“民主法团主义模式”时，我们将回到这个分类上来。还应该注意的是，在我们的研究中有三个国家（希腊、西班牙和葡萄牙）是相对较晚地从威权主义转为民主体制的。在其大部分历史中，它们是以没有社会民主的国家主义为特征的——总体而言是一种国家在经济和社会中的强大角色，而不是强大的福利国家。这种历史，再加上接下来要讨论的依侍主义传统，使得这些南欧国家在许多重要方面具有历史独特性。

共识民主与多数至上民主

利普哈特（Lijphart 1984，1999）关于共识民主与多数至上民主的划分被广泛用于比较政治学，并且可能被大量用于理解政治体制与媒介体制的关系，尤其是与他稍后所谓的行政—政党维度公式一起。利普哈特的对比模式概述如表3—1。

表3—1　　共识政治与多数至上政治 51

多数至上政治	共识政治
1. 获胜政党集中权力	1. 权力共享
2. 内阁主导	2. 立法与行政分权
3. 两党制	3. 多党制
4. 多元性投票制	4. 比例代表制
5. 政府与反对党界限清晰	5. 各反对力量间的妥协和合作

如同我们在第七章讨论这个类型占上风的自由主义媒介体制时将显示的那样，多数至上主义倾向于与以下观念相联系：新闻工作者在整体上是中立的公众仆人，而不是某一特定政治倾向或社会团体的发言人，伴随着内部的而不是外部的多元主义，尽管如同我们看到的那样，英国报界远远偏离这一类型。多数至上体制——至少是长期存在的多数至上民主——的政治文化的一部分，就是政党不是为了代表其特定的社会组成部分（segment）获得更多的权力而开展竞争，而是为了从整体上代表全国的权力；在这个意义上，中立性专业主义的观念在一个多数至上的体制中也许更为自然。多数至上主义也许还倾向于与意识形态模糊的包罗万象型政党的发展相联系，诉求跨越社会分裂的广大公众，尽管美国的总统制较之英国的威斯敏斯特体制（Westminster system）[①] 更是如此。包罗万象型政党在哪里占上风，包罗万象型媒介也就理当在哪里发展。另外，共识体制是典型的多党制，外部多元主义（如上一章所界定）更有可能存在于多党政体的媒介体制中，并带有政治平行性的其他特征。

在广播电视治理和管制中，在共识或多数至上主义统治和体制的各种类型之间，有一种特别清晰和直接的联系，即倾向于遵从类似于其他公共政策领域占上风的类型。在共识体制中，其政治的最重要特点就是
52 权力共享，广播电视治理中权力共享的最强有力例证可以在偏向共识模式的体制中找到，无论是以国会模式（意大利、比利时）还是以公民/法团主义模式（荷兰、德国）的形式。

关于多数至上体制，汉弗莱斯（Humphreys 1996：11）认为，在那里“我们可以期待公有媒介在主导性政治倾向的侵袭面前更加脆弱”。的确，我们所谓的广播电视管制的“政府模式”通常在多数至上体制中可以找到：20 世纪 80 年代之前的法国和当代的西班牙、葡萄牙以及希

---

① 又译“威斯敏斯特体系”。它与欧洲大陆国家议会制的主要区别包括：以多数统治为基础的强大的内阁制政府；对宪法惯例的重视；建立在单一制选区基础上的两党制；少数派能够在主要的政党之一中表达自己意见的设想；英王陛下的忠实的反对派的观念；议会至上的信条；议会在大选之外的地位优于公众主权。——译者注

腊。广播电视治理的同样体制安排在共识体制和多数至上体制中通常会产生不同的政治后果：在一个像意大利这样的共识体制中，一个由国会根据比例代表制任命的管理委员会将导致权力共享，而在一个像西班牙这样的多数至上体制中，所导致的则是有效的政府控制。然而，汉弗莱斯还指出，类似于英国的威斯敏斯特体制这样的典范性多数至上体制，其特征不是由多数党主宰公共广播电视，而是广播电视与政治的分离。之所以能与被期待的类型分道扬镳，他将之归功于英国有限政府的相对强势的自由主义传统。

事实上，广播电视治理的专业模式似乎通常与多数至上体制密切相关。在一个多元主义的政治体制中，由多数派对广播电视实施直接控制是难以维系的。这几乎总是制造激烈的政治冲突以及损害媒介体制的公信力。大多数欧洲国家在广播电视起步时伴有某种类似于政府模式的东西，但是最终不得不设计出其他替代选择。一个选择就是权力共享，但是这与基本的政治结构和多数至上体制的文化相冲突。在这些替代选择中，合乎逻辑的出路似乎就是“专业模式”。加拿大和爱尔兰属于这个类型，瑞典也许可被引为一例。瑞典是共识/多数至上体制的一个混合案例。但是，它在20世纪的大部分时间中以一党政府为特征；与英国一样，它以广播电视与政治的分离为特征。那么我们的论断是，多数至上体制在哪里以广播电视治理和管制的政府模式发端，媒介体制就有可能在哪里随着时间推移而转向专业模式，随着权力更迭的频繁发生，以至于主要政党接受了其不可避免性，并有意在执政时放弃控制
广播电视的希望，因为知道自己有一天会变成反对党所以不愿让对手 53
掌控它们。

个人化多元主义与组织化多元主义、自由主义与法团主义

利普哈特区分多数至上统治与共识统治的维度之一，与利益集团的

政治角色有关。他说："多数至上民主的典型利益集团体制是一种竞争与不协调的独立集团的多元主义，与常见于共识体制的法团主义的协调和妥协取向的体制形成对照。"（Lijphart 1999：171）我们会将这一区别与更大的一种关于各体制的对比相联系，在这些体制中，政治代表性是根据实施管理的公共机构与个体公民之间的关系而想象和组织的，伴随着多种互相竞争的"特殊利益集团"——我们将称它为**个人化多元主义**（individualized pluralism）——以及那些在政治过程中更具有中心地位的集团——我们将称它为**组织化多元主义**（organized pluralism）。组织化多元主义体制的特征是代表人口的不同组成部分、强烈公共机构化的社会团体，对于调解其成员与更广泛社会的关系它们经常起着一种中心作用，并可能被正式整合进公共政策的制定过程中。组织化多元主义的一个典型例证是20世纪初期至中期在荷兰盛行的"支柱化"（"pillarized"）体制，这种体制中不同的亚共同体——新教的、天主教的、社会党的和自由党的——都发展它们自己的教育、文化、社会和政治公共机构——从体育俱乐部到工会再到政党都有。在意大利，天主教和共产党亚文化以相似的方式将个人所依赖的密如蜘蛛网的组织结构发展到了很高的程度，从休闲活动和文化生活到就业和政府服务，应有尽有。当这些有组织的亚共同体将社会生活的大多数方面形成结构，社会公共机构就被亚共同体分离——20世纪60年代之前的荷兰就是如此——这在比较政治学文献中被称为**碎片化多元主义**（segmented pluralism）。

社会团体进入政治过程，这种正式整合以**法团主义**（corporatism）而著称。正如卡岑斯坦（Katzenstein 1985：32）所言，较小的欧洲国
54 家，尤其是斯堪的纳维亚国家、低地国家和瑞士，在20世纪初发展出了一种有特色的政治形式，它被"区分为三个特点：一是在全国层面上所表达的社会合作的意识形态；二是相对集权和集中的利益集团体制；三是通过利益集团、国家官僚制和政党之间持续的政治讨价还价对利益目标自愿而非正式的协调"。卡岑斯坦将这一形式的**民主法团主义**——第二次世界大战后也在很大程度上被德国和奥地利采纳——与**自由主义**

进行对比。我们将在第六章论证，民主法团主义概念对于理解北欧和中西欧的媒介体制极其有用。各种与碎片化多元主义和法团主义有联系的团体结构在西欧已经在极大程度上分崩离析，让位于更加个人化的社会归属（social belonging）关系类型。但是，它们在欧洲许多地方的政治和媒介体制发展中曾经发挥了中心作用，并且显著的差异确实继续存在于它们继续影响政治生活的程度。

在此值得补充的是，各个体制随着政党所扮演的相对于其他各种有组织社会团体的主导角色的程度深浅而有所不同。政党的强大角色倾向于成为倾向于极化多元主义的体制的特征——这个概念在下文中将得到解释。这些体制通常有一段这样的历史：公民社会发展较弱和政党可能填补这种组织上的空白。

组织化多元主义在哪里发展强劲，哪里的媒介就总是在很大程度上被整合进代表各个团体的公共机构中。例如，荷兰的各个支柱团体都曾有自己的报纸，荷兰的广播电视也以类似的方式组建成一个代表不同亚文化的支柱化广播电视组织体制。因此，组织化多元主义显然与外部多元主义和政治平行性相联系：媒介联结政党、工会和教会，在以组织化多元主义为特点的社会里，新闻事业是各种团体与意识形态代表的载体，并发展得非常强大。这些社会还倾向于产生政治融入广播电视（politics-in-broadcasting）体制的某种版本——或是国会模式，或是公民/法团主义模式——因为人们认为民主就是要求直接代表各种社会利益集团。政治文化的差异对广播电视政策产生影响，一个有趣的表现可见于英国和斯堪的纳维亚国家关于社区电台颁发执照的不同规定：英国禁止向教会和政党颁发执照，而斯堪的纳维亚国家则特意囊括教会和政 55
党（De Bens and Petersen 1992）。最后应该注意的是，在拥有代表各种社会团体的强大而集权组织的社会中，新闻工作者也会有这样的组织。如同我们将看到的那样，北欧的民主法团主义社会是以特别强大的、正式的新闻事业专业组织为特征的。

法理型权威与依侍主义

马克斯·韦伯将**法理型权威**（rational-legal authority）定义为基于恪守正式和普遍程序规则的一种规则形式。对韦伯来说，法理型体制的特征性制度就是官僚制（bureaucracy）——有一个自治于特定政党、个人和社会团体的行政机关机构，它根据既定的程序行动，被认为在整体上服务于社会。自治型行政当局的关键特征是基于如下原则招录公务员：唯才是举，恪守正式的程序规则，在公务员队伍内部形成“统合凝聚力”（“corporate coherence”），这些原则强制要求恪守既定程序，并保护行政过程中免遭与它们不一致的外部干预。[①] 在自治型公共行政管理的形成中，关键性的体制发展是建立一个统领行政管理人员招录、晋升和任期的公务员体制，将上述过程与特殊地位团体的垄断化和政党庇护相分离。根据谢夫特（Shefter 1977）的观点，从历史上看，美国和欧洲的官僚制自主性起源于两种方式之一种。在一些国家，它在 17 世纪和 18 世纪开始发展，当时君主们感到需要有较大规模的军队和管理机构，试图创建“一个现代的、中央集权的和官僚制国家，来取代分权的等级制国家（standestaat）”[②]（它包括传统的地主阶级对行政管理职位的垄断）（Shefter 1977：417）。在其他国家，它在 19 世纪由“理性化的布尔乔亚”建立，这个阶级寻求提供一种有活力的现代资本主义得以从中发展的灵活的和根据规则治理的管理体制。除了官僚制之
56 外，另一种法理秩序的主要体制是自治的司法体制。法理型权威还有其他重要的文化要件，例如，表现为公民、企业和其他社会行动者遵守规则的程度，或者相反，去寻求规避规则，以及公共官员、技术专

① 尽管其在韦伯的创造性著作中非常重要，但法理型权威概念似乎在当代西欧政治学文献中没有发展起来。近年来的一个重要论述来自埃文斯（Evans 1997），我们在此已对它做出解释。然而，埃文斯的主要兴趣在于新近工业化国家中“韦伯式国家”的发展，而没有论述它在西欧或北美发展的不同类型。

② 德语：等级制国家。——译者注

家和其他权威人士是否被认为服务于超越特定利益集团的普遍的“公共利益”。

至于其他的政治结构要素，法理型权威的发展对于媒介体制最明显和最直接的影响可见于公共广播电视体制和管制私人广播电视、分配报刊津贴等的机构中。法理型权威在哪里发展强劲，哪里的公共机构（类似于其他公权机构）就可能相对独立于政府、政党和特定政治家的控制，而依据清晰的规则和程序来管理。这未必意味着广播电视治理将遵循形式上自治的和专业的模式。如同我们将看到的那样，北欧和中欧的许多民主法团主义国家具有强大的法理型权威，但是遵循广播电视融入政治（broadcasting-in-politics）的媒介管制模式。当然，官僚制也无意于完全自治，而要立即回应当选的政治领导层。官僚制这一术语的负面含义源于对行政机关失去问责性的种种抱怨。所有官僚制都有某种程度的政治控制力和渗透力，尤其是高层（Suleiman 1984）。但是在法理型权威发展强劲的地方，这总是会多少受到公务员以及公共广播电视和新闻工作者的职业自主性的抵消。在法理型权威发展得不那么强劲的国家——如同我们将看到的那样，主要是在南欧——政党对公共广播电视和管理机构的控制与渗透就可能更强和更深。

法理型权威的发展还以更广泛和更间接的方式影响媒介体制。例如，法理型权威体制要求正式的程序和信息编纂以及它们的公众可近用性，这为新闻事业的发展提供了更肥沃的土壤。哈贝马斯在对公共领域的论述中注意到，正式的公共管理体制以及向广大公民宣示法令和公告的需要，在报刊起源阶段扮演了一种重要角色（Habermas 1989：21－22）。 57

如同上一章所论述的那样，媒介工具化不大可能存在于法理型权威强大的体制中：媒介所有者不大可能与特定政党结成强大而稳定的联盟，也不大可能运用其媒介财产作为干预政治事务的工具。行政和司法公共机构的独立性以及公共政策根据规则治理的特性意味着，在法理型权威强大的体制中，商业不会过于强烈地依赖特定官员的傲慢决定，例如，这些官员也许会袒护与他们结盟的企业；它们的命运也不会受到当时正当权的政党的过于戏剧性的影响。但这并不意味着商业在法理型权威强大的体制中会失去对公共政策的影响，或者它们的利益会得不到重视：相反，一个法理型权威体制经常会将这种影响体制化，尽管在它可能也向其他利益集团提供政策过程的体制中要依靠各种政治力量的平衡。但是这确实意味着商业老板对特定政治联盟的需求较小。这就有了如下含义：媒介所有者会发现他们比较容易与政党政治保持距离。

新闻事业的专业化也更常见于法理型权威强大的地方。事实上，新闻专业主义的发展在很大程度上源于生产出自治的行政和立法体制的同样的历史力量——尤其是在“布尔乔亚的理性化”阶段——从历史的角度看，这些发展在许多方面相互影响。在北美和欧洲，新闻专业主义发展于 19 世纪下半叶，当时在包括公共行政管理在内的许多社会生活领域都有一种将专业主义作为社会组织的模式的普遍趋势。新闻事业的专业主义与行政管理的专业主义具有相似的世界观，包括这样的观念：为共同福祉服务的自主性公共机构，对理性的和以事实为中心的话语的侧重。韦伯写道：“官僚制有‘理性的’特点，规则意味着目的和事实性材料主宰着它的发展方向。”（Gerth and Mills 1946：244）这显然同样可用于解释信息取向新闻事业（information-oriented journalism）的新形式；在许多情况下，新闻工作者——他们可能来自进步的中产阶级——深深地涉入建立现代行政管理体制的改革运动。这些体制反过来提供了基于信息的新闻事业新形式赖以建构的各种政治上“中立的”信息来源，并在很大程度上依靠成为众多新闻的主题材料的、公众可使用
58 的会议记录和文件。

形成对照的一种组织形式是**政治依侍主义**（political clientelism），它经过 20 世纪的许多岁月，在南欧曾持续保持强劲势头，对于理解该地区的媒介体制仍然重要。依侍主义指的是一种社会组织类型，其对社会资源的近用由庇护人（patrons）控制，并输送给依侍人（clients）以换取服从或各种形式的支持（Mouzelis 1980；Eisenstadt and Lemarchand 1981；Roniger and Günes-Ayata 1994；Piattoni 2001；Hallin and Papathanassopoulos 2002）。这是一种特殊的社会组织形式，正式规则

在其中不如个人关系，或者在较晚近的各种形式依侍主义中经过政党、教会和其他组织中介的关系那么重要。如果说法理型权威可能与一种珍视“共同福祉”或“公共利益”观念的政治文化相联系（追求“共同福祉”之名的政策是否真正着眼于所有人的利益这一问题我们在此搁置不论），那么在一个依侍主义体制中，对于特定利益集团的承诺较强，“共同福祉”的观念较弱。每个社会都在其历史的某个节点上见证过依侍主义的发展，依侍主义关系在每个地方都在某种程度上继续存在（Legg 1975）。然而，这些关系就是寻求加强法理型权威的改革运动的目标，这些运动在哪里取得成功，依侍主义的重要性就在哪里减弱了。

依侍主义倾向于与公共或私人媒介的工具化相联系。如果是公共媒介，那么人事的任命通常是基于政治忠诚，而不是纯粹的专业标准。私人企业的所有者通常也会有政治人脉，这对于获取政府的合同和特许（包括广播电视执照）是关键性的，在其他方面对一家企业的成功经营也是必需的。这些所有者通常会将他们的媒介资产作为与其他精英谈判或干预政治世界的一个工具。在许多情况下，这的确是拥有媒介的首要目的。基于这些理由，依侍主义传统强大的地方，政治平行性也倾向于高涨。

在依侍主义强大的地方，一般不太遵守法律规范，行动者会期待能够动用他们的人脉来规避不便的管制。当管制当局在许多情况下不能成 59
功施行广播电视管制时，便造成了第二章提到的“野蛮的解除管制”现象。这还导致了工具化。法律受到尊重经常是以被违反为代价的，这为特殊的压力提供了许多机会和激励。政治家可以通过有选择性地执行广播电视、税收等法律来对媒介所有者施加压力。媒介所有者，以及某些情况下可能还有知名新闻工作者，也通过威胁要有选择地揭露公共官员的错误行为来施加压力。

依侍主义还与较低水平的新闻事业专业化相联系。新闻工作者很可能被整合进依侍主义的网络中，他们与政党、所有者或者其他庇护人的关系削弱了职业团结。依侍主义主题的文献常常提到，它倾向于打破社会组织的“水平”形式，而新闻专业主义就是这样的一种形式。由于这种政治文化所强调的既不是公共福祉与特殊利益的分离，也不是对抽象规范的遵守，因此专业化的文化基础比较薄弱。在这个意义上，以下二者之间是有联系的：意大利人不系安全带，即便这是法律所要求的；意大利新闻工作者不遵守新闻伦理规章，即便他们的联盟近期制定了一部。

最后，依侍主义与私人的而不是公共的传播类型相联系。普通公民对公共事务信息的需求相对较小。如同皮亚托尼（Piattoni 2001：202）所写的那样：“说白了，依侍主义是……为某一个好处投一票。”同时在高层，政治传播的过程倾向于封闭：公众听证会和文件对于这种政治过程不如精英之间的闭门谈判那么重要。新闻工作者对相关政治信息的近用更多依赖于他们的政界人脉关系；更有可能的是，政治传播倾向于为精英间的谈判过程服务，而不是向广大公众提供信息。

温和多元主义与极化多元主义

在比较政治学领域，另一个基本分野就是**温和多元主义**（moderate pluralism）与**极化多元主义**。根据萨托里[①]的说法，在极化多元主义中，“鸿沟可能非常深……共识肯定是低的，政治体制的合法性受到广泛质疑。简单地说，我们有意识形态差异，我们就有了极化。”（Sartori
60 1976：135）极化多元主义的特征是存在反体制的政党。例如，在意大利的整个民主时期，法西斯和共产党一直都是重要的，共产党通常能获

---

① 即乔瓦尼·萨托里（常被译为萨托利），世界知名的意大利政治科学家，擅长研究民主和比较政治学。他创建了意大利第一个政治科学学术基地，曾任佛罗伦萨大学政治科学系主任，1979—1994年任美国哥伦比亚大学“艾伯特·施韦策教授”。2005年获西班牙阿斯图里亚斯王子奖，2009年获国际政治科学协会卡尔·多伊奇奖。著有《民主的定义》（1957）、《政党与政党体制》（1976）、《民主理论再探》（1987）（中文本名《民主新论》）、《比较宪政工程》（1994）和《地球探索》（2004）等。——译者注

得 25%到 30%的选票。[①] 政治光谱宽泛，各政党可能有鲜明和尖锐对立的意识形态。在温和多元主义中，中立派倾向更强，各政党之间的意识形态差异不那么巨大，通常也不那么鲜明，并且对政治秩序的基本形态有较高的认可度。

萨托里所提及的极化多元主义的经典类型只存在于数量有限的案例中：其中有意大利（在他发明这个术语的时期）、法兰西第四共和国[②]和魏玛德国。但是我们相信，意识形态极化和多样性或相对强大或比较有限的各种体制之间存在的天壤之别，对于理解媒介体制的发展大有用处。表 3—2 显示了欧洲国家之间意识形态极化程度［拉内和埃尔松(Lane and Ersson 1991）的报告，通过分析政党宣言加以测量］和政党数量的差异。意识形态极化程度与历史差异有关，这在本章最后一节将做部分概述——在保守主义强烈反对自由主义的地方，极化多元主义得以发展，其向自由主义的转型漫长而艰辛。我们在稍后的分析中会将**极化多元主义**这一术语扩展到指涉更广泛的政治发展类型——因此可将它套用于西班牙和葡萄牙这样的国家，它们仅在 20 世纪初短暂的民主时期有过某种形式的极化多元主义（此后多元主义被独裁压制了半个世纪），但是与萨托里的意大利的历史发展类型多有共同之处。 *61*

表 3—2　　1945—1989 年政党与极化指数有效数的平均值

	极化指数	政党数量
法国	5.1	4.8
葡萄牙*	4.7	3.6
芬兰	3.9	5.5
意大利	3.7	4.0
希腊*	3.7	3.2

① 这是第二次世界大战后到 20 世纪 90 年代初的情况，目前已经改变。——译者注

② 法国在第二次世界大战后建立的共和国（1945.9—1957.10）。1945 年法国光复后，围绕政体问题，各派政治力量展开激烈斗争；9 月举行全民公决，摒弃第三共和国，第四共和国成立；10 月，制宪议会通过新宪法。初期由共产党、社会党、人民共和党组成联合政府，共产党于 1947 年 5 月被逐出政府。此后，政府受到以共产党为首的左翼和以法兰西人民联盟为首的右翼的两面夹击，只能依靠被称为第三势力的松散多数的支持，显得软弱无力。——译者注

续前表

	极化指数	政党数量
荷兰	3.6	4.9
德国	3.6	2.9
西班牙*	3.4	4.0
英国	3.3	2.7
挪威	3.2	3.9
瑞典	3.2	3.4
奥地利	2.4	2.5
丹麦	2.4	4.8
比利时	2.1	5.0
瑞士	1.6	5.6
爱尔兰	0.9	3.1

资料来源：拉内和埃尔松（Lane and Ersson 1991：184－185）。

*仅指民主时期。

极化多元主义倾向于与高度的政治平行性相联系：报纸通常被认为等同于意识形态倾向，鼓吹和评论取向的新闻事业（commentary-oriented journalism）传统经常是强大的。在形形色色相互竞争的世界观角力的地方，政治上中立的新闻事业这种观念就不那么有市场了。极化多元主义与依侍主义有共同的历史渊源，它有可能破坏超越特定意识形态承诺的"共同福祉"。萨托里认为，极化多元主义体制可能具有这样的政治文化：强调"意识形态被理解为一种了解和感知政治的方式，因此被定义为明显是教条化的、原则性的和夸张的一种聚焦政治议题的方式"①（Sartori 1976：137）。在这样的文化中，鼓吹或评论取向的新闻事业传统的强大就不足为奇了。极化多元主义社会还以历史上尖锐的政治冲突和频繁导致政权更迭为特征。媒介在这些冲突中通常充当斗争工具，有时被独裁、有时被与它们斗争的运动所用，而且在民主政治时期被相互角力的政党所用。这一历史也推动了媒介的政治化。而温和多元

① 萨托里"把意识形态模式"与"理性主义的思想方法与经验主义和实用主义的思想方法相对立"联系起来，尽管他并没有探究这些文化差异的历史根源（Sartori 1976：137）。在第五章我们会看到，帕特南（Putnam 1973）把意识形态模式归因于极化这一简单事实——政治生活是具有高度斗争性的。

主义对带有较少政治平行性和工具化的商业化或专业化媒介的发展具有建设意义。

历史渊源

欧洲的政治性公共机构是从植根于主要社会转型的一系列冲突中发 62
展起来的：新教改革、工业革命、民主改革和民族—国家的形成。媒介体制也是伴随着这些转型，以及转型所带来的冲突和鸿沟发展的。早期的大众传媒——报纸、图书、小册子和传单——在这些冲突中被广泛应用，而现代大众媒介则只与这些冲突的一些极点相联系。现代报纸是一个世俗的、民族化的、民主和资本主义社会秩序的机构，这些转型以及由此带来的冲突模式对于理解媒介与政治体制的关系十分关键。

在下一章中，我们会着重讲到特定的媒介体制与政治体制历史性的共同发展，这里我们还要讲到一个更广义层面的区分，即北欧与南欧的历史差异。在北欧，自由主义和资本主义建立较早，而南欧国家则到20世纪还经历着自由和保守之间的冲突。这种历史的差别很大程度上是因为北欧和南欧媒介体制的发展模式不同。在北欧大部分国家，封建土地所有者的利益基础较其他欧洲国家薄弱，自由主义力量较早地巩固了他们的统治，在这种模式盛行的地方，政治领域的温和多元主义和法理型权威也有较好发展，新闻专业主义程度相对较高。托克维尔（Tocqueville）指出，美国从一开始就是一个奉行自由主义的国家，后来的党派之争也是建立在自由主义之上的，因此美国也符合这一模式。

在南欧，封建地主和天主教会力量强大，工业化和市场的发展相对滞后，有关政治发展模式的冲突也一直存在。极化多元主义、依侍主义和中央集权主义控制了南欧政治，在媒介体制中，受反改革文化传统、
政治独裁和市场发展不完善的影响，大规模发行报纸从来没有得到过发 63

展，新闻专业主义也受制于依侍主义的制约。当民主政权建立后，出现的却是一批代表各个政党利益的党报，从中我们可以看出，南欧的媒介体制有着很高的政治平行性。

历史对理解当今媒介的重要性可以通过一个例子来说明，那就是报纸发行量还可以反映各个国家在19世纪末建立的媒介模式，图3—1列出了13个国家1890年的识字率和2000年的报纸发行量比率。这两者之间的关联率（用对数转换）约为0.8。北欧和南欧之间的差别在这张图上显而易见。这里我们并不是要说识字率是大规模发行报纸发展的原因（有些时候互为因果）。正如奇波拉所说："识字率只是复杂的社会文化现实中的一部分。"（Cipolla 1969：18）报纸的发展则是社会文化现实的另外一部分。

当然，单个国家存在多种变异，而正如在接下来各章中我们将看到的那样，对这些国家进行更细致的分类，而不是简单地做自由和保守两分。德国和法国就是介于两者之间的例证。虽然北大西洋国家（英国、爱尔兰、美国和加拿大）与北欧国家一样，很早就建立了自由主义体制，但是它们在接下来的政治和媒介发展路径上还是存在不同。我们在中编将努力对不同媒介体制的历史背景给出更精确的观点。

小 结

在本章中，我们研究了一些与媒介体制相关的政治体制变量，从比
64 较政治学和政治社会学中引入的这些变量可以从五个方面加以总结：政权与社会的关系，尤其是自由主义国家与福利民主国家的区别；共识体制与多数至上政府的区别；组织化多元主义或法团主义与自由多元主义的区别；法理型权威的发展；以及温和多元主义与极化多元主义的区别。我们相信，这些与媒介体制的特点紧密相关。鉴于我们研究的不成熟性，这里所提到的一些关联只能被视为假说。尽管如此，我们还是会

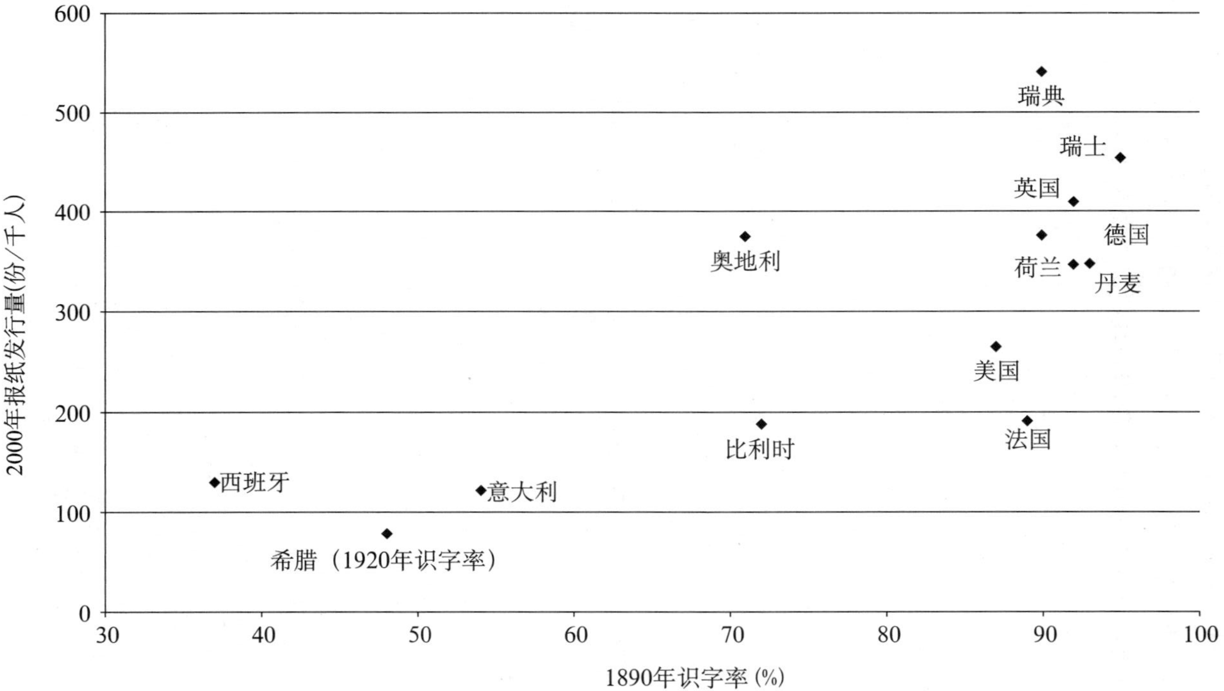

图 3—1　1890年识字率与2000年报纸发行量的关联

* 原书无发行量单位，根据数字推断，纵轴单位应为份/千人。——译者注

对它们尽力加以阐述。此外我们还认为，这些关联有其历史根源，包括资本主义建立时间的长短，以及政治民主和媒介市场的发展情况等。

我们将在下一章介绍关于特定体制发展的三种媒介体制模式，并将讨论构成分析这三种媒介体制基础的一些广泛的理论议题。

第四章　媒介和政治体制与差异化

在第二章和第三章中，我们为比较媒介体制推出了一个框架，以及 66
一些从比较政治学和政治社会学中借鉴的、我们认为与媒介体制有重要相关性的概念。在第三章中，我们还提出了关于特定的政治体制变量如何与特定的媒介体制变量之间相关联的若干假设。在本书的余下部分，我们将努力以更具综合性和历史性的方式来分析这种关联性，并探究如下问题：发展于北美和西欧的关联性的更广泛类型；为什么特定的各组特征倾向于共生的原因；以及这些类型产生的原因、时间和地点。本章将这样开启分析过程：首先，推出媒介和政治体制之间关系的三种模式，这三种模式将组织起我们对特定国家媒介体制的经验性讨论；其次，提出这里所观察到的类型是否可以用差异化理论加以理解的问题。对差异化理论的讨论将引领我们更深刻地看待本书导论中提出的一个议题，即以自由主义模式为标准来衡量媒介体制；它还将带领我们前行，进入第八章中的如下讨论：媒介体制趋同或同质化，以及这是否可被理解为一种“现代化”的过程。

三种模式的推出

我们对本章谈及的媒介与政治体制特征之间关联性的讨论将围绕表 4—1 和表 4—2 概述的三种模式来组织。这些模式的基本特征在这里得到了描述。在本书中编，我们将详尽探究每一种模式，展示其内在逻
67 辑和历史演进。我们已经用两种方式识别了三种模式，一种是根据它们占据主导地位的地理区域；一种是根据政治体制的这样一个关键元素，即我们认为它在每一种模式中对于理解标志着媒介—政治关系的鲜明特征是至关重要的。这样就有了（1）地中海或极化多元主义模式；（2）北欧/中欧或民主法团主义模式；（3）北大西洋或自由主义模式。表 4—1 聚焦于媒介体制，表 4—2 则概述了政治体制和政治史的相关特征。

表 4—1　　三种模式：媒介体制特征

	地中海或 极化多元主义模式	北欧/中欧或 民主法团主义模式	北大西洋或 自由主义模式
	法国、希腊、意大利、葡萄牙、西班牙	奥地利、比利时、丹麦、芬兰、德国、荷兰、挪威、瑞典、瑞士	英国、美国、加拿大、爱尔兰
报业	报纸发行量小；精英政治取向的报界	报纸发行量大；大规模发行报界发展早	报纸发行量居中；大规模发行的商业报界发展早
政治平行性	政治平行性高；外部多元主义，时评取向型新闻事业；广播电视的国会或政府治理模式——政治凌驾于广播电视之上的体制	外部多元主义，尤其是在全国性报界中；历史上有强大的政党报刊；转向中立的商业报界；具有实质性自治的政治融入广播电视的体制	中立的商业报界；信息取向型新闻事业；内部多元主义（但英国是外部多元主义）；广播电视治理的专业模式——正式的自治体制

续前表

	地中海或 极化多元主义模式	北欧/中欧或 民主法团主义模式	北大西洋或 自由主义模式
	法国、希腊、意大利、葡萄牙、西班牙	奥地利、比利时、丹麦、芬兰、德国、荷兰、挪威、瑞典、瑞士	英国、美国、加拿大、爱尔兰
专业化	专业化弱；工具化	专业化强；制度化的自律	专业化强；非制度化的自律
国家在媒介体制中的角色	国家干预强；法国和意大利对报界提供津贴；数度进行新闻审查；“野蛮的解除管制”（法国除外）	国家干预强，但保护新闻自由；报界津贴在斯堪的纳维亚国家特别显著；强大的公共服务广播电视	市场主导型（英国和爱尔兰强大的公共广播电视除外）

表 4—2　　三种模式：媒介体制特征 68

	地中海或 极化多元主义模式	北欧/中欧或 民主法团主义模式	北大西洋或 自由主义模式
	法国、希腊、意大利、葡萄牙、西班牙	奥地利、比利时、丹麦、芬兰、德国、荷兰、挪威、瑞典、瑞士	英国、美国、加拿大、爱尔兰
政治史；冲突与共识类型	民主化晚；极化多元主义	民主化早，温和多元主义（德国和 1945 年前的奥地利除外）	民主化早
共识或多数票决政府	兼备	共识主导	多数至上主义主导
个人化的与有组织的多元主义	有组织的多元主义；政党强大	有组织的多元主义，历史上曾有碎片化多元主义；民主法团主义	个人化的代表制，而不是有组织的多元主义（尤其是在美国）
国家的角色	干预主义，国家和政党对经济强行干涉；数度威权主义时期；法国和意大利的高福利	高福利国家，国家对经济强行干涉	自由主义；较低的国家福利（如美国）
法理型权威	法理型权威发展较弱（法国除外）；依侍主义	法理型权威发展强劲	法理型权威发展强劲

我们会坚持认为，这些模式识别出了既连贯又鲜明的发展类型，而根据这些名称加以分类的各组国家共有许多重要特征。尽管如此，重要
69 的是须记住，这些都是“理想类型”。我们希望，作为以比较视角去组织关于媒介与政治体制讨论的概念工具，它们能够被证明是有用的。但是，它们远远没有完全捕获到特定国家媒介体制和我们已经建立的各主要变量之间的关系类型二者的纷繁复杂性。

尤其是表 4—1 和表 4—2，它们采取极端简化的形式，部分原因是为了要在一页中呈现信息。我们希望它们将有助于读者对我们推出的框架做一个概览。与此同时，我们希望它们会在接下来各章呈现的、围绕三种模式和特定国家的更精细讨论中得到阐释。在此，我们重申第一章提出的若干限定条件：第一，我们在每一个模式下讨论的国家组别在许多方面是异质的，将它们之间的差异最小化不是我们的本意。在一些案例中，这些差异的确将是我们的中心论点。例如，虽然美国和英国经常被混为一谈——在某一点上确有充分理由——被归入自由主义体制，但是我们将努力说明它们在若干重要方面是非常不同的，“英美新闻事业模式”这种普遍观念也许只是一个神话，英国实际上可以被视为处于自由主义模式和盛行于北欧的民主法团主义模式的理想类型之间。法国也是一个混合案例，可以被视为介于极化多元主义和民主法团主义模式之间。举例来说，从报纸发行量来看，法国高于其他所有地中海国家，但是低于欧洲其他国家——这反映了法国特别矛盾的媒介史，它以大规模
70 发行报刊的戏剧性沉浮为标志。比利时也许可以说与地中海国家在某些方面有重要的相似性——例如，政党对公共广播电视相对强烈的干涉。瑞典也许可以说与自由主义体制有一些相似性——例如，公共广播电视强烈拒绝政府的控制——但是在一些方面大相径庭。德国直到 1945 年的归零时刻（stunde null）①之前都是彻头彻尾的极化多元主义体制，1945 年后，其政治和媒介体制在纳粹主义的废墟上重建，在重要的方面不同于北欧的民主法团主义小国。西班牙和葡萄牙在 20 世纪一半的时

① 德文：归零时刻，一切重新开始的时刻。——译者注

间化了独裁制，有别于民主政治的历史要长得多的法国和意大利。在接下来的各章中，我们将处理一些变异，尽管不是各个国家中的所有变异，但根据先前各章中推出的变量，它们在许多情况下可以被理解。

图 4—1 从地理上反映了这些变异，将每种模式显示为三角形的一 71
个角，将各个国家显示为该三角形限定空间上的一个个小点。各个国家的位置反映了我们对它们与三种模式所代表的理想类型的相似性和差异性的尝试性判断。例如，德国与其他我们归入民主法团主义的国家共有许多特征——报纸的大发行量和有组织社会团体的强行干涉政策，包括媒介政策。但是，我们将它置于三角形的中部，基于若干原因，即它既接近极化多元主义模式，又接近民主法团主义模式。它与极化多元主义国家共有一段尖锐的意识形态冲突史；与较小的民主法团主义国家相比，它有更具对抗性的政治风格；并且如同在极化多元主义国家一样，其政党在社会生活中扮演着一种特别强大的角色，就像它们在媒介中的作为一样。与自由主义模式相似，德国缺乏报刊津贴，倾向于在许多媒

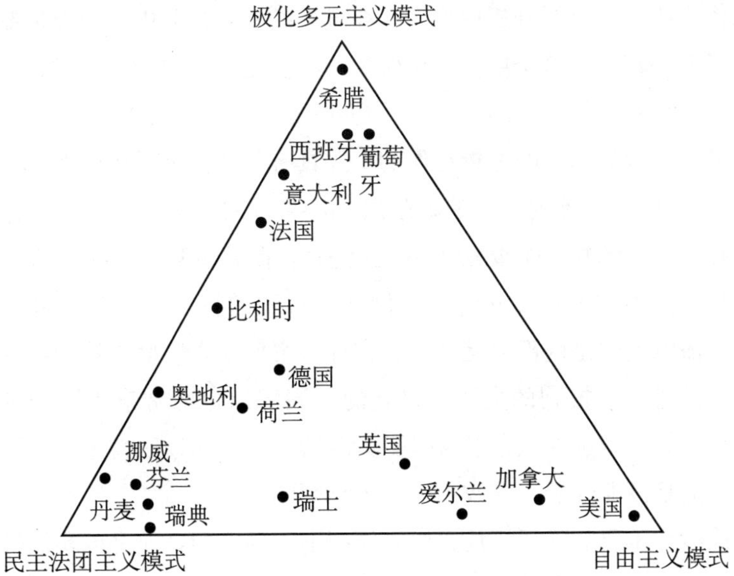

图 4—1 各案例与三种模式的关系

介政策中格外强调私人所有制的特权。根据图 4—1 显示，西班牙和葡萄牙比意大利更远离民主法团主义模式，更接近自由主义模式，因为它们是较低福利国家，这表现在国家较少支持报界和公共广播电视。原则上是有可能根据某一组量化指标在空间中安排各国的，但是第一章我们提到了数据的局限性，更为重要的是，关于如何衡量可能用于建构这些指标的各种标准的概念问题，使得这种方法似乎与其说是启发性的，不如说是误导性的。当然，这些概念问题意味着特定国家的定位是可讨论的。将这些媒介体制再现于两维空间，这显然是从巨大的复杂性中抽取出来的，而且并不意味着替代出现于本书中编的更为复杂的讨论。

同样重要的是须记住，各国的媒介体制都不是同质的。事实上，各个国家本身就不是同质的。例如，许多国家是以媒介和政治体制二者的地区变异为特征的：魁北克（Quebec）和加泰罗尼亚（Catalonia）的媒介在若干方面不同于加拿大和西班牙的媒介，意大利南部和北部的历史、当代经济、政治文化和媒介市场是大异其趣的。在此，我们将民族国家作为我们的首要分析单位——在过去的几个世纪中，媒介体制在很大程度上一直是在这个层次上组建的——但是，重要的是须记住，这在
72 某些方面具有误导性。同样重要的是须记住，并非一种给定体制的每一个元素都是根据同样的逻辑运作的，并具有与政治世界相同的关系种类（这是《传媒的四种理论》的缺陷之一，它倾向于假定社会的特点都会在其媒介体制的每一个要素中体现出来）。在大多数体制中，报刊和广播电视根据不同的逻辑运作——例如，报刊的特征经常是外部多元主义，广播电视则是内部多元主义。在许多案例中，广播电视的组建刻意地不遵循盛行于报刊的类型。报刊的不同部门也经常依不同的逻辑运作——例如，全国性报纸经常是更为政治化的，而地区性报刊在更严格的意义上是商业性的，在政治上是不结盟的。

最后，重要的是须记住，媒介体制不是静止的，而是以实质性的历史变革为特征。这些变革不容易反映在本章呈现的表格中，但是它们将成为接下来各章中的一个中心焦点。当然，许多人认为，当下的主要历

史变移本质上是欧洲的媒介体制向自由主义模式靠拢，这种变化的发生可能已有时日，但是自 20 世纪 80 年代欧洲广播电视商业化开始以来则大大加速了。当然，我们正在讨论的三组国家其 1970 年的媒介体制迥然不同于今天。我们将在下编聚焦趋同的问题。在一定程度上，我们在中编将相对更为强调媒介体制的差异，既包括历史的，也包括当下的，意在努力显示在自由民主体制中发展起来的各种类型的不同逻辑，而正如我们在第一章中所坚持认为的，这从来没有被媒介学者加以概念化。

有人也许想知道，为什么我们推出的各种模式涉及地理上毗邻的国家。当然没有先天的（priori）理由说这是正确的。它只是一个奇怪的历史巧合吗？这是一个在分析的早期阶段困扰我们的东西：媒介体制的差异化果真似乎沿着一种地理格局分布，但是我们不能确定我们可以解释为什么如此。到我们完成实际分析的时候，对我们来说清楚的是，这是有深层原因的。首先，存在过这样的欧洲历史发展的地理格局，它可以解释同组国家的相似性——例如，新教主义和工业革命是在北欧而不是南欧共生的。其次，存在过不同组国家之间影响的重要类型——例
如，英国的政治、经济和媒介制度输出到了爱尔兰、加拿大和美国；法 73
国对意大利和伊比利亚半岛（Iberian Peninsula）有巨大影响，这缘于拿破仑的入侵，它将新闻事业引入这一地区；一个稠密的互动网络也连接了北欧和中欧国家。如果这里涵盖的是 18 个国家的“独立”案例，那么从统计学来讲，我们要观察到我们实际观察到的地理格局的相似性是不可能的——但是，它们当然并不真正是独立的案例；它们的发展是深深地交织在一起的，彼此之间的关系明显沿着地理格局分布。

有了这些限定条件，接下来是对三种模式主要特征的概述，首先聚焦媒介体制的特征，其次聚焦于它们发展于其中的政治语境。

地中海或极化多元主义模式

它以一个精英取向、发行量较小的报界为特征，相应的电子媒介居于中心地位。新闻自由和商业性媒介产业的发展通常姗姗来迟，报纸在

经济上经常是边缘性的，需要获得津贴。报界倾向于高度的政治平行性；其标志是强烈聚焦于政治生活，内部多元主义和评论取向的或曰鼓吹性的新闻事业持续得比欧洲其他地区更为强劲。常见的是媒介被政府、政党和有政界瓜葛的实业家工具化。公共广播电视倾向于采用第三章概述的政府或国会模式。新闻事业专业化不如在其他模式中发展得那么强劲：新闻事业没有高度分殊于政治行动主义，新闻事业的自治性经常受到限制，尽管我们会看到，地中海国家以围绕新闻工作者自治性的特别外显的冲突为特征——在极化多元主义体制中，新闻组织内部的权力和权威一直更加公开地受到异议。作为媒介的所有者、管制者和资助者，国家扮演了一个主要角色，尽管它的有效管制能力经常受到限制。许多地中海国家的特征是，广播电视迅速和不受控制地从国家控制向商业性过渡。也许正如特拉基纳所言，它们以“野蛮的解除管制”为特征。

我们选择将这一类型称为极化多元主义模式，这是因为我们相信，这种类型在很大程度上植根于成为这些南欧国家特征的意识形态的高度多样性和冲突性，而这又植根于自由主义制度的滞后发展。自由主义滞
74 后发展的关联因素有：国家在社会中扮演强大的角色（经常以威权主义的形式），一旦实现民主过渡，政党就扮演强大角色，依侍主义持续具有重要性，法理型权威的发展比较疲弱。我们将在这一模式下讨论法国、希腊、葡萄牙和西班牙。法国在若干重要方面是一个例外，它当然是以极化多元主义、国家的强大角色以及媒介中强大的政治平行性为特征的，但是它的特征还有更强劲的工业化，以及大规模发行报界和法理型权威的更强劲的发展。

北欧/中欧或民主法团主义模式

北欧/中欧或民主法团主义模式以新闻自由、报业的先期发展和非常高的报纸发行量为特征。它的特征还包括这样一段历史，即这一模式的国家拥有强大的政党报纸和与有组织社会群体相联系的其他媒介。在20世纪的大部分时间里，这一模式的国家的政治报界与商业性报界共

存，尽管它在20世纪70年代开始衰落。属于这一模式的国家在历史上政治平行性高，尽管它正在消退；一种温和的外部多元主义和评论取向的新闻事业的遗产持续存在，杂糅以越来越强调中立性专业主义和信息取向型新闻事业。其新闻专业主义高扬，标志是高度正式的组织。在相当的程度上，媒介被视为国家为之承担责任的社会公共机构，新闻自由与国家对媒介的强大支持和管制共存。公共广播电视体制倾向于采用国会或公民/法团主义模式，并伴随着政党和有组织社会群体参与广播电视的治理，但是广播电视也有高度的自治性。重要的是须注意到，若干组通常被认为是不相容的媒介体制特征，历史上在民主法团主义国家共存过：强大的商业性媒介产业与有政治瓜葛的媒介和高度的政治平行性共存；高度的政治平行性还与高度的新闻事业专业化共存；新闻自由和信息自由的强大传统与国家对媒介如同对社会其他部门的强力干预共存。

在民主法团主义国家，自由主义公共机构一般是先期发展的。这些国家通常有组织强大的社会群体；一些国家有碎片化多元主义的历史。 75
在20世纪上半叶，民主法团主义作为将这些群体整合进政治过程的一种体制而崛起（奥地利和德国除外，两国是在第二次世界大战以后引进的）。今天，它们以温和多元主义（尽管带有大于自由主义国家的意识形态多样性）和共识政治为特征。福利国家是强大的，尽管在其程度上有显著的变化。法理型权威也得到了强劲发展。我们将在这一模式下讨论奥地利、比利时、丹麦、芬兰、德国、荷兰、挪威、瑞典和瑞士。

北大西洋或自由主义模式

与民主法团主义模式类似，北大西洋或自由主义模式以新闻自由和大规模发行报界的先期发展为特征，报纸发行量大，尽管如今其报纸发行量低于民主法团主义社会。在自由主义模式中，商业性报纸占主导，政治平行性低下，内部多元主义盛行——英国高度党派性的报界是重要的例外。新闻事业的专业化相对强大，尽管没有盛行于民主法团主义国家的那种正式组织。新闻事业的自治更有可能受到经济压力，而不是政治工具化的限制，尽管后者更常见于英国。信息取向型新闻事业占支配地位，而英国有稍强的评论传统。国家的角色受到限制，尽管美国与加拿大、爱尔兰和英国相比更是如此；在加拿大和爱尔兰，对民族文化的关切赋予国家以强大的角色；在英国，公共广播电视和对商业广播电视的管制都是强有力的。公共广播电视和广播电视管制是依据专业模式而组织起来的，相对强有力地绝缘于政治控制。

当然，自由主义公共机构在这些国家产生得相对较早，而且市场的角色在传统上是强大的，国家的角色相对受限，尽管美国与其他三国相比更是如此。所有四国都以温和多元主义为特征，并倾向于多数至上主义，四国都没有那些在欧洲大陆经常是重要的组织强大的社会群体，尽管英国的程度再次高于美国。在所有自由主义国家，法理型权威发展强劲。

差异化和去差异化

76 我们可以在宏观层面上说，在自由主义国家，媒介比较接近商业世界，比较远离政治世界，进而概括这些体制之间的差异。在极化多元主义体制中，媒介被相对强有力地整合进政治世界；而在民主法团主义国家，媒介与经济和政治世界一直都有密切的联系，尽管近些年来有一种脱离政治瓜葛的重要转向。正如我们会在第八章中提到的那样，所有国家如今都有一种这样的趋势：迈向媒介商业化，新闻事业和其他媒介相关职业的专业化曾经连接媒介和政治世界——最为特别的是政党和其他有组织的社会群体——的纽带的相应分离。从这个意义上讲，有一种向自由主义模式的趋同。

要分析各种体制之间的差异类型和它们后来的趋同，一个具有明显相关性的理论视角是差异化理论的传统，它起源于涂尔干，并经历了塔尔科特·帕森斯（Talcott Parsons）的系统理论。差异化理论并不经常被明显地用于当代媒介研究。然而，它时兴于一个较早的时代：在 20 世纪 60 年代关于比较性媒介体制的著作中，有许多与“现代化”框架相联系，而这个框架与差异化理论关系密切（如 Pye 1963）。从差异化理论中提取的许多假说都被嵌入关于媒介体制的传统观点中，尤其是这样的看法：自由主义模式是最“现代的”，向这一模式的趋同可以被理解成“现代化”。在本节中，我们会更清晰地解释差异化理论的假说，在宏观社会学层面上将其与理解媒介体制和媒介体制变革的替代性框架相对比，并着眼于与这些视角的关系来定位我们自己的分析。在第八章讨论媒介体制趋同时，我们将继续这种讨论，以得出关于差异化理论对媒介体制研究的适用性的进一步结论。

差异化理论

涂尔干在《社会分工论》(*The Division of Labor in Society*)（Durkheim 1893）一书中将各种职业的分立称为一种横向的社会差异化，他认为，随着各个有特殊功能的社会团体的功能的细分，现代社会变得越来越复杂了。涂尔干的如下观点，即社会增加了的复杂性需要社会角色和公共机构的功
能差异化，对帕森斯的进化论至关重要。帕森斯（Parsons 1971：26）将 77
差异化定义为“一个社会系统中的一个单元或结构成为两个或更多对于该系统而言特征和功能意义不同的单元或结构的分化”。他将原始社会向现代社会的社会变迁过程称为最初混合于其中的社会功能被分离的过程，例如，政治分殊于宗教和分殊于经济。

帕森斯思想中的至少三个主要观点被他的追随者运用于媒介研究。第一，帕森斯指出了进化过程的重要性：从一种最初的功能和社会进步统一体发展成一种专门化的状况。第二，增加了的专门化功能需要有整合机制来将不同的子系统互相联系起来，传播系统就被委以发挥这种整合作用的重任。第三，差异化增强了每个子系统以及整个社会的适应能力。当然，这种进化论暗指现代性的必要性和优越性，而这是许多批评的焦点所在，帕森斯和结构功能主义被批为保守的和族裔中心的，本质上是为现存社会秩序做辩护的。

差异化理论的另一个有影响的版本来自尼克拉斯·卢曼（Niklas Luhmann）①。与帕森斯的进化论相比，卢曼的版本是更严格的意义上的功能主义，可以说是更为愤世嫉俗的②。卢曼认为，由专门化大众媒介体制所生产的社会知识与由“智者、教士、贵族、市民以及由宗教和由政治上尊贵的生活方式”所生产的社会知识是如此刻板，以至于人们说不出是退步还是进步（Luhmann 2000：85）。他否认现代性具有优越性的主张，进而在这个意义上，其观点与帕森斯分道扬镳。然而，他们的观点在许多其他方面是非常相似的。

公共舆论——卢曼在一份著名报纸上以它为题刊文，认为舆论在功能上必须被设想为用以聚焦公共讨论的论题。这些论题被理解为据文“人们可以讨论，有相同或不同意见”的多组意义（Luhmann 1978：
78 94）。卢曼认为，从这个角度讲，公共舆论在更为传统的普遍意见的意义上“也许不存在”。在微组织层面上，论题允许在不同的合作者之间开展对话，以及在更宽泛的系统视角下组织公共讨论和使它成为可能。对卢曼来说，一个意见论题必须有一些特征：它必须是一般性的，目的在于简化公共讨论而无须将它分解为几个形成对照的细流。论题（关于一个特定主题的信息）和意见（对同主题的判断和评价）之间还应该有精确的区分。如果这二者没有分开的话，那么合作者之间的适当讨论就没有可能：他们将不能平等地开展对话，并且将受到操纵。

卢曼极为强调他所谓的公共传播过程中的“自我参照性”（Luhmann 2000：37），并认为媒介“自主管理自己的选择”（Luhmann 2000：23－24）。传播论题的生成在各个社会子系统的任务功能分配中

---

① 尼克拉斯·卢曼（1927—1998），德国社会学家，杰出的社会系统理论思想家。1949年，卢曼从弗赖堡大学获得法学学士学位。1961年赴美国哈佛大学，在社会学大师帕森斯门下从事社会学研究。后长期担任明斯特大学社会学教授。他是宏大理论的鼓吹者，曾与哈贝马斯就社会系统理论的潜力进行著名的辩论，一生出版70多本书和400篇学术文章，主题包括法律、经济、政治、艺术、宗教、生态、大众媒介和爱。他的高度抽象的理论以传播为核心要素，其系统理论涉及三个主题：第一，系统理论作为社会理论；第二，传播（交往）理论；第三，进化理论。——译者注

② 说卢曼愤世嫉俗，是指他拒斥任何被启蒙的公共舆论的观念；在卢曼看来，媒介提供的不是启蒙（即便只是作为一个理想目标），而是激愤。

占有特殊地位。卢曼特别区分了注意规则和决定规则，前者属于传播领域，后者属于政治制度领域。通过大众媒介，传播论题被注意、被分析并被提交给政治体制。引起对重要问题的关注，正是媒介体制所组织的公共舆论的功能，但是政府或者更广泛意义上的政治体制有责任就这些问题做决定——媒介和公众开展讨论，但是不做决定。围绕论题组织公共讨论简化了社会复杂性，否则这种复杂性是无法管理的。为了发挥这一功能，传播工具必须独立于其他体制，尤其是独立于媒介为其发展出辩论议程的政治体制。 79

另一位从差异化理论的视角更明确地就媒介做出比较性表述的是亚历山大（Alexander 1981）。对亚历山大来说，如果一个社会的新闻信息体制自主于其他社会体制，它就可以被称为“现代的”。

> 在一个现代化的和差异性的社会中，媒介是具体的社会交往的功能替代物，因为人们无法接触社会的全貌。的确……媒介只有伴随着社会差异化自身才能崛起。一个社会越“现代”，它的媒介就越重要。灵活的规范生产的可能性在于仰仗新闻媒介摆脱其他子系统中的团体和制度的自主性。如果新闻被政治当局控制，它就不能从相互竞争的政治和规范视角来评价政治事件或描述它们的特征。新闻媒介还必须——当然是在相对的意义上——独立于更具有一般意义的价值生产公共机构，如教会、大学和政党。最后，在经济维度上，尤其是在社会阶层上，必须有结构之间的差异。

亚历山大分析了新闻媒介在西方社会的发展——特别聚焦于美国和法国——作为媒介与政治群体、国家、宗教等其他社会团体的逐步差异化的过程。在“法理型社会”（用他的术语来说），新闻事业遵循着一条与国家平行的路径：他们都在争取相对其他社会公共机构的独立和自由。根据亚历山大的看法，新闻媒介逐步差异化的过程是三大力量的后果：针对与预先存在的社会秩序相联系的鼓吹性新闻事业的种种形式，由新的社会群体提出的更具普遍主义意蕴的信息的需求；引向新闻事业自治的专业规范和自律的成长；“民族公民文化中普遍主义的程度”（如同我们将在接下来的各章中努力说明的那样，后者与法理型权威、温和多元主义，以及——尽管较不专有地——与多数至上主义相联系）。亚历山大还非常明确地指出，自由主义模式，尤其是在美国发现的那种，接近于差异化的媒介体制的理想模式（请注意，卢曼在强调新闻与意见分离时，似乎也赞同自由主义模式）。

毋庸置疑，差异化理论对理解各种媒介体制之间的差异是有用的。我们所使用的许多概念与它相关。专业化在差异化理论中是一个核心概念，它显然可以根据新闻事业与其他职业和社会实践种种形式的差异化程度来加以理解。政治平行性的许多要素——最为明显的是政党与媒介的组织联系——可以根据媒介与政治体制之间的差异化程度或差异化缺失来加以理解，尽管不清楚的是，**是否任何**形式的政治平行性都能被视为表明媒介体制差异化的缺失——例如，不清楚的是，某种程度的外部
80 多元主义是否与媒介体制的差异化不相容。媒介独立地做出判断并不一定意味着它们每每必须做出相同的判断，而不能有不同的意识形态取向。与此类似，在我们关于国家角色的分析中，尽管不是全部，但是有一些可以根据媒介与国家之间的差异化或差异化缺失来加以理解。国家在与其他社会公共机构的关系上有多积极，这与国家是否在结构上与它们有差异是不同的问题；一个差异化强烈的国家经常是一个活跃的国家，而国家的活跃不一定威胁到其他社会子系统的差异化，积极的媒介体制也不一定威胁到差异化。例如，报刊津贴可能会威胁媒介相对于国家的自治性，但是在具有强大法理型权威的社会，津贴分配受到清晰的标准的管束，通常就不会产生这种结果。

就三种媒介体制而言，自由主义模式以媒介相对于“其他社会团体”——尤其是那些在历史上活跃于政治领域中的政党、利益集团以及一些情况下的宗教群体——的高度差异化为特征。另一方面，极化多元主义模式和民主法团主义模式以媒介与这些有组织的社会和政治群体的较低程度的差异化为特征，而民主法团主义国家近年来出现了走向差异化的趋向。正如我们将在第八章中看到的，在我们研究的所有国家中，都不同程度地出现了政治体制走向差异化的趋向，并且的确与亚历山大指出的三种力量有关：由新的社会群体提出的更具普遍意蕴的信息的需

求；专业规范和自律的成长；普遍主义政治文化的发展。

与此同时，还有许多问题伴随着差异化理论，尤其是伴随着这样的观念：媒介史可以被理解为趋向更大差异的直线运动。在此，有必要引入社会系统中关于媒介角色的两种形成对照的视角：批判理论的，尤其是哈贝马斯的视角；以及布迪厄的和从布迪厄那里汲取养分的法国媒介社会学家的视角。在每个案例中，我们相对扼要地引入这些视角；在第八章中，我们还会针对差异化理论对这些视角加以更为系统的评估。

差异化理论批判：哈贝马斯与布迪厄

对于哈贝马斯而言，公共领域的历史特征不是差异化，而是去差异
化。“集体意志的形成”——在其中公共议题能够得以讨论，自主的公 81
共舆论得以形成——这个初生领域兴起于自由主义公共机构发展的早期岁月；而到了后来，这一领域随着商业性大众媒介的发展发生崩解而进入了市场，并随着政党、国家以及其他利用其社会资源、政治权力控制力以及公共关系技巧的大型权势权力组织而进入政治权力体制，以支配公共传播过程。公共领域的去差异化，部分是哈贝马斯所指涉的由政治和经济权力体制造成的“生活世界的殖民化”（“colonization of the life-world”）①。从这个观点来看，自由主义模式——媒介商业化发达得多，公共关系的系统运用也是如此——是否代表了比其他模式程度更高的差异化和“现代化”这一点并非是确切的。

与哈贝马斯一样，布迪厄也认为源于韦伯和涂尔干的差异化理论的帕森斯系统理论中的关键要素是有问题的。在布迪厄的场域理论中，“场域”被定义为有自己的“游戏规则”、实践准则和评价标准的社会行动领域。说新闻事业或媒介作为一个场域出现，就是说它们作为行动领

① 哈贝马斯把社会分为“生活世界”和“系统（体制）”两个层面。“生活世界的殖民化”是指经济活动和行政活动日益倾向于效率最大化，维持着两种体制的媒介，即金钱和权力的作用越来越大，逐渐取代语言而成为人们相互交往的控制媒介。文化的商品化、专家系统对日常生活的侵入，尤其是经济和政治利益对公共领域的制度性同化，都把生活世界技术化了，剥夺了社会行动者自身行动的意义。——译者注

域已经分殊于其他场域。布迪厄为场域的自治性明确表达了一种规范性偏好。他将“场域”分为“他治的”（“heteronomous”）和“自治的”（“autonomous”）两极，前者是场域中受其他场域影响最强烈的那些部分。

> 在布迪厄的模式中，总体性支配存在于一个场域支配其他所有场域的时候，以及整个社会只有一种可接受的“人的成就的定义”的地方。场域的自治性是得到珍视的，因为它为适合每个场域的具有充分创造性的过程提供了先决条件，对等级化的支配体制施加的“符号暴力”提供了最终抵御（“symbolic violence”）（Benson 1998：465）。

然而，布迪厄并不认为有一个走向更大差异化的发展进化过程。场域随着在其内部运行的各动因之间的斗争过程而变化，而变化的方向并不能预先确定。根据运用布迪厄理论的传媒学家的看法，当代法国实际发生的情况是，媒介场域更加远离政治场域，而更接近越来越具有支配性的经济场域[①]（如同我们将在第八章看得更详细的，差异化理论家通
82 常几乎不谈商业化，这也是差异化理论运用于媒介中的一个模糊之处）。此外，在媒介场域——它以精英性的印刷报界为代表——的内部，自治一极已经将地盘拱手让给了首先是以商业性电视为代表的他治一极。最后，媒介在社会上的作用变得更加重要，这与卢曼、亚历山大等人的观点一致——但是，根据布迪厄的观点，由于这个后果，其他文化场域随着它们越来越受到媒介场域的影响而失去了自主性（布迪厄特别认为，大众媒介不断上升的威望已经扭曲了学术场域，后者日益受到其声望来自学术圈之外的“他治的”知识分子的支配）。因此，以这种传统来工作的布迪厄和其他法国学者描绘了一幅复杂的画面，媒介变革在其中涉及相当程度的去差异化。

---

① 关于布迪厄场域理论及其在媒介研究中的应用的概要，可见本森（Benson 1998）、马利埃（Marliere1998）、本森（Benson 2000）和内沃（Neveu 2001）的研究。布迪厄从未非常直接地就媒介进行撰述，稍稍相关的只有《关于电视》（*On Television*）（1998）。但是，有一个大型媒介学者共同体——主要集中在社会学受惠于他的观点。

权力问题

对差异化理论最常见的批评之一是它没有关注权力。差异化理论通常关心的是社会公共机构之间的关系，而不是各种动因或社会利益集团之间的关系；它可能暗示，伴随着差异化过程，权力基本上会消亡，或者消散到这样的程度：它不是一个显著的社会议题。当差异化理论被运用于媒介研究时，它暗示在高度差异化的自由主义模式中，权力应该是最分散而不是最集中的，因而也是最不显著的。在我们概述的三种模式的权力分配中，我们事实上找到什么显著的差异了吗？关于对媒介的近用权以及各种利益集团和观点的代表性，各种模式之间在不平等的程度上有重要的差别吗？

尽管有各种各样民族传统内媒介与社会和政治权力结构之间关系的相关文献，但是没有以系统性的比较方法来研究这一问题的真正尝试。因此，确定地回答这些问题非常困难。[①] 本书所考量的所有体制都是多元主义民主体制。在每一种体制中，具有广泛多样性的政党、社会群体 83
和运动（有组织的和无组织的）、个人和公共机构为发表言论和争取权力而展开竞争，媒介体制在诸多方面反映、体现和塑造这种多元主义。与此同时，一切都是权力体制。在每一种体制中，这些行动者之间的关系存在着结构性的不平等；比起他者，一些行动者对资源的近用权要大得多，并处在更佳位置上来施加影响。媒介不仅应当被视为是民主竞争过程的一部分，而且是这种权力结构的一部分。就像关于自由主义模式优越性的传统观点一样，每一种体制中的媒介批评家们也倾向于认为，篱笆那一边的草一定更绿。因此，在自由主义国家，媒介批评家经常将民主法团主义体制——尤其是具有媒介与有组织社会群体相联系传统的斯堪的纳维亚的那种——视为对支配其体制的商业性媒介的一种更民主

[①] 有趣的是，自由主义国家聚焦于权力的媒介研究文献多于其他国家。例如，英国或美国的媒介学者运用葛兰西学说的可能性比意大利人大得多。反讽的是，其中一个原因是：定量的经验研究的“盎格鲁—撒克逊”传统——它通常规避权力问题——在大部分欧洲大陆国家可能比在英语国家更主流；而在英语国家，“批判”传统自从 20 世纪 70 年代以来一直有着显著的影响力。

的替代物。但是，被英国人和美国人视为多元主义的一种奇妙形式的东西，可能被斯堪的纳维亚国家的研究者看做社会中权势利益集团精英的一种控制媒介的形式。同时，极化多元主义国家的媒介批评家们会认为自由主义体制的“看门狗”新闻界更为民主，而自由主义国家的学者将这些同样的商业力量和专业常规视为相对狭窄的意识形态范围内限制新闻报道的约束因素。哪些种类的群体或思想将有近用权，哪些和在什么条件下将具有主导性，这些无疑有着复杂的差异类型。鉴于这一领域研究的有限状况，这些对研究本身来说是非常重要的；然而，我们只能在接下来的数页中对这些差异一笔带过。然而，我们非常怀疑这样的想法，即这三种模式可以被安排成任何一种公共领域开放性的位阶序列。我们也怀疑，向自由主义模式趋同可以被视为媒介与权力体制的分离。如同我们会在第八章中看到的那样，媒介与有组织社会群体的悠久联结是欧洲许多国家的特征，而这种关系的中断势必带来各社会利益集团代表难以确定的更大不平衡，而不是更大的开放性和多样性。

84 如果很难论述权力在不同的媒介体制中是否大体平等分配，那么可以试着论述在不同体制中**权力如何运作**。例如，在民主法团主义国家内部，媒介与有组织社会群体的关系历来是极端重要的；而在自由主义国家，市场力量（例如，使得媒介对受众中的某些断片更在意）和新闻工作者据以与个体的政治行动者互动的常规一直是更具有中心地位的。在此值得提出一个重要的总体分殊。新马克思主义国家理论在 20 世纪 70 年代引入了关于国家的“结构主义”和“工具主义”理论之间的分殊（如 Jessop 1982；Block 1987）。[①] 工具主义理论聚焦于特定政治行动者以有意识和直接的方式，通过威胁利诱、个人关系等来行使的权力。结构主义理论聚焦并偏向于政治过程结果的非个人的机制或结构，这种机制或结构给予行动者不平等的近用权，或者约束了政治过程的结果，而

① 这些著作描述了 20 世纪 70 年代所谓的普兰查斯一米利班德辩论（Poulantzas-Miliband debate）。米利班德（Miliband 1969）提供了关于政治权力体制中媒介角色一个早期的但是并非不精细的马克思主义分析。

不一定要求任何特定的行动者加以干预。[1] 国家的结构主义理论还倾向于侧重国家对社会阶级和其他行动者的“相对自主性”，强调国家倾向于明显地根据它的自身逻辑运行，而非纯粹受制于其他社会领域的逻辑——尤其是经济逻辑或社会阶级之间的关系。这一类文献普遍认为，结构主义理论比工具主义理论精细，后者被视为粗糙的“阴谋”论。然而，这一类文献大多数聚焦于北美和北欧体制的经验；在其他体制的语境下，工具主义理论可能会更完善。

类似的一个分殊对于媒介研究可能是有用的。正如我们已经看到的那样，极化多元主义国家倾向于以较高程度的媒介工具化为特征。工具化在自由主义和民主法团主义体制中当然也不缺席；鲁珀特·默多克（Rupert Murdoch）在英国、康拉德·布莱克[2]在加拿大，或者阿克塞尔·施普林格（Axel Springer）[3] 在德国，用工具主义的术语说，他们的政治角色都可以被视为显著的工具化。而且，权力的清晰的“结构”形式也存在于极化多元主义国家。[4] 但是一般而言，结构性机制在自由主义和民主法团主义国家可能更为重要，在那里媒介的相对自主性更强。根据是在美国、英国和加拿大发展起来的大量文献，这些机制的中 85

① 这种分殊与卢克斯（Lukes 1974）所做的权力的三张“脸谱”的分殊相联系：具有更大的资源近用权的行动者行使的权力；源于制度结构偏向性的权力；以及源于主导性文化的影响力的权力。

② 康拉德·布莱克（1944— ），加拿大出生的英国上议员、男爵、报业主。他曾是世界第三大报业主，控制霍林杰国际公司。通过附属企业，该公司曾出版英国《每日电讯报》（*Daily Telegraph*）、美国《芝加哥太阳时报》（*Chicago Sun-Times*）、以色列《耶路撒冷邮报》、加拿大《全国邮报》（*National Post*）等知名报纸以及北美数百份社区报纸。2007 年，一家美国法院以欺诈罪判决他 6 年半监禁，2010 年 7 月他获准保释。2011 年 6 月 24 日，他因邮件欺诈和妨碍司法被重新判决 42 个月监禁；扣除已经服完的 29 个月，他于 2011 年 9 月 6 日返回监狱，再服刑 13 个月。——译者注

③ 阿克塞尔·施普林格（1912—1985），德国报业主。早年做过电影放映员、沃尔夫通讯社和地方报纸记者。1946 年创办阿克塞尔·施普林格出版社（报业公司），1948 年起出版《汉堡晚报》（*Hamburg Evening Newspaper*）、广播电视指南杂志《听》。1952 年创办发行量后来长期高居欧洲日报之首的通俗报纸《图片报》（*Bild*）。此后继续创办和收购以娱乐和保守政治为特征的《世界报》等报刊。如今，阿克塞尔·施普林格出版社是欧洲知名报刊和在线媒介公司，拥有超过 230 份报纸和 80 份以上的在线出版物。——译者注

④ 例如，桑佩德罗（Sampedro 1997）基本上是用制度的或结构主义的术语分析了西班牙关于反对强制兵役制的运动的新闻报道。

心是，新闻事业的专业常规可以被视为嵌入这样的新闻生产过程中：它既包括媒介与各种消息来源的差别性联系，又包括关于新闻价值和解释的文化和意识形态标准。

小 结

在本章中，我们推出了关于 18 个国家的讨论的三种模式，这些国家的媒介体制形成了本书的经验性基础。在中编，我们将详细探究三种模式的逻辑和历史演进，可见于这些发展类型中的媒介体制与政治体制变量之间的关系，以及特定国家符合或者不符合三种模式的种种方式。

在本章中，我们以差异化理论为框架对理解这些模式的差异和历史演进进行了讨论。我们一直认为，差异化理论为我们保持了一定的距离，去理解媒介体制的广泛差异，尤其是它的如下侧重：媒介体制与政党和基于阶级、宗教、族裔等的社会群体的历史融合，以及各种体制已经达到的脱离这些关系的不同程度。与此同时，我们有充分的理由来质疑西欧和北美的媒介史是追求差异化的非线性运动，或者说三种模式可以根据差异化程度整齐排列。我们将在本书中编分析三种模式及其历史，在下编更加充分地讨论媒介体制走向融合的趋势，然后再更加充分地展开上述论点。现在值得注意的是，我们在图 4—1 中用三角形来代
86 表三种模式，这暗示了与差异化理论的一个重要的不一致之处。如果我们相信媒介体制沿着一条直线路径向着更大的差异化发展，那么就会压垮我们的三角形，而变为一条直线——极化多元主义国家在一端，自由主义国家在另一端，而各个民主法团主义国家处在居中的各个位置上。事实上我们认为，读者将在接下来的许多论述中看到，体制之间的差异不能证明这种表述是成立的。

中　编

三种模式

87 我们在中编要详尽审视三个国家群体中各自的媒介体制，探寻上编介绍的三种模式中各自的逻辑和历史演化。我们在第五章讨论地中海或极化多元主义模式；第六章讨论北欧/中欧或民主法团主义模式；第七章讨论北大西洋或自由主义模式。在每一个案例中，我们努力强调的既包括界定这三种模式的共同要素，也有单个国家的媒介体制不同于三种理想模式的方式。中编的每一章都以讨论报界的历史起源开篇，继而讨论该媒介体制的特征，最后一节转向讨论媒介体制演化的政治语境，分析第二章推出的媒介体制变量与第三章推出的政治体制变量的关系。对三种媒介体制的讨论基本是围绕我们在第二章介绍的四个变量来组织的：媒介市场，尤其是大规模发行报界的发展；政治平行性；新闻专业主义；国家的角色。然而，各章的具体结构多少有点变化，这是因为不同的议题需要在不同的案例中进行延伸讨论。例如，在极化多元主义模式案例中，我们从最初对新闻事业专业化的讨论转向对媒介工具化的延伸讨论；在民主法团主义模式案例中，我们加入了对商业性媒介市场与政治平行性的复杂关系的特别讨论。

第五章　地中海或极化多元主义模式

1974 年和 1975 年，希腊、葡萄牙和西班牙抛弃了西欧的最后三个 89
威权主义政权，开始了向自由民主的成功转型。这些转型激发了历史学家和社会学家将“南欧”作为一个具有独特历史经验的地区进行研究的兴趣（如 Gunther，Diamandouros and Phule 1995）。南欧通常包括在 20 世纪 70 年代中期转向民主的这三个国家和意大利——虽然它较早实现了那种转型，但是与其他三个国家在许多历史和结构特征方面拥有共同点。在对南欧的讨论中，法国也经常被提及，尽管它几乎总是作为一个边缘案例来被论述。将南欧——以及较低程度上的法国——与其他西欧国家和北美区分开来的要素，是包括资本主义工业主义和政治民主在内的自由主义体制发展较为滞后。**旧制度**——土地贵族制、绝对主义国家、天主教会或正教会——的力量在这些地方比较强大，而自由主义只是在许多情况下一种延续的政治冲突，直到 20 世纪之后自由主义才获胜。这段历史的一个重要遗产在于，与北欧和北美相比，南欧的政治光谱更为宽泛，政治差异更为鲜明。如同我们在第三章中所看到的那样，这就是政治科学家所谓的极化多元主义。在本章的最后一节，我们会回过头来更加系统地探究这种政治语境是怎样塑造南欧的媒介体制的。

我们认为，西欧[①]的地中海地区向民主转型的滞后和争议，产生了媒介与政治世界独特的关系类型。地中海国家的大众媒介曾经深深涉入
90 成为该地区历史标志的政治冲突，并有一种将它们视作意识形态表达和政治动员工具的强大传统。与此同时，商业性媒介市场的发展相对低下，这使得媒介经常依赖国家、政党、教会或私人富豪庇护者，阻碍了专业化和媒介作为自治性公共机构的发展。这些类型正在变化：如同我们将在第八章更为详细地看到的那样，正在改造整个欧洲的媒介全球化、商业化和世俗化的力量在地中海地区势头强劲。尽管如此，地中海国家的媒介在重要方面仍然是与众不同的。

无论是在媒介体制、政治史还是社会结构方面，法国显然是一个边缘案例；从三种模式的角度看，法国可被看做居于“极化多元主义”与“民主法团主义”之间的某个位置。我们决定将法国归入地中海国家基于两个理由：其一，我们认为，媒介的倾向性被政治领域主宰这一“极化多元主义”体制的特征足够鲜明，因此法国比其他国家更加吻合这一模式；其二，法国的媒介与其他南欧国家的媒介有着强有力的和直接的历史联系。正是拿破仑的入侵将现代报纸带入意大利和伊比利亚半岛，法国的新闻事业在许多方面是这一地区新闻事业的典范。

新闻事业的政治和文学渊源

在南欧，媒介更多的是作为政治和文学世界，而不是市场的一种公共机构发展起来的。在北欧和北美，媒介在市场经济中的成功依赖于贸易、航海、科技和政治信息的稳定流动，商业资产阶级对第一批报纸的发展发挥了关键作用。随着越来越多中产阶级、工人阶级和农民阶级——包括男性和女性——进入市场，并通过群众性政党的发展进入政治过程，大规模发行报界开始发展。

---

① 原书如此。疑为南欧。——译者注

当然，这一过程中的一些要素在地中海国家，尤其是法国和意大利北部发展起来。事实上，威尼斯（Venice）一度曾是欧洲最重要的印刷业中心，早期报纸在那里发展，就像它们在北欧的贸易城市发展一样。 91
然而，反宗教改革的开端破坏了威尼斯的印刷业，它作为印刷中心的地位被阿姆斯特丹（Amsterdam）取代了（Briggs and Burke 2002：57－58）。总体来说，资产阶级在南欧的发展较为薄弱，早期报纸更多地与贵族有关联，他们的财富基础是土地而不是贸易。哈贝马斯在关于公共领域的著作中所描述的文学沙龙多由贵族而不是资产阶级光顾；而在南欧，"文学公共领域"时期持续得相对长久。巴尔扎克（Balzac）的《幻灭》（*Illusiones Perdues*）或莫泊桑（Maupassant）的《漂亮朋友》（*Bel Ami*）中描写的新闻世界很大程度上是由贵族主导的。19世纪初，意大利的新闻事业也是如此（当时"便士报"刚刚开始在美国发展）。在意大利，同样与拥有土地的贵族关系密切的教士扮演了特别中坚的角色（Murialdi 1986；Farinelli 等 1997）。在描述19世纪意大利报纸的读者时，里库佩拉蒂（Ricuperati）写道："我们发现了一个文人的世界，那是一个由饱学之士、神学家、大学教授、科学院成员所组成的公众群体：教士强大和重要的存在。"（Ricuperati 1981：1087）里库佩拉蒂估计，这一时期供职于意大利报纸的一半新闻工作者是神职人员。在南欧，19世纪报纸的宗旨是表达文学和政治两种观点。巴尔扎克这样描述"报界"：

> 该词汇被用来表达在政界和文学界定期出版的一切，在那里，人们评判管理者和写作者这两类人的工作，也就是领导人们的两种方式。（引自 Ferenczi 1993：28）

这一地区的学者用相似的用语描述新闻事业的渊源：意大利历史学家阿尔贝托·阿索尔·罗萨（Alberto Asor Rosa 1981）谈到了意大利新闻事业史的两个 *filoni*（血脉）：文学的和政治的；内沃（Neveu，1991）谈到了法国新闻事业史的 *tropisme litteraire*①和 *tropisme poli-*

---

① 法语：文学取向。——译者注

tique[①]（参见 Chalaby 1996）。

自 19 世纪 80 年代开始，商业性报纸在南欧兴起，与此同时，北欧、北美和东亚的大规模发行报纸正在发展。但是，真正的大规模发行报界从未在任何一个地中海国家充分崛起，而这一进程在法国走得最远，这
92 是法国作为一个边界案例的一个重要方面。今天，法国的报纸发行量高于所有其他地中海国家，但是低于所有其他西欧国家。法国的报刊史以新闻自由和读者群体二者的起起伏伏为特征。大革命以及《人权和公民权宣言》带来了早期的新闻自由，报纸总发行量飙升到每天可能高达300 000份，接近于当时的印刷技术所能生产的上限，并高于世界任何其他地方。报纸公众由于报纸投放在咖啡厅等公共场所而翻番，实际上超过较早时期的贵族和资产阶级读者的范围，尽管它按照稍后的标准——在 1 400 万成年人口中可能高达 300 万份（Popkin 1990：82－86）仍然是受到限制的。然而到 1802 年，巴黎整个报界的总发行量降为33 000份。

1881 年，新闻自由在法国重建，从 1881 年到第一次世界大战这一时期一般被称为“法国报界的黄金年代”。以美国便士报［《晨报》（*Le Matin*），由一个美国人经营］为模本的商业性报纸在这一时期起到了重要作用，将法国报纸重新推向发行量之巅。到第一次世界大战开始时，《小巴黎人报》（*Le Petit Parisien*）以其在法国许多地区派送和超过 200 万份的发行量成为全世界最畅销的报纸。法国的每千名居民报纸发行量达到了 244 份，与美国的每千人 255 份基本持平，高于英国的每千人 160 份（Albert 1983：24－25）。尽管商业性报刊声称没有政治性，但是它们没有以自由主义国家的方式取代意见报纸。1914 年，80%的巴黎报纸仍然是意见报纸（Thogmartin 1998：95），尽管按照发行量标准来衡量这些报纸无足轻重。非常重要的是，法国“黄金年代”的大规模发行报界没有发展为强大的和持续性的报纸产业。尽管发行量大，但是法国的商业性报纸不像美国或英国同行那样有利可图。法国的广告市场一直不大，1936 年法国报纸的广告收入据估计只占英国和美国的六

① 法语：政治取向。——译者注

分之一到八分之一（Thogmartin 1998：107；Neveu 2001：11－12）。到 20 世纪 30 年代，充满腐败的法国报业处在严重的衰落中，其中许多受卡特尔控制。纳粹时代的压迫和通敌进一步损害了它的发展，它在第二次世界大战后才得以部分恢复。 93

法国的经历对地中海地区的其他国家有一种非常直接的冲击，尽管这些国家的商业性报刊弱于法国，但是媒介发展的类型大同小异。在意大利和伊比利亚半岛，报刊在拿破仑入侵之际开始成长，而报纸主要用来进行延伸到此后一个半世纪的传统和现代性之间的斗争。在西班牙和意大利，一个有活力的意见报界兴起于 19 世纪，并在意大利的 Risorgimento[①] 和西班牙的卡诺瓦斯复辟（Canovite Restoration）期间在自由国家的建制中发挥了重要作用（Ortiz 1995）。在这两个案例中，重要的政治领袖——西班牙的卡诺瓦斯（Cánovas）[②] 和卡纳莱哈斯（Canalejas）、意大利的加富尔（Cavour）和马志尼（Mazzini）——都是新闻工作者兼政治家：报纸是他们组织所领导运动的基本工具。在大约 1880 年到 1920 年这段时期，商业性报刊市场也发展到有限的程度，报纸试验了已经在美国和英国发展起来的某种形式的信息取向新闻事业。但是，报刊的经济和社会基础总是狭小的。与自由主义或民主法团主义国家相比，市场经济的发展有限。识字率低下，只有国家在教育发展中作用强大（Weber 1976）的法国（Cipolla 1969）例外。在西班牙，1887 年有超过 70％的人口是文盲，到 1940 年约有三分之一的人口还是如此（Ortiz 1995：216）。意大利不仅有相对较高的文盲率——略少于 1870 年统一[③]时的 60％左右——而且还有实质性的语言多样性。只有 2％到 3％的人可以理解统一时被定为官方语言的托斯卡纳方言（Vincent

① 意大利语：统一。——译者注

② 即安东尼奥·卡诺瓦斯·德尔·卡斯蒂略（Antonio Cánovas del Castillo），西班牙保守主义政治家、历史学家。一生以帮助波旁王朝在西班牙复辟和被暗杀最为知名。1876 年起担任首相六年，是 1876 年宪法的主要起草人。——译者注

③ 意大利统一的开始和结束的确切时间难以确定，但是大多数学者同意，统一是随着 1815 年维也纳会议和拿破仑政权垮台而开始，亦随着 1871 年的普法战争而结束，尽管最后一批收复的失地直至第一次世界大战后才加入意大利王国。——译者注

2000：139)。[1] 是电视最终为意大利带来了语言标准化（De Mauro 1979)。到 20 世纪二三十年代，报界的发展被独裁打断，在西班牙和葡萄牙则被打断了数十年。

第一批希腊报纸是土耳其占领时期的流亡报纸，它们持续到了 19 世纪 30 年代。希腊历史的特征是激烈的政治冲突和频繁的独裁政权更迭。希腊报纸主要是作为面向有限读者的政治报纸而发展的。直到 20
94 世纪 60 年代，它们都是以希腊文的一种文学形式出版的，不同于日常生活中所说的 *demotike*[2]，而从 1967 年到 1974 年的独裁统治时期禁止在报刊上使用 *demotike*（Zaharapoulos and Paraschos 1993)。新闻自由在 1820 年引入葡萄牙，但是在整个 19 世纪被屡屡打断。新闻自由最重要的时期是从 1910 年推翻君主制到 1926 年萨拉查（Salazar)[3] 专制的开始。到 1974 年革命时，葡萄牙报刊是欧洲[4]最薄弱的（Seaton and Pimlott 1980；Agee and Traquina 1984)。

与我们在接下来几章要研究其历史的自由主义和民主法团主义国家相比，南欧的商业性报刊的发展总体来说是有限的。另外，在意大利和法国，20 世纪初发展起来的强大政党报刊对这两个国家来说都是漫长的政治民主的一部分。在这一方面，它们的媒介史与民主法团主义国家类似。意大利共产党（PCI）是典型的群众性政党之一，德国社会民主党也是如此；与北欧的群众性政党一样，它有一个严密的公共机构网络，将公民带入它的组织和文化生活中——社交和体育俱乐部、文化组织、图书馆、经济性公共机构以及头等重要的传播媒介。意大利共产党的主要报纸《团结报》（*L'Unità*）是在安东尼奥·葛兰西（Antonio Gramsci）的影响下于 1924 年创办的，20 世纪 60 年代其最高发行量达到约 30 万份，星期日版 70 万份——高居意大利报纸之首（Murialdi

---

① 在所有南欧国家，文盲消失于第二次世界大战之后，今天与欧洲其他地方没有多大差别。

② 现代希腊语口语，用于对话和文学作品。——译者注

③ 即安东尼奥·德·奥利维拉·萨拉查（António de Oliveira Salazar)，葡萄牙独裁者。法学教授出身，1926 年和 1928 年两度短期任财政部长，1932—1968 年被任命为“新国家”的独裁政权总理。文中说法有误。——译者注

④ 指当时社会主义国家以外的“老欧洲”，即本书研究的对象。——译者注

1986)。它的重要性持续到20世纪90年代，尽管它已不再是政党的官方报纸，但今天仍然作为左翼报纸而存在。在意大利，《团结报》在围绕共产党发展起来的大型政治子文化的发展中起到了中枢作用。其中一个活动是组织“《团结报》节”（“Festa del'Unità”），这一年度节日现今还在意大利各城市举行，并且一直是左翼的集体性社交生活的一个重要部分。该党对于这份报纸的成功至关重要，它不仅提供津贴性资金，而且还通过党的组织网络推广发行。其他政党也创办了自己的报纸：最重要的包括基督教民主党的《人民报》（*Il Popolo*）和社会党的《前进报》（*l'Avanti*）。这些报纸对群众性政党与公众进行交流至关重要，在大多数报刊受制于有自己政治人脉和野心的实业家的情况下尤其如此，对此我们稍后会做探讨。

法西斯主义打断了多元主义政党报刊的发展；但是，它们在解放伊 *95*
始强势回归，当时政党报纸作为新兴民主媒介的先驱，加入了其他经常与抵抗有联系的政治取向报纸［如法国哲学家阿尔贝·加缪（Albert Camus）指导的《战斗报》（*Combat*），它一直存在到1974年］。20世纪40年代末，50%的意大利报纸是党报。一个强大的政党报界也在法国发展起来（Barbrook 1995）。共产党报纸《人道报》（*L' Humanité*）在1947年是法国发行量最大的报纸。到1996年，它的发行量下降到不足60 000份，但是仍然被视为一种重要的政治声音。法国文化对这类意识形态报纸生存的重视体现在以下事实上：《人道报》在2001年为求生存被迫出售股份，主要的商业电视公司TF1成为它的一个投资者。

在西班牙和葡萄牙，长期的独裁统治窒息了群众性政党和政党报刊的发展（这两个国家的党员人数都很低）。西班牙的确曾有与佛朗哥的“国民运动”（“Movimiento Nacional”）相联系的“运动报纸”（“Prensa del Movimiento”），但是政党报纸在民主时期没有发挥显著作用。在葡萄牙，萨拉查独裁从来不是一个动员型政权，从来不大重视报刊，在民主时期也没有显要的政党报刊发展起来。在希腊，基于政治依侍主义持续存在这一原因，群众性政党在20世纪70年代之前没有发展起来。因此这两个国家相同的是，真正的政党报界从来都不强大，尽管如同我们将看到的那样，私人所有的报纸经常是具有强烈党派性的。

与宗教相关的媒介在地中海国家中一直发挥着显著作用，这与一些民主法团主义模式的国家（如荷兰）相仿。20 世纪 70 年代，天主教会拥有的报纸《现在报》（*Ya*）一度是西班牙发行量最大的报纸；自由主义的天主教报纸《十字架报》（*La Croix*）在法国群众性政党中发挥着重要作用。在西班牙和葡萄牙，教会拥有重要的广播电台网，在葡萄牙一度拥有一个电视网。在意大利，天主教日报甚至更为重要：《罗马观察家报》（*L'Osservatore Romano*）是天主教会的官方报纸，《前途报》（*L'Avvenire*）是意大利主教组织的日报，今天仍然与该教会组织有联系；在意大利北部，地方教会拥有若干报纸。

地中海国家的报纸——无论是商业所有的还是与政党和教会有联系的——所针对的基本上是一个对政治世界有兴趣的，受过教育的精英阶
96 层。意大利新闻工作者福切拉（Forcella）在 1959 年的一篇随笔中对此有特别出色的表述，其标题是"*Millecinquecento lettori*"——意为"1 500 名读者"：

> 在我们国家，一位政治新闻工作者可以拥有 1 500 名读者：部长们及其属下（二者全部）、国会议员（部分）、政党和工会领袖、顶级教士和那些想要显示自己消息灵通的实业家们。其他的读者不算，即便一份报纸卖出 30 万份。首先，普通读者是否阅读该报头版不清楚，而无论如何，他们的影响力是微不足道的。整个体制是围绕新闻工作者与那个特权群体的关系而组织起来的。

从 20 世纪 70 年代，或者确切地说是从 80 年代开始，所有地中海国家都见证了印刷报刊向更大市场取向的转变。意大利的《共和国报》（*La Repubblica*）、葡萄牙的《公众报》（*Público*）、西班牙的《国家报》（*El País*）、《日报十六》（*Diario 16*）（20 世纪七八十年代）和《加泰罗尼亚报》（*El Periódico de Catalunya*），以及法国的《解放报》（*Libération*）都努力大刀阔斧地增加发行量，将旧有的聚焦政治与更多的人情味、更多的新闻特稿和更多的图片呈现等结合起来。西班牙和葡萄牙是 20 世纪 90 年代世界上仅有的几个报纸总发行量上升的国家。然

而，即便它们不再针对 1 500 名读者，这些报纸仍然可以到达在社会中具有非常特殊的政治和文化身份的、富裕的、受过教育的少数人（如 Delberghe 2000）。回头去看表 2—1 可以确认，地中海地区的报纸发行量目前仍然是欧洲最低的，区间是从希腊的每千人 78 份（2000 年）到法国的每千人 190 份。地中海国家媒介市场的另外两个特征值得注意，一是报纸读者中的性别差异非常大，反映了报界与政治世界的亲密性和将女性排除在政治世界之外的传统；二是历史上女性的高文盲率（西班牙 1910 年为 70%）（Vincent 2000：10）。表 2—2 显示，葡萄牙、西班牙、意大利和希腊在报纸到达率上的性别差异高于本研究中的其他任何国家。例如，在西班牙的案例中，47%的男性和 26%的女性报告他（她）们每天读报。地中海地区的报业还高度依赖报摊销售，而不是订阅——在法国以外的其他所有地中海国家中，超过 90%的报纸是通过报摊销售的，而英国为 59%，瑞典为 28%，荷兰为 10%（World Asso- 97
ciation of Newspapers 2001）。

在地中海地区，小报（tabloid）即煽情主义通俗报纸实际上不存在，《法兰西晚报》（*France Soir*）是一个例外，而它的发行量从 20 世纪 80 年代起就显著下降了。[①] 德国发行人阿克塞尔·施普林格和英国《每日镜报》（*Daily Mirror*）企图在西班牙创办煽情主义报纸，但是双双铩羽而归（Barerra 1995：137－139）。在南欧，部分地填补通俗报纸角色的是在每个国家都重要的体育报刊，以及在某些情况下西班牙语所谓的 prensa del corazón[②]，即拥有几乎清一色女性读者，聚焦名流和人情味故事的每周出版物。[③] 在本书即将出版时，体育报刊的总发行量在意大利超过 800 000 份，在西班牙为 650 000 份，在葡萄牙为 200 000 份

---

① 《巴黎人报》（*Le Parisien*）也曾经是一份煽情主义报纸，尽管它后来重新定位，成为一份巴黎地区可敬的区域报纸。《巴黎人报》和《法兰西晚报》从来都没有像英国小报那样煽情。

② 西班牙语：爱情周报。——译者注

③ 最显赫的是《你好!》（¡ *Hola*!），它起源于 20 世纪 30 年代。费利佩·冈萨雷斯将他作为总统的首次受访给了《你好!》(Barrera 1995：177)。该公司还在英国出版《你好!》。《你好!》不如英国小报那么煽情。有一次它购买了戴安娜小姐（Lady Di）的裸照，这样其他出版物就不能得到和刊登它们。

（而四大综合性报纸总计为 280 000 份）。应该注意的是，第二章报告的千人报纸发行量数字包括体育报纸，因此可以说夸大了南欧报纸的发行量。南欧的地方报纸也是相对欠发达的，唯有法国例外，地方报纸约占总发行量的 70%；它们的读者中精英和男性少于全国性报纸。法国销量最大的报纸是外省报纸《法兰西西部报》（*Ouest France*），约为 700 000 份。

大规模发行报纸之所以在南欧从来没有发展起来，部分原因是直到 20 世纪中期以前都没有发展媒介市场的政治和经济条件——此时广播已成为一种重要媒介，电视开始兴起。任何国家，如果没有在 19 世纪末发展出大规模发行报纸，那么似乎不可能再有机会。南欧仅有的真正大众媒介是电子媒介，因此它对群众公共舆论的形成有巨大的影响。

政治平行性

98 正如历史所昭示的，地中海国家的媒介相对来说是强烈政治化的，政治平行性相对较高，新闻事业的风格倾向于侧重评论，报纸倾向于代表鲜明的政治倾向性，这反映在其读者不同的政治态度上。报纸不时扮演活动家的角色，动员读者支持政治事业。公共广播电视倾向于政党—政治化。新闻工作者和媒介所有者都经常有政治联系或盟约，新闻工作者变身为政治家一如既往地常见，反过来也一样。

希腊是这种类型强有力的例证。从流亡报刊时代起，希腊报纸就一直首先是政治工具，在文化上植根于情感性的意识形态分化，经常与政党/国家相联系，政党/国家为其提供财政津贴、发行配送帮助和其他形式的支援。特别是许多雅典报纸，依然反映着广泛的意识形态，它们的写作经常是高度论战性的。扎哈拉普洛斯和帕拉斯科斯（Zaharapoulos and Paraschos 1993）给出了 1991 年美国总统乔治·布什（George Bush）访问希腊期间的头条标题例证：从“民族的成功：塞浦路斯问题已解决”到“冷淡的布什：恺撒（Caesar）说塞浦路斯不是科威特”不一而足。希腊的新闻工作者倾向于持有强烈的观点和积极地参与政治，并经常竞选政治职位。

法国报纸的政治认同从《人道报》、《十字架报》等政治意识形态清晰的报纸到相对非政治性的地区报纸不一而足。巴黎各大日报反映了广泛的政治倾向性，《世界报》（*Le Monde*）和《解放报》代表中左翼，《费加罗报》（*Le Figaro*）和《法兰西晚报》则代表中右翼。常见于希腊的和曾经见于法国的论战风格大多数消失了（Charon 1990）。然而，正如阿尔贝（Albert 1983）所言：

> 法国的新闻事业一直是表达型的新闻事业，而不是观察型的新闻事业：它对纪事和评论的重视甚于概括和报道。与呈现事实相比，它总是更有兴趣表达观点……由此来说，它根本不同于英美新闻事业，对于后者来说，新闻总是优先于评论。

费伦齐（Ferenczi）认为，当大规模发行报业开始在法国发展时，就包含了基于新闻和信息的英美模式的关键要素。纯粹的“说教和反思”文章让位于一种结合了报道和评论的新闻事业形式。但是，对评论的重视继续存在，正如对文风语体的重视一样，这创造了一种不同于英美的法国新闻事业模式。正如我们将在本章接近末尾处更加详尽地看到的那样，信息取向型新闻事业在20世纪的最后几十年已经更深地嵌入法国的新闻事业，就像调查性报道已经司空见惯一样。但是，法国的新闻事业依然带有一种反映其政治渊源的相对强大的评论重心。表5—1是对《纽约时报》（*The New York Times*）、《世界报》和《费加罗报》进行内容分析的结果，样本取自对20世纪60年代到90年代全国性的政治报道，显示了专用于四种新闻事业功能的段落的百分比；这四种功能为：报道事件和陈述、给出背景、给出解释（通常包括关于一个行动或事件的动机、原因和结果）和给出评论。[1] 在所有三份报纸中，报道功 99

---

① 样本包括《世界报》的318则报道和1 350个段落；《费加罗报》的308则报道和1 350个段落；《纽约时报》的358则报道和3 189个段落；日期随机选自1965—1967年、1995—1997年；对以全国性政治为主题的其他报道进行编码；段落根据首要功能进行编码，在明显具有多种功能的段落中，较积极的新闻事业形式相对于较不积极的形式进行编码——意见相对于解释、相对于背景、相对于纯报道。法国报纸由罗德·本森进行编码，美国报纸由莫罗·波尔托进行编码。

能居主导位置，并占了《纽约时报》90%的段落，占了法国报纸段落70%以上。然而，法国报界显然更重视背景、解释和意见，意见占了《世界报》6.6%的段落，而只占了《纽约时报》不到1%的段落。当《纽约时报》的报道被编码为意见时，通常是新闻工作者对有争议的事实做出结论。但是，法国报纸更有可能围绕政治行动进行政策鼓吹或价值判断。在我们研究的20年——20世纪60年代和90年代中，我们没
100 有发现贯穿始终的差异。

表5—1　　美国和法国新闻报道中段落的功能

	纯报道	背景	解释	意见
《世界报》	76.6	7.5	17.1	6.6
《费加罗报》	70.0	11.3	13.4	5.2
《纽约时报》	90.3	4.5	4.8	0.4

这里有一个法国报界政治报道评论取向的典型例证。1991年6月21日，《世界报》的头条报道是社会党总理埃迪特·克勒松（Edith Cresson）[①] 和保守党主席雅克·希拉克（Jacques Chirac）一次“关于移民的论战”。在大标题之下是一个“*chapeau*”即“帽子”，也就是美国新闻工作者称为报道“由头”的段落，那是一天前克勒松批评希拉克的一个声明。以下是该报高级政治主编之一布鲁诺·弗拉帕（Bruno Frappat）的一篇报道，它是这样开头的（译文尽可能契合典型文学味的法文风格）：

> 是的，移民对法国构成了一个问题。不，过去30年，历届政府既没有看到它的到来，也没有做好适当准备。是的，无效能是普遍的，什么也没有设想到（*n'ont rien vu venir ni rien su maîtriser*），除了在底部（即社会较低层级）。是的，经济暗淡增加了紧张的困苦。
>
> 在无能的背景下，两种话语相互碰撞：否定和歇斯底里。纯真可爱的左派无法掩饰对棘手事实的不安，右翼极端分子每天在用他们简

① 埃迪特·克勒松，法国第一位女总理（1991—1992）。20世纪八九十年代，法国各政党力量分散，大选中谁也没有优势，于是被迫实行左右共治，即右翼总统配左翼总理，或左翼总统配右翼总理。——译者注

单化的、地方酒吧风格的“让他们哪来哪去”的解决办法步步为营。

新鲜的是：右翼，它的眼睛盯着选票箱，掉进了一条普通信息背后的战线。6月19日，雅克·希拉克在奥尔良（Orléans）谈到了“过量用药”，并抱怨“法国工人”，即与移民同住一层的邻居被“噪音和气味”逼“疯了”。在《费加罗报》（的一次访谈）上，米歇尔·普瓦尼亚托夫斯基（Michel Poiniatowski）[①]（一位保守派政治家）自吹自擂比让·马利·勒庞（Jean Marie Le Pen）[②]（反移民的国民阵线领导人）走得“更远”。

这些话散发着一种恶臭。

在意大利——在法国也如此——政治化报界的较早传统被法西斯专制和解放的经历增强了。在法西斯统治下，媒介被期待为政治目的服务——墨索里尼（Mussolini）就是一名新闻工作者。解放以后，第一批报纸执照给了各反法西斯力量。如同我们已经看到的那样，后解放时期一开始，政党报刊就极其重要。随着商业性报纸的复归，它们也会有 101
自己的政治取向，其原因我们稍后会探讨。评论取向的新闻事业就是规则。这里再次引用福切拉（Forcella 1959）的论述：

> 当我开始做新闻时，我以为新闻事业高于其他所有信息、事实、新闻……但是我悲哀地得知，慢慢地，过于缓慢地，我上了大当。对政治性新闻工作者来说，事实绝不会自己说话。它们不是说得太多了，就是说得太少了。当它们说得太多时，你不得不让它们说得温和一些；当它们说得太少时，你不得不将它们加以整合来给出它们的恰当意义。在这个工作中，简洁是一种讨厌的美德（Forcella 1959：454）。

---

① 米歇尔·普瓦尼亚托夫斯基，法国政治家。曾在1973—1974年任法国卫生部部长，1974—1977年任法国内政部部长。——译者注

② 让·马利·勒庞，法国极右翼政治家。1972—2011年任他创建的民族主义政党国民阵线的主席，5次竞选总统，2002年几近当选。他强烈主张反移民、反欧盟。其女马琳2011年接替其职位。——译者注

在20世纪五六十年代，意大利政治报道的主导形式是一种叫 *pastone*[①] 的文章，由最有威望的新闻工作者撰写，并刊登在头版上（Dardano 1976），它结合了当日主要政治发展回顾和新闻工作者做的评论（一种在许多方面类似于法国人称为 *chronique* 和西班牙人称为 *crónica* 的形式）。即便从20世纪70年代起，随着更多商业性报纸的兴起，它们也没有抛弃政治认同和评论取向的新闻事业（Mancini 2000a；Roidi 2001）。《共和国报》是意大利转向更大市场取向报业的先锋，它引入了更生动的写作和图表化的呈现；将它的议题扩大到更多的娱乐和文化，最后是体育和犯罪；聘用了女性采访记者；增加了女性读者。然而，它显然是一份左翼报纸，用它的创始人欧金尼奥·斯卡尔法里（Eugenio Scalfari）的话说，它是提供"取向而不仅仅是事实"的报纸的一个典范（引自 Poggioli 1991：6）。斯卡尔法里在《共和国报》的创刊号上（1976年7月14日，6版）写道：

> 本报与其他报纸有点不同：它是一份并不伪装追随虚幻的政治中立性的信息刊物，而是明确宣布它加入了政治斗争的一方。它是由属于意大利左派的巨大弧形[②]的人们缔造的。

20世纪90年代，为了追求读者，其他两份意大利报纸《独立报》（*L'Indipendente*）和《日报》（*Il Giornale*）转向了更高程度的煽情主义，以某种先前未知的令人惊愕的大标题为特征。它们都是高度政治化的——《独立报》接近右翼的北方联盟，而《日报》传递的是贝卢斯科尼（Berlusconi）的意大利力量党的声音。《独立报》的历史也直观地反
102 映了意大利的新闻文化：它起初是英美"客观的"、中立的报纸的意大利版，标题"冷峻"，新闻戏剧化程度很低。但是，这种尝试不成功。它的发行量一直很小，主编兼创始人被迫辞职；所有者们任命维托里奥·费尔特里（Vittorio Feltri）为新主编，他是一名愿意参加政治斗

---

① 意大利语：新闻综述。——译者注

② 意大利政党众多，左派是由多个政党构成的，所以被形象地称为"弧形"。——译者注

争的广为人知的战斗性新闻工作者。不久，这份日报成了北方联盟的“非官方喉舌”。一些意大利报纸，特别是《新闻报》（*La Stampa*）和《晚邮报》（*Il Corriere della Sera*），比《共和国报》这样的报纸更倾向于提供信息而不是评论。但是一般而言，评论取向的新闻事业在意大利报界向更强烈的市场取向的转变中生存下来了。的确可以说，自从媒介大亨贝卢斯科尼步入政坛后，意大利报界的党派性一直特别强烈。

政治平行性的一个共同表现，就是媒介受众政治取向的显著差异。表5—2显示了1996年意大利报纸读者的政治取向。数字表明，意大利报纸读者的选择仍然受到政治的强烈影响。

表5—2　　1996年意大利读者与党报的政治平行性

	重建共产党	左翼民主派	人民党	北方联盟	意大利力量党	全国联盟
《晚邮报》（*Il Corriere della Sera*）	64	89	120	100	111	100
《共和国报》（*La Repubblica*）	124	156	122	54	34	62
《新闻报》（*La Stampa*）	71	105	81	215	98	65
《日报》（*Il Giornale*）	28	22	8	57	260	188
《今日报》（*Il Giorno*）	0	75	61	246	164	93
《民族报》（*La Nazione*）	84	70	193	0	88	153
《晨报》（*Il Mattino*）	97	88	135	13	99	162
《古钱报》（*Resto del Carlino*）	126	111	135	56	83	85
《南方报》（*Gazzetta Mezzogiorno*）	50	87	27	0	97	203
《团结报》（*L'Unità*）	165	245	19	19	19	35
《前途报》（*L'Avvenire*）	47	47	613	60	27	60

资料来源：萨尼（Sani 2001：205）。

数字表示的是某一政党的支持者中阅读这一政党报纸的人数，以100为基数。超过100意味着这一党报的读者大多是它的支持者，少于100则意味着这一政党的支持者在该党报读者中所占比例不大。

意大利的报纸也经常发挥积极作用，比如动员它们的读者支持政治事业和参与政治事件。这当然是政党报刊的中枢作用，但是它从不排斥 103

其他报纸。商业性报纸也会包含关于怎样参与政治示威的信息，并不时会为政治事业造势。举一个特别戏剧性的例子，1974 年，当为推翻意大利允许离婚的新法律要进行一次关键性的全民公投的时候，《信使报》（*Il Messaggero*）的整个头版只有一个字"不!"。个体的新闻工作者经常扮演活动家的角色，全国新闻工作者联盟（National Union of Journalists，NUJ）负责人领导了一次抗议警察在 2001 年热那亚（Genoa）世界贸易组织会议期间对待抗议者行动的示威。

在西班牙和葡萄牙，多元主义和政治参与报界的传统被独裁统治打断了。在葡萄牙，它随着 1974 年的革命卷土重来。随着革命激进化，报纸和广播电台被政治化的新闻工作者们接管；全国新闻工作者联盟这样描述他们的角色：

> 报纸应该被定义为反法西斯主义、反殖民主义和反帝国主义战斗的喉舌，毫不妥协地站在工人、农民、人民大众和被剥削者一边。(引自 Agee and Traquina 1984：13)

随着政党的发展，报纸最终与它们结盟，并经常接受政党或国家的资助——许多报纸在革命前归银行所有，随着银行的国有化而变成了国家财产。然而在 20 世纪 80 年代，国有报纸被私有化了，报界和广播产业大步进入商业领域，政党—政治化程度一落千丈。

西班牙向民主的转型是一种更加渐进的、精英掌控的转型。在缺乏充分成型的民主公共机构的情况下，"媒介充当了获取立志改革的苏亚雷斯（Suárez）[①] 政府实施政治变革的战略信息的渠道，也充当了新兴
104 的政治和工会组织表达政治需求的平台"（Gunther，Montero and Wert 2000：45）。这种新的多元主义报界，即所谓的报纸国会（*Parlamento de Papel*），尽管有强大的政治联系，却兴起于商业语境中。其关键事件是 1976 年商业媒介复合体普里萨集团（PRISA）创办《国家报》；

---

① 阿道弗·苏亚雷斯（Adolfo Suárez González），西班牙政治家。1976 领导奉行温和改良路线的西班牙人民党（又名民主中间派联盟）赢得大选，成为佛朗哥独裁结束后第一任民选首相，是西班牙向民主转型的关键人物。1981 年因个人理由辞职，被胡安·卡洛斯国王册封为公爵。——译者注

“它的主要股东包括所有在向民主转型过程中起统领作用的政治家族代表”（Gunther，Montero and Wert 2000：45）。几个月后，《日报十六》也加入了《国家报》的行列。在这个转型期，一种鼓吹取向常见于西班牙新闻工作者中，他们认为自己的角色是推广民主新政权和反对佛朗哥主义。卡内尔、罗德里格斯和桑切斯（Canel，Rodriguez and Sánchez 2000：128－132）以及卡内尔和皮克（Canel and Piqué 1998）发现，在20世纪90年代，有40%到50%的西班牙新闻工作者仍然认为，新闻工作者角色中的重要部分是“推广一定的价值观和思想”并“影响公众”；鼓吹取向在这个转型期工作的较老的新闻工作者中十分常见。

在20世纪最后几十年中，当政治平行性在大多数欧洲国家衰落时，我们有理由认为它在西班牙的新民主中增长了，这导致大多数媒介分化成两个对立的阵营。在这个意义上，西班牙与意大利的情况有相似之处；在意大利，媒介的党派性近年来也上升了。西班牙工人社会党（PSOE）在1982年上台，结束了向民主转型的最初阶段；与此同时，拥有最重要广播电台网、出版业以及后来的电视利益的普里萨集团开始与新兴统治精英过从甚密，其老板当上了费利佩·冈萨雷斯总统的一名重要顾问。最终，一个反对派阵营开始形成，所围绕的是传统的保守主义报纸《阿贝赛报》（*ABC*）（历史上与无政府主义有联系）、教会拥有的广播电台网COPE、新报纸《世界报》（*El Mundo*）；《世界报》1989年创办于《日报十六》（*Diario 16*）内部的一场冲突之后，读者是西班牙工人社会党执政期间两大反对派团体——保守主义的人民党（Partido Popular，PP）和以共产党为核心的联合左派的团结联盟（Izquierda Unida，IU）——的支持者。冈瑟、蒙特罗和韦特（Gunther，Montero and Wert 2000）报告了对西班牙一次大选调查的数字——如表5—3所示——该调查显示，如同意大利一样，西班牙全国性报纸的读者情况继续反映出政治分化。《世界报》作为一份反对派报纸之所以受欢迎，相当程度上是因为它报道了涉及西班牙工人社会党在对巴斯克（Basque）恐怖主义者的战争中一系列财政和侵犯人权的丑闻；冈瑟、蒙特罗和韦特还指出，与《国家报》的读者相比，《世界报》

和《阿贝赛报》的读者可能更加认为腐败是一个严重问题。

表 5—3　1993 年西班牙读者与政党报纸的政治平行性（以下数据为百分数）

	阅读率最高的报纸		
	《国家报》	《阿贝赛报》	《世界报》
投票给西班牙工人社会党	36	13	10
投票给人民党	14	74	38
投票给团结联盟	24	3	21
投票给其他政党	7	5	2
弃权	19	5	29

资料来源：1993 年西班牙 CNEP 调查，报告参见冈瑟、蒙特罗和韦特（Gunther，Montero and Wert 2000：46）。

20 世纪 90 年代，随着选举的竞争不断增强，媒介的党派性和政府压力双双增强了。1996 年后，当人民党掌权时，围绕普里萨集团建立的媒介变成了反对派阵营。一个亲政府的阵营围绕《世界报》、COPE 和私有化了的国家电信公司西班牙电话公司（Telefónica de España）形
105 成了；西班牙电话公司由何塞·马利亚·阿斯纳尔（José María Aznar）总统[①]孩提时代的朋友主管，它控制了私营电视公司第三频道（Antena 3）和零波段（Onda Cero）电台网，并成立了一家卫星电视公司与普里萨集团的十频道（Canal Plus）竞争（Bustamante 2000）。在各大全国性媒介中，只有主要为外国资本所有的电视五台（Tele 5）继续多少置身于这些阵营之外。地区性媒介则反映各自治区经常是特殊的政治结盟——例如，巴塞罗那报纸《先锋报》（*La Vanguardia*）就与加泰罗尼亚民族主义联合团结党（Catalan Nationalist CiU）关系紧密。[②]

在西班牙政治报界的传统被打断之后，至少就较新的报纸而言，美国式专业主义的影响一直是相当巨大的（传统的保守主义报纸《阿贝赛报》一直以清晰得多的意识形态风格为特征）。[③]《国家报》的《文风语体手册》（1996 年）第一页就写道："信息和意见要清晰地彼此分开。"尽

① 此处和本章另一处有误，西班牙实行君主立宪制，最高行政首长为首相。何塞·马利亚·阿斯纳尔作为人民党领袖在 1996—2004 年担任首相。——译者注

② 巴雷拉（Barrera 1995：106ff）提供了一个关于它在西班牙工人社会党统治期间政治取向的详细得多的讨论。

③ 冈瑟、蒙特罗和韦特（Gunther，Montero and Wert 2000：55）认为，《阿贝赛报》和《世界报》比《国家报》更多地混合了新闻与意见。

管如此，即便是在较新的西班牙报纸上，鼓吹传统与中立的新闻专业主义的影响也共存着。例如，《世界报》总监佩德罗·J·拉米雷斯（Pedro J. Ramírez）在最初介绍该报的文章中写道，它是“一个保卫其信念的激进喉舌”（“un órgano radical en la defensa de sus convicciones”）（引自 Barrera 1995：126）。在争论性议题上，人们经常可以看到西班牙媒介鲜明 106
的政治差异，它们显见于有争议性的大标题、选择与强调（既包括文章也包括图片）类型及社论中的激烈论战。举一个典型的例子——按照西班牙的标准来说相当微妙的一个——当西班牙法官巴尔塔萨·加尔松（Balthasar Garzón）提出要将智利前独裁者奥古斯托·皮诺切特（Augusto Pinochet）带到西班牙审判时，属于不同阵营的媒介处理此事的方式大不相同：西班牙左派认为右派某种意义上在内心仍然是法西斯主义，因此皮诺切特案件有重要的意识形态含义。于是，当西班牙外交大臣马图特斯（Matutes）评论智利总统弗雷（Frei）决定在国际法院[①]质疑西班牙的引渡命令时（1999 年 9 月 20 日），《国家报》用了大标题“马图特斯赞扬智利将‘皮诺切特案件’交由海牙法庭的决定”——将人民党政府与为皮诺切特辩护联系起来。《世界报》在外交大臣的声明中没有看出这样的为皮诺切特所做的辩护：“马图特斯说，弗雷在‘皮诺切特案件’中，在压力下行事。”一项对西班牙新闻工作者的调查发现，超过 85%的人认为信息和意见经常被混淆（Ortega and Humanes 2000：168）。

公共广播电视中的政治平行性

在地中海国家，公共广播电视体制也倾向于政党—政治化的“政治凌驾广播电视”体制。戴高乐统治下的法国电视是我们在第二章所称的广播电视组织的“政府模式”的典型案例。戴高乐认为，控制电视是有效施政的关键。直到 1964 年以前，公共广播电视公司法兰西广播电视

① 成立于 1946 年，为联合国管辖下的主要司法机构，总部在荷兰海牙，由联合国大会及安理会选出 15 位法官组成，他们独立行使职权，不代表各国政府独立行使职权，不代表各国政府。——译者注

台（Radio Television Francaise，RTF）的高层人事由新闻部直接任命，即便是稍后也处在严格的政治控制之下（Kuhn 1995）。20 世纪 60 年代到 70 年代，法国政府中的变化总是直接反映在公共广播电视的人事和方针中，就像反映在其他任何政府机构中一样。20 世纪 80 年代的一系列改革未能建立独立的公共广播电视管制机构——主要是因为历届政府无意以政治忠诚以外的标准来做出任命；此后，随着最高视听委员会（Conseil Supérieur de l'Audiovisuel，CSA）在 1989 年成立，法国的广播电视显著脱离了政府控制（Kuhn 1995；Hoffmann-Riem 1996）。基
107 于宪法法院的组成方式的最高视听委员会，三分之一的成员由共和国总统任命，三分之一由参议院院议长任命，三分之一由国民大会主席任命。每两年更换三分之一的成员，打破了最高视听委员会的任命与政府的形成之间的关联，并且任命倾向于侧重专长，而不是政治忠诚。根据达尼奥（Dagnaud 2000：37－39）的分析，新政府仍然成功施压，提名公共电视频道总监。但是，最高视听委员会应当任命总监的这一调节角色大大限制了政府干预这些频道的能力。

在希腊、葡萄牙和西班牙，政治多数派有效地控制着公共广播电视，虽然这一控制在伊比利亚半岛更为有限。如同在戴高乐主义的法国一样，在希腊控制是直接的，国家广播电视公司 ERT 的理事们处在报刊和大众媒介部部长的管理之下。具有更广泛代表性的国家广播电视评议会（National Radio-Television Council）拥有咨议权，它的成员由国会中的政党根据比例代表制提名。葡萄牙的公共电视是一个资本由国家控制的公司。政府提名它的理事。然而，具有较大独立性的社会传播高等管理局（High Authority for Social Communication）——一定程度上以法国的公共机构为蓝本——有一定的监管权，并被认为有权批准任命新闻总监。还有一个代表“社会相关团体”的咨议性的意见委员会，类似于德国的体制——虽然只是顾问性质。在西班牙，西班牙广播电视集团（Group Radio Televisión Española，RTVE）[①] 的管理机构由国会中的各政党任命，但是必须经由三分之二的多数通过。西班牙本质上是一

① 国有公营的广播电视机构，为西班牙最大的视听集团，资金来源于国家津贴和广告。——译者注

个多数至上主义体制国家（见第三章）——西班牙工人社会党以绝对多数施政，人民党在 2000 年大选之后获得绝对多数——因此国会按照比例代表制来任命，意味着多数派控制，尽管要求三分之二的多数需要与反对党认真谈判。2000 年大选之后任命的委员会包括人民党代表 6 名（4 名恰恰是新闻工作者）、与多数党结盟的加泰罗尼亚和加那利群岛（Canary Islands）民族主义政党代表各 1 名以及西班牙工人社会党代表 4 名，而团结联盟和巴斯克民族主义党被排除在代表之外。委员会成员明显清一色是作为政党代表被任命的，西班牙工人社会党和人民党政府都追随对公共广播电视的干预主义政策。政治报道不能忽略西班牙政治力量的多样性，但是显然倾向于执政党的政治利益（Bustamante 1989；关于选举报道见 Rospir 1996；Fernández and Santana 2000）。尽管政治 108
多数派因地区而异，但是地区层级的广播电视体制大同小异。冈瑟、蒙特罗和韦特（Gunther，Montero and Wert 2000）所报告的调查数据显示，同报纸读者一样，不同电视新闻节目——西班牙广播电视台的或各家商业台的——的观众有其各异的政治偏好。电台听众也是如此。西班牙的电台以高度论战性的政治讨论节目 *tertulias*[①] 为特征，它们被广泛认为具有政治影响力。

法国、希腊、西班牙和葡萄牙基本上是多数至上主义体制。意大利则是共识体制，它的广播电视政治化采取不同的形式。整个 20 世纪五六十年代，天主教文化继续主导意大利的社会生活，基督教民主党主导意大利政治。意大利的公共广播电视机构——意大利广播电视台——反映了这种天主教的主导性。到 20 世纪 70 年代，意大利社会的世俗化导致了政治平衡的变化；基督教民主党的主导性被削弱，而不得不与所谓的“世俗政党”，甚至在某种程度上与共产党反对派共享权力。意大利广播电视台的控制权从政府转向国会，意大利广播电视台也越来越多地被整合进政党据以瓜分权力和资源的**分地皮**方式，尽管执政党继续占有支配地位（Chiarenza 2002）。

到 20 世纪 80 年代，出现了这样一种体制：将意大利广播电视一台（RAI1）的控制权交给基督教民主党，意大利广播电视二台（RAI2）

---

① 西班牙语：集会、晚会、谈话会。——译者注

交给世俗政党控制，意大利广播电视三台（RAI3）交给共产党。分地皮所影响的不仅是意大利广播电视台的行政委员会和三个频道主管的任命，而且是该组织许多基层人事的任命和公共事务节目的时间分配。这一体制实际上是以下二者的复杂混合体：外部多元主义（不同的政治力量有其“自己的”频道）和内部多元主义（意大利广播电视台仍然由一个共同机构来管理，同时每个频道依然有来自多个政党的人员）（Monteleone 1992）。每个频道的新闻节目都反映出意大利各政党的全部光谱：电视新闻报道的典型形式是概述事件，然后呈现各个政党的评论（Hallin and Mancini 1984）。其他地中海国家也是如此，即便它们在不
109 同频道管理上不采用分地皮方式。另外，其他种类的时事节目往往有清晰的政治取向，并向新闻工作者提供开展某种积极评论的机会，而这在新闻播报中通常是不可能的。[①]

20 世纪 90 年代初，意大利政党体制的瓦解——所有老党都随着财政丑闻和冷战终结而被摧毁——在一定程度上改变了这个体制。意大利广播电视台的管理委员会如今只剩下 5 名成员，这意味着对它的任命不能按照严格的比例代表制了。这个管理委员会包括 3 名多数党代表，2 名反对党代表，在某种意义上更多地反映了多数至上主义的逻辑（Marletti and Roncarolo 2000）。人事在相当程度上依然是根据分地皮方式任命的，尽管不像以前那样清晰瓜分各频道。高层主管依然倾向于密切涉入政治。在本书写作之时，TG1[②] 的总监（他曾经是一名新闻工作者，然后成为代表贝卢斯科尼的意大利力量党的下院议员）与多数党关系密切，TG3[③] 的总监则与反对党关系密切。

---

① 在西班牙，分地皮方式在 20 世纪 80 年代初由执政党民主中间派联盟（UCD）提出，但是被反对党西班牙工人社会党拒绝（Fernández and Santana 2000：101）——西班牙工人社会党无疑明白，它不久就会占据多数，并会更有力地拒绝意大利式的权力共享。

② TG1 即《电视新闻一》（TeleGiornale 1）的缩略语，是意大利广播电视一台（RAI1）的新闻节目，在意大利国内由 RAI1 播出，在欧洲由 RAI 24 小时新闻频道（Rai News 24）播出，现任总编辑为奥古斯托·明佐利尼（Augusto Minzolini）。——译者注

③ TG3 即《电视新闻三》（TeleGiornale 3）的缩略语，是意大利广播电视三台（RAI3）的新闻节目，在意大利国内由广播电视三台播出，在欧洲由 RAI 24 小时新闻频道播出，现任总编辑为前意大利共产党书记恩里科·贝林格之子比安卡·贝林格（Bianca Berlinguer）。——译者注

在所有地中海国家中，政治逻辑倾向于在广播电视界发挥很大作用，尤其是在——尽管不限于——公有媒介中，当然尤其是在新闻和公共事务节目中。这也许非常明显地说明，新闻议程不被认为纯粹是根据“新闻价值”的新闻专业判断来把握的，而是一个政治方针问题。法国和意大利都有监督政党在广播电视中的代表的正式体制(Caruso 2000)。在法国，“三三制”从1969年起生效，规定提供给政治代表发言的时段中的三分之一应该给政府，三分之一给国会多数党，三分之一给反对党（在大选选战期间在各候选人之间平均分配）。2000年这一规则被重新修订，增加了在国会没有代表的小党也应该得到某些时段的条款，尽管还没有制定出精细的标准。这一规则适用于所有广播电视台，无论是公共台还是商业台，并且最高视听委员会按月监督各台遵守的情况。

专业化

正如我们已经看到的那样，地中海国家的新闻事业是作为文学和政 *110*
治世界的延伸而发源的。新闻工作者队伍是一种“作家和主编未成形的集合”，从事新闻事业是一条“通道，而不是目的地”(Ferenczi 1993：29，41；Chalaby 1996)。报纸通常“更看重作家、政治家和知识分子”，而新闻事业作为“第二职业，薪酬可怜并且人们经常拿它当作从政的跳板”(Ortega and Humanes 2000：125)或进入文学界的跳板。在西班牙，常有人说进入政坛只有两条通道：从军和从事新闻工作(Ortiz 1995)。随着商业性报纸和“新式新闻事业”在19世纪最后20年的发展，这种情况开始改变。将新闻事业作为全职和终生工作的人数大为增加。带有新闻事业特征的新的写作类型发展起来，一种独特的职业身份意识明显地开始兴起。

在许多方面，新闻专业化的这一历史与自由主义和民主法团主义国家发生的情况类似。然而，这个过程在地中海国家发展得不如在北欧那么强劲。在地中海国家，新闻事业的政治和文学渊源更深，与政治的瓜葛持续得更久。媒介市场的有限发展意味着报纸较小和不大可能自立，国家干预，尤其是在独裁时期，打断了新闻事业作为一种职业的发展。因此，在地中海国家，新闻专业化水平依然较低，尽管它在 20 世纪最后几十年中在许多重要方面有所提升。

重要的是要弄清楚，当我们说新闻专业化水平较低时我们的意思是什么。例如，这并不意味着地中海国家的新闻工作者受教育程度低于其他地区。相比英国和德国同行，今天的西班牙的新闻工作者更有可能拥有大学学位（Weaver 1998）。新闻事业与政治和文学世界的密切联系以及报纸的精英教育的取向，意味着较其他地区而言，南欧的新闻事业更是一个精英性的职业。在意大利，著名作家和知识分子经常是新闻工作者：例如，电影导演和作家帕索里尼（Pasolini）是《晚邮报》的评论
111 员，而作家巴尔齐尼（Barzini）[《意大利人》（*The Italians*）一书的作者] 也在那里工作。在法国，写书对新闻界明星的威望总是重要的（Rieffel 1984）。这也不意味着地中海国家的新闻工作者的所作所为不如其他地区的同行那么好。怎样从规范的观点来评判专业化是一个复杂的问题，我们会在本书的各个章节从不同的角度来加以探讨。但是，人们当然可以做出一个论断，那就是《世界报》、《国家报》、《先锋报》和《共和国报》的写作质量和政治分析的精致性要好于美国报纸——更不用说英国小报了。重要的是要再次记住，地中海的报纸有较小和较世故的读者群。

在 20 世纪 80 年代开始的对《世界报》和《华盛顿邮报》（*The Washington Post*）的比较分析中，帕迪奥勒（Padioleau 1985：310 - 311）在得出法国新闻事业的专业化水平低于其他体制的论断时，指出了它的以下特征：

> ……弱小的（*chétives*）职业组织（有竞争性的工会形式的除外）；对新闻界作为一个集体的、自治的和合法的社会行动者的有限认同；共同职业伦理的有限体制；关于新闻从业标准的有限一致性；培训机构的威信低下等等。

他又说，《世界报》的新闻工作者对他们自己报纸的社会角色有强烈的承诺，但是这不是他们与其他新闻组织的新闻工作者所共享的一种承诺——在这个意义上，他们是一家公共机构，而不完全是一个职业的一部分。

当然，自从帕迪奥勒在20世纪80年代初研究《世界报》以来，某些事情已经改变。《解放报》作为一个竞争者的兴起，地区性报纸重要性的提升，以及首先是在新闻“场域”中电子媒介中心地位的提升，使得《世界报》不那么一枝独秀了，而媒介作为社会行动者的角色的威望提高了。尽管如此，帕迪奥勒提出的那些特征在相当程度上适用于地中海地区。

至少与民主法团主义国家的强大组织相比，专业组织和新闻工作者联盟通常是弱小的。在法国和西班牙，工会附属于政党，新闻工作者中的工会会员数量有限。在西班牙，约有60%的新闻工作者属于从法西斯法团主义时代遗留下来的职业协会，但是“如今会员资格只是一个传 112
统的东西”（以及提供某些物质好处）；只有4%属于工会（Canel and Piqué 1998：306；McMane 1998）。意大利、希腊和葡萄牙确实存在割断政治路线的新闻工作者联盟，在意大利，它发展成了一股相当重要的力量，对媒介政策和新近要制定的一部伦理规约发挥了作用。在这个意义上，意大利比其他极化多元主义国家更接近民主法团主义模式。

极化多元主义国家还有这样的重要形式——国家将新闻事业作为职业予以承认，虽然这可以被认为是这样一种表现：与其说新闻事业是作为一种自治性职业而发展的，不如说它与国家亲近。在此意大利是最有说服力的案例。1963年，意大利根据法律成立了新闻工作者公会（Order of Journalists），赋予新闻工作者与律师、医生、工程师和其他专业人士类似的法律地位。所有的新闻工作者都必须属于它才能从业。但是，如果说它在控制准入方面发挥了重要作用，那么它并没有提出专业行为的共同标准。法国也有名为记者证委员会（Comission de la Carte）的正式组织，它向新闻工作者颁发资格证书，但是它的功能主要限于管理国家为新闻工作者提供的福利——下文会讨论——并实施最低工资管制。葡萄牙有一个与法国类似的委员会。对准入这个职业的管制在西班牙已经进行了讨论，这部分是因为激烈的就业竞争经常让许多媒介从业者处于边缘性的就业地位（Fernández 1997；临时或兼职的新闻工作者的增多也出现在其他国家）。然而，雇主们通常强烈反对这种控制。

在所有地中海国家，正规的新闻教育发展得相对较晚。贝凯洛尼（Bechelloni 1995）认为，这是由于人们通常通过友情和家庭关系而加入新闻界。直到 20 世纪 80 年代，新闻教育才在意大利发展起来。

在地中海国家，正式的问责制基本上不存在。全国层级的报业评议会一个都没有。在南欧，唯一真正的报业评议会是加泰罗尼亚新闻评议会（Consell de la Informació de Catalunya），它在 1996 年作为一个自律团体成立，以英国的报业投诉委员会（Press Complaints Commission，PCC）为楷模。这类公共机构的缺席反映了南欧关于媒介伦理标准缺乏总体性的共识，帕迪奥勒提到了这一点（参见 Rieffel 1984：26）。制定伦理规约的尝试肯定已经进行。例如在法国，全国新闻工作者工会
113 (Syndicat National des Journalistes）在 1935 年就制定了一部。但是这样的规约没有在新闻事业的文化和实践中变成强大的制度。在意大利，制定新闻伦理规约的认真努力始于 20 世纪 90 年代。1997 年的一次调查显示，只有不到 30%的意大利新闻工作者充分了解主要规约的条款，大量的新闻工作者排斥它们（Mancini 2000：123）。值得注意的还有，地中海国家倾向于不保护新闻工作者采集信息的职业机密性（也许法国和葡萄牙稍强一些）①，这反映出广大社会对这一职业的有限认可。

新闻事业自治与工具化

关于新闻事业标准缺乏共识和职业自律的有限发展，反映了地中海

① 埃雷亚（Errea 1993）；罗德里格斯·鲁易斯（Rodriguez Ruiz 1993）；门德斯（Mendes 1999）。应该注意到，系统的媒介法比较分析难得一见。显然，法律实践没有被法律文本充分描述。

地区的新闻事业不是自治性的公共机构，而是主要受制于政界和商界的外部力量。知名的意大利新闻工作者潘萨（Pansa 1997）使用了“*giornalista dimezzato*”这一词组——分成两半的新闻工作者——他的意思是意大利的新闻工作者只有一半是属于自己，另一半属于新闻事业以外的权力：媒介所有者、资金支持者和政治家。意大利新闻事业的游戏规则历来首先是政治规则：它们与新闻事业主要服务的政治精英之间的讨价还价过程有关。在本章最后一节，我们会更加系统地考量这一讨价还价过程的性质、媒介的角色和基于这一形式的政治传播的民主体制的性质。在此，我们聚焦于新闻事业自治与媒介工具化的冲突，这是南欧媒介史的重要部分。

地中海地区最有特点的类型之一，是各种行动者运用媒介作为干预政治世界的工具。这有许多形式。与政党或教会有联系的媒介显然主要是为了便于这些机构干预传媒而成立的。在独裁统治期间，媒介为威权主义精英的政治和文化目的效劳。公共广播电视——即便是在 114
民主政权统治下——也不得不在某种程度上服务于国际目的，无论是以推广民族文化、在极化政治的氛围下强化国家权威（如在戴高乐主义的法国）的形式，还是促进政治多元主义和妥协（如根据分地皮原理运作的意大利广播电视台）。在各类案例中——最臭名昭著的是在两次世界大战之间的法国——新闻事业和报纸所有者接受来自政治和私人利益集团的付费，投放伪装成新闻的公关报道或宣传。报纸有时也用不利的曝光来诈取费用。

然而，最重要的工具化形式可能一直是商业老板对媒介的使用——有时是私人的，有时是与国家有联系的，就像在国有企业中那样——对政治世界产生影响。在意大利，大规模的全国发行报纸出现在 20 世纪初，得到了工业和金融企业的支持，最重要的是两家钢铁公司伊尔瓦集团（Ilva）和佩罗内集团（Perrone）（Castronovo 1976）。这些报纸不是营利的，而是由其所有者赞助，主要作为增强他们的政治影响力的手段。例如伊尔瓦集团是干预主义军事政策的强烈支持者。第二次世界大战后，这种类型（的报纸）东山再起，例如米兰日报《今日报》（*Il*

Giorno）1956 年由国有石油公司埃尼集团（ENI）[1] 的总裁恩里科·马泰（Enrico Mattei）创办，意在赋予国家部门的利益集团一种政治发言权。马泰与社会党和基督教民主党的部门关系密切。菲亚特公司（Fiat）的乔瓦尼·阿涅利（Giovanni Agnelli）控制着《新闻报》；曾是菲亚特总经理、现在是一名时装业巨头的切萨雷·罗米蒂（Cesare Romiti）控制着《晚邮报》；奥利维蒂公司（Olivetti）的卡罗·德贝内代蒂（Carlo DeBenedetti）控制着《快报》（*L'Espresso*）杂志和《共和国报》（《共和国报》创刊时是"独立出版商"，但是德贝内代蒂的蒙达多里公司 1989 年将它收购）；蒙特迪森化学公司（Montedison Chemicals）的劳尔·费鲁齐（Raul Ferruzi）控制《信使报》多年（它如今属于一家房地产康采恩）。每个人都是意大利政坛的玩家，控制一家报纸对他影响政治过程的能力至关重要。私人电视台当然是由贝卢斯科尼主宰，他利用他的媒介帝国作为跳板，创建了他自己的政党赢得总理之位。贝卢斯科尼还控制着《日报》（通过他的兄弟），并在 1989 年做了接管《共和国报》的不成功尝试。

希腊的形势非常相似：在船运、旅游、建筑、通信和石油产业有利
115 益的实业家主宰着媒介所有权，运用媒介来作为对政治家施压手段的传统继续存在。如同帕帕萨纳索普洛斯（Papathanassopoulos 2000）所注意到的那样："给我一个部，否则我就办一份报"在希腊是一种传统的政治威胁。报纸所有者都是知名人物，经常是政治世界中决定性的行动者（Dimitras 1997：101）。

在法国在刚刚解放的那段时期，有一种防止实业界控制新闻界的动向——一种对两次世界大战之间腐败和工具化的反应——并建立了某种公共服务体制。法国报界联合会（The French Press Federation）在 1945 年说："报界不是商业利润的工具，只有当它既不依赖政府也不依赖金钱权力，而只依赖它的新闻工作者和读者的良知时才是自由的。"

---

① 全称为国家碳化氢公司，是意大利政府为保证国内石油和天然气供应于 1953 年成立的国家控股公司，目前是意大利第二大国家控投集团公司和世界第八大上下游一体化经营的跨国石油公司。——译者注

（Thogmartin 1998：144）然而，这样的体制没有建立起来，而旧类型的重要成分重新出现了。由政治上有野心的私人老板实行控制的最重要的例证是《费加罗报》和《法兰西晚报》等媒介财产的所有者罗伯特·赫尔桑（Robert Hersant）。赫尔桑是法国国会议员（1956—1978年），后来又成为欧洲议会议员；在1986—1988年的国民大会中，有12名议员为赫尔桑工作（Tunstall and Palmer 1991：145）。在西班牙，与意大利或希腊不同，媒介复合体——而不是基于其他产业的公司——压倒性地主宰着媒介所有权。随着媒介市场的成长和媒介财产变得有利润可图，这成了南欧的趋势。赫尔桑的帝国也是基于媒介产业的。尽管如此，如同我们已经看到的那样，西班牙的媒介所有者的确有明显的政治倾向。在西班牙的案例中，银行家也作为投资者扮演着重要的角色。对于他们的动机，巴雷拉（Barrera 1995：350）这样写道：

> 他们在媒介中寻求商业交易，今天，在许多情况下，他们在商业电视中也这样做，尤其是在这些交易几乎难以营利的时候。这是他们影响政治权力和公共舆论的能力。

与工具化明显相关的是潘萨的词组所指涉的新闻事业自治水平的相对低下。这在地中海国家并不是完全没有受到过质疑。事实上，控制社论内容问题在地中海国家比在北欧和北美都被更清楚地提出过。在北美，新闻工作者从来都不认真质疑所有者控制商业性媒介的权利，他们已经接受了在一个最终基于产权的等级体制之内的有限的专业自主性。 116
在极化多元主义体制中——在那里产权一般处在更为激进的挑战之下——新闻工作者有时想要追求更激进形式的自主性。

最重要的案例是解放后的法国，如同我们已经看到的那样，当时政治左翼简要地提出了一个在私人资本之外的公共服务报刊体制的愿景。解放之初强烈政治化的报刊迅速没落，实业家重新获得了大多数报纸的控制权。但是这一时期的重要回声响彻后来的法国媒介史。在新闻工作者皮埃尔·布里松（Pierre Brisson）的领导下，战后《费加罗报》获得许可重新出版。围绕它的社论路线的一场争论最终在布里松与该报战前的所有者之间发生，争执得以解决，办法是将该组织拆分为两个公司，一个管理报纸商务，一个管理新闻内容。事实上，布里松率领两者；一般来说，在20世纪五六十年代，法国报纸的总监（与美国的总编辑对等）相对于所有者享有相当的独立权。在1968年的政治动荡之际，围绕《费加罗报》控制权的冲突再起，最后该报被罗伯特·赫尔桑买下，他取消了该组织一分为二的协定。许多新闻工作者罢工了，并最终行使了按照良心条款（*clause de conscience*）拿着赔偿金离开该报的权利；良心条款赋予法国新闻工作者在他们报纸的意识形态路线被管理层改变时获得赔偿的权利。良心条款是极化多元主义体制的特征，在那里围绕新闻媒介政治路线的冲突更为激烈。意大利和西班牙也有这样的法律（如同以色列一样），而这不存在于自由主义或民主法团主义国家，至少不以它们在极化多元主义体制中采用的形式。[①] 谈到新闻事业自治，赫尔桑这样说：

> 对我来讲，多元主义并不意味着在一份特定报纸内部有多样性
> 117 的政治观点。如果一名新闻工作者加入《人道报》，那就是要制作一份符合共产党愿望的报纸。报界，根据它的品格，不得不做出方针选择，新闻工作者必须选择供职于与他们的政治观点一致的报纸。（引自 Tunstall and Palmer 1991：145）

紧接着1968年政治运动，法国公共电视台的新闻工作者也举行了罢工，抗议对报道政治事件的限制；许多人在罢工之后被解雇了。

只有在《世界报》和《解放报》（后者于1968年政治运动后，作为一家合作社型激进报纸而创办），一种在解放后的法国设想出来的记者控制的形式才存活下来。《世界报》的控制权最终置于主编协会（Société des Rédacteurs）即记者联合公司的手中，它有权选举总监，并在财务上得到读者公司和一群持有无投票权股票的“道德保证人”的支持。新闻工作者对公司的所有权随着时间推移而大为削弱，但是他们保留着选举总监的权利，在这个意义上，《世界报》仍然是新闻事业自

① 有时契合民主法团主义模式的国家会有一种良心条款赋予新闻工作者拒绝执行违反其原则的特定任务的权利。

治性的极为非同寻常的例证。《世界报》直到最近依然遵循一项限制来自广告的收入百分比的方针，这被视为保护报纸不受外部影响之举。《解放报》在它的初期岁月是一份激进的另类报纸，其非等级制文化被制度化为工作人员协会（Société Civil des Personels）①。1996年，该报大部分股份卖给了商业公司霞日集团（Chargeurs，S. A.）②，雇员保留20%的所有权以及对新总监任命的否决权。

在葡萄牙，新闻工作者在革命之后也对媒介所有权发起了挑战，一度接管了其中的大多数——在该案例中这不是以专业自治的名义，而是作为阶级斗争的工具。葡萄牙革命的激进阶段之所以结束，部分是因为公众对新闻工作者接管天主教会的热内桑卡电台（Radio Renacensa）③的反应。在意大利也同样，作为活动家的新闻工作者在20世纪70年代有时对所有权发起挑战。《信使报》的头版倡议其读者在关于离婚的全民公决中说“不”，报纸这样印制是表示对其所有者的藐视。在意大利和葡萄牙，所有者最终都重复主张对媒介的控制权。但是这一时期的一个成果在于有了编辑评议会的形式，赋予新闻工作者就某些决定——通常包括任命总监——的被咨询权。同样成立于20世纪70年代社会行动主义时期的《国家报》也有这样的一个评议会。

然而总的来说，与民主法团主义和自由主义体制相比，新闻事业自治性的水平在地中海国家较低。不奇怪的是，对意大利、德国、英国和 118
美国的新闻工作者的一项调查（Donsbach and Patterson 1992）发现，意大利的新闻工作者实际上更有可能报告说，来自高级主编和管理层的压力对他们的职责有“非常”和“相当重要的”限制：27%的意大利新

① 工作人员协会不同于代表大会或工会，每个媒介工作人员都有权参加。大部分法国媒介都有这种协会，有时候它掌握一些股份，甚至大部分股份。媒介内部一般同时也存在新闻工作者协会（Société des Journalistes），它也可以有股份。有时候这两个协会有权拒绝新社长或新投资者。——译者注

② 法国最大的毛纺集团企业，1872年成立。——译者注

③ 葡萄牙天主教会内多个组织共同拥有的私人商业电台。1934年创办，1936年开播；1975年被一群电台工人接管，成为萨拉查独裁政权被推翻后革命团结阵线的主要喉舌。1975年11月7日，该电台的传导器被炸毁，同年12月电台被归还教会。它是葡萄牙从未被国有化的极少数媒介之一。——译者注

闻工作者称，来自管理层的压力是重要的，而这在英国、美国和德国分别只有15%、13%和7%。意大利的新闻工作者还更有可能报告说，他们的作品被新闻编辑室的其他人出于政治目的而改动。也有来自西班牙和希腊的可用数据，它们显示新闻工作者经常被要求“恺撒的归恺撒”（“render unto Caesar that which is Caesar's”）。①

119 在此还应该提到公共广播电视中新闻事业自治的特殊案例。由于南欧的公共广播电视被政党控制得相当紧，因此新闻工作者的角色受到了限制。我们会在下一章中看到，在许多民主法团主义国家，电视新闻工作者在20世纪60年代末和70年代初转向了一种对既成的政治和社会制度的更具有批判性的立场。形成对照的是，在意大利，即便是其总体文化也出现了向更为批判性的取向的强大转向，即便这种变化强烈地反映在印刷报刊中，但是电视新闻工作者没有扮演这种角色。一般而言，

---

① 希腊新闻工作者在被问及“新闻工作者是自由从业还是受到干涉”时，大多数的回答是他们受到干涉：7.9%说他们自由从业，65.7%说他们受到干涉，24.3%说他们自我审查。近75%还回应说，“媒介企业的老板们所采取的路线”决定了“大众媒介的形象和政治”（参见 Hallin and Papathanassopoulos 2000）。关于西班牙，卡内尔和皮克（Canel and Piqué 1998）报告说，21.9%的新闻工作者称，“来自我顶头上司的压力”是他们工作的“重要的”或“非常重要的”部分，4.9%的新闻工作者就来自所有者的压力说了同样的话。另一项对西班牙新闻工作者的调查发现，69.3%不同意“新闻工作者独立于政治权力”的说法，76.6%不同意他们独立于经济权力的说法（Ortega and Humanes 2000：168）。卡内尔和皮克称他们发现的21.9%的新闻工作者抱怨干涉，说明关注自治的比例低下。他们指出调查的新闻工作者更多感觉受到截稿时间压力、缺乏版面等多半与报道后援有关问题的限制。他们的发现与新闻事业自治性在南欧更为有限的论点相矛盾吗？他们肯定会提醒我们不要夸大工具化的程度。在任何现代的媒介制度中，所有者的干涉都是偶尔发生的事情。大多数时候，新闻工作者按日常套路从事他们的工作，不能劳烦老板们或者是主编们去监督他们在做什么。直接干涉所致的紧张关系和冲突是罕见的，但是在每一个社会，更可能是在南欧而不是在北欧，这也许可以被说成是在分析新闻事业的政治角色时不能忽略的冰山一角。紧张关系之所以罕见，部分是因为许多报道不影响老板们重要的政治利益。西班牙报纸在某些报道中可能是很具有党派性的——一个例证是近期关于法官利亚尼奥（Liaño）和加尔松之间冲突的报道，它涉及针对《国家报》老板的诉讼程序。西班牙报纸的党派性在一些报道中较为微妙，而在其他报道中则不存在。紧张关系之所以受到限制，部分是因为新闻工作者将其作为理所当然的事实而加以接受的是，不同的媒介有它们必须适应的不同的政治立场。一名西班牙新闻工作者在一次访谈中向我们解释说，新闻工作者是一种变色龙：如果你效力于《国家报》，你可以用一种方式写报道；如果你效力于《世界报》，你就可以用另一种方式写它。这就是你的工作的一部分。许多新闻工作者还与所效力的新闻组织共有政治取向（这对更资深的新闻工作者来说，或许尤其如此）；至于敏感报道，这就是分派新闻工作者的问题了。

与其他地中海国家一样，意大利的公共电视新闻工作者倾向于以一种相对被动的方式进行报道，在新闻速报（相对于以评论为主的时事节目）中至少是这样；反讽的是，这种新闻事业的形式与备受约束的“客观的新闻事业”的形式有很多相似之处，后者在 20 世纪 60 年代末转向更为积极的新闻事业形式之前盛行于美国。它们将议程设置和对政治现实的解读留给了其他政治行动者，尤其是政党和其他有组织群体的代表，这些代表的评论通常主宰着新闻（Hallin and Mancini 1984；关于西班牙的内容见 Gunther，Montero and Wert 2000）。西班牙公共电视大选报道的首选形式是对不同政党所开展的选战的直播报道，这样一来新闻工作者的中介人角色几乎为零。在意大利和法国，由于对分配给不同政治行动者的时段的监督高度形式化了，因此也限制了电视新闻工作者的自主性，尽管在今天的法国最高视听委员会只是松松垮垮地实施“三三制”。

媒介与国家

国家总是在南欧的社会生活中发挥着很大作用，它在媒介体制中的作用也不例外。国家的角色也是复杂的：它反映了威权主义干涉的传统与类似于在民主法团主义国家盛行的福利国家的民主传统的结合。它更为复杂的一点还在于，国家经常力不从心——国家有效干涉的能力经常受到如下因素的限制：资源匮乏、政治共识缺乏和削弱它的统一行动能力的依侍主义关系。

当然，从大部分历史来看，国家扮演了新闻审查官的角色。独裁时代直接的威权主义控制可能作古了，但是某些残余延续到了民主时期。120
法国法律授予国家在某些情况下查扣出版物的权利（right），它被用在了 20 世纪五六十年代的阿尔及利亚冲突期间，还被用在了 70 年代初，当时许多激进报纸中的一些主编被捕，这样的激进报纸是在 1968 年 5 月政治运动之后涌现出来的。戴高乐在当政期间 350 次动用一部禁止

“冒犯国家元首”的法律（Eisendrath 1982）。在西班牙，针对新闻工作者的法律诉讼常见于 20 世纪 70 年代末和 80 年代初（Fernández and Santana 2000），正如我们将在下文中看到的那样，法律对媒介所有者们的压力仍然是一种重要的政治战术。在希腊，威权主义的残余今天最为强大，新闻工作者有时仍然会因为侵犯公共官员的名誉权而遭到起诉（结果通常是小额罚款或不了了之的判决），法律赋予国家以冒犯宗教或共和国总统等理由查扣和查封出版物的权利（Dimitras 1997：100）。

国家还曾经作为媒介企业的所有者扮演了重要角色。如同欧洲其他地方一样，广播电视历来主要归国家所有，但是在地中海地区，国家还对包括印刷报刊在内的商业性媒介拥有所有权。威权主义政府——例如西班牙的佛朗哥政权——经常办国有报纸。通讯社——法新社（Agence France Presse）、意大利新闻社（Agencia Giornalistica Italia）[意大利另一家通讯社安莎社（ANSA）是新闻组织办的合作社，尽管它是由国家提供津贴的] 和西班牙的埃菲社（EFE）——一直主要是国家所有的，尽管不同程度地免于政府控制。[①] 公共资金支持的通讯社主要有两个功能，一是在世界场景中保持一个国家新闻界的存在，二是对使用该服务的国内新闻媒介提供津贴。法国也曾有公有的广告公司哈瓦斯（Havas）——它在两次世界大战之间控制了大部分广告销售，只是在 1987 年才被私有化——并且曾有一家公有的新闻纸公司。国有企业有时还在资助媒介老板的兼并中发挥重要作用，最有名的是国有银行在 20 世纪 70 年代帮助罗伯特·赫尔桑扩张其媒介帝国。法国政府在较长时期曾拥有“外围
121 台”（“périphériques”）——法国境外电台的大量股份，这些电台在公共服务“垄断”时期的法国电台市场上发挥了重要作用。直到 20 世纪 90 年代初以前，西班牙政府曾拥有每家主要电台网 25%的股份；在转向民主的最初几年中，葡萄牙政府（就像解放之初的法国政府）拥有大部分报纸（西班牙政府最初也接管了佛朗哥的“运动报纸”）。在意大利，准国家

① 法新社一般被认为是相当独立的，尽管围绕其社长的任命经常有政治辩论（Thogmartin 1998：146ff）。而在埃菲社，主管该社 10 年之久的阿方索·桑切斯-帕洛马雷斯（Alfonso Sánchez-Palomares）是费利佩·冈萨雷斯的私人密友。

企业经常拥有或曾经投资过印刷媒介。《今日报》和《信使报》都一直为这样的实体所拥有，它们当然也是重要的广告商。意大利广播电视台的广告销售单位——意大利匿名电台广告公司（SIPRA）[①] ——掌管着针对许多商业性报纸的销售（Castronovo and Tranfaglia 1994）。

在欧洲，意大利和法国对报界的国家津贴水平最高（Humphries 1996：105－106）。欧洲国家的直接津贴主要投给经济上处在边缘位置的报纸——政党和意识形态报纸——这被认为对保持政治多样性是重要的，尽管在20世纪80年代的意大利，所有报纸都接受了津贴。欧洲国家一直在向报界提供广泛的间接津贴，采用的形式是免税、降低公用事业费率等。据估计，津贴总额约占报界总收入的12%到15%。还有针对新闻工作者个人的津贴；法国新闻工作者享受30%的减税，并获得免费进入全国性博物馆等优惠。意大利新闻工作者享受低价火车票，并借助新闻工作者公会获得比大多数意大利劳动者更优厚的养老金和健康优待。

其他国家没有如此广泛的津贴体制，尽管它们在一定时期是重要的。葡萄牙降低了报纸邮资和新闻工作者的交通费，并为培训和技术现代化提供津贴。西班牙在20世纪80年代一度曾有可观的报刊津贴，但是如今没有了。然而，政府广告是西班牙一种重要的津贴形式，对较小的地方报纸来说尤其如此。不同于法国、意大利或民主法团主义国家的正式津贴，在西班牙，政府广告作为一种政治压力而被非常频繁地使用。在希腊，国家对报刊的津贴并不受一个清晰的法律框架管束，这与下文将讨论的希腊政治中的依侍主义是一致的。它们采取如下形式："软"贷款、公开或秘密津贴、提供给许多新闻工作者国家职位（Dimitras 1997：102－103）。

同其他欧洲国家一样，正如我们将在第七章所看到的，与相对纯粹的美国自由主义体制相比，地中海的体制将媒介作为一种社会公共机构 122
来对待，基于公共利益将其适当地置于一种实质性的管制之下。例如，除了希腊以外都有适用于报界的回应权法，赋予在媒介上受到批评的人

---

① 1926年成立，原为私人企业，1933年转为国有公司，其业务逐渐从电台扩大到报刊、电影、电视、新媒体等领域。——译者注

们就针对他们的批评做出答复的权利（所有欧盟国家根据欧洲法律的要求都要有适用于广播电视的回应权法）。大多数欧盟国家有仇恨言论管制——这些在法国最强有力（Bird 1999）——以及针对大选选战期间政治传播的管制，包括法国、西班牙、葡萄牙和意大利对付费政治广告的禁止和对发布民意调查的管制（例如在法国，民意调查结果在大选前的一周不能发布）。在法国，隐私权法是强大的，它既抑制调查性报道，又为感到受到媒介损害的个人提供了求助渠道；再加上回应权，它在民主法团主义国家提供了借助报业评议会制度而不是法律体系的替代办法。还有多种在一般意义上影响商业广播电视的管制，尽管如我们在下一节会看到的那样，这些管制不如在民主法团主义国家那么广泛和有效。在地中海国家，限制媒介所有权寡占的管制也相对疲弱。媒介所有者们与政治家们已经结成政治联盟，他们之间极其密切的个人关系肯定是其关键原因。

近期地中海国家政治史上的一个重要现象是政治丑闻的兴起，这个现象反映了媒介与国家关系的显著变化。地中海媒介体制中国家的中枢角色在历史上限制了媒介扮演“看门狗”角色的趋势，而这在主导性的自由主义媒介理论中受到广泛的重视。媒介在财政上对国家的依赖，关于隐私和发表官方信息的限制性规定的持续存在，凡此种种又掺和了媒介与政治精英的交织关系——尤其是在法国的案例中——掺和了这样一个高度中央集权的国家：它不易于“泄露”信息来产生一种小心翼翼地报道令国家官员尴尬的事情的新闻事业文化。这决不意味着——威权主义时期除外——政治批评和辩论在媒介的缺席，这势必不容于极化多元主义体制，而在这样的体制中，各个政治意识形态相异的政党展开竞
123 争，它们的辩论构成了新闻语境的中心内容。但是，调查性报道以及对腐败、失职和利益冲突的曝光的确罕见。

在 20 世纪八九十年代地中海国家经历若干政治丑闻时，这一情况戏剧性地改变了。在意大利，曝光了许多商人和公司贿赂大多数知名政治家的 Tangentopoli 即“贿赂城”丑闻，造成了意大利民主制度政治结构的大变革：统治意大利近半个世纪的几乎所有政党——基督教民主党、社会党、自由党和共和党——消失了，许多重要的政治领袖锒铛入

狱。这些丑闻的准确冲击力以及媒介在其中的角色因国别而异，但是在所有案例中，它们都涉及媒介与国家关系的重要变化：媒介变得不那么恭顺，它与政治精英的关系变得更加敌对了。在法国，《世界报》揭露了在袭击“绿色和平”组织的船只“彩虹勇士”号中法国的角色——保护法国在太平洋的核试验，这经常被看成是转向对国家的态度不那么恭顺的过程中的一个分水岭事件。它的发生背景是《世界报》与《解放报》的竞争加剧了，当时《世界报》处在被看成是当政的社会党政府的“官方”报纸的危险中，而它的声望一直是部分地基于它在右派掌权期间作为主要反对派报纸的角色。关于这类事件的信息先前一直不在主流报界发布，通常由讽刺周报《鸭鸣报》(*Le Canard Enchaîné*) 刊出［在西班牙一度由软色情杂志《访谈》(*Interviú*) 刊出］。

在意大利，揭露丑闻的驱动力与其说是来自新闻工作者的调查性报道，不如说是来自法官——在“贿赂城”案件中是一群来自米兰的行动主义法官——他们利用媒介来为他们的调查赢取支持 (Pizzorno 1998)。[①] 虽然媒介没有发起这些揭露，但是它们的角色显然是重要的。在该丑闻的初期，几乎所有的新闻工作者都站在法官一边，反对统治意大利的“腐败的政治阶级”。借助广泛而经常是动情的新闻报道，公共舆论承担了由杰里米·边沁 (Jeremy Bentham)[②] 加以理论化的“清廉法 124
官”的角色，法官们能够发动在较早时代的意大利政坛中无法想象的变革。司法和媒介二者在与政党的关系上变得更加强大，它们都主张代表超越党派性的公共舆论。在西班牙，正如我们已经看到的那样，《日报十六》和稍后的《世界报》在揭露类似于“贿赂城”的财政丑闻和一桩

① 在法国，调查性新闻事业的兴起也部分归因于20世纪60年代末到来的“新生代从事调查的地方法官”(*juges d'instruction*，也称“红色法官”)，他们大多数出身于中产阶级家庭，作为“‘1968年人’姿态的传人，更加聚焦于人权”(Marchetti 2000：31)。这些法官组织起来，坚持相对于政党应有更高的司法体制自主性，开展了许多调查，为以丑闻为中心的新闻事业的成长提供了沃土。

② 杰里米·边沁 (1748—1832)，英国法理学家、功利主义哲学家、经济学家和社会改革者。——译者注

针对激进的巴斯克民族主义者的附加法律诉讼的丑闻中发挥了重要作用。[①] 在西班牙，调查性报道与政党政治的联系因媒介揭露其政敌丑闻而更紧密。然而，这又使得媒介作为政治行动者比过去更加具有中枢地位。

以下趋势在所有地中海国家都增强了：框定事件作为道德丑闻和新闻工作者将自己作为愤怒的公众反对腐败政治精英的代言人。这些变化并不为地中海国家所独有。它们与强势的、基于市场的媒介的成长相联系，并伴随着新闻事业中一种“批判性专业主义”的文化转向，还伴随着对政党的根深蒂固的传统忠诚的式微，这些动力我们会在第八章中用更为通用的术语加以探讨。然而，鉴于历史上媒介与政治的密切关系，这些变化在极化多元主义国家特别引人注目。

“野蛮的解除管制”

特拉基纳（Traquina 1995，1997）将 20 世纪八九十年代葡萄牙的新闻政策称作“野蛮的解除管制”政策。他的论点是，葡萄牙以一种不加控制的方式引入商业广播电视，而既没有对商业广播电视业者施加重要的公共服务义务，也没有任何框架来保护公共广播电视体制立意要服务的那种利益：向公民提供关于公共事务的信息、提供对广泛政治观点的近用、推广民族语言和文化、鼓励民族的视听生产等等。葡萄牙在
125 1991 年取消了用于公共广播电视的执照费。公共广播电视的发展类型在本章所涵盖的五个国家中差别很大，但是这种“野蛮的解除管制”类型在一定程度上适用于除了法国以外的所有地中海地区：尽管国家在这些地方历史上扮演着强大角色——在某些方面可能是因为这一点——但是“商业大潮”抵达南欧比其抵达北欧更加突然，所受限制更少。

意大利也许可被称为“野蛮的解除管制”的经典案例。与希腊、西班牙和葡萄牙形成对照的是，意大利与民主法团主义国家共有这样的强

① 媒介在地中海国家，也像在民主法团主义国家一样，已经远离那些常见于自由主义国家的政治家的个人生活丑闻。在南欧，性不是丑闻！

大历史：将公共广播电视视为一种公共服务，即便这一观念在实践中已被政党控制的力量污染了。在基督教民主党统治下，这受到一种自由主义天主教观念——大众媒介作为一种提高国民文化水平的工具——的激励。早期的意大利电视十分注重意大利和全世界的古典文学、音乐和艺术。到20世纪70年代，新兴的政治左翼已经意识到电视的重要性，提出了媒介作为福利国家一部分，以及促进多元主义和更广泛地近用公共领域的工具的观念。虽然如此，可以说欧洲广播电视中的“商业大潮”始于20世纪70年代的意大利。意大利宪法法院1976年废除了意大利广播电视台（RAI）的垄断权，从1976年到1990年，意大利没有管制商业广播电视的法律。那个时期有一届意大利政府由于未能就一部广播电视法达成一致而辞职，甚至当一部法律在1990年最终获得通过时，三名部长由于认为这部法律对贝卢斯科尼有利而辞职。而贝卢斯科尼对商业性广播电视的垄断就是在这段漫长的管制真空时期建立的。

希腊也非常契合“野蛮的解除管制”模式：海盗电台和以后的电视台从20世纪80年代开始激增（经常由当时在雅典执政的泛希腊社会主义党以外的其他政党统治的地方政府引入）。政府被迫转而立法，但是由于政府不能建立执照发放程序，上百家广播电视台未经批准继续运营。其间，总是缺乏相对国家的独立性的公共广播电视的观众份额降到了欧洲最低的受众份额（8%）。希腊商业电视中的煽情主义程度极高（Papathanassopoulos 1997；2001）。

同在希腊和葡萄牙一样，在西班牙，公共服务广播电视从来没有按照这个词组的完整意思真正存在过（Bustamante 1989）。佛朗哥独裁政 126
权关注对广播电视的政治和意识形态的控制，但是除此之外，国家广播电视实际上是作为一家商业企业在运作：从来就没有过执照费。西班牙的电视总是由广告支持，1982—1992年全部如此；自那时起，它的赤字意味着需要国家津贴（de Mateo 1997：204）。电台一直是国有和商业的混合体制。西班牙也不同于意大利的类型——工人社会党政府在20世纪80年代指出它是一个要规避的例证——在那个类型中国家决不放弃对广播电视执照发放的控制权，尽管各大区政府转而在中央政府批准之前设立地方广播电视台（Maxwell 1995；Fernández and Santana 2000），尽管一些非法的广播电视的确发展起来。然而在西班牙，国家的确在总体上保持了对广播电视执照发放的严密控制，谨慎地注意着有执照者的政治倾向（Barrera 1995；Fernández and Santana 2000）（广播电视执照直接由政府，而不是由一个独立的管制机构发放）。另外，尽管在西班牙法律中，地面广播电视在理论上仍被界定为一种“基本的公共服务”，但是，与英国或民主法团主义国家相比，公共服务管制是薄弱的，并且往往执行乏力。市场力量占据主导地位，在西班牙广播电视集团（RTVE）也不比在各商业广播电视台逊色多少。在阅读围绕西班牙媒介政策的辩论史中，一件鲜明的事情是公共服务话语的疲弱：国家干预媒介市场通常被看成——原因林林总总——一种玩世不恭的政治控制企图。当然，民主在西班牙、葡萄牙和希腊得到恢复时，正值福利国家在欧洲处于守势，新自由主义的全球力量咄咄逼人。这些国家错过了社会民主最强劲的历史时期，于是就有了一段非常不同的国家干预的历史。

“野蛮的解除管制”这一概念其实不能扩展到法国，尽管这个类型的某些要素可以说是适用的。达尼奥（Dagnaud 2000）指出，尽管法国一直特别强调公共服务广播电视作为一个民族文化公共机构的重要性，但是它从来不是一种纯粹的公共服务体制。它是一种混合收入体制，一部分靠广告支持，而公众资助较欧洲其他许多国家更受限制：每个居民30个欧洲货币单位，而英国是51个，德国是72个（西班牙和葡萄牙
127 都是每个居民11个欧洲货币单位）。① 法兰西国家决定加入**外围台**——通过对它们进行投资——而不是与它们斗争。法国迅速步入了商业时代：“跻身欧洲第一批有商业电视的国家，法国感到头晕目眩，被从怀疑突然转变过来的热情所影响。”（Dagnaud 2000：76）这种热情最重要的结果是公共服务电视第一频道的私有化。20世纪80年代，法国也经历了管制当局对私人广播电视业者实施管制困难重重的一个时期。

然而总的来说，法国在以下方面比其他地中海国家成功得多：发展

① 达尼奥（Dagnaud 2000：230，n.4）。达尼奥的数字引自欧洲视听观察组织（Observatoire Europeén de I'Audiovisuel）的内部文件。

出一个有效的中央集权国家；近年来可以在媒介领域看到，为达成民族目标而在市场中形成了国家干预的“指令”传统，即便“指令”在媒介政策中的焦点已经从推广文化转为更加强调建立富于竞争性的民族媒介产业，即便法国的管制者并不总能在与难缠的青年电台的斗争中胜出(Dauncy and Hare 1999)。在法国，广播电视作为全国性的公共机构这一基本原则仍然是一种强大共识。法国对语言和欧洲制作的内容有特别强有力的规定，根据世界标准，最高视听委员会是一个强大而活跃的管制机构，它对私人广播电视台的节目安排有着实质性的管理权。一个有力的例证是它出手干预真人秀节目《阁楼故事》(*Loft Story*)①，要求它的制作者们给予参与者一些镜头以外的时间。

政治史、结构与文化

在本书中编，我们努力将先前描述的南欧国家的媒介体制特征与它们的历史、社会和政治结构以及文化联系起来。在此运用的关键理论概念——尤其是极化多元主义和依侍主义——在第三章用更为通用的术语介绍过了；这里我们要讨论它们在南欧的具体表现。

正如我们已经看到的那样，新闻自由紧随着拿破仑的入侵来到了意大利和伊比利亚半岛。正像卡尔(Carr 1980)说到西班牙时所言，自 128
由主义制度被强加“在一个经济和社会‘落后的’和保守的社会中”。工业主义和市场仅仅发展到有限的程度，其成长到 19 世纪和 20 世纪初也仍然是缓慢和不平坦的。1930 年，葡萄牙、西班牙、意大利和希腊有 47%的劳动人口仍然在从事农业，而德国是 20%。法国则居中，有 29%的人口务农(Malefakis 1995：41)。当自由主义随着拿破仑的入侵而被引入时，基于土地财产的大量拥有和绝对主义国家，其社会和政治结构本质上是封建的和世袭的，虽然它微弱地渗透到了农村。文化生活

① 2001 年由法国最赚钱的全国性电视台 M6 播出的真人秀节目，它根据荷兰原创电视节目《大哥》改编。——译者注

由教会主宰。本来会形成自由主义政治选民的社会力量——工业和商业资产阶级以及城市工人阶级和中产阶级——都相对弱小。在希腊，自由主义制度的一种类似的输入始于 1821 年，当时土耳其的统治被推翻，由流亡海外的民族主义领袖们引入的自由主义思想“不可避免地打破了有以下特征的既存的制度设置：前资本主义的、欠发达的经济；政治控制的世袭结构；基督教正教会的反启蒙、反西方的意识形态”（Mouzelis 1995）。在法国，自由主义制度发展的社会学基础则强大得多，尽管法国历史的特征在于比自由主义和民主法团主义国家尖锐得多的传统与现代性的冲突。在南欧，滞后的、不平坦的和多冲突的自由主义制度的发展，对理解这一地区的媒介发展是基础性的。

首先，自由主义社会和经济制度的弱小限制了大规模发行报界的发展。反启蒙的传统制约了读写能力的发展，与北欧和北美相比，南欧的文化也许可以说在很大程度上仍然是口语文化。市场经济的有限发展限制了商业性报纸的可用资源和信息取向类内容的需求，后者对实现它们在别处的社会功能是至关重要的：在市场经济中，有关价格、技术、法律规定以及有关全国和国际规模政治和商业发展的公开流通信息是至关重要的。而在传统经济体中，信息流通更具有私人性和地方性。政治不
129 稳定和压迫也使得商业性媒介的发展更有风险。政治民主的有限发展意味着追求政治信息的选民为数有限。例如，西班牙在 19 世纪末有一种名叫 turno[1] 的选举制度，即由若干小派别名人组成的政党同意轮流掌权，政治大佬控制依附性的农村人口的选票。在南欧，政治精英间的共谋是自由主义早期统治的特征。

当然，这段历史在每个国家不是整齐划一的：曾经有重要的地区性变异，这些变异的影响可见于当代媒介体制中。如同帕特南（Putnam 1993）在他那著名的意大利地区政府研究中所强调的，在中世纪和初期的现代欧洲，意大利中部和北部的部分地区曾有非常不同于南欧的典型类型的社会体制。这些地区都建立了城市化的自治公共社区，市场经济

[1] 西班牙语：轮流（坐庄）。——译者注

有所发展。帕特南指出，这些地区的市镇共和国发展出了自治的城市化共同体，具有可观的市场经济，正如帕特南所展示的，一个稠密的公民结社网络和相对专业化的行政机构在其中发展起来了。到 17 世纪，这些地区失去了自治，但是帕特南认为，公民生活的习惯仍然是文化的一部分，并且是解释这些地区的政府何以成功的重要理由。同样在这些地区，报纸发行非常广泛。帕特南将报纸读者加进了公民共同体（Civic Community）指数中，成为他的首要解释性变量。在西班牙，自由主义制度在巴斯克乡村、马德里（Madrid）和加泰罗尼亚强于全国其他大多数地方——许多历史学家称之为“两个西班牙”——这也可见于当代媒介体制中，既包括报纸读者，也包括南欧唯一的报业评议会发展于加泰罗尼亚这类现象。在法国，南部和北部也有重要的社会学和文化差异，但是，中央集权的法兰西国家降低了这些差异的重要性。

极化多元主义

南欧保守力量的实力造成了这一地区政治的尖锐极化和冲突。旧秩序的支持者继续从右翼抵制自由主义现代化。随着社会主义的，有时是无政府主义的工人阶级运动的发展，阻止这样的运动并入统一的自由主义秩序的力量和激进化反对派的右翼都大大增强了防范左翼的实力。政治冲突的代价是高昂的，因为对社会秩序的基本结构没有共识。自由主 130
义民主直到相对较晚的时期才最终在南欧巩固下来；而当它实现的时候，它倾向于萨托里（Sartori 1976）所谓的极化多元主义形式，有许多意识形态取向迥异的政党，涵盖广泛的政治光谱，包括左右两翼“反体制”政党。法国和意大利有欧洲最为强大的共产党，它们在 21 世纪仍然是重要的；这两国也有重要的右翼政党。如同我们在第三章看到的那样，拉内和埃尔松（Lane and Ersson 1991）的极化指数——它反映政党间的意识形态距离和反体制政党的实力——显示，在 1945—1989 年，法国的平均得分为 5.1，葡萄牙为 4.7，希腊和意大利为 3.7，西班牙为 3.4（葡萄牙和西班牙只从 1975 年算起），而欧洲的平均得分为 3.1。

在 20 世纪的最后几十年，极化在南欧的确是降低了。这是我们会在第八章讨论的“世俗化”过程的一部分，尽管如同我们将看到的那样，并非没有反向趋势存在，包括法国反移民的极右翼的成长。西班牙的两大政党今天是包罗万象型政党，它们的政策见解并没有很大差别，尽管它们之间的敌意比它们的政策差异可能要大。[1] 帕特南（Putnam 1993：33）给出了关于意大利地方政府官员正在改变的政治态度的数据；它们显示，例如在1970年，50%的人认为“向一个人的政治对手妥协是危险的，因为这通常导致背叛己方”；但是在1989年，只有29%的人持这种观点。在整个南欧地区，尽管到20世纪70年代明显有少数人仍然表达了对威权主义的同情，但是今天地中海国家的反民主思潮并不比欧洲其他地方更为强劲（Gunther and Montero 2001）。

尽管如此，这一地区的媒介发展一直受到极化多元主义政治类型的
131 深刻影响。报纸以及一些电子媒介是多种意识形态阵营间的斗争中的主要的参与者，尤其是在19世纪曾作为自由主义的斗士，但是最终代表各方。这固化了媒介与政界之间的联系。意识形态分野的尖锐性和政治冲突的高风险使得媒介体制难以从政界中分化出来；例如，难以形成一种专业文化和新闻事业组织，进而超越政党路线而发展；对公共广播电视而言，其难以从政党政治中分离出来。沙拉比（Chalaby 1996：310）在对比法国和英美新闻事业史时强调以下这一点：

> （在美国和英国的）政治斗争囿于国会两党制，新闻工作者可以通过声明不支持任何一党来干脆声称“中立”，可以通过给予两党以同等数量的关注来声称“不偏不倚”。政治斗争的这种有效的梳理使一种基于新闻和信息而不是政治意见的话语的发展得到便利……而在（法兰西）第三共和国的很长一段时间里，从共产主义到保皇主义的各种政治立场应有尽有。这些政党质疑的原则（私人

---

① 社会党在当政时实际上遵循了自由市场政策，与人民党类似，它基本上是一个包罗万象型政党。联合左翼仍然是一个意识形态政党，激进的民族主义政党依旧存在。但是除此以外，西班牙政坛可能比实际的意识形态差异所显示的有更多的极化多元主义风格和声调：那些左翼人士倾向于将人民党与佛朗哥主义联系起来；而人民党相信，西班牙工人社会党在14年统治期间试图垄断权力。自从向民主转型以来，两党只有互换的角色：执政与在野；西班牙政坛仍然有某种这样的氛围：一场要么全有、要么全无的争取权力的斗争。

财产和普选权）在华盛顿和伦敦都被认为是理所当然的。

与此同时，一种强大的积极价值经常被强加于媒介的政治参与和意识形态的多样性。这在法国和意大利的后解放时期之初尤为清晰，当时在一个多样性的和政治参与的新闻界，这种理想主义的愿景占了上风。正如帕特南（Putnam 1973：81－82）在对英国和意大利政治精英的比较研究中所指出的那样，一种独特的话语风格盛行于意大利——在所有极化多元主义国家情况显然也是如此——它强调“理性的一致性、‘综合的’全面性和对清晰的社会道德准则的原则性”，这种风格也是与较高程度的党派性相联系的。他还说：“激烈的社会冲突呼唤并且似乎需要证明对社会事务进行普遍化解释的正当性。”在新闻事业中，这种风格反映在：事实不被看成是不言而喻的，评论受到重视，中立似乎成了非一致性、天真幼稚或机会主义。

极化多元主义的另一个对比效应也许一直是，在新闻工作者担忧政治稳定和民主的合法性面临危险时压抑新闻工作者对“看门狗”角色的热情。艾森德拉思（Eisendrath 1982：79）引用创建首 132
批新闻学院之一的法国社会学家罗伯特·埃斯卡皮（Robert Escarpit）[1] 的论述说：

> 我们为什么要发表所有事实？这是一个古国，过往充满争执。我们中的一些人犯错误；我们都生活在玻璃房中。例如，我来自抵抗力量。我可以走在巴黎的大街上，指认出那些通敌者……他们为死亡负责。如果我那样做了会怎么样呢？如果我们大家都那样做了会怎么样呢？我们大家怎么还能作为一个民族共同生活呢？

帕迪奥勒（Padioleau 1985：320）引用一位高级政治主编的话说——同样在后水门事件时期——“有必要用丑闻来供养法国的反议会主义吗？”极化多元主义还限制了媒介制度，尤其是公共广播电视的合法性；

---

① 罗伯特·埃斯卡皮，法国小说家和文学社会学家。巴黎高等师范学院毕业，第二次世界大战中参加抵抗运动。1967年在波尔多创办一所传播学院。此后多年任波尔多大学英语和信息与传播科学教授，1975—1978年任该校校长。著述甚丰，出版书籍约70部，1949—1979年为《世界报》撰写200字的专栏文章约9 000篇。——译者注

而由于意识形态分裂的尖锐性和各相互竞争的派系不愿意让公共广播电视脱离它们的控制，公共广播电视一直是论战和公众审察的主题。

极化多元主义体制是典型的复杂政治体制，伴有许多竞争性的政党，政党本身经常由竞争性的派系组成。这产生了一种公共领域，其结构不同于自由主义的公共领域，在后者中政治传播的中心要素是政治行动者呼吁个人公民组成广大公众。在一个极化多元主义的多党体制中，政治传播最重要的要素是各政党、派系和其他与它们结盟的社会行动者之间发生的讨价还价过程。[①] 这一传播过程有许多发生在公开的公共领域之外，要么只是在无关的情况下或以编码的和隐秘的形式才进入公共领域。这种谈判过程是微妙和棘手的，而如果在公共舞台之外非正式地开展，那么一般进行得较为顺利。这种体制中的媒介——尤其是报纸——历来服务并参与这种讨价还价过程。它们是精英们跟踪和评论谈判进展、设立议程、示意立场和承诺、向对方施压和达成一致的重要工具。南欧媒介的许多关键特征与这一类型相联系：媒介与政治行动者的
133 密切关系、媒介对政治生活的高度聚焦以及新闻事业相对而言的精英主义性质。意大利最具这一类型的特征。在其他地中海国家，它被多数至上主义所修正，尽管在相当程度上仍然是适用的。这是地中海国家在若干重要的方面与民主法团主义体制——尤其是倾向于极化多元主义的体制——所共有的东西。

同样与民主法团主义国家类似的是，地中海地区国家的政治体制一直是以“关联”投票，而不是“议题”投票为特征的。也就是说，个体的选民们倾向于“投下他们的选票作为这样一种声明：主观上认同他们相信整体上而非典型地等同于他们自己的社会群体的某个政治力量”(Parisi and Pasquino 1977：224)，而不是评价某个具体议题的立场或每个政党的候选人。这又是一个各国之间符合程度高低不等的情况——例

---

① 皮亚托尼（Piattoni 2000：194）也将这种类型与将在本章稍后加以讨论的依侍主义联系起来：“在碎片化的民主社会中，政治决策经常采取无休止的讨价还价形式，关于游戏规则只有最低程度的共识，其决议经常有精明的讨价还价交易的性质……”关于游戏规则的共识是如此有限，这是极化多元主义国家与民主法团主义国家的主要分野之一，在后者中讨价还价也是中心性的，但是更多的是基于规则的。

如在西班牙就不那么符合，因为两个最大的政党都是包罗万象型的，而且政党的社会根基较浅。在这一类型强大的地方，这意味着政治传播较少着力于赢得未做承诺的广大公众，而较多着力于动员特定的政治团体，表达它们对其他团体的政治立场，并再次进行与这些其他团体的讨价还价过程。此外，与民主法团主义国家形成对照的是，这一讨价还价过程不是由普遍利益的观念指导的：首先应考虑的是每一种媒介所依托的那个集团的特殊利益。

国家的角色

资本主义在南欧的滞后发展同样与国家扮演的强大角色相联系。由于市场发育不良，国家在资本积累方面发挥了特殊的中枢作用。由于强大的资产阶级和公民社会的缺席，国家在组织现代社会生活方面发挥了中枢作用。例如，在 19 世纪的希腊和西班牙，军队经常替代中产阶级成为发起社会变革的中心（Malefakis 1995）。在法国和意大利，民主的巩固促进了向北欧民主法团主义社会那样的强大福利国家的发展。尤其是在意大利，这体现在支持报刊的公共政策和将公共服务广播电视建设 *134*
成向所有社会和政治团体开放的平台的尝试。然而，这些理想与一种更倾向于特殊主义而不是普遍利益的政治文化背道而驰，因此其结果与民主法团主义国家大相径庭。在西班牙、葡萄牙和希腊，福利国家较为弱小，这既反映了其较为有限的社会资源，也反映了转型在新自由主义在全球勃兴之际姗姗来迟。①

① 下表给出了 1985 年在两次对国家部门规模的测量中，地中海国家在 16 个欧洲国家中的排名：

	政府支出占 GDP 百分比	总税收占 GDP 百分比
法国	6	6
希腊	9	12
意大利	11	13
葡萄牙	13	15
西班牙	15	16

这些数字显示，希腊政府的总开销相对较高。然而，就占 GDP 的百分比而言，它的社会开支最低，而军费开支最高（Lane and Ersson 1991：328－335）。

国家在媒介发展中扮演的强大角色反映了这一普遍类型。贝凯洛尼（Bechelloni 1980：233－234）写道：

> 在意大利……所有文化事业在经济上都是脆弱的，它们需要——有一些例外——来自国家或来自私人庇护者的帮助以保生存。这带来两个重要的后果：从没有许多经济上自给自足的文化或新闻企业、知识分子和新闻工作者……总是生活在经济上不确定的状态中，因此几乎享受不到自主性。而掌控这种局面的国家却总是有大把机会来操弄和干预。

在南欧，国家的中央集权性不仅意味着国家对媒介制度的干预相对强大，而且在某种程度上有相反的情形。由于国家的重要地位，其他社会行动者都下大力气来影响国家政策，它们这么做的主要方式之一就是借助媒介。商业界尤其如此，它通常都努力在国家合同、津贴、管制豁
135 免等方面获益。这是商界老板们形成了愿意补贴经济上处于边缘地位的媒介企业的传统的原因之一。

强大的国家，加上先前讨论的政治冲突史，推动了南欧许多地方走向广泛的社会政治化。穆泽利斯（Mouzelis 1995：22）是这样描写希腊的：

> 在希腊，就像不与无处不在的国家官僚机构磕磕碰碰就一事无成一样，不被强大的政治意涵和考量所扭曲，什么都不能言说、思考或者表达。从中上阶层雅典人社团时尚的正餐会到日常的村庄咖啡馆聚会，社会互动和文化交流的主要方式是热烈讨论政治事件和人物……这种对政治的……偏好弥漫于所有的制度领域，从体育到宗教，从教育到流行戏剧，概莫能外。

意大利的情况可以说是相似的，它也是一个具有高度政治化历史的国家，这反映在居高不下的投票和党员人数上。这无疑有助于这些国家媒介的高度政治化，即便是商业性的媒介。这种程度的政治化没有扩展到西班牙和葡萄牙，这也许是由于专制时期实行的军人遣散——两国大众涉入政治的程度都相对较低。

依侍主义与法理型权威

自由主义制度在南欧的滞后发展也与依侍主义的重要性和法理型权威相对缓慢的发展相联系（Hallin and Papathanassopoulos 2002）。正如第三章所解释的那样，依侍主义是社会组织的一种类型，在其中对社会资源的近用由庇护人控制，并输送给依侍人以换取服从或各种形式的支持。在南欧，它随着封建社会传统制度的分崩离析而发展起来，并且由于与自由主义相联系的社会组织形式——市场、官僚制国家和代议制民主——的弱小而持续存在。依侍主义的最早形式涉及农村人口对控制他们近用所有种类资源的地主们的人身依附，它们随着现代化而被改造，但没有被完全置换。随着群众性政党的发展，旧时的政治大佬在一定程 136
度上出局了，他们对权力的垄断让位于一种更具竞争性的机构。但是，这些政党吸收了许多曾经是古典依侍主义一部分的特殊庇护形式。依侍主义一般被视为对群众政党和自愿组织等“横向的”组织形式是破坏性的。但是也许可以争辩，帮助这些机构成长的“民主依侍主义”的形式的确曾在南欧兴起过，就像群众性政党在19世纪的美国最初发展的情形一样。

法国是这个依侍主义关系持续存在和法理型权威弱小的类型的一个例外。这也是我们将法国称为介于民主法团主义和极化多元主义体制之间的一个边缘案例的主要原因之一。它有一个国家作为“普遍意志”化身的强大传统，专业化行政管理的悠久历史甚至可以追溯到旧政权以及行使培训和选拔行政管理人员职能的国家桥路学院（École Nationale des Ponts et Chauseés）时代。如今，国家行政学院（École Nationale d’Administration）行使该职能，造就了一个根据能力而不是政治标准选拔出来的行政管理精英阶层，具有强烈的团队精神（ésprit de corps）和相当的自主性。法国的公务员与政党政治并不像其他国家那样严格分离，他们可以不辞去公务员就竞选公职。但是，行政管理人员的共同规范和行政管理精英的文化仍然是强大的（Suleiman 1984）。① 官僚制作

① 形成对照的是，意大利有一支中立的公务员队伍，但是既没有招收和形成一个精英团队的强大体制，也没有法国行政管理人员在政治过程中的那种重要性。

为一部行政管理机器遵循它自己的规则，而难以从外部控制，这种负面的刻板印象实际上是基于法国案例的。法国新闻工作者经常与公务员同在巴黎的高等政治学院（Institut des Etudes Politiques）受训，因此在某种意义上这是一种共同的精英文化的一部分。

在这里涵盖的所有国家中，近年来依侍主义的基础已经被多种力量削弱了，例如经济成长、欧洲一体化（它实施了法理型权威的共同标准）和新闻教育的发展，新闻教育倾向于用一种共同的专业文化和招募网络来代替特殊关系和亚文化。尽管如此，依侍主义的强大历史和持续
137 关联仍影响着南欧的媒介体制。在依侍主义体制中，信息被作为一种私人资源来对待，而不是由公众分享，这是新闻事业作为一种公共机构发展缓慢的原因之一。例如，巴雷拉（Barrera 1995：161）认为，西班牙的商业性新闻事业之所以发展非常滞后，部分原因是西班牙商界缺乏透明度。[①] 依侍主义增加了社会行动者之间特殊关系的重要性，尤其是——特定国家的中央集权性使各政党承担着过去个人庇护的许多功能——与政党的关系。地中海国家与自由主义或民主法团主义国家体制的关键差异之一在于，政治性公共机构是更为政党—政治化的。而与法理型权威发展得更为充分的体制相比，官僚制和司法体系较少与政党政治分离，与政党及其派系的关系对于任何需要国家合作的行动者来说都是特别重要的。在此，广播电视管制就是一个有力例证：贝卢斯科尼曾在意大利社会党中有强大的人脉，这对他在建立他的电视帝国时保护他的利益具有关键意义。在西班牙，商业广播电视台的执照发放同样遵循着一种强有力的政治逻辑。

依侍主义影响媒介的另一个有力例证，可以在南欧针对媒介所有者的法律诉讼的频率中发现。依侍主义的遗产所联系的既有相对政党—政治化的司法体系，也有规避法律的传统，“这样的态度……如果一群人发现一种有利可图的规避方法，那么其他群体就会更加看紧自己的利

① 他又说，即便是在无利可图的时候，现代跨媒介集团也一直坚持办财经报纸，这是因为“经济信息在国家商业和政治生活中日益增长的重要性：在市场中拥有一种声音，为保护它们自己的利益而拥有信息，这对经济集团是至关重要的……它们在当然是战略性的部门中行动。信息就是权力，我们必须记住”。

益”（Dennis Mack Smith，引自 Putnam 1993：143）。在这种语境下，对政府而言相对容易的是，利用法律体系，通过威胁选择性地强制实施税法和其他管制来对包括媒介所有者在内的私人行动者施压。在西班牙，当其社会党盟友下台，普里萨集团的所有者赫苏斯·德·波朗科（Jesús de Polanco）就被起诉；安东尼奥·阿森西奥（Antonio Asensio）坚持认为，他受到威胁说，如果他不将电视第三频道（Antena 3）出售给西班牙电话公司，就有牢狱之灾（在这两个案例中，西班牙工人社会党先前都无视允许这些商人的媒介帝国扩张的关于媒介所有权的法律）。在失去了将他安插到那个位置上的阿斯纳尔总统的宠信之后，西 138
班牙电话公司私有化后的主管胡安·比利亚隆加（Juan Villalonga）也由于证券交易违规而接受调查。贝卢斯科尼在意大利多次面临控告。这明显增大了媒介所有者的赌注——其他私人行动者也是如此——去拥有强大的政治人脉和判断在政治上占上风的合适派系。另外，媒介行动者有能力通过有选择地揭露腐败来给政治人物施压，这增强了政治家们关切如何控制媒介的动机。我们先前所见的政治化、工具化和国家干预的类型，在相当程度上显然植根于南欧政治的这些特征。正如贝卢斯科尼与社会党关系的例证所表明的那样，依侍主义持续存在还意味着，在地中海国家，虽然国家渴望强烈干预媒介领域，但是经常不能有效行动：特殊关系削弱了它以一种中央集权化和一致方式行动的能力，因此促成了广播电视“野蛮的解除管制”的类型。

依侍主义还与这样一种政治文化相联系：它不大相信普遍的公共利益超越特殊利益的观点。正如贝拉（Bellah 1974）对意大利的分析，这种文化“拼命亲近外界”，“暗示对家庭和宗族，对黑手党这样的拟态家族团体，对村镇，对派系和小圈子的忠诚形式……削弱了对自由主义民主价值观的每一个真正的承诺”。这种对意大利政治文化的看法被广泛批评为过于简单化（如 Sciolla 1990）。它忽视了先前讨论的高度政治参与和植根于多元性和辩论的强大价值，这些意大利政治文化的特征在贝拉撰写这篇论文时在某种意义上达到了顶峰。尽管如此，在意大利政治文化中，如同在其他有强大历史的依侍主义国家中，特殊主义的一个重要元素倾向于损害卓越的“公共利益”的观念；我们相信，这是新闻专业主义在南欧发展较慢的一个重要原因。如同我们会在接下来各章中看到的那样，在自由主义和民主法团主义体制中，专业化与被法理型制度取代的依侍主义的较早类型相联系。

小　结

在南欧，向资本主义和资产阶级民主的漫长和充满冲突的转型过程
139 中，产生了一种与政治世界关系密切的媒介体制。一旦民主得到巩固，高度的政治平行性占了上风，媒介的作用是代表竞逐影响力的广泛的政治力量，这体现在它们相互之间的讨价还价和它们统一自己的政治声音的努力中。商业性报刊的发展不如在自由主义或民主法团主义体制中那么强劲。报纸发行量一直相对低下，电子媒介因此具有中心地位。广播电视也倾向于政党—政治化，而法国在 20 世纪 80 年代脱离这个类型。新闻专业主义不如在自由主义或民主法团主义体制中那么发达，政治忠诚经常超越对共同职业规范和制度的承诺。相对常见的是，国家、政党和有政治人脉的私人老板将媒介工具化。除了法国以外，国家倾向于在许多方面扮演干预主义的角色，尽管依侍主义和政治极化经常抵消它作为管制者的效果。

地中海国家的媒介在许多方面脱离了中立性专业主义和“看门狗”媒介的主导性自由主义规范，对这些体制的许多描述在基调上是相当负面的（如 Padovani and Calabrese 1996；Hibberd 2001），正如一般而言，对照西方发展规范，南欧的媒介经常被判定为发展不充分。因此在结束本章时，似乎不可避免地要直面一些关于媒介在南欧民主过程中的作用的规范性问题。在此的关键是，不是要对地中海体制比北美或欧洲其他地方的体制更好或更糟做出任何最终判断。所以，在此我们的目的只是澄清它们的民主功能中的一些相似性和差异性，而这对于做出这样的判断也许是相关的。

首先应该记住，南欧所有国家在重要的方面都是 20 世纪晚期的成功故事：全都在政治上和经济上非常艰难的情况下崛起，巩固了民主政

治体制，极大地缩小了在20世纪较早时候将它们与西欧其他地方分离开来的经济差距。当然，它们的媒介体制在许多方面似乎是成问题的， 140
并且被这些国家中的新闻工作者、公民和学者认为是成问题的。这些包括：印刷报刊狭小的读者群、读者中巨大的性别鸿沟、反映在对公共信息的近用受到限制的威权主义文化中的某些残余，以及官方对批评报道的压力；还有政治精英和商业老板（当然，他们经常是一伙人）二者将媒介工具化的倾向。一些要素似乎要正面得多，包括媒介多元主义，它无疑能代表广泛的观点——尽管人们如何测量这种多元主义和如何能够对它进行跨体制的比较仍然是一个学者们尚未真正直面的问题。在许多方面，地中海国家的媒介似乎接近于柯伦（Curran 1991）的“激进民主”公共领域模式，媒介在其中充当“竞争性社会力量之间的战场”（Curran 1991：29）。

其他要素更加难以判断，其中之一是媒介对政治的高度聚焦——在意大利，印刷报刊投入的政治报道和评论版面在1976—1996年翻了一番多（Mancini 2002）——这可以被看做在其他媒介体制中更为先行的商业性去政治化的一种有益替代，或者是政党精英针对媒介的霸权的一个反映。政党在所有地中海国家无疑有巨大的重要性。这个结果既源于政治冲突史，也源于国家的强大角色和历史上公民社会的较弱发展。它在不同国家采取不同形式。由于总统制和官僚制，法国可能不那么符合它。在西班牙和葡萄牙，如同较早提及的，政党没有渗透进广大公众中——尤其是像在意大利做到的那样。然而，政党扮演了极其重要的社会角色，在相当程度上管理了向民主的转型（Colomer 1996）。因此并不奇怪的是，要么是政党本来会对媒介有巨大的影响力，要么是媒介应该在相当程度上聚焦它们的活动。

媒介与政党的关系有利有弊——这种关系鼓励了以严肃方式报道和评论政治的多元主义媒介体制的发展。与此同时，它造成了新闻事业的精英主义、读者身份的高低不均（如表现在性别差异中）、经常与政治权力合谋的倾向以及媒介相当狭隘地集中于政党精英活动的倾向。在自 141
由主义体制中，媒介批评家共同关切的一直是政治报道中策略或游戏框架的盛行，它聚焦政治精英们的策略和他们玩政治游戏的成败，而以牺牲激发普通公民的政策关切为代价。地中海体制下的媒介所显示的这一倾向甚至更为强烈。我们对法国和美国报纸政治报道的比较性内容分析显示，《纽约时报》有10.8%的报道侧重“政治游戏”框架，而《世界报》有21.7%，《费加罗报》有23.6%。意大利媒介也侧重政治游戏，而不是政策议题，大量关注政党间的谈判、特定领导人和派别的沉浮等等（Mancini 1996；Marletti 1985）。当然我们应该记住，意大利的政治联盟通常是脆弱的，并不断被再造。

媒介与政治制度——尤其是政治精英——的密切关系意味着极化多元主义体制中的公共领域不那么开放吗？关于这一问题的研究甚少可用，但是已有的研究暗示的答案可能是“不”——在极化多元主义体制中不存在公共领域不那么开放的普遍趋势。例如，桑佩德罗（Sampedro 1997）考察了西班牙媒介的反强制兵役运动报道和评论，它在20世纪80年代末和90年代初随着公民广泛的不服从而达到顶峰。由于社会运动需要外在于政治权势集团的团体尝试将一个议题置于政治议程中，媒介对社会运动的报道和评论对一种媒介体制的民主表现是一个重要测验。桑佩德罗的研究不是比较性的，但是容易让他人将它与自由主义国家的类似研究相比较。他的发现中的一些要素明显不同于人们仅在北美发现的情况，他的发现非常引人注目的是报纸之间的党派性差异强烈反映在新闻议程、消息来源使用以及其他报道要素中。例如，《阿贝赛报》有使用国防部消息来源的特权，而《国家报》能使用司法部消息来源。拒服兵役者的运动在相当长的时间里难以渗入新闻议程。而一旦它达到一定门槛——部分是借助公民不服从而扰乱社会秩序，部分是由于它引起政治精英内部的分裂——它在一段时间内获得了广泛和相当多元的报道和评论，再一次部分关联了“多样性传播媒介”的存在，“它
142 们根据各自的编辑路线，扮演了互相冲突的角色，促进了互相冲突的利益”（Sampedro 1997：291）。稍后，精英们成功地重新控制了新闻议程。除去媒介党派性和多样性的重要性——它在美国不会发挥如此重要的作用——桑佩德罗的发现非常类似于自由主义国家关于媒介与社会运动的研究发现，这显示了西班牙媒介并不低的开放性。

本森（Benson 2000）研究了20世纪70年代到90年代法国和美国

媒介的移民政策报道。他再次发现了植根于不同新闻事业文化的媒介与政治制度的不同关系的许多差异。同西班牙媒介一样，法国媒介在政治上较为鲜明，代表广泛的意识形态立场，包括较多的评论和分析，但是特稿故事较少，倾向于注重政党消息来源和有组织公民社会团体①，而美国的新闻更加注重法官等中立的、去政治化的消息来源。他没有发现哪一个体制存在对生动的辩论、官方政策的批评或充分的信息比另一个体制更为开放的明显倾向。当然，这些都是针对特殊议题的特殊研究，聚焦的是特殊类别的议题。然而，一个合理的假设似乎是，在媒介的政治角色中，更广泛的比较研究可以显示，差异类型太过复杂，不能简单地用地中海媒介“落后”这样的术语来理解。

① 帕迪奥勒（Padioleau 1985：307－308）认为，法国新闻工作者倾向于选择依附于国家的“臣民”角色，而不是积极公民的角色，而美国媒介偏好积极公民角色。这与本森的研究相冲突（本森也注意到法国媒介提供一种“动员性信息”，而一些学者说明它在美国媒介上往往是缺席的，例如关于政治示威和立法辩论的事前信息），也与我们自己的研究不一致，我们的研究显示美国媒介经常警惕有组织的公民行动主义（Hallin and Mancini 1994）。

第六章　北欧/中欧或民主法团主义模式

143 我们所说的民主法团主义模式发展于北欧和中欧——斯堪的纳维亚国家、低地国家、德国、奥地利和瑞士。像地中海国家一样，我们在本章所讨论的国家在地理上接近，就像我们的三个国别群体中的任何一个，它们都有一段频繁和深入的社会交往的历史，这在本案例中是以争斗为特点的。它们在语言方面是多样的，尽管包括三个有大量说德语的人口的国家，而荷兰语、挪威语、丹麦语和瑞典语与德语有亲族关系，并且德语和较晚近的英语在这一地区一直充当通用语言(lingua franca)。

在某些国家群体内——在奥地利、瑞士与德国之间，在斯堪的纳维亚国家之间，在比利时与荷兰[①]之间，文化与政治模式的相互影响和经验的交流一直是特别强烈的。但是一种强烈纠缠的历史演进一直影响着这一地区的传播体制。这些国家间的互动经常是冲突性的。而冲突也是一种社会关联，并常常意味着文化模式的输出和相互影响。像我们会看

① 斯堪的纳维亚各民主社会还共享许多政治决策：除了作为欧盟的一部分（挪威除外），1952年还成立了北欧理事会，其目标是整合这些国家的政策问题。

到的那样，路德（Luther）对天主教会的挑战所开启的“宗教宣传的巨大战争”（Anderson 1983）在北欧和中欧建立一种共同文化和一个共同的公众领域的过程中扮演了尤其重要的角色：它不仅塑造了宗教信仰，而且塑造了政治结构和媒介实践，包括在整个这一地区的如下事实：崛 144
起的印刷媒介成为深深扎根的和相互冲突的政治、宗教亚文化的表达工具。

除德国外，所有在本章中讨论的国家人口都不多：我们之所以将这一模式命名为民主法团主义模式，是深受彼得·卡岑斯坦（Peter Katzenstein 1985）《世界市场上的小国》（*Small States in World Markets*）的分析之影响。正如卡岑斯坦所指出的，20 世纪初，北欧以及中西欧的小国采用的是在各大有组织社会利益集团之间相互妥协和权力共享以及福利国家的扩张的政治模式；至于德国和奥地利，它们在第二次世界大战后采纳了这一模式中的许多内容（在本章中，当我们谈及中欧时，我们指奥地利、瑞士和德国。波兰、匈牙利和捷克共和国与其他民主法团主义国家共有这一历史中的许多成分，但是共产主义经历显然将它们的政治和媒介史与在此讨论的国家分离开来）。正如我们会在卡岑斯坦的那一章的最后一节看到，他将这种政治模式的历史渊源上溯到这样一种历史发展的类型中：天主教会和拥有土地的贵族的保守力量相对于南欧要弱很多，而发展出极化多元主义模式的南欧要弱小得多。我们会看到，这段历史还与媒介体制演化的不同类型相联系。

这一地区各国的共同历史及其在平时和战时互动的深度意味着彼此之间虽有诸多差异，但是它们的媒介体制却有着重要的共同特征。这些特征可以被概括为我们认为是民主法团主义国家所独有的三个“共存”，这种“共存”不会在其他媒介体制中一起出现（或者说即便出现，也不会在同一历史时刻出现），而且我们可以认为（如果我们以自由主义模式作为“规范”的话），这是三组互不兼容，但是在整个 20 世纪却一直共存于民主法团主义国家的三组媒介体制要素。

首先，高度的政治平行性、媒介表达党派性的以及其他社会分裂的强烈倾向，与一个强劲发展的大规模发行报界共存于民主法团主义国家。这两个要素中的第一个即政党，在最近一个世代中已经明显弱化了。尽管如此，我们仍旧相信，一个强烈鼓吹性的报界不仅构成了北欧
145 和中欧媒介史的特征，而且在许多重要方面依然影响着新闻事业、媒介结构和这些与其他社会力量互动的方式。与此同时，强大的商业媒介市场在所有这些国家发展起来，民主法团主义国家依然独有其高度的报纸发行量，相关数据在表 2—1 中可以看到。挪威、芬兰和瑞典与日本一样，有全世界最高的人均报纸发行量。稍微低一点的是丹麦、德国、荷兰和奥地利。在这个国别群体中只有比利时在表上是比较低的。如同我们将在这点和其他若干方面看到的，比利时介于民主法团主义模式与极化多元主义模式之间。

在我们看来，民主法团主义模式独有的第二个“共存”与第一个密切相关：在我们概述于第二章的意义上，媒介中高度的政治平行性与高度的新闻事业专业化共存，包括对专业行为标准的高度共识，对普遍公共利益的承诺的观念，以及其他社会力量的高度自治。此外，前者的特征相对于后者已经弱化，而整个欧洲政治平行性的衰落将在第八章详细探究。尽管如此，我们还是认为，民主法团主义国家中政治平行性与新闻事业专业化的历史共存既是一个需要解释的重要史实，又是某种对于理解其媒介体制仍然具有重要性的东西。这些“共存”的存在意味着，民主法团主义国家既与极化多元主义模式共有某些特征（相对高的政治平行性、鼓吹性和外部多元主义），也与自由主义模式共有某些特征（媒介市场和专业主义的强劲发展）。

第三个“共存”与国家的角色有关。在民主法团主义国家中，某些形式的自治传统可以追溯到历史发展的早期——除了奥地利和德国——自由主义制度早早得到了巩固。在这个意义上，有一个强大的传统限制着国家权力——其中最重要的表现之一便是先行发展起来的新闻自由。另一方面，强大的福利国家政策和积极的国家干预的其他形式在 20 世纪的民主法团主义国家发展起来；这些趋向明显见于公共部门参与媒介领域中的重要形式，而这将民主法团主义国家与自由主义国家区别开来。

印刷报刊的早期渊源

北欧国家——无论是大陆国家还是英国——开新闻自由之先河。成
为议会民主（Humphreys，1996）和作为一种社会公共机构的报界的共 146
同特征的公开性原则发展得既早又强劲。在某些案例中，第一批报纸的发展与商业资本主义有关，而在其他案例中则与政治或宗教斗争有关。如同我们会在本章的稍后一节中看到的那样，报界在北欧的强劲发展与旧制度相对于自由主义新兴力量的疲弱有关。准确的历史类型因国家而异，但是印刷媒介的发展以这样或那样的方式与不断成长的识字的中产阶级相联系，这在所有民主法团主义国家的媒介史中都处于中心地位。

在德国和奥匈帝国，贵族政治和国家专制比在较小的国家更长久地持续保持强大。在这两个国家，如同在极化多元主义国家一样，向自由主义秩序的转型更为持久和更具有冲突性。尽管如此，商业和工业中产阶级的发展足以支持新社会秩序的许多公共机构，包括强大的大规模发行报界。

在荷兰、瑞士和比利时，商人们——其广泛的商业兴趣使他们成为报纸的第一批消费者——早早就支配了社会。在斯堪的纳维亚国家，工业化直到 19 世纪末才得到强劲发展。然而，封建制度不像欧洲其他国家那样强大，新兴的城市中产阶级经常与独立农民（independent peasantry）结盟，如同我们将看到的那样，掌权相对较早——在报刊的发展中扮演了关键角色。古斯塔夫松和哈德纽斯（Gustafsson and Hadenius）指出，1830 年创刊的《晚报》（*Aftonbladet*）经常被认为是瑞典最早的现代报纸，其读者构成为“矿主、商人、知识分子——前工业社会的支柱，他们需要一个有效的传播工具，而该报生逢其时”（Gustafsson and Hadenius，1976：32）。《晚报》不仅刊载广告以及有助于市场社会崛起的政治和商业信息，而且还表达了新的中产阶级对自由主义政治和经济改革的渴望（Hadenius and Weibull，1999）。哈德纽斯和

147 韦布尔（Hadenius and Weibull）注意到（132 页）：“保守势力没有强大到足以遏止该报。”

瑞典是世界上第一个确立公开性和新闻自由原则的国家。它的 1766 年宪法承认了近用官方文件和新闻自由的权利。挫折时有发生，但是从长远来看，瑞典迈向了这样一种法制：保护公民参与政治生活的权利，认为信息的自由流通对于达成这个目的不可或缺——这对报刊的发展显然是有利条件。其他北欧国家也较早确立了新闻自由：挪威 1814 年（Wolland 1993）；荷兰 1815 年（van Lenthe and Boerefijn 1993）；丹麦 1848 年（Søllinge 1999）。比利时 1831 年宪法承认新闻自由，并于 1848 年取消了所谓的“知识税”（Van Gomple 1998），比英国早了几年。新闻自由来到奥地利（1867）和德意志较晚；在德国，新闻界与国家审查官之间的冲突司空见惯，直到俾斯麦（Bismarck）治下 1874 年《帝国新闻法》（Reichspressegesetz）废除了事前审查，使全国性报纸的诞生成为可能（Sandford 1976；Humphreys 1994）。

显然，这些立法里程碑加速了报刊的成长，但是它们也反映出这样的事实：随着市场制度、公民社会、民族国家的逐步发展，报纸的发行量大幅增长。现代报纸的先驱，即第一批“科兰特”（“corantos”），出现在城市中心——阿姆斯特丹（Amsterdam）、科隆（Cologne）、法兰克福（Frankfurt）和安特卫普（Antwerp），其中阿姆斯特丹可能早在 1607①年就发行了第一份“科兰特”。这些城市位于欧洲的主要商道上，不仅对经济和商业新闻，而且对可能影响商业的政治新闻都有强烈需求。哈贝马斯（Harbermas 1989：16）在他对公共领域起源的描述中强调了这样的观点：

> 随着商品交换而发展起来的信息交换也是一样。随着贸易的广泛开展，眼睛紧盯着市场的商人在核准时越来越需要准确地了解远方发生的事情……大的贸易城市同时也是信息交流的中心。由于商品和有价证券的交换将会不断进行下去，因此，信息交流也必然会

① 第一批英文新闻信在阿姆斯特丹印刷，并于 1620 年输出到英格兰（Clark 1994：6）。

持续下去。

这在最初采取了多多少少私下流通于商人中间的新闻信的形式。在 *148*
哈贝马斯的描述中，新闻的流通开始采取一种真正公共的形式（当然，受制于这样的限定条件，即“公众”当时仍然是人口中的一小部分），现代意义上的新闻界随着现代行政国家的建立以管制新兴市场而发展起来。换言之，新闻界的发展与法理型权威的出现相关。关于法理型权威在民主法团主义国家的重要性，我们将在本章后面谈及。

在德意志，早在16世纪就出现了登载最重要事件概要的第一批期刊即《展会通讯》（*Messrelationen*），尽管其从1609年才开始定期出版：沃尔芬比特尔（Wolfenbuttel）的《通告》（*Aviso*）和斯特拉斯堡（Strasbourg）[①] 的《报道》（*Relation*）[②]。德意志第一份日报《新到新闻》（*Einkommende Zeitungen*）1650年创刊于莱比锡（Leipzig）。其间在瑞士的德语区，早期日报《日常周报》（*Ordinari Wochenzeitung*）创刊于1610年[③]；现代质报的第一个原型《新苏黎世报》（*Neue Zürcher Zeitung*）问世于1780年，比伦敦《泰晤士报》（*The Times*）还早8年。1798年，书商约翰·弗里德里希·科塔（Johann Friedrich Cotta）出版《总汇报》（*Allgemeine Zeitung*），它在19世纪上半叶是一份居于领导地位的报纸。随着北欧和中欧报界的这种先期创立而来的是19世纪发行量的戏剧性增长，这使民主法团主义国家在报纸读者群的规模上执世界之牛耳。

大众报刊市场的诞生基于将这些国家与其他国家区分开来的几个结构要素。一个关键要素显然是大众读写能力的先期提高。研究读写能力的历史学家注意到，1800年以前的欧洲可以就读写能力的扩散分为三个国别组。第一组包括瑞典、丹麦、芬兰、冰岛、苏格兰、日内瓦、荷兰，以及法国、英国和德意志的部分地区，它们已达到了一种大众有能

---

① 今属法国，为欧洲理事会所在地。——译者注

② 本书2004年出版后，世界报业协会于2005年确认，《报道》问世于1605年，为世界上第一份定期周报 。——译者注

③ 此说不准确，《日常周报》不是日报。——译者注

力读写的水平。另一个国别组与第一组在地缘上接近，它们有较低但是仍然相对较高的识字率；而最低的识字率见于南欧和东欧。北欧读写能力的先行发展与新教改革密切相关，它强调这样的原则，即用1686年的《瑞典教会法》（Swedish Church Law）（Johansson，1981：156—157）的话来说，每个人都应该“学会阅读和用自己的眼睛去看上帝在他的圣训中的嘱咐和命令”。这一时期，在北欧的许多地方，有组织的扫盲运动经常进行，它通常既得到教会也得到国家的支持。[①] 德意志的
149 部分地区在17世纪就实行义务教育。表3—1给出了19世纪末的识字率。除了奥地利和比利时，此时民主法团主义国家的识字率超过90%，在这方面可谓独步天下。[②]

大众读写能力的发展与工业化的发端和市场制度的成长密切相关，二者在多方面对大规模发行报刊的成长做出了贡献。如同我们已经看到的那样，它们增加了对信息的需求以及办报作为新兴资产阶级的喉舌的政治动机。它们也提供了这样的经济和文化语境：报纸在其中能够作为商业企业而创办，得到广告和发行收入的资助，受到在技术和内容方面进行旨在扩大报纸市场的创新激励。在民主法团主义国家，媒介成长阶段高度平行于自由主义国家，法国也在19世纪末见证了大规模发行报刊的成长（尽管在法国的案例中这种发展曾出现了部分逆转）。哈德纽斯和韦布尔（Hadenius and Weibull 1999）注意到，瑞典媒介同时效仿了英国和法国模式。在瑞典的案例中，斯德哥尔摩的自由主义实业家拉尔斯·约翰·耶塔（Lars Johan Hierta）1830年创办了《晚报》——恰在当时，便士报正在美国兴起。像美国便士报一样，它以比早期报纸更广泛的内容来进行创新——“政治评论、专栏文章、个人告示、来自国

① 例如，瑞典教会早在17世纪20年代就在一些地区通过考试来发证书确认教友的阅读能力；在整个17世纪，随着1686年《瑞典教会法》的实施，系统的阅读运动开始观注大众读写能力。确认读写能力是在教会受坚信礼的必要条件，而这又成了获准结婚的必要条件（Johansson 1981）。这在农村特别重要。如同下文注意到的那样，斯堪的纳维亚国家以城乡之间的识字率只有些微差异为特征。

② 在民主法团主义体制中，邮政也倾向于高度流通（Vincent 2000）。哈贝马斯强调，最初由商人所创办的私人邮政系统是公共领域起源早期的一个重要步骤。

会的新闻和外交事务”（132 页）。《每日新闻报》（*Dagens Nyheter*）从 1864 年起进一步扩大了发行量，而第一份真正的大规模发行报纸《斯德哥尔摩新闻报》（*Stockholms-Tidningen*）创刊于 1889 年。

索林（Søllinge 1999）指出，“地方爱国主义”可能是北欧国家报
纸发行量高的另一个原因：即便在最小的城镇，公民们也想有自己的地 *150*
方报纸。地方报纸的高发行量如今依然是所有斯堪的纳维亚国家以及其他民主法团主义国家（例如德国和瑞士）在某种程度上的一个特征。在这个意义上，“地方爱国主义”——公民高度涉入地方社区——在历史上与北欧国家自由主义制度在乡村地区和城市地区的强劲发展这个事实相联系：那种在自由主义城市与传统等级关系或它们的依侍主义后续物占支配地位的农村之间的分裂，就像它们在地中海国家有代表性地所作所为的那样，没有以同样方式存在于民主法团主义国家，城乡之间的识字率差别也不突出。在本章稍后，我们将会更加系统地考察这一差异的根源和后果。

在市场与党派性之间

除了贸易，早期报纸的成长植根于紧接着新教改革的宗教冲突以及伴随着民族国家的诞生而来的政治冲突。这里我们看到了这样一种以其早期形式所呈现的特征非常强烈的二元性：作为同时兼顾市场和政治冲突的公共机构、商人的信息来源以及塑造和动员舆论的工具。例如在瑞典，第一份定期出版的报纸《日常邮报》（*Ordinari Post Tijdender*）诞生于 1645 年，《哥特竞技神报》（*Hernes Gothicus*）则诞生在更早的 1624 年。这两份报纸都是在 30 年战争（1618—1648）的语境下问世的。《日常邮报》“创刊于首相阿克塞尔·奥克森斯特纳（Axel Oxensterna）统治时期，当时克里斯蒂娜女王（Queen Christina）尚未成年，她发现有必要加强民族主义宣传。瑞典在 30 年战争中遭遇挫败，民心士气低落”（Hadenius and Weibull 1999：129）。萨洛坎加斯（Salokangas）也注意到，芬兰文报刊的扩张发生在19世纪下半叶的后期，与芬兰民族主义运动密切相关。

媒介党派性与大规模发行共存成为北欧和中欧历史的特征，而这植根于新教和加尔文宗。艾森斯坦（Eisenstein 1979：406）观察到："新教徒与印刷商比天主教徒与印刷商更有共同语言。无论从宗教的还是世俗的角度看，新教是利用新出现的印刷机来从事反对既成制度的公开宣
151 传和鼓动的第一场名副其实的运动。旨在通过发行唤起民众支持的小册子，瞄准并不精通拉丁文的读者[1]，宗教改革者们无意中成了革命者和煽动者。"（Eisenstein 1979：304；参见 Edwards 1994）如我们所见，新教不仅促进了扫盲的推广，并因此推动了大规模发行媒介的发展，而且开创了这样的传统：运用印刷品作为宗教和进而扩展到政治和社会倡导的工具。这种传统最终扩展到了天主教，并且超越了宗教而进入社会生活的其他舞台。艾森斯坦还指出，至少在某些形式中，新教强调辩论和批判性推理，与启蒙运动有高度的相似性。据我们所知，关于这一主题没有多少研究成果，但是也许可以讲述一个关于新教伦理与新闻精神的故事，就像可以讲述新教伦理与资本主义精神的故事一样：话语习惯从宗教转向世俗的公共领域，生产了一个崇尚阅读、推理、散播和捍卫自己观点的文化模式，这样的公共领域鼓励世俗公众"一分为二、独立思考并择善而从，而不是被动行事"（Briggs and Burke 2002：81）[2]。

新教改革和它酿成的政治冲突还给许多北欧和中欧国家造成了不同信仰追随者的永久裂痕，这些宗教差异与政治、经济裂痕交织在一起。在某些案例中，这些分裂夹杂了族裔和语言分隔，并且在所有案例中，到19世纪末都夹杂了阶级分野，其在整个20世纪继续塑造着媒介体制——正如它们塑造社会和政治生活的其他领域一样。民主法团主义国家最重要的特征之一是它们被强有力地划分为政治和文化子社区，

① 当时的宗教典籍普遍使用拉丁文，以确保某一阶层对宗教话语的掌控，而宗教改革中发行的小册子以各种语言，特别是德语印行，供那些不懂拉丁文的民众阅读。——译者注

② 也许同样盛行于中欧的另一种读写文化——犹太文化，也对这种文化环境做出了贡献。

这一类型经常被称为碎片化多元主义。媒介机构像政党一样，倾向于植根于这些社区之中，这增强了媒介机构的力量（正如它也增强了政党的力量一样），并以强大的鼓吹功能保留了一个意识形态多元的报界的传统。

关于碎片化多元主义最明显的例证莫过于利普哈特（Lijphart
1968）在其著名的分析中描述的荷兰社会的“支柱化”（“verzuiling”）。 *152*
布兰茨和麦奎尔（Brants and McQuail 1997：154）写道：“从 20 世纪初到 20 世纪 60 年代中期（尤其是第二次世界大战之后的最初 20 年）的荷兰社会是‘碎片化多元主义’的主要例证，社会运动、教育和传播体制、自愿性社团和政党沿着宗教和意识形态垂直组织起来（并经常跨越社会阶层）。”“碎片化多元主义”的概念最初由洛文（Lorwin 1971）提出，意在表明他不仅在荷兰，而且在奥地利、瑞士和比利时等欧洲小国观察到的清晰、牢固的宗教和意识形态分隔。在荷兰的案例中，主要支柱是新教、天主教和社会主义亚文化，它们在 19 世纪晚期组织起来以保护它们自治于当时（现在又一次）占支配地位的保守自由主义文化。

碎片化多元主义的主要特征之一就是子社区有自己的社会化和传播渠道（Lijphart 1968；Brants and McQuail 1992；Nieuwenhuis 1992；Van der Eijk 2000）。

> 天主教徒和新教徒不仅建立各自的学校、政党、工会、雇主组织和医院，而且还有各自的福利组织、旅游组织和体育社团等。一个公民的宗教归属就决定了他从出生到死亡一直生活于其中的社区。例如，一个天主教徒在一所天主教学校学习算术，在一个天主教青年俱乐部学习国际象棋，在一个天主教徒的球队踢足球，在一门天主教课程上学习打字，随一个天主教团体去度假，甚至有时情愿向一名天主教徒店主购物……在一个团体中寻求庇护被认为是解放的前提……主要的传播媒介即印刷报刊是这个支柱化过程的主要工具，它凝聚了这个团体，并赋予它一种声音。有天主教、新教和社会主义日报和周报，每个团体都有自己的画报。(Wigbold 1979：193)

显然，报刊的这个功能对其在北欧和中欧的高发行量和报刊在社会
153 生活中扮演中心角色做出了贡献。宗教、族裔和意识形态团体扎根的深度、它们之间冲突的强度和它们建立的制度的力度，这些都鼓励了一个势将几乎在团体成员之间实现毛细血管式扩散的报界的发展，对于它们来说，读报对于加入宗教的、政治的/族裔的共同体是必不可少的。正如哈德纽斯和韦布尔（Hadenius and Weibull 1999：135）就瑞典案例所写到的那样："报纸与政党之间的关联还意味着读报在大部分社会团体中扩散开来。例如，工会督促它们的会员阅读党属报纸，从而在工人阶级中培养起定期阅读的习惯。"在瑞典，致力于报纸发展的自愿性社团是由政党或其他社会和宗教组织在 19 世纪末建立的。

"碎片化多元主义"的程度和形式在民主法团主义国家中大不相同。但是，在所有的这些国家中，有组织社会群体在建构社会、政治、文化生活中都扮演着核心角色，媒介体制中的重要部分也与它们密切相关：媒介已发展为身份认同的工具，社会团体内的组织工具和讨论、比较和制造冲突的工具。例如在芬兰，1771 年创刊的第一份报纸《埃博新闻报》（*Åbo Tidningar*）代表在图尔库（Turku）的瑞典精英们，他们当时统治着芬兰。5 年后，第一份芬兰文报纸同样出现在图尔库；在接下来的那个世纪之初，它成为将芬兰从瑞典人占领下解放出来的组织工具。作为对这次尝试的反应，瑞典人社区进一步发展了自己的报刊（Salokangas 1999）。

在比利时，党派性一直同时裹挟着族裔—语言、宗教和意识形态的分殊。不仅存在佛兰芒文报界和法文报界，而且其中有基于政治隶属的分殊：直到 20 世纪 90 年代，与政党有强大联系的天主教、社会主义、自由主义报纸都还存在着（Burgelman 1989）。在瑞士，报刊当然总是与不同语言群体相联系，尽管跨群体冲突的程度不像其他有语言分殊的国家那么突出。

在瑞典及其他斯堪的纳维亚国家，宗教和族裔分殊在历史上并不那么重要，政治上的党派性根植于社会阶级，意识形态占据中心地位，而报纸一直与政党和工会相联系。正如古斯塔夫松和哈德纽斯（Gustafs-

son and Hadenius 1976：35）所言："显然，一个没有以报界的新闻报道和共存的社论意见的形式支持的政党不可能存在。同时，报纸对党内交 154
流和党际对话也是必要的。"① 第一批是自由主义报纸，打头的是 1830 年的《晚报》。社会民主党、保守党和农民党的报纸在 19 世纪稍晚期或接近 20 世纪时创办。社会主义党报经常按地区组建，由党员自愿捐助来支持（Hadenius 1983）。社会主义产生于地方党组织这一事实充分阐述了索林提到的"地方爱国主义"之本质，有助于说明瑞典的地区性报纸发行量为什么仍然居高不下。

晚至 1977 年，两名挪威研究人员仍然这样写道："在斯堪的纳维亚国家，政治新闻事业牢固地锚定于政党之中。在丹麦，党报日报占整个报界份额的 92%（1968 年），芬兰为 45%（1972 年），瑞典为 97%（1974 年），挪威为 87%（1973 年）。"（Høyer and Lorentzen 1977）丹麦的"四报体制"特别能说明 20 世纪中期斯堪的纳维亚国家的党—报平行性：在每一个中等城镇，四大政党都有自己的报纸（Cheesman and Kyhn 1991）。在哥本哈根（Copenhagen），其他较小的文化和政治团体创办了它们自己的"全国性"报纸，有时出版面向其他一些大城市的增刊（Søllinge 1999）。

奥斯特比（Østbye 1991）写道，就挪威案例而言，即便政党与报纸之间的联系从 20 世纪 20 年代到 30 年代已经失去了重要性，但是直到 20 世纪 70 年代，大多数报纸仍然公开宣称它们的政党隶属。芬兰也类似，从 1905 年到 20 世纪 30 年代初，紧随较早基于族裔的报纸的是党报的"大时代"，而共产主义报刊在 20 世纪 40 年代发展起来。1910 年，117 家报纸中只有 20 家没有明确的政党归属；1925 年，109 家报纸只有 11 家没有明确（Salokangas 1999）。

---

① 古斯塔夫松（Gustafsson 1980）列出了由瑞典政府的一个委员会在 20 世纪 70 年代概述的报界作为一种社会公共机构的四大功能。这些功能与有组织团体关系的重要性是可观的：

- 向公民提供信息，这样他们能形成对社会问题的看法；
- 独立地或作为有组织社会群体的代表评论社会事件；
- 作为公众代表去细究社会中的掌权者从事的活动；
- 促进政治团体、工会与其他自愿团体内部和彼此之间的交流。

155 在德国和奥地利，如同在斯堪的纳维亚国家一样，相对于宗教和族裔，党派性与意识形态和社会阶级的关系更为紧密。自由主义和激进派报纸［包括《新莱茵报》，创刊人之一是卡尔·马克思（Karl Marx）］伴随着1848年革命而兴起，社会民主党报纸在19世纪60年代发端，其中最重要的是1876年创刊的《前进报》（*Vorwärts*）。在那个时期，德国新闻工作者是“政论家”，即宣传观点多于从事报道的人。政党报刊鼎盛于魏玛共和国时期，当时约有三分之一的报刊与政党有联系——其他由商业性的总汇式报纸（*Generalanzeiger*）和相对非政治性的地方报纸（*Heimatzeitungen*）占据。与天主教有联系的政党有400多家报纸，社会民主党约有200家，共产党约有50家（Humphreys 1994，1996）。这是政治新闻事业形式上相当有创新的时期——例如《工人画报》一类的图片期刊发展起来（Hardt 1996）。也正是在这样的相同语境下，韦伯（Weber 1946：99）称新闻工作者为一个“职业政治家类型”。魏玛共和国时期尖锐的政治极化及其后遗症还见证了由阿尔弗雷德·胡根贝格（Alfred Hugenber）缔造的高度政治化的商业媒介帝国；胡根贝格是纳粹支持者、极右翼的德意志民族人民党（DNVP）领导成员，他建立了欧洲第一个多媒介复合体，包括大规模发行报纸、一家通讯社、一家广告公司和电影制作公司。这一时期，胡根贝格的报纸支配了党报和传统商业性质报，并显然服务于政治和商业双重目的。由实业家胡根贝格所引领的德国报界的工具化在若干重要的方面显然类似于极化多元主义模式的类型——魏玛共和国被认为是极化多元主义的典型例证之一——虽然差别在于这些是商业上成功的报纸，其发行量远远高于地中海地区的报纸。随着纳粹掌权将报界作为政治宣传工具加以控制，这当然是以一种特别纯粹的方式来下手，胡根贝格自己的帝国也被攫取。

第二次世界大战后，魏玛时期盛行于德国的极化多元主义的极端形
156 式不复存在。但是，在某些方面德国报界的党派性却得以重建。盟军对德国报界重建的政策是双重的。一方面，美国——部分是为了提升其自身的通讯社和媒介产业的市场地位——试图输出美国那种中立的商业性

报界的模式（Blanchard 1986），另一方面，盟军致力于促进去纳粹化，向与鲜明地反对被打败的纳粹政权的意识形态有联系的个人或组织发放报纸许可证。在美国占领区，第一份获得许可证的报纸是《法兰克福评论报》，它由3名共产党人、3名社会民主党人和1名左翼天主教徒共同创办（Sandford 1976；Humphreys，1994）。如今《法兰克福评论报》依然存在，并依然倾向于政治左派。其间，英国占领军特别明确地支持所谓的党报取向（*Parteirichtungszeitungen*）的理念，即根据多样的意识形态取向建立的多元报界。

奥地利的历史经验在以下意义上与德国类似：在20世纪初的政治极化时期，一个强大的政党报界发展起来了，并在某种程度上在第二次世界大战后复活了。在占领期间，三大政党各自获得三分之一的新闻纸配额。然而，政党报界在法团主义的奥地利——类似于斯堪的纳维亚的类型——比在更偏向自由主义的德国持续得更长久。一些分析家将奥地利在20世纪70年代的政党报界称为欧洲首强，当时奥地利约有一半的报纸与政党相关，包括社会党和基督教民主党的小报，而1889年创立的社会党《工人报》（*Arbeiter Zeitung*）发行量居第四位。到20世纪90年代末，它作为独立报纸存活下来，占报业市场份额的3.7%，三份真正的党报也继续存在，最大的一份约有65 000份的发行量。

更普遍而言，正如我们在第二章所见到的那样，政党—报界平行性或政治平行性有若干个维度：它可能体现在新闻媒介的所有权上；体现在新闻工作者、业主和经理的关联上；体现在读者类型上；体现在媒介内容上。在上述每一个维度上，从历史上看它在民主法团主义国家一直都是强大的。就所有权而言，报纸与政党、工会、教会以及其他社会组织相联系，这一直是所有民主法团主义国家媒介体制中一个重要的部分。这可能特别符合政治左派的情形，在那里政党和工会传统上都支持它们自己的媒介——直接或通过党员的合作性社团——并期待“它们的报纸反映它们的组织结构”（Hadenius and Weibull 1999：134）。保守的
以及特别是自由主义的团体的确也直接拥有报纸，但是它们更为经常地 157
依赖来自将经济和政治目标混合的私人企业家所拥有的报纸的支持

(Gustafsson and Hadenius 1976; Picard, 1988; Weibull and Anshelm 1991)。哈德纽斯写道（1983：290）：“在19世纪最初10年创办的每一份非社会主义报纸的背后，都站着带有双重目标的人：影响舆论和赚钱。在某些情况下，商业目标显然是第一位的，但是在大多数情况下，政治和商业动机同样重要。”通常来说，媒介所有者和新闻工作者都有政治关联性，并经常积极参与政治。表6—1基于霍耶和洛伦岑（Høyer and Lorentzen 1977）20世纪70年代初对挪威新闻工作者进行的一次调查，显示了属于某个政党、占有政党职位和占有地方官位的挪威新闻工作者的百分比。

表6—1　　20世纪70年代挪威新闻工作者的政治活跃度

	报纸的政党承诺	总主编	编辑主任	新闻工作者
市政委员会成员	社会主义	40%	32%	12%
	资产阶级	26	6	9
政党领袖	社会主义	83	82	51
	资产阶级	59	32	28
政党成员	社会主义	92	95	75
	资产阶级	74	54	46

资料来源：霍耶与洛伦岑（Høyer and Lorentzen 1977：99）。

传统上，报纸读者群一直是根据党派路线划分的，这种趋势在“支柱化”社会中的社会主义者中和宗教社区中又是特别强劲的。韦布尔1983年发现，在瑞典阅读“一个人自己的报纸”，也就是每个读者所属政党的报纸，这在所有政党，尤其是社会民主党的支持者中是常见的，社会民主党的报纸依赖其读者的支持[①]。即便在政
158 党与报纸之间的组织联系消亡之后，这种习惯通常也保持下来，并且在政治和新闻文化中一直扮演着重要的角色，加强了公民与政党之间的联系，推广了报纸天然带有对于它们自己与其目标读者的联系是重要的这样一种观点。最终，政治平行性一直体现在报纸的内

① 哈德纽斯（Hadenius 1983）区分了两类报纸：主要在党员之间流通的“内部派送”（“intradistributed”）报纸，社会民主党报纸尤其如此；在党员共同体内部和外部流通的“外部派送”（“extradistributed”）报纸，后者更多的是保守主义报纸的特征。

容上，并与这样一种新闻文化相联系：在其中固执己见的主编和评论员（Donsbach and Klett，1993）占有重要位置。

在附属于政党和团体的报纸兴起的同时，一个大规模发行的强大的商业报界正在北欧和中欧发展起来。一般而言，这种现象的发生稍稍晚于自由主义国家，部分是因为滞后的工业化以及碎片化多元主义对大众市场的形成设置的障碍。在德国的案例中，直到19世纪稍晚时候为止，政府对广告的垄断阻碍了商业性报纸的发展（Donsbach and Klett 1993）。然而，在废除了政府对广告的垄断之后，在报纸开始通过订阅来销售之后，商业性媒介市场迅速发展起来。正如桑福德（Sandford 1976）所注意到的那样，德国报界发展出一种高度复杂的结构，它由许多门类和层级组成；所有的民主法团主义国家也是如此。其一是独立的质报，主要代表是约翰·弗里德里希·科塔的《总汇报》，稍后是1856年创刊的《法兰克福日报》（*Frankfurter Zeitung*）和1871年的《柏林日报》（*Berliner Tageblatt*）；第二个门类由政党报界组成，打头的是保守主义者1810年创办的《柏林晚报》（*Berliner Abendblätter*），稍后是自由主义和社会主义报界；第三个门类是大规模发行报界，发端于19世纪70和80年代，并在20世纪初随着街头出售的报纸（*Boulevardzeitungen*）的到来而扩张。街头出售的报纸发展于德国和奥地利，其创新包括广泛的体育报道。最终，一个强大的地区性和地方性报界发展起来。

在瑞典，独立/商业性报界的鼎盛时期是20世纪20年代，接下来是40年代午后小报的问世（Hadenius and Weibull 1999）。“小报”即“通俗的”大规模发行报纸，它们经常在街头出售，有比“质”报多得多的人情味和娱乐内容，存在于大多数民主法团主义国家，并且在其中许多国家还占有显要地位。例如，奥地利的《新皇冠报》（*Neue Kronenzeitung*）占有40%的市场份额。英国的“红顶子”（“red-tops”）经常被认为是小报界的典范案例，但是，英国的情况事实上相当不同寻常；在民主法团主义国家，无论是小报还是通俗报纸，其在媒介体制中 159
的地位都不同于英国。它们并不居于报业市场的中心：在大多数国家，质报和地方报纸的总发行量较高。报业市场也没有同样鲜明的阶级碎片化。小报的中产阶级读者多于英国。在某些案例中，像挪威小报《每日新闻》(*Dagbladet*) 就有相当可观的文化报道，实际上它的读者的受教育水平高于一般报纸读者 (Høst 1999：114)。民主法团主义国家的人民既阅读质报也阅读小报，这也是常见的。民主法团主义国家的小报通常不像英国的那样煽情，尽管发行量超过 400 万份的德国《图片报》和《新皇冠报》与它们颇为相像。

“总括的”商业性报纸的扩展是 20 世纪民主法团主义国家媒介最重要的发展之一：在本世纪初占据主导地位的政治性报界在世纪末已被商业性报界边缘化了。正如索林 (Søllinge 1999) 注意到的那样，在 20 世纪初的丹麦，报纸基本上已渗透到 100%的家庭中。这是由政治取向下的四党四报体制 (four-party paper system) 达成的，生动体现了政治性报界扩大读者群的能力。这也意味着报纸的扩展不再靠补充新读者——不读任何报纸的人——而只能通过吸引其他报纸的读者，他们可能被说服要么倒戈，要么读两份报纸。索林认为，要赢得这场竞争，就必须寻找诉诸政治关联性之外的其他手段。其结果是鼓励“总括的”报纸成长和报纸内容多样化，削弱政治评论的地位。这个进程中的先驱是哥本哈根的日报《政治报》(*Politiken*)，它在 1905 年摒弃了它作为一份传统的政治性报纸的形式，将自己重新定位为一份“总括的”报纸。关于地方报纸，萨洛坎加斯 (Salokangas 1999) 注意到，在 20 世纪初的芬兰，每一个地方市场至少有两家报纸。大多数情况下，其中之一发展成总括报纸，成为市场领袖，而市场地位较弱的报纸则加强了其政治属性，以维持剩余的市场份额。这样实现了政治性报纸与商业性报纸共存的制度化。

160 最后，正如我们会看到的那样，天平背离政治性报界而去，如今在民主法团主义国家，商业性报纸明显占据了支配地位。即便如此，我们会在本章稍后一节中说明，一个历史上强大的政治性报界仍然在重要的方面塑造着北欧和中欧的媒介体制。

国家与媒介

> 在我们看来，国家对大众媒介负有一种责任。首先，它有责任通过立法来正式和实际确保表达自由和新闻自由。新闻工作者必须被确保有权寻求信息和传播其知识。然而，国家的责任比这更加宽泛。为了服务于民主社会和它的公民，国家有责任去创立和维护一个包容多种多样声音的信息和报刊体制。(Gustafsson 1980：104)

如我们所见，自由主义在北欧早早告捷，自从 19 世纪初以来，大部分民主法团主义国家就一直以有限的国家权力为特征。在媒介领域，这一直体现在对新闻自由的强有力的保护以及公众近用政府信息的强有力的法律规定。

然而，民主法团主义在 20 世纪初的发展在重要的方面改变了自由主义传统。如同我们会在本章最后一节更为详尽地看到的那样，民主法团主义是在包括资本、劳工和农业利益集团在内的社会利益集团之间的讨价还价中形成的。在那种讨价还价的一个关键部分中涉及福利国家的扩张，而强大的福利国家体制是北欧和中欧更加鲜明的特征之一。这是民主法团主义国家与自由主义国家之间在政治结构和文化上最重要的差异之一。它也是它们与地中海国家中的法国和意大利共有的东西；而希腊、西班牙和葡萄牙与此相似较少，它在这些地方国家扮演着重要的社会角色，但是社会民主的思想一直是远为弱小的。在这方面，民主法团主义国家也有差异。卡岑斯坦（Katzenstein 1985）在他所谓的社会法团主义国家和自由主义法团主义国家之间做了区分，前者盛行于奥地利、挪威和丹麦，后者以比利时、荷兰，特别是瑞士为例证。[①] 德国也

① 卡岑斯坦将瑞典放在这两组中间。他没有讨论芬兰。在他的分析中，社会法团主义在社会民主党占主导地位的地方兴起，并以特别强大的福利国家为特征。自由法团主义则在资产阶级政党占主导地位的地方兴起，并涉及更偏向市场取向的政策。然而，在这两种情况下，政策是由跨越阶级和其他社会分化路线的讨价还价强有力地塑造的。

161 接近于自由主义法团主义模式。在媒介领域，限制国家权力以避免极权主义卷土重来一直影响着相对倾向自由主义的媒介体制的发展。尽管有这些分殊，但是一般而言，民主法团主义国家的特征是相对较高的社会开支以及其他形式的国家对经济和社会生活的干预，包括积极的产业政策。民主法团主义国家的政治文化倾向于强调国家为所有公民和所有团体充分参与社会生活提供条件这样的义务。由古斯塔夫松在本节开头的引语中表达的观点——古斯塔夫松引自一位自由党政治家的文章，用它作为20世纪70年代的瑞典关于新闻界社会角色强大共识的一个证据——反映出这种适用于媒介的哲学，媒介在民主法团主义国家不仅被视为私人商业企业，而且是国家对其承担重要责任的社会公共机构。这一传统体现在媒介政策的以下方面：报刊津贴制、比自由主义国家更强的管制以及公共广播电视的强大制度。

除了瑞士和德国以外，所有的民主法团主义国家都直接给报刊提供直接国家津贴。丹麦（它在此脱离了卡岑斯坦对社会法团主义与自由主义法团主义国家的分类）是一个边缘性案例，它有一个报刊财务研究所为低息贷款提供担保①。然而，丹麦有一个针对地方非商业性电台的津贴体制（Peterson and Siune 1997）。所有国家都还有间接津贴，通常免税、减收邮资的形式，有时是以电信费率的形式。这些津贴制源于20世纪60年代，当时增长中的报刊寡占威胁到曾经是整个20世纪初北欧
162 报刊界特征的多元主义，这种演变特别威胁到那些曾经在各自市场上居于第二和第三位的与政治有关联的报纸：既在竞争性报纸绝对数量迅速下降的意义上，也在多样的社论声音的共存和报界作为社会团体辩论论坛的功能处在危险中的意义上，它威胁到了多元性。例如在瑞典，社会民主党和中间党（前身为农民党）的报纸首当其冲，这些政党曾经是报刊津贴的首要支持者，而最成功的报纸更有可能是政治自由主义或保守主义的报纸（Gustafsson 1980；Cheesman and Kyhn 1991；Østbye 1991）。

---

① 一些资料来源，例如彼得森和休纳（Petersen and Siune 1992）以及汉弗莱斯（Humphreys 1996：106），将丹麦的财政支持称为直接津贴制；一些（Søllinge 1999）则称为没有直接提供津贴的体制。

一些国家有一视同仁地针对所有报纸的津贴制，一些国家则锁定经济上疲弱或具有“特殊性质”的报纸——大部分情况下，它们代表着政党或其他社会团体［例如包括服务于挪威萨米人（Sami）[1] 的报纸］——许多国家将这些体制兼收并蓄（Humphreys 1996：105；Murschetz 1998）。津贴占大型商业性报纸营业额的比例通常很小，但是对经济上疲弱的报纸来说却是一大笔。哈德纽斯和韦布尔（Hadenius and Weibull 1999）估计，在瑞典的各个大都会地区，津贴占位居第二的报纸收益的 5%到 35%。

津贴制一直未能扭转激活它们的报纸市场上的种种强大趋势，无论是寡占的趋势，还是“总括的”报纸代替政治性鲜明的报纸的趋势。然而有证据表明，津贴制已经在许多法团主义国家显示了这种苗头，并有限地保留了早于那个时代的多元主义的一些成分。例如，从 1972 年到 1999 年，挪威有一种以上报纸的地方市场的数量从 20 个降到 10 个，尽管霍斯特（Høst 1999）估计，如果没有津贴制，剩下的 10 种第二位的报纸就会全部消亡。他还认为，津贴制推动了经常带有鲜明政治观点的地方周报的扩张，它们在一定程度上取代了早于那个时代的政治取向日报。津贴制还可能对北欧报纸的持续性高发行量做出了贡献。霍斯特估计，如果没有津贴制，1997 年挪威的每千人报纸发行量本来应该是 514 份，而不是事实上的 589 份。围绕津贴制的辩论总是包括津贴是否会使报纸屈从于国家的压力并且不情愿地充当“看门狗”的角色；但是，似乎没有证据表明这种情况已经发生在民主法团主义国家。事实 163
上，在津贴制落实前，相比于 20 世纪 70 年代，媒介在 50 年代对政治精英更加毕恭毕敬：“批判性的专业主义”（“critical professionalism”）70 年代在北欧新闻事业中成长起来，正如我们会在下文看到的那样，那是津贴最高的时期。津贴是根据明确的公认标准拨付的——这与民主法团主义国家法理型权威的强大角色相一致。这一点加上成为民主法团主义特征的讨价还价和妥协过程，使得津贴意在向报纸施压这种政治操

① 萨米地区的原住民，包括今天在瑞典的 2 万人、挪威北部的 4 万人、芬兰的 6 500 人和俄罗斯科拉半岛部分地区的 2 000 人，是欧洲最大的原住民族群之一。——译者注

纵成为不可能。在过去的几十年内，大多数国家的报纸津贴一直在削减，正如福利国家在总体上萎缩一样，但是，津贴制仍然是大多数民主法团主义国家媒介体制中的一个重要特色。

民主法团主义国家还倾向于将对新闻自由的强大保护与相当程度的管制结合起来——这再次反映出媒介不仅是私营企业，而且是社会公共机构的假设。大多数国家有禁载诋毁特定社会团体的媒介内容的《仇恨言论法》（Hate Speech Law）。许多国家——例如德国、奥地利、荷兰——还有针对散布纳粹宣传、否认大屠杀等的特定禁令。挪威法律禁止"与两性之间固有的平等相冲突的广告"（Wolland 1993：128）；瑞典禁止针对儿童的广告。对商业广播电视的管制通常包括限制广告总量、广告中断的频次、广告与节目内容混合，以及对政治多元主义提出要求。电视付费政治广告在比利时、丹麦、瑞典和荷兰被禁止或被严格限制[①]。在奥地利、丹麦、芬兰、德国和瑞典，大选选战期间政党使用电子媒介受到管制（Farrel and Webb 2000：107）。所有国家，虽然政策各有不同，但是都为政党在大选期间提供免费时段。根据丹齐格（Danziger 1986）的说法，奥地利、比利时、丹麦、芬兰、德国、挪威、荷兰有回应权法（right-of-reply laws）。存在于大多数民主法团主义国家的强大的报业评议会反映出将媒介视为社会公共机构的倾向，因此至少在原则上对商业竞争的逻辑施加限制。然而，这些公共机构一般与国
164 家没有关联。[②] 在这个意义上它们反映了民主法团主义政治文化的另一面：公民社会的力量和向公民社会的公共机构转让功能的倾向，否则的话，这些功能也许会由国家行使。在民主法团主义国家，强大的报业评议会在某些方面使得国家干预变得不那么重要。例如说，诽谤法也许不如在自由主义或极化多元主义体制下那么重要。我们将在下文中更加充分地讨论报业评议会与新闻事业专业化的关系。

---

① 法雷尔和韦布（Farrell and Webb）还将芬兰列入；萨洛坎加斯（SalonKangas）（私人通信）告诉我们，付费政治广告在芬兰并不被禁止，但是不常使用。

② 在丹麦，报业评议会依据法律而成立。在一些国家，报业评议会在广播电视界的对等机构与国家有联系，例如瑞典的电台评议会。

民主法团主义国家的广播电视构成了运用于媒介的福利国家逻辑的特别强有力的例证。在印刷媒介案例中，国家能够进行干预以矫正市场机制，但是它是一种强势的自由主义体制，基于私人所有制和市场。另一方面，对广播电视而言，直到20世纪八九十年代，国家的角色绝对是支配性的，并且至今仍然非常重要。广播电视一直被作为“公共事务”（“*res publica*”）的一部分来对待，它作为公共机构，对社会有太大的社会影响力并且不能交由私人利益集团控制；作为普遍利益的代表，它必须处在国家权威主导之下。民主法团主义国家引入商业广播电视一般相对较晚。它们的公共广播电视一直资金充足，并相对“纯粹”——广告收入仅占其资金的一小部分。它们相对强烈地侧重公共服务，而不是娱乐功能，这反映了巴斯蒂安森和塞弗森（Bastiansen and Syvertsen 1996：141）在挪威案例中所称的“社会民主启蒙精神”。它们还以下列方式组织起来：反映一种确保它们服务于广泛的社会利益的强烈关切。回溯根据若干测量方法显示了公共广播电视体制的实力和纯粹性的表2—4，显而易见的是，民主法团主义国家因对这种制度的强大承诺而独具特色。在受众份额上，丹麦和奥地利分列第一、第二位。丹麦和瑞士在公共广播电视上（其体制成本高昂，因为它必须用如此众多的语言播出）的人均支出最高，与英国不相上下。挪威是唯一一个公 *165*
共广播电视没有商业收入的国家，而瑞典的公共广播电视也只有极少的商业收入。

公共广播电视的治理

建立服务于普遍利益的公共广播电视体制的意图引发了这些体制如何治理的问题。在这方面，民主法团主义国家各有千秋。第二章推出了四种公共广播电视治理模式——政府模式、国会模式、专业模式和公民模式——民主法团主义国家的公共广播电视显示了对后三种模式的多种综合。由于高度重视作为民主法团主义特征的多种政治团体之间的共识，因此并不令人惊奇的是，它们全部摒弃了在许多极化多元主义国家仍然强大的政府模式——那就是说，它们全部已经培育出将公共广播电视绝缘于政治多数控制的机制。所有国家都给予广播电视专业人士相当程度的自主权，在这个意义上类似于专业模式，其经典案例是英国广播公司。但是相较于自由主义体制，民主法团主义国家经常将公共广播电视治理中的更重要的角色赋予各种有组织政治力量，或者以政党的形式（也就是界定国会模式的东西），或者以政党以外的“社会有关组织”的形式（公民模式）。

荷兰的体制是一种特别强大的和基于代表有组织社会群体的非同寻常的一个体制案例。荷兰的广播电视最初遵循支配印刷报刊的“支柱化”结构而组建。各家公有电台的时段是在与现存社会支柱有联系的广播电视组织中间分配的：天主教的 KRO、新教的 NCRV、社会党的 VARA 和 AVRO，后者是一个得到自由主义亚文化支持的“中立”组织。最初，资金和播出时段根据政治标准在这些组织中间分配，从 20 世纪 60 年代起则根据其成员人数分配，这反映在其节目指南的订阅量上。电视根据同样的路线组建。1967 年，共同的联合组织——荷兰广播电视基金会（NOS）成立。它制作主要的每日新闻节目以及体育节
166 目。这反映出标准化和世俗化过程开始了，这个过程将因商业化而加速，正如我们会在第八章详细看到的那样（Brants and McQuail 1997）。1976 年——随着支柱化在荷兰社会继续弱化——新的立法允许创办更多中立的/自由主义的广播电视组织电视和广播播出基金会（TROS）和 Veronica（Veronica 是一个以海盗台起家的商业取向组织）以及 EO，与福音派教会有联系（Nieuwenhuis 1992）。在支柱化过程中问世的各个广播电视组织依然存在，尽管它们之间的差异远远不如一代人之前那么显著。

荷兰的体制一直基于一种“外部多元主义”的形式（Hoffman Riem1996），各家广播电视公司代表不同的社会团体。在其他民主法团主义国家，广播电视中的内部多元主义受到垂青：在某个单一组织内（或者在诸如瑞士和比利时此类的语言上多元的社会中，在根据语言而

建立的体制内）进行了反映社会中有组织声音的尝试。根据霍夫曼-里姆（Hoffmann-Reim）在此所使用的意义，内部多元主义既涉及广播电视内容——它被要求反映社会中视角的多样性——也涉及广播电视组织的结构，后者经常吸收不同社会、政治和文化团体的代表。在后一个特征中，民主法团主义国家的广播电视体制不同于自由主义国家。以英国广播公司为代表的“专业模式”是基于与政府和政党以及其他有组织社会力量的双重分离。在理论上，多元主义是这样实现的：将政治剥离出广播电视治理，将它交给中立的广播电视专业人士来反映社会的多样性。与之相反，民主法团主义国家则倾向于这样一种模式：借助于多样性的政治和社会力量被包容进广播电视治理之中来确保多元主义。正如波特和哈塞尔巴赫（Porter and Hasselbach 1991：5－6）在谈到德国的体制时所言：

> 对多元主义的诠释在多方面修改了被英美人广泛接受的自由主义模式。在联邦共和国，政党是公共生活的永久性机构，在宪法上被赋予最强大的多元主义角色……（政党）被视为跨越特殊利益的大多数公民的声音。这样，经典的自由主义观点，即社会团体捍卫公民自由、反对绝对统治者，已被无所不包的民主国家、社会和法 167
> 律国家（sozialer Rechtsstaat）的概念所代替，这样的国家通过其公民在国会中的政治代表而增加了合法性。对政党的强烈依赖天然地意味着派系政治渗透到西德生活的每个方面，包括它的广播电视体制。宪法法院不仅将政党，而且将其他利益社团视为先于国会决策、对于公共意志的民主形成具有必要性的“中间力量”。因此，非党派性的利益也被分层了，为的是履行若干国家管制职责，例如分配公共资金给慈善机构、集体讨价还价和提供公共保险。最后但是并非最不重要的是，它们都得到授权参与广播电视管制。

这个被凯利（Kelly 1983）称为“政治融入广播电视体制”的类型非常强烈地显现在德国、奥地利以及在方式上有所不同的比利时，而北欧国家也许可以说更倾向于处在第二章讨论的专业模式的方向上。

德国的体制是复杂的，这部分源于德国是联邦制的，广播电视处在州政府的管理之下，并且每个州以些许不同的方式组建。德国广播电视的联邦结构是在盟国在纳粹政权失败后随即对德国媒介体制的重组中成长起来的，其初衷是作为多元主义的一系列保障的一部分，作为抵御任何单一力量垄断政治权力的屏障。它在某种意义上将某种程度的外部多元主义引入德国的体制，而不同的州由不同的政治多数派执政，这些政治差异某种程度上反映在不同的公共广播电视组织中。这也进入了私人广播电视中：贝塔斯曼集团（Bertelsmann）拥有的卢森堡广播电视台在北莱茵—威斯特伐利亚州（Nord-Rhein-Westphalia）获得执照，由社会民主党和绿党管理，比在保守的巴伐利亚州（Bavaria）获得执照的另一个主要商业性广播电视台卫星一台（Sat 1）左倾一些（Patterson and Donsbach 1993）。

基于各州的公共广播电视由独立于国家的和通常既包括政党也包括
168 “社会相关团体”代表的委员会管理，前者根据比例代表制任命，后者包括工会、教会、实业和职业协会以及其他许多社团。比例代表制贯穿于该组织，作为影响新闻工作者和其他关键人事任命的考量因素。管制私人广播电视的委员会也按照类似的路径组建，一些州的商业广播电视台一直被要求或以类似的代表性自愿设立节目委员会，虽然这些委员会只是咨询性的。因此，德国的体制以及非常不同的荷兰的体制，是不仅基政党，而且基于有组织公民社会的代表性的“公民”广播电视体制的经典例证。对这种体制的批评肯定存在。其一是到头来是政党支配它，这部分是因为“社会相关团体”的代表经常有政治倾向。在某种意义上，德国的体制势必落入广播电视治理的“国会”模式；另一种批评是，德国的体制未能代表不是正式组织起来的和没有融入法团主义代表性的社会利益集团。

德国的体制还有一个特征应该提及。联邦宪法法院在对德国广播电视的监管中扮演了极其重要的角色。这可能有两个原因：一是德国法理型权威传统的力量——这将在本章稍后讨论。另一个是广播电视管制的联邦性质，这一性质使至关重要的广播电视政策由法院制定。宪法法院多次扮演了重要角色，在联邦或州政府试图将广播电视置于较强的政府控制之下时保护它的独立性。

奥地利也有一个强烈地基于政治代表性哲学的广播电视体制。它最初基于国会模式，有一个根据政党比例代表制任命的理事会。1967 年，为了使理事会更加独立，它的成员扩大到包括由联邦委任的 9 人、由国会按比例代表制委任的 6 人、由每个州政府各自委任的 1 人、观众听众评议会委任的 6 人和雇主委任的 5 人，并且理事的地位得到了增强。然而与德国一样，奥地利的大多数理事都与政党有瓜葛；而且“比例”（“Proporz”）原则仍然在许多层面上影响广播电视中的委任，就像奥地利生活的许多方面一样。 *169*

比利时类似于荷兰，最初有一个基于外部多元主义的体制。然而，它在第二次世界大战后走向一元体制，其后在 20 世纪 60 年代转向两种体制，即法语的和佛兰芒语的，每种体制都基于内部多元主义，理事按照比例代表制委任。根据伯格尔曼（Burgelman 1989：179－180）的说法，“每次举行新的大选，公共服务广播电视理事会的构成都会发生变化……理事会成员明确将自己定义为……做政党的‘代理人’……理事会明确运用这样的论据：只有一种实体的政党代表制才能确保客观的新闻报道”。在所有民主法团主义国家中，比利时在广播电视的政党—政治性方面最接近极化多元主义模式，就像它在其他方面一样。①

北欧国家更倾向于“专业”模式，它倾向于这样一种体制：广播电视体制总体上被认为是一种服务社会的非政治性公共机构，尽管政治绝缘性程度各不相同。在瑞典，公民/法团主义模式的逻辑反映在以下事

---

① 比利时公共广播电视的政党—政治性与比利时公共行政管理普遍的政党—政治性是一致的（Keman 1996：240），这是比利时与极化多元主义国家共有的特征之一。比利时一直没有特别高度的意识形态极化，尽管这也许是因为社会分裂的宗教和语言性质。随着反移民右翼政党力量的增长，近年来极化也可能增加了。比利时的确与经典的极化多元主义模式共有高度的政党的碎片化和低度的政府稳定性：1945—1996 年间有过 38 个政府，这个数字接近意大利的数据。

实中：自从 20 世纪 60 年代以来，瑞典广播公司（Swedish Broadcasting Corporation）的所有权一直是在工会、消费者组织、教会等“人民政府”之间分割的，其他 40% 在报界和商界之间分割（Weibull and Anshelm 1992；Gustafsson 1996；Hulten 1997）。然而，瑞典的体制被认为在拥有相对高度的免于政治影响的自治性的意义上非常接近英国广播公司（Humphreys 1996：156 - 157）。正如韦布尔和耶尔夫-皮埃尔（Weibull and Djerf-Pierre 2000）所强调的那样，专业化在 20 世纪 60 年代增强了。瑞典的公共广播电视转向这样一种立场：它有责任详细审视政治体制及其在政治生活中的影响。丹麦和挪威的体制可能渐变为更
170 加倾向于国会模式，虽然有相对较高的自治性。在丹麦，以下事实表明，某种形式的外部多元主义已经兴起：丹麦电台（Danmarks Radio）的台长一般来自政治左翼，而创办较晚的电视二台（TV 2）——一家播出广告的公共广播电视台的台长则来自右翼。

即便民主法团主义国家的广播电视反映了社会中有组织社会和政治力量的重要性，但重要的是要注意到，就其中的党派性程度而言，广播电视一直持续低于印刷报刊。公共所有制和内部多元主义——来自同一个组织内不同社会团体的代表共存——抑制了党派性观点的明显表达：不同的团体制约彼此的权力，并且还有这样一种感情即为一个属于他们所有人的共同财产的组织工作，有责任公正地代表他们中的所有人。此外在大多数案例中，多年来只有一到两个频道，而且法律要求它们的节目在政治和意识形态上保持平衡，特别是在主要的新闻播报中。英国广播公司独立而“中立”的广播电视模式影响遍及各地，即便其在北欧和中欧落地时经常被政党和社会团体的强大角色大幅修改。在这个意义上，电视首先引入了一种最终影响新闻媒介专业文化的非党派性新闻事业的模式，进而对北欧和中欧社会的世俗化做出了贡献（我们将在第八章更为详尽地展开这个题目）——我们接下来将把注意力转向它。

专业化

从历史上看，民主法团主义国家的媒介与有组织政治力量有强大的交集。也许可以推断，这种交集势必阻碍新闻事业的专业化。然而事实上，这些民主法团主义国家却以新闻专业主义先行和强劲发展为特征。正如霍耶和洛伦岑（Høyer and Lorentzen 1977）对斯堪的纳维亚案例所做的解释，报纸的高发行量使得新闻组织能够积累丰厚的经济资源，因此向新闻工作者支付体面的薪金，使得他们没有必要寻求其他收入来源。那些受雇于印刷报刊的人越来越多地成了全职新闻工作者，非常不 171
同于沙拉比就早期法国新闻事业给出的画面：新闻工作者受雇于许多不同活动，经常是在艺术、文学和政治领域，而独特的专业认同发展缓慢（Chalaby 1996）。与此同时，尽管新闻事业内部存在意识形态、宗教和政治分歧，社会交往的许多机会仍然向作为全职新闻工作者的那些人敞开大门。霍耶和洛伦岑注意到，挪威第一个新闻工作者社团成立于1883年，比引入国会早一年，并且是“一个无法逾越的政治分裂年”（1977：102）。他们强调，“这些事件似乎一点也不合乎逻辑。紧接着报界的一段苦涩的政治冲突期的，是团结新闻工作者的种种努力，为什么不是在之前或之后？”他们继续解释道：“政党冲突让整个国家的主编和政治新闻工作者走到了一起。具有次级重要性的是，国会成了他们的聚会场所；更重要的是下列并发情势：在那里共同利益可以被发现和讨论。”（102页）

第一批新闻工作者联盟成立于斯堪的纳维亚国家及北欧的其他地区，与它们在自由主义或极化多元主义国家的对等机构相比，今天这种组织是非常强大的。1883年挪威第一个专业社团的成立早于英国的新闻工作者协会7年。在荷兰，第一个全国新闻工作者联盟成立于1894年，其他联盟随后相继问世，它们建立在宗教和政治关联的基础上。[①] 在德国，一家居于中心地位的新闻工作者组织——德国新闻工作者与作家协会（Verband deutscher Journalisten-und Schriftstellervereine）——成立于 1895 年。在瑞典，政论家俱乐部（Publicists' Club）成立于 1874 年，它联合了新闻工作者和发行人，重点关注新闻事业中的伦理议题（Weibull and Börjesson 1992）；全国新闻工作者联盟成立于 1901 年（Høyer and Lorentzen 1997）。芬兰全国新闻工作者联盟成立于 1921 年。这些联盟在其最初几十年内经常苦于政治分歧，但是到了 20 世纪三四十年代，随着民主法团主义的充分巩固，它们通
172 常发展成强大、统一的组织。[②] 最古老的新闻俱乐部"康科迪亚新闻俱乐部"（"Presseclub Concordia"）1859 在奥地利成立，它聚集了奥地利带头的新闻工作者和驻外记者。还有为特殊"条线"制订规则的组织；在德国案例中，最重要的是联邦新闻发布会（Bundespressekonferenz）——类似于英国的威斯敏斯特记者团（Westminster Lobby）或日本的新闻俱乐部——它组织新闻发布会，并为许多最重要的政治和国会报道制定规则。这些组织还有权决定对那些不尊重既定规则的新闻工作者施以处罚（大多数情况下是象征性的）。

与民主法团主义国家的其他"高峰社团"（"peak associations"）类似，新闻工作者联盟今天通常是一元性的——没有宗派或政治分野（尽管以类似的政治或宗教取向聚拢新闻工作者的俱乐部有时还存在）——入会率很高，从接近全部入会到 50%～60%的入会水平各不相同［例如在德国（Schoenbach，Stuerzebecher，and Schneider 1998：221）和荷兰（VanLenthe and Boerefijn 1993）］，从比较视角看仍然非常高。这些组织积极讨论伦理和新闻自由以及纯粹的经济议题。海诺宁（Heinonen 1998：175）注意到，几乎所有的芬兰新闻工作者都报告说，他们定期阅读联盟的半月报；汉弗莱斯（Hunphreys 1994）注意到，德

① 随着去支柱化的进程，不同的联盟经历了一个整合过程，3 家主要的新闻工作者组织 1965 年合并为一个联盟：荷兰新闻工作者协会（Nederlandse Vereniging van Journalisten，NVJ）。

② 霍耶和洛伦岑认为，斯堪的纳维亚国家专业主义的发展被报界的政治联系和分野延宕了。但是从比较的语境来看，那种发展发生得早而强劲。

国新闻工作者联盟的性质更多的是“实践中的新闻工作者和主编的协会，而不是工会”。新闻工作者联盟还经常类似于民主法团主义国家的其他“高峰社团”，它们在对媒介政策的讨论中有一种正式的声音，就像报业主的社团一样。

民主法团主义国家还倾向于有相对强大的、正式化的报界自律体制。除比利时外，所有国家都有报业评议会。其中最强大者当属闻名遐迩的瑞典报业评议会（Swedish Press Council），其渊源可上溯至1916年由政论家俱乐部设立的名誉法庭（Weibull and Börjesson 1992）。多个因素使它特别强大：它有权向报纸处以罚款并要求它们刊登其裁决；它的领导者由一名法官出任，而媒介产业的代表占其成员的少数；它得到一名报界监察专员（Press Ombudsman）的辅佐，此人帮助调查投诉，为希望投诉的公众成员准备案件中的举证。它还在瑞典新闻工作者和发行人中有高度的合法性——可能最终比课以罚款的权力更重要。正如韦布尔和伯耶松（Weibull and Börjesson 1992）所观察到的那样，对1986年瑞典首相奥洛夫·帕尔梅（Olof Palme）遇刺的调查性报道就是 173
瑞典媒介自律有方的出色例证：在两年的调查中，嫌疑人的名字从未在瑞典报纸上出现过，这是在英国或意大利不可想象的事情。挪威报业评议会（Norwegian Press Council）可上溯至1936年，它也包括公众代表（就像荷兰那样），并向希望提出投诉的公众成员提供帮助，尽管它没有法定制裁权。海诺宁（Heinonen 1998：181）注意到，芬兰报业评议会（Finnish Press Council）的裁决刊登在全国新闻工作者联盟的杂志上，40%的芬兰新闻工作者报告说他们仔细阅读这些裁决，96%至少偶尔阅读。德国报业评议会（German Press Council）只有新闻工作者和发行人的代表，从这个意义上说，它可能多少比较弱小一些，奥地利也是这样，其裁决经常被优势小报《新皇冠报》所忽视（Humphreys 1996：61－62）。

民主法团主义国家的报业评议会由新闻工作者或发行人的组织或双方联合创办，而不是由国家建立，尽管在某些案例中对国家管制的关切是一个重要的激励因素。它们的运作基于新闻工作者或发行人组织一直采纳的伦理规约（Laitila 1995），通常得到了新闻工作者和发行人的高度认可（如 Heinonen 1998：180）。只有丹麦多少偏离这一类型：其报业评议会是根据 1992 年《媒介责任法》（Media Liability Act）创立的，它将 25 年前被发行人采纳的一部伦理规约编入法律。全国新闻工作者联盟拒绝支持它，认为特定的新闻工作者和报纸应该做出自己的伦理判断（Kruuse，日期不详）。然而，丹麦新闻业的伦理文化与其他斯堪的纳维亚国家并没有什么显著不同。根据汉弗莱斯等人的说法［第十九条组织（Article XIX）[①] 1993；Humphreys 1996］，瑞典、荷兰和挪威的报业评议会被判断为最为卓有成效。

正式的新闻教育也经常发挥促进明确的职业认同的作用，尽管它在大多数情况下比民主法团主义国家中新闻工作者组织和自律体制的发展来得晚。在芬兰，它始于 20 世纪 20 年代，也就是内战之后，当时创立了一种中央集权化的大学体制，新闻教育以及其他职业教育得以开办。然而，与大多数民主法团主义国家一样，直到 20 世纪 60 年代之前，它
174 一直是小规模的。在瑞典，第一门大学新闻学课程于 1930 年在哥德堡开设，而第一个完整的学位项目于 1960 年推出。在挪威，正规的新闻教育始于 1951 年。在荷兰，直到 1966 年在乌德勒支（Utrecht）设立第一个非附属性项目之前，新闻教育是在各个“支柱”内部开展的。

在民主法团主义国家，新闻事业自治性水平相对较高。东斯巴赫和帕特森（Donsbach and Patterson 1992）对英国、德国、意大利和美国的新闻工作者的问卷调查发现，德国新闻工作者最不可能报告说，来自高级经理和主编的压力是对他们工作的重要限制，与美国 14%、英国 22%和意大利 35%相比，只有 7%的德国新闻工作者报告了这种来自高级主编的压力。他们——与瑞典新闻工作者一起（Donsbach 1995）——最不可能报告说他们准备的新闻被新闻编辑室中的另一个人改动：“他们准

① 总部设在英国伦敦的一个国际公民社会组织，以在全球宣扬《世界人权宣言》第十九条为己任。《世界人权宣言》第十九条的内容是：“人人有权享有主张和发表意见的自由；此项权利包括持有主张而不受干涉的自由，以及通过任何媒介、在任何地方寻求、接受和传递消息和思想的自由。”——译者注

备的新闻通常不受干涉地刊印或播出。”这项发现与埃塞尔（Esser 1998）对英国和德国新闻编辑室的研究一致，后者显示德国的新闻编辑室缺少英国的那种分层结构，并且德国新闻工作者倾向于在最少的督导之下工作。[1] 德国的新闻文化被极权主义的经历强烈塑造，对自治性的珍视与这种遗产有关。与民主法团主义的工作者的普遍情况一样，德国新闻工作者有强大的工作保障，这可能增强了他们的自治性，尽管报纸作为倾向性（*tendenz*）或“意识形态”企业，豁免于适用于其他产业的关于员工参与管理的法律（德国文化中的一个好例子是：一家报纸的功能正是“就信息和意见表达进行意识形态指导”）。[2] 20 世纪 70 年代，德国 175
有过关于内部新闻自由（*innere Pressefreiheit*）——新闻组织内部新闻工作者自由——的辩论。这一次有人努力要推翻对业主特权的保护，并赋予新闻工作者参与媒介组织内部决策的更大权利。几家报纸和《明星》（*Stern*）杂志制定了赋予新闻工作者一些此类权利的编辑条例（editorial statues）[今天最强大的幸存者是左翼的《日报》（*Taz*）]；但是，设定这一权利的立法努力被媒介业主们扼杀了（Humphreys 1994：108 - 110；Holtz-Bacha 2002），这一运动在 20 世纪 70 年代之后消退了。20 世纪 80 年代，当私营广播电视被引入时，一些州要求广播电视组织就保护新闻工作者自治性的编辑条例展开谈判，以作为促进媒介内容多元性、防止私营广播电视工具化的一个手段。

---

① 在埃塞尔对英国和德国的新闻编辑室组织的比较研究中，他发现了两套非常不同的常规。主要差异在于在英国比在德国有清晰得多的角色分野：在德国，记者、主编和评论员的角色没有精确的分野。即便德国报纸在版面上区分新闻报道和评论，但是就组织结构而言，这些功能的分离并不强烈。埃塞尔将这一点与专业文化相联系。德国的专业文化在历史上更倾向于评论和评价。此外，英国的大多数报纸一直以既在内容上也在组织程序上发挥样板作用的各大全国性报纸为楷模。由于其资源丰厚，全国性报纸一直能够通过发挥非常特殊作用的专业人士提供一种碎片化的组织。与此相反，德国地区性报界的盛行则意味着一个分工较少的较小和较灵活的组织。

② “意识形态指导”这个短语出自关于雇员参与商业企业的《欧盟指令》（European Union Directive），它给予各国将“意识形态企业”排除在外的选项。根据这一条款，3 个民主法团主义国家德国、奥地利和瑞典选择了将新闻媒介排除在外（Holtz-Bacha，2002）。正如我们会在下文中看到的那样，德国新闻工作者倾向于为与他们自己的政治倾向比较接近的报纸工作。这可能是编辑干预程度低的一个原因。在聘用过程中政治协调已经部分完成。

在荷兰，新闻工作者在20世纪六七十年代成功地赢得了编辑条例（*redactienstatuten*）。在范德·埃克（van der Eijk）看来，这些条例有助于解释下一节将讨论的“去支柱化”为什么没有“让该领域为一个彻头彻尾商业性的报界或小报报界这样的权势集团敞开大门”（316页）。在荷兰和挪威，只要新闻工作者有完全的编辑自主权，就可以获得国家经济上的补贴（Humphreys 1996）。在挪威，《主编规约》（Redaktørplakaten）以及《挪威报业协会伦理规约》（Norwegian Press Association Code of Ethics）赋予总编辑以专用权来决定出版什么，排除了发行人控制内容的任何权力；而且这种权力已经被挪威法院承认。业主的干涉不时引发大量新闻工作者从挪威报纸辞职，并导致《中霍达兰报》（*Midhordaland*）于1987年停办（Wolland 1993：120－121）。

民主法团主义国家的高度专业化意味着，无论在北欧或中欧的媒介
176 学术研究还是在针对媒介的辩论中，媒介工具化的议题都不是一大焦点，而这在极化多元主义国家是一种强烈的关切。这个议题在民主法团主义国家可能比在自由主义国家更不会成为焦点。最大的例外可以在德国发现，在那里右翼报纸《图片报》和《世界报》的所有者阿克塞尔·施普林格（Axel Springer）曾是备受争议的主题，尤其是在20世纪六七十年代（Humphreys 1994：92ff）。[①] 一般来说，关于媒介所有权政治意蕴的辩论通常与其说是工具性的，不如说是结构性的：它们关切的是多样性的衰落，这源于媒介寡占以及中派和右派“资产阶级”报纸通过商业竞争驱逐左派报纸的趋势；这种关切要甚于将单个的媒介业主作为政治行动者的角色。

新闻事业自治性水平的发展，以及新闻媒介在结构层次上作为独立的社会公共机构的强烈差异化，有着相当复杂的历史演变。20世纪初，即便专业伦理和凝聚力已经有相当的发展，但是新闻事业的政治内容在很大程度上仍然由业主控制，而党报则由政党统治集团控制。“编辑委员会以铁腕控制了能够谈论政治的新闻工作者”（Olsson 2002：61）。根

---

① 施普林格报业的政治是通俗小说《丧失荣誉的卡特琳娜·布鲁姆》（*The Lost Honor of Katherina Blum*）（Böll 1975）中的一个突出主题。

据奥尔松（Olsson）的叙述，到20世纪50年代，社论撰稿人，即与政治世界关系最紧密的新闻工作者，变得较不重要了，“负有社会责任的新闻记者”更是如此。后者一般对政党和社会组织领袖恭恭敬敬，但是的确扮演了作为“现代化和进步的积极倡导者”的角色。“如今，新闻事业中的新闻报道（有）权参与当下政治了——条件是（它）保持其非争议性（165页）。”到20世纪60年代，在瑞典（Hadenius 1983；Djerf-Pierre 2000；Olsson 2002）与在其他国家（如Wigbold 1979；van der Eijk 2000）一样，新闻事业保持其非争议性的前提条件受到挑战。一种批判性专业主义的文化在兴起，新闻工作者有主张批评政治和社会精英以及聚焦社会问题的权利，并经常具有一种行动主义取向：“新闻工作者……有了详细审视决策者行为以及影响关于社会和政治议题和公共机构所制订政策的公共辩论的雄心。”（Djerf-Pierre 2000：254）自从 177
20世纪70年代以来，行动主义取向——它也体现在对“内部新闻自由”的推动上——已经消退，新闻工作者较不可能将自己视为积极公民的动员者。但是，一种针对既存制度的批判取向保留下来了，并且带有对新闻工作者必须积极设置新闻议程这一理念的坚持。

向“批判性专业主义”的转变既发生在印刷媒介也发生在广播电视——后者此时是严格意义上的公共广播电视——既发生在商业性报界，也发生在政党报界。哈德纽斯（Hadenius 1983：300）对处在这一转变中的瑞典政党报界有如下观察：

> 对一份报纸来说，揭露或批判自己的政党曾经几乎是不可思议的。如今，普遍的情况是，一个人自己所属的党与其反对党受制于相同的批判性新闻事业……今天的新闻工作者提出的要求完全不同于以往。他们对政治家和组织都不从命，他们要求一家报纸的新闻栏不要根据政治原则来管理。然而，值得注意的是，仍然有可能发现一家报纸新闻栏中的政治色彩。

哈德纽斯继续解释说，政党报纸与商业性报纸一样，其新闻工作者的聘用所依据的是专业性，并可以从一个新闻组织转到另外一个：它们显然是超越政治关联的专业文化的一部分。用经济学术语说，当时政党报纸与商业性报纸竞争，并像商业性报纸一样不希望被读者看成“政党抹布”（“party rags”）。我们在哈德纽斯的讨论中可以非常清晰地看到政治平行性与专业化的共存，这是民主法团主义模式的鲜明特色之一，它在哈德纽斯所描述的那个时期特别强大。[①] 新闻工作者是这样的专业
178 人士：他/她尊重该职业作为整体认同的规则和常规并且坚持新闻事业的自治性免受政治干涉。[②] 与此同时，既作为个人也作为新闻组织的一部分，他/她维系一种政治/意识形态认同，并在许多时候渴望积极干预政治世界。

政治平行性的衰落与持续

哈德纽斯在20世纪80年代所看到的演变——政党报纸使自己与过去的强大政治统一性保持距离——一直在继续。韦布尔和安斯赫尔姆（Weibull and Anshelm 1991：38）在10年后的写作中比哈德纽斯看到了更具体的变化：

> 报界在传统上与政党有关联：几乎所有报纸都会在其社论版上正式宣布一种党派取向——五分之四持非社会主义的观点，五分之一持社会主义的观点。直到20世纪70年代中期为止，党派取向仍然可见于新闻呈现中。但是，对于现代的专业新闻事业来说，最近数十年意味着一个主要是盎格鲁—撒克逊类型的突破。

在20世纪70年代，在许多民主法团主义国家仍然重要的真正党报今天几乎全然不复存在了，整个媒介体制的政治平行性程度已经大为降

---

① 霍耶和洛伦岑（Høyer and Lorentzen 1977：109）谈到了“对政治家的矛盾心态……部分是作为同侪阴谋家，部分是作为对手”，以及“这种专业文化中的两面性”，并引用调查显示，例如20世纪70年代初，74%的挪威新闻工作者同意新闻工作者必须独立于政党；而又有62%同意他们必须忠于他们所在报纸的（党的）政策。

② 霍尔茨-巴哈（Holtz-Bacha 2002）也注意到，在德国，编辑条例最强大的是社会民主党所拥有的报纸。

低。报纸的去政治化与我们将在第八章更为详尽地考察的社会的更为普遍的世俗化同时发生。面对其他社会化机构越来越重要的角色、增长了的社会碎片化和结构化的社会分裂的消失，传统群众性政党的党员人数已经下降，并失去了许多象征性和代表性的功能（Dalton 1988；Panebianco 1988）。这一在 20 世纪六七十年代如火如荼的“世俗化”过程在随后的 10 年中被改造了广播电视的“商业洪水”凸显出来——并且它在印刷媒介中继续加速进行。这一过程也削弱了媒介与全国性政治体制的联系。显然有一种向“包罗万象型”或“总括型”媒介发展的强大 179
趋势，这种媒介更多地植根于市场，而不是政治世界，因为它的“观众和……读者不再被视为某一特定的社会或宗教部门的追随者，而本质上是个人消费者”（Nieuwenhuis 1992：207）。

民主法团主义国家政治平行性的衰退体现在许多方面。表 6—2 显示了关于丹麦报纸的政党关联的数字，正如索林（Søllinge 1999）所报告的那样。相对于政党关联报纸，“独立”报纸数量的急剧增长与报业市场的寡占有关：在 1960 年到 1995 年间，报纸总数由 88 种减为 37 种，而且幸存者中有许多是地方性垄断报纸，它们在致力于从其他进行政治劝服的濒危报纸那里吸收读者时淡化其政治性。由工会联合会资助的最后一份社会民主党党报《现实报》（*Aktuelt*）历经 130 年后于 2001 年停刊。萨洛坎加斯（Salokangas 1999）报告了芬兰的类似数据。哈德纽斯和韦布尔（Hadenius and Waibull 1999）报告说，一方面 75%的瑞典报纸曾经占发行量的 80%，另一方面专业规范的确已经在内容上削 180
弱了关联效果。他们还报告了阅读一份对应于其政治关联的报纸的人数百分比——这个数字从 1979 年到 1997 年在保守党人和社会民主党人中衰减了（在社会民主党人中非常显著，从 32%降至 15%）——而自由主义报纸越来越具有主导性。舍恩巴赫、施蒂策贝歇尔和施奈德（Schoenbach，Stuerzebecher and Schneider 1998：225）报告说，在 1980—1982 年间和 1992 年对新闻工作者的问卷调查数据显示，这个职业的“‘有表现力的’因素——能够向他人传递自己的意见并具有政治影响——与内在奖励（intrinsic rewards）此消彼长，而内在奖励体现在日常工作常规中……同时，服务取向加强了。更多的新闻工作者准备为受众提供某种东西，而更少的人希望去唤起、训练或教育受众”。最重要的是，他们的数据显示了这样的新闻工作者比例的增加：他们说自己的角色是娱乐公众或“映射公众的想法”——这一发现与耶尔夫-皮埃尔（Djerf-Pierre 2000）对瑞典电视新闻内容的分析相一致，后者显示了对新闻受众日益增加的“因循”态度。

179 **表 6—2** **丹麦报纸的政党附属情况统计** 单位：个

	1960	1970	1980	1990	1995	2000	2002
社会民主党	14	7	7	7	1	1	0
社会自由党	7	4	3	2	2	2	2
独立社会自由党	2	2	2	2	1	1	1
保守党	16	8	4	1	1	1	1
独立保守党	2	1	2	2	2	0	0
自由党	36	27	14	13	6	5	5
独立自由党	2	2	7	7	9	9	9
共产党社会主义党	1	2	2	1	0	0	0
其他独立派	8	9	12	16	15	14	14
总计	88	62	49	47	37	33	32

资料来源：索林（Søllinge 1999：57）和私人通信。

“其他独立派”这个组包括若干跨党立场。表中的所有变化并非全都源于报纸停刊；一些变化是由于报纸改变其政治立场。3 份新的免费日报未被包括其中，因为它们不是常规意义上的日报。所有报纸都是政治独立的。

然而，尽管这些趋势是显著的，但是在相当程度上，政治平行性在民主法团主义国家中持续存在。普费茨施（Pfetsch 2001：64）观察到，政治家与新闻工作者的关系“在美国以更明显的媒介取向的风格的互动为标志，而在德国则以更多政治动机的风格为标志”。她的分析与第五章意大利案例中注意到的类型具有相似性，在其中新闻工作者涉入各种政治力量之间的讨价还价过程，并且在相当程度上参与其中，根据那个政治过程的规则行动。在德国案例中，一直有某种关于新闻工作者政治化程度的论战。一些学者，例如科赫尔（Köcher 1986）、东斯巴赫（Donsbach 1995）以及东斯巴赫和克勒特（Donsbach and Klett 1993）等认为，用科赫尔的话说，德国新闻工作者往往有一种“传道”取向，即一种以表达观点和形塑舆论来体现的关切。东斯巴赫的数据显示，与英国（45%）、瑞典（36%）及美国（21%）新闻工作者相比，德国和意大利新闻工作者更有可能说“拥护特定价值和理念”与作为新闻工作者同等重要（分别占71%和74%），并且更有可能说“鼓吹是他们工作的典型特征”。他的数据还显示，德国新闻工作者更有可能将记者或主编与评论员的角色相结合，这较不常见于意大利和英国，更不常见于瑞 181
典和美国新闻工作者中。[①] 在比利时，记者和评论员的角色容易被混淆。[②] 与瑞典的这种对比表明，在这个意义上德国（像比利时一样）逐渐转向极化多元主义模式，这与德国的极化多元主义历史类型相一致，并且继续以政党为中心。另一方面，舍恩巴赫、施蒂策贝歇尔和施奈德（Schoenbach，Stuerzebecher and Schneider 1998）以及魏申贝格、勒费尔霍尔茨和朔尔（Weischenberg，LÖffelholz，Scholl 1998）否定这种观点，后者坚持认为，“出于经济、技术和教育的原因，西方民主国家在新闻事业上一直有一种趋同表现”（251页）。

从内容上来讲，金德尔曼（Kindelmann 1994）在对1990年德国联邦议院大选报道的研究中发现，德国主要报纸在对政党和候选人的报道中有清晰可辨的倾向，舒尔茨（Schulz 1996）讨论了金德尔曼的成果，指出德国电视新闻播报也有可辨的政治倾向，尽管较不明显（参见Keplinger，Brosius and Staab 1991；Hagen 1993）。也许可以加上一点：德国报纸并不会在大选选战期间公开为政党造势。在这方面，即便是《图片报》也不同于英国通俗报界，虽然它被认为明显是一份政治右翼的报纸，并且在所有德国报纸中对政治候选人有最清晰的价值评判（Semetko and Schoenbach 1994：53），它不公开申明它的同情［它的头号大标题声明它是“独立的—无党派的”（“Unabhängig Überparteilich”）］。

德国媒介中程度显著的外部多元主义的存在——瑞典也是如此，尽管有新闻与评论分离这一显然是强大的专业价值观——显示在帕特森和东斯巴赫（Patterson and Donsbach 1993；参见Donsbach，Wolling and

---

① 这与埃塞尔的发现一致。

② 埃尔斯·德·本斯（Els de Bens），私人通信。

von Blomberg 1996）的研究中，新闻工作者被要求将政党和新闻组织双双置于从左到右的政治光谱中。德国和瑞典的结果显示在图 6—1 中。在这两个国家，也像在意大利和英国一样，它们将新闻媒介置于广泛的政治光谱中，电视台相对靠近中心，反映了内部多元主义的要求，而报纸的政治倾向大相径庭。相反，美国新闻工作者将问卷调查
182 中所提及的所有新闻组织置于共和党与民主党之间。报界的外部多元主义在整个这一地区依然是显著的，至少是在全国性报纸中是这样。地方性报纸大有可能成为避免明显政治倾向的包罗万象型报纸。鲜明的政治倾向与对内部多元主义新的侧重共存，即每份报纸都将报道各大政党的林林总总的观点。从意识形态上看，政治倾向也比过去更加难以名状，并极少采取对单个政党狭隘认同的形式。但是，意识形态倾向的确仍然存在。例如，范德·埃克（Van der Eijk 2000：312，319）这样描写荷兰：

> 作为其失去支柱（*zuil*）身份的直接结果，（报纸）逐渐重新定义其实质形象，这一过程在某些情况下导致了实质上的特殊性，而在另一些情况下则导致了模糊的“包罗万象性”。大多数全国性报纸选择了模糊性，意在吸引沿左翼—右翼和生活方式路线分殊的受众……例如，《忠诚报》（*Trouw*）显然是进步基督教性质的，非常同情第三世界事业、环境保护和进步神学。与之相反，《电讯报》（*De Telegraaf*）在社会和政治语调上更为保守，甚至表示出对所有政党及其战略和战术操纵的厌恶。在所有全国性日报中，《人民报》不仅与更为保守和更为学究气的《新鹿特丹商报》（*NRC-*
> 183 *Handelsblad*）共同深深陶醉于政治世界，而且是最为强烈地倾向于诸如教育、多元文化主义和社会经济平等之类后物质主义价值观的。

范德·埃克注意到，内容分析显示，这些取向以多种方式体现在新闻内容中，包括这样的事实：“政党的政治观点与报纸自己的越是不同，报纸就越会批评这些政党，这是用左翼—右翼的术语来表达的。”（329 页）

182

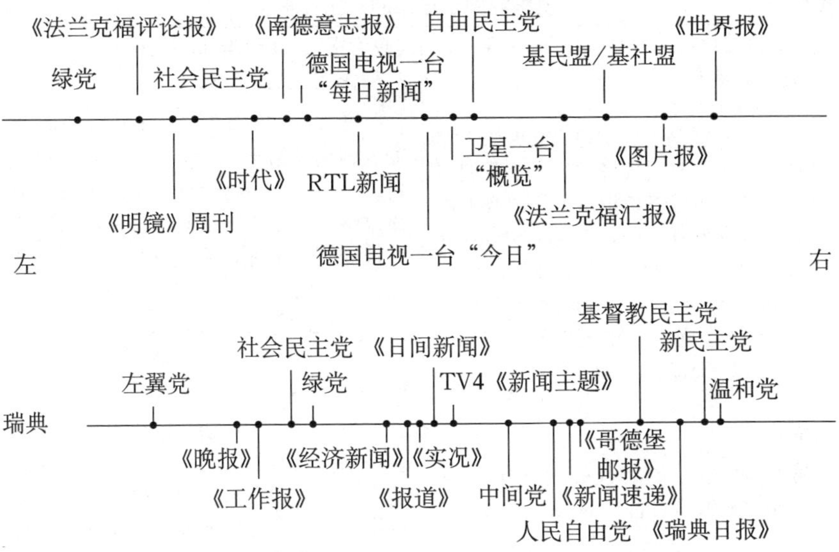

图 6—1 德国与瑞典的媒介政治光谱图

在民主法团主义国家的报界，清晰的政治取向持续下来，尽管新闻工作者已经在不同国家以不同程度接受了评论与报道分离的原则［同一个记者也许两样都写，但是不在同一时间、同一篇文章中，就像在一篇意大利文的“新闻综述”（Pastone）中］，并采取了更客观的写作文体。在这个意义上，如今存在于民主法团主义国家的外部多元主义不同于极化多元主义国家的那种，在后者那里评论和信息更为杂乱地混为一体。政治取向更多地体现在对新闻报道而不是直接评论的选择和侧重的类型中。表 6—3 显示了丹麦两大报纸即保守主义的《日德兰邮报》（*Jyllands Posten*）和自由主义的《政治报》就政府关于移民议题的报告的头版报道的开头几段；就像在其他国家一样，这个议题在丹麦政坛越来越重要。两篇文章都用“客观的”文体写成：都不带直接的评论。但是，报纸的不同政治观点强烈地显现在文章中，《日德兰邮报》将移民呈现为丹麦社会的一个经济负担，而《政治报》加入了批评者的观点［这全然没有出现在《日德兰邮报》上］，并聚焦于围绕应该适应文化的只是移民还是所有的少数族裔丹麦人的辩论。

184 **表 6—3　　丹麦报界关于移民的对比性报道**

《日德兰邮报》，2001 年 8 月 16 日

不成功的整合

如果不能马上成功地为其提供工作的话，移民及其后代将成为一个我们福利社会的严重经济负担。这是内政大臣卡伦·耶斯佩森（Karen Jespersen）（社会民主党人）领导下的所谓“智库”（“Think Tank”）的一个预测。前智囊（政府经济顾问）尼娜·史密斯（Nina Smith）以辞职表示抗议。

移民

奥尔拉·博格（Orla Borg）和乌拉·厄斯特高（Ulla Østergaard）文

有必要用多得多的高压手段来让移民成为劳工人口。因为在一个人能够谈论对难民和移民及其后代在丹麦成功整合之前，还有一条漫长的路要走。这是所谓的“智库”给出的主要结论，明天它将发表关于移民在丹麦的第一份报告。

“智库”是由内政大臣卡伦·耶斯佩森去年为了推出关于丹麦移民政策的一项建议而成立的。

“智库”建议在 7 个具体领域就什么是成功的整合采取措施。报告断言，在所有 7 个领域，事情都会不太好。

这份报告还关注了移民的就业情况，对成功的衡量标准是移民及其后
185 代是否能获得与丹麦人平等的地位。但是在现实中，超过半数的适龄移民处在劳动力市场之外。这种情况在过去 10 年中恶化了。1985 年，48%的非西方国家的移民处在劳动力市场之外。今天这个数字是 59%。

“智库”还主张，令人强烈担心的

《政治报》，2001 年 8 月 17 日

丹麦人属性的新努力

部属的“智库”冒险直言，并对丹麦人的属性给出一个新定义。在一份报告中，为了适应这个国家，外来移民应该采纳的丹麦人价值观被拟定出来。该建议受到了批评，因为只有外国人必须适应。

克里斯蒂安·许特迈尔（Christian Hüttemeier）和里克·埃厄隆（Rikke Egelund）文

为了在丹麦社会发挥作用，外国人应该采纳最低限度的丹麦人的规范和价值观，这是这家部属的“智库”提出的主张，它是在去年秋天为了就外国人整合问题提出新主意而由内政大臣卡伦·耶斯佩森设立的。

该“智库”冒了一次风险，拟定了若干外国人必须“据以为生和同意”的具体价值观，如果他们要以平等的地位参与工作和社会生活的话。

根据该“智库”的说法，“据以为生和同意”的价值观是这样的价值观：尊重信仰自由和言论自由以及个人自由等宪法权利……外来移民还应该承认，在丹麦的居住者在有关他们生活的重要决定上有权表达自己的声音——例如婚姻。

最后他们应该尊重性别平等，并且必须表现出对其他人价值观的宽容。

“接受丹麦人的基本态度和价值观是必要的，如果整合要获得成功的话……我并不是说所有丹麦人都遵守这些规范，但是我们已经拟订了若干也适用于所有丹麦人的要求。”该“智库”主席说……

但是，根据哥本哈根大学讲师、伊斯兰和阿拉伯世界专家约根·巴克·西蒙森（Jørgen Bæk Simonsen）博士的说

续前表

是许多移民无法供养自己。在所有社会福利开支中，38%流向了5%来自非西方国家的人口。 这两点使“智库”得出结论：根据《日德兰邮报》的消息来源，对福利社会来说，如果它没有成功地让移民进入就业市场，以便他们能够以高于今天多得多的水平供养自己，他们将成为严重的负担。	法，这一丹麦人属性标准的清单将几乎无法鼓励整合：“这是对整合的奇怪理解，而它事实上全是关于外来移民如何顺从丹麦社会。在这种关系中，没有任何东西显示丹麦人也必须做出改变。” 少数族裔联合组织 POEM 的主席穆哈雷姆·艾达斯（Muharrem Aydas）将这一清单称为“一根傲慢的食指”。

政治史、结构与文化

卡岑斯坦（Katzenstein 1985）认为，民主法团主义体制是20世纪30年代在斯堪的纳维亚国家、低地国家和瑞士经过一系列政治妥协发展起来的，当时这些国家面对大萧条的经济危机，为了避免极化和民主的崩溃而苦苦挣扎，这种崩溃发生在毗邻的德国和奥地利，就像南方的西班牙和意大利一样；这些妥协包括旨在争取经济和政治稳定的工业和平协议、跨阶级协议计划，以及在许多情况下吸纳左右两翼的广泛政治联盟，其中大多数在纳粹占领期间政府流亡海外时继续合作。根据卡岑斯坦的说法，这样产生的体制“由三种特质来区分：一种全国性层面上社会伙伴的意识形态；一种相对中央化和集中化的利益集团体制；以及就相互冲突的目标通过利益集团、国家官僚机构和政党之间持续的政治讨价还价进行的自愿的和非正式的协调”（32页）。第二次世界大战后，德国和奥地利大量吸纳了这种模式，尽管根据卡岑斯坦的分析，在德国的案例中这种模式被政党的主导角色和一些其他差异所修正。在大多数
国家，法团主义在20世纪30年代的讨价还价以采纳比例代表制的协定 186
为先声，通常始于20世纪初。民主法团主义国家倾向于有为数众多的政党和共识，而非多数至上主义政治，用利普哈特（Lijphart 1999）的术语说：它们倾向于有广泛的联合政府，其中没有一个政党占有多数，

倾向于既在政党之间，也在利益集团和文化共同体之间实行权力共享。瑞士和比利时是纯粹的共识体制，而这里所涵盖的其他国家则是混合体制，并且大多倾向于共识政治。它们还倾向于温和多元主义而不是极化多元主义（Sartori 1976）——德国和奥地利在第二次世界大战之后再次转向这个方向。[1]

根据卡岑斯坦的说法，民主法团主义之所以能在北欧发展，是因为较之于德国和法国等较大型国家以及南欧国家，其政治权利曾经相对弱小和分化，因而无法阻止与左翼的和解。封建主义未曾在低地国家、斯堪的纳维亚国家和瑞士强劲发展。城市利益集团相对于土地贵族更为强大，自由农民也是如此。经济活动频频由“居住在社区的个体制造者”而不是大地主和无地农民从事，并且政治权威经常“集中在制造者—商人手中”（157 页）。在瑞士、荷兰、比利时和丹麦，从事长途贸易的商人有强大的影响力；而在斯堪的纳维亚国家，自由农民却特别重要。自由农民的存在——例如在丹麦，农民于 19 世纪 70 年代获得自由，土地改革在 19 世纪初进行——意味着，在封建主义强大的南欧及其他地区，贵族控制着乡村人口的选票，而在斯堪的纳维亚国家及其他较小国家，独立的农民经常与自由主义和社会主义力量结盟。此外，在斯堪的纳维亚国家，经济上弱小的贵族为了生存经常转行从商，这使得它的利益与城市资产阶级的利益差别较小。这种社会结构提供了体现在自由报刊先行发展上的自由主义制度早早告捷的语境。

187 有组织社会群体的中心性

民主法团主义体制最重要的特征之一就是有组织社会群体扮演的中心角色，这些社团包括政党、工会和雇主协会、宗教共同体以及德语中所说的其他形形色色的“社会相关团体”。法团主义体制基于能在与其他团体的讨价还价中代表其成员利益的强大、统一的“高峰社团”的存在。这些团体被整合进了法团主义体制的决策过程，并在许多案例中有

① 关于极化和政党数量的数据见表 3—2。

公共机构的身份，行使在其他体制中本来是国家的职能——例如，运作福利体制，亦或在荷兰管理公共广播电视。20 世纪 30 年代的法团主义讨价还价实现了民主法团主义国家有组织社会利益集团地位的制度化，但是强大的社会自行成立组织的历史可追溯到几个世纪之前。帕特南（Putnam 1993）描述的意大利北部强大的公民生活类型显然出现得很早，与北欧许多地方、德国和瑞士一样。有相当自治权的地方共同体是这些国家，包括荷兰和德意志的贸易城市以及瑞士各州的历史的重要组成部分。商人成立了合股公司以及其他形式的协会；手工业者成立了行会；在许多案例中独立的农业生产者则成立了合作社；自治教会联合会的新教传统也在这种组织文化的发展中发挥了作用。正如公民组织依赖公开获取的信息一样，这种公民社会的力量无疑是北欧和中欧报纸读者群成长的一个重要因素。并且，正如我们在本章较早的论述中看到的，这些团体之间的冲突早早就可以从印刷报刊中发现。在此值得强调的是，公民组织的传统并不限于城市，而且还存在于乡间。地中海国家以强大的城乡分裂为特征，并阻滞了南欧报纸的成长，而这在北欧却不以同样的程度存在。在民主法团主义国家中，今天报纸读者群城乡分裂最强烈的是奥地利，作为奥匈帝国的一部分，它有一段更类似于南欧的封建史。

在 19 世纪，强大的群众政党崛起于民主法团主义国家，通常是先以社会民主党的形式，而保守主义政党和农民政党随后组建。[①] 这些政 188
党建立了渗透进社会基础部分的强大结构，具有用来将它们与其成员联系起来的制度网络。在许多案例中，它们与其他社会团体——包括工会、商业协会和宗教共同体——有强大的联系。它们密切相关于社会中的主要利益和文化身份分化——阶级、宗教、语言等——而且成员们与它们结成强大的联盟。它们的支持者是社会上以重要方式分离的各种亚文化——与洛文（Lorwin 1971）所称的碎片化多元主义的类型协调

① 最古老的社会党是德意志的（成立于 19 世纪 60 年代）。丹麦的次之，成立于 1871 年。芬兰的最年轻。至于保守主义政党，最古老的是芬兰的（成立于 1907 年）；但是大多数出现于第一次世界大战末期。

一致。

有组织社会群体和政党的中心地位以多种方式反映在媒介体制上。当然，这可清晰见于政党和“社会相关团体”在公共广播电视的组织中和媒介管制体制中经常扮演的角色。它还体现在新闻工作者联盟和协会的实力上，它们以其成员众多和强有力的组织而类似于民主法团主义国家的高峰社团，像这些组织一样经常被吸纳进形成媒介政策的过程，并且作为代表进入广播电视评议会和类似机构。非常重要的是，民主法团主义国家社会组织的中心地位与持续贯穿于20世纪大部分岁月的高度的政治平行性有关。报纸尤其扮演了重要的角色，这既体现在政治子社区的内部，将某一“支柱”政党或领导层与其成员联系起来，又体现在外部，因为报纸表达了公共领域中各种政治力量的观点，参与了对于民主法团主义和共识政府来说如此关键的政党和社会团体之间的讨价还价过程。传统上高度普及的辩驳、评论、解释与基于谈判和讨论的政治文化相关。在此请注意，传统上报界在表达政党和团体之间的差异和围绕各自身份动员其选民，以及在便利于使治理过程运转的讨价还价过程方面发挥了作用。普费茨施（Pfetsch 2001：64；参见 Keman 1996）在总
189 结她关于德国和美国大众媒介与政治关系的比较研究时声称：“在德国，政治机遇仍然以政党的传统上强大的和在宪法上得到强化的政党角色为特征。政治纲领的成功是议会党团和党组织复杂的谈判过程和妥协的结果，其间伴随着为了仅仅在谈判过程中获得媒介支持而做出的努力。”

正如我们在第五章注意到的那样，这样一种以政党和其他有组织社会群体为中心的沟通过程——这是民主法团主义国家与地中海国家，尤其是意大利在一定程度上的共通之处——接近于詹姆斯·柯伦（James Curran）所谓的“激进民主的”公共领域。柯伦（Curran 1991：30）将“激进民主的”公共领域与本章所涵盖的北欧国家等同起来，并以如下观点来界定它：

> 一个民主的媒介体制应该代表社会上所有重要的利益集团。它应该方便它们参与公共领域，使它们能够对公共辩论做出贡献，并对公共政策的形成产生影响。媒介还应该方便代表性组织发挥功

能，将其内部过程暴露给公众审视并公开公共舆论的运作。简而言之，媒介的核心作用应该被定义为经由民主进程帮助相互竞争的利益集团之间进行公平谈判或衔接。

柯伦继而将这种体制与自由主义体制相对比，在后者中“媒介被认为是公民与政府之间的垂直沟通渠道”：柯伦认为，在“激进民主的”概念中，“媒介被视为个人、团体和权力结构之间纵向、横向和对角的沟通渠道的更为复杂的接合。这考虑了以下事实：在现代自由民主社会中，个人利益部分是经由政党和压力集团等集体组织在战略层面上经由结盟和联合政府来构造和重构而受到保护和得以提升。”（31 页）柯伦的概念描述了民主法团主义国家媒介体制的一个重要元素，即媒介机构长期以来一直是据以管理团体间关系的“协商装置”（“consociational devices”）（Lijphart 1977；Colomer 1996）。当然，正如柯伦所承认的那样，实际上以这种方式组织起来的公共领域未必“激进”，也未必像他 190
理想中的那么民主：可以肯定，在民主法团主义国家，媒介与社会组织的联系已经产生了多元主义并且已经保障了相当大范围的代表性，而且它们还经常将多元主义限制在既成的组织形式中。与本书探讨的其他体制一样，民主法团主义体制必须被同时视为一种民主沟通体制和一种社会与政治权力体制。

国家的角色

在民主法团主义国家，国家有双面角色。一方面，地方自由权的传统与自由主义制度的先行胜利意味着有一种限制国家权力的强大哲学。这既体现在新闻自由的先行发展上，也体现在公众近用政府信息法律的力量上。这一传统通过强调民主法团主义关于社会组织的角色而得到强化，这些组织经常承担一些责任，这些责任如果不由它们承担，便会落入国家手中。在媒介领域，这在荷兰的公共广播电视和报界的自律体制中都是明显的：在前者中，广播电视的责任被委托给“支柱”——经由它们的广播电视组织；后者几乎为所有的民主法团主义国家所共有。另一方面，民主法团主义意味着社会组织与国家之间的伙伴关系，而与法团主义体制一起出现的社会契约意味着社会中的国家角色经由福利国家的拓展、积极的产业政策和其他形式的干预而有了重大扩张。瑞典的 *folkhem* 即“‘各民族’之家”的概念基于这样的理念：国家有责任干预经济和生活的许多领域，以确保进步和平等，它最初基于关于民族团结的保守主义概念，1928 年被社会民主党领袖佩尔·阿尔宾·汉松（Per Albin Hansson）采纳并使之普及，当时民主法团主义体制开始在瑞典兴起（Åsard and Bennett 1997）。福利国家的实力和形式以及其他形式的国家干预因国别而异，而且福利国家自 20 世纪 80 年代以来已被削减，但是一般而言，民主法团主义国家以积极的国家为标志。20 世纪 90 年代，瑞典成为欧洲第一个将一般性政府支出纳入国内生产总值百分比的国家，接下来是丹麦和荷兰（Lane and Ersson 1991：328）。正如我们已经看到的那样，民主法团主义社会的这一普遍特征不仅体现
191 在强大的公共广播电视和报刊津贴制上，而且还体现在以下这种普遍态度上：媒介是国家为之承担责任的社会公共机构，而不纯粹是私人企业。这是民主法团主义模式与自由主义模式的一个主要差异，在两种模式下国家是出资者或管制者，而在后者中国家扮演弱小得多的角色。

新闻专业主义、“社会伙伴关系的意识形态”与法理型权威

我们已经提出，民主法团主义媒介体制的一个鲜明特征是政治平行性与新闻专业主义的共存。当然，政治平行性与政党和社会组织的实力密切相关。新闻专业主义不仅与卡岑斯坦称之为民主法团主义关键特征之一的“社会伙伴关系的意识形态”有关，与从社会伙伴关系的意识形态和实践中发展出来的温和多元主义有关，而且我们认为，它与早于民主法团主义出现的法理型权威的传统有关。卡岑斯坦（Katzenstein 1985：88）注意到：“尽管对于局外人来说有些吊诡的是，务实的合作与意识形态的冲突并非不能共存。”民主法团主义意味着一个意识形态和社会利益各异的政党和团体据以努力去达成共识的讨价还价过程。这就是联合政府如何组成、政策如何制定以及劳资关系和其他社会与经济利益冲突如何管理。尽管有广泛的政治多样性，这种持续的讨价还价过

程已生成了一种和解和合作的文化和程序。它还在民主法团主义国家产生了迈向温和而不是极化多元主义的转变，社会的各个片段保留了各自的身份，但是降低了它们的要求，结果是与基本的游戏规则利害相关。[①] 民主法团主义因而“将对政治分歧的不断再确认与政治合作融为一体”（Katzenstein 1985：88）。

政治平行性与新闻专业主义的共存通常映射出民主法团主义的性质：政治多样性与共同的新闻文化共存体现在，关于新闻工作者联盟、 192
报业评议会和联邦新闻发布会一类公共机构中实践和合作标准的相对高度的共识。在第二章，我们提出了将新闻事业视作一种公众信托、一种观念的见解，来作为新闻专业主义的定义性特征之一，那就是新闻事业在某种意义上服务于超越特定社会利益的公共利益。我们认为，这种意识形态与新闻专业主义其他两个定义性特征相关，即新闻事业独特的共同文化的发展以及新闻工作者所取得的相对于其他社会行动者的自主性成就。新闻专业主义较不发达的极化多元主义体制与新闻专业主义较为发达的民主法团主义体制的主要差异之一，就是极化多元主义体制中的总体政治文化并不怎么支持超越特定团体和意识形态的普遍利益的理念。相反，民主法团主义的政治文化显然包括共同的普遍利益，事实上的确存在这样一种强大的观念。这也体现在瑞典“‘各民族’之家”的概念中，它反映了对自由主义、个人主义和马克思主义阶级斗争概念的双重拒斥，而依据这样的理念，即社会利益集团之间的合作精神能够创造出一个所有公民在社会生活中充分共享的社会。这成了瑞典社会的一个共识性意识形态，直到20世纪70年代新自由主义开始向它挑战（自那时起，民主法团主义明显弱化了，尽管还没有消失）。瑞典新闻事业的文化显然植根于这种意识形态共识，尽管政治平行持续存在，但是它依赖负责任的新闻工作者服务于社会进步的目标这种共有的观念。瑞典

① 这也表现在对政治性公共机构相对较高的信任度上。例如，欧洲晴雨表的第55期报告（Eurobarometer 55）显示，在对政府机构的信任度上，所有民主法团主义国家高于欧盟平均数。参见博尔（Borre 1995）与利斯特霍格和维贝格（Listhaug and Wiberg 1995）的研究。阿尔蒙德和沃巴（Almond and Verba 1963）也注意到了德国、英国和美国的公共机构与意大利相比更高的信任度。

也许是一个特别显著的案例，但是类似的发展也发生在其他民主法团主义国家中。

在解释民主法团主义体制中意识形态的多样性与社会伙伴关系的“悖论”时，卡岑斯坦强调了技术专家的突出作用，他们提供“共同框架和可接受的数据”（88 页）来作为讨价还价过程的基础。这反映了民主法团主义国家中法理型权威的强劲发展，它在时间上早于民主法团主义，对于理解这个体制中新闻专业主义的力量也是重要的。当然，法理型权威的概念由马克斯·韦伯进行了最为充分的拓展。一种基于普世主义法律框架的规则体系的基础性理念可追溯至黑格尔（Hegel）的《法哲学原理》（*Philosophy of Right*），并深深植根于德意志历史中。法理
193 型权威体制中的关键要素之一是一支根据资质而不是资助选拔，根据公认规则管理，相对自主于外部控制和在理论上服务于作为整体的国家的行政团队。为了平衡土地贵族的权力，这样一种体制由霍亨索伦家族（Hohenzollerns）[①] 创建于 18 世纪的勃兰登堡—普鲁士（Brandenburg-Prussia）[②]，并在拿破仑入侵后得到了加强（Shefter 1997：423ff）。在斯堪的纳维亚国家，早在 17 世纪初，“中央集权的、强势的、相对独立的官僚制就扮演了一个关键角色”（Esping-Anderson 1985：48），到 19 世纪早期一般都得到了充分巩固。例如在丹麦，《1685 年丹麦法》使得服务费的支付标准化了，它用一种国家管理的中央集权和官僚体制取代了那种围绕土地贵族建立的分权和个人化的体制（Katzenstein 1985：159）。拉格里德和奥尔森（Lægried and Olsen 1984：210）这样描写从 19 世纪早期开始支配国家的挪威公务员：

> 他们的意识形态接近于韦伯后来基于法理型权威所标识的理想

---

① 德意志的主要统治家族。其始祖布尔夏德一世约在 11 世纪受封为索伦伯爵。12 世纪末，该家族在索伦前冠以“霍亨”（意为“高贵的”）字样，称为霍亨索伦家族。该家族是勃兰登堡、普鲁士以及德意志帝国的统治家族。——译者注

② 普鲁士公国大公阿尔伯特·弗里德里希 1618 年死后无子，遂由其长女之夫、勃兰登堡选侯国的约翰·西吉斯蒙德继承其封爵和领地，勃兰登堡和普鲁士合并为一个国家，即勃兰登堡—普鲁士（1618—1701），并以此为基础开始了从普鲁士公国到王国再到德意志帝国的扩张道路。——译者注

> 的官僚制的那种东西。公务员的主要任务被视为实施生效规则——发现合适的解决办法和维护公共利益，而不为专断的外部压力所阻碍。其角色楷模是客观的和不偏不倚的法官，他们忠于的对象是一个不受个人感情影响的法律体制。

同时，依侍主义从未强大地植根于大多数民主法团主义国家（在一定程度上，奥地利和比利时经常被认为是例外）。[①]

法理型权威的强大传统在几个方面影响民主法团主义国家的媒介体制。第一，正如我们在第三章注意到的那样，报纸的扩张与法理型权威发展相联系，正如它与市场和议会民主制的扩张相联系一样。第二，民主法团主义国家公共广播电视体制的相对自主性一般与公共机构的独立性相一致。第三，法律制度经常对民主法团主义国家的媒介体制有重要 *194*
影响。这在德国可能是最重要的，当联邦或州一级的政治家企图主张更大的控制权时，联邦宪法法院在保护公共广播电视体制的独立性方面发挥了重要作用（Humphreys 1994：161ff）。第四，法理型权威的的类型使得那种频频成为极化多元主义体制特征的媒介工具化不太可能发生。由于基于透明规则分配资源而做出决定，对于取得商业成功或其他社会努力而言，特殊的压力和联盟就较不具有关键性了。于是媒介所有者就较少有动机将他们的媒介财产作为施压和特殊的讨价还价的手段来运用，而其他商业利益集团也基本不会为了那个目的而进入媒介领域。我们将在下一章详尽探讨这个论点，因为这是民主法团主义国家和自由主义国家共有的特征。在民主法团主义体制中，形式上中立的司法和行政机构的存在与这样的高度制度化的代议过程相结合：决策能够据以做出，以降低媒介成为运用该体制之外的政治压力手段的重要性。在高度组织化的讨价还价和咨询过程中，商业及其他社会利益集团由它们的高峰社团正式代表，而不能从这个过程中被排除出去，或者系统地受到歧视，如果它们与掌权的特定政治家或派别

---

① 关于依侍主义在北欧的缺席，见帕帕科斯塔斯（Papakostas 2002）以及兰德拉德和沃尔夫拉姆（Randeraad and Wolffram 2002）。

缺乏联系的话。应该补充的是，在民主法团主义国家，报业经济学也反对工具化：报纸要么一直是盈利的商业企业，要么一直得到诸如政党、教会和工会之类代表性公共机构的支持，因此较不容易落入特定赞助人的控制之下。

最后，高水平的新闻专业主义更有可能在一个具有法理型权威传统的社会中发展起来。这部分是一个社会公共机构之间的、文化共鸣和相互影响的同源性问题：在一个关于有特殊资质、实践规则、社会功能、伦理体制和产生自治主张的职业共同体（professional community）的理念得到广泛传播的社会中，新闻工作者也将更有可能去力图适应这个模式。
195 在德国，新闻工作作为一种专业的理念发展于 19 世纪晚期，就像其他职业也将自己重新界定为专业一样。[①] 例如，对德国新闻教育有重要影响的卡尔·比歇尔（Karl Bücher）[②] 认为，在社会功能上，新闻工作者类似于公务员；基于这个原因，系统的新闻教育应由国家支持（Hardt 1979）。在“作为一种职业的政治”（“Politics as a Vocation”）中，为《法兰克福日报》（*Frankfurter Zeitung*）撰稿的韦伯将新闻事业称为世界政治的一部分。他同时写道：“新闻工作者的责任远远大于……学者……正如战争所显示的那样。这是因为，从事情的性质来看，不负责任的新闻技能及其经常是可怕的效果被人铭记。”政治涉入、公共服务的伦理以及关于行为的共同标准的观念共存于韦伯对新闻事业的诠释中。

法理型权威和新闻专业主义之间的结合与新闻事业也更为特别地跟行政和法律国家之间的互动相关：行政和法律程序以及充当共同参照和框架的存在，有利于新闻实践的共同标准和新闻事业的公共服务意识形

① 专业主义在德国的发展遵循不同于英美的路径，专业人士与国家共同建立教育和管制机构。但是它出现得早并相对强劲。德国的专业教育模式经常被各国模仿（McClelland 1990）。

② 卡尔·比歇尔（1847—1930），德国经济学家。非市场经济学创立者之一，将新闻学作为独立学科的奠基人。1882 年他任教于当时属于俄国利沃尼亚省（1918 年后划归爱沙尼亚和拉脱维亚）使用德语的多尔帕特大学（今天的爱沙尼亚塔尔图大学），他将“报纸科学”（“Zeitungswissenschaften”）设想为一个新的学术研究领域。1916 年，他基于第一次世界大战期间自己糟糕的报刊和宣传经历，在莱比锡大学创办报纸科学研究所（Institut für Zeitungswissenschaften）（该校一年前创设报纸科学系），这是欧洲第一个此类机构。直到 1926 年，他主持该研究所并促进该研究领域的发展，用持续的成果将它建设成德国学术界的一个学科。——译者注

态的发展。这些程序和权威为新闻工作者和新闻价值的共同标准提供了共同的源泉；对他们所建立游戏规则的承诺提供了共同的规范框架，并使得超越特殊利益的“公共利益”的理念具体化了。如同我们将在下一章看到的那样，一种类似的联系可以在自由主义国家发现。

结 论

北欧和中欧国家被我们称为“三个共存”的一组特征识别出来，“三个共存”将这些国家与自由主义和极化多元主义模式区分开来，并赋予它们彼此之间的类似性。这些“共存”包括强大的大规模发行商业性媒介以及与政治和公民团体相关媒介的同步发展；政治平行性与新闻 196
专业主义的共存；以及新闻自由的自由主义传统与国家对媒介强大干预传统的共存，在此媒介被视为社会公共机构，而不纯粹是私人企业。

市场、企业家资本主义的文化和自由主义政治制度的先行发展，加上随着新教改革而来的对读写能力的推崇，共同促成了北欧和中欧报纸市场的先行和强大发展，并且这些国家保持了极高的报纸阅读率和强大的商业性报纸产业。同时，宗教对峙加上族裔—语言和政治冲突，激励了将报界用于传播观点和作为组织公民社会的工具。与利益集团相联系的强大的政治性报刊和独特的社会团体视角因此与商业性报刊共存。有组织社会群体（政党、工会、利益集团以及文化和宗教团体）在这些体制中扮演了关键角色，它们之间的讨价还价和权力分享过程居于中心地位，而 20 世纪初在这些国家发展起来的民主法团主义实现了这样的角色和地位的制度化。一种政治平行性的强大形式在这种语境中发展起来，大众媒介在其中充当了公共讨论的工具，代表不同社会、政治和经济利益集团，这些利益集团通过这样的工具来辩论重要议题，为达成一致而斗争，并建立使一致成为可能的象征性基础。尽管这导致了商业性和政治性报刊之间的平衡发生变化的趋同化过程，以及“中立的”专业主义模式的扩散，显著的政治平行性仍然是民主法团主义国家的特征。

正如卡岑斯坦指出的那样，民主法团主义同时具有以下特征：存在范围广大的政党和有组织团体，这些团体有植根于社会的不同利益和意识形态；这些团体对于据以共享权力、解决分歧和就“共同福祉”做出集体决定的游戏规则有广泛共享的一致。从历史上看，媒介以类似的二重性为特征，我们已经称之为政治平行性与专业主义的共存：它们在传统上已经反映出社会的分化和多样性，然而作为这样一种专业的成员发挥作用：对于自己的行为准则有强大的制度连贯性和共识，相对于其他社会公共机构拥有相当大的自主性。我们认为，民主法团主义国家的经验支持我们在第二章中提出的论点，即政治平行性和新闻专业主义不应
197 该降格为单一的概念性维度，事实上高度发达的二者可以共存；或者可以这样理解，民主法团主义国家的经验昭示：除了中立性专业主义都的自由主义模式以外，其他形式的新闻专业主义都可以存在。

最后，民主法团主义国家以自由主义制度的先行和强劲发展以及公民社会的强劲发展为特征。国家权力在历史上已经受到限制，这个事实已经反映在新闻自由的先行发展和开放的公共领域的其他要素中，包括近用政府信息的强大权利。与此同时，民主法团主义的讨价还价实现了一个强大的福利国家的制度化；而民主法团主义国家倾向于成为这样的“社会国家”（“social states”）：它以集体对福利负责的意识形态以及所有团体和公民的参与为特征。这被以下强大共识反映在媒介领域中：国家必须扮演积极的角色，保证所有组织的社会声音在追求“共同福祉”时有均等的沟通机会。

第七章　北大西洋或自由主义模式

大众媒介的自由主义模式，或者说它的另一个名称盎格鲁—撒克逊模式，在某种意义上是作为唯一连贯的模式而在媒介研究中真正得到分析的。当其他媒介体制几乎很少作为连贯的整体而被概念化的时候，可以说人们一直将“盎格鲁—撒克逊模式”看做连贯而统一的，这样是大大地言过其实了。事实上，美国与英国有实质性的差异：美国是自由主义体制较为纯粹的例证，而英国的国家主义的保守主义、自由主义的法团主义和社会民主都比美国要强。我们在此将要讨论的自由主义媒介体制的另外两个例证——加拿大和爱尔兰——在某些方面也是非常独特的。例如，在这两个国家，民族认同的问题导致了自由主义模式的实质性修正。此外，所有这些国家都有实质性的内部差异。这可能在英国案例中是最为明显的，其质报与大众报纸有强烈的特点，印刷和广播电视媒介的管理机制有鲜明的差异，尽管这种差异在缩小。 198

尽管如此，本章涵盖的四个国家的媒介体制有重要的共同特性，四国的媒介史明显地被强大的政治和文化联系在一起。在每个国家，商业性报纸都相对先行地发展起来，其扩展中国家涉入相对少见，因此具有压倒性优势，令政党的、工会的、宗教的以及其他非商业性媒介边缘化。在每个国家，新闻事业的信息性文体具有主导性，政治中立的传统倾向于强大——尽管英国报界是一个非常重要的例外。在这四个国家，
199 新闻专业主义都发展良好。四国中三国——爱尔兰例外——的商业广播电视比欧洲大陆其他大多数国家的商业广播电视扮演着更为重要的角色。不过美国与另外三国有显著差异：美国的公共服务广播电视总是边缘性的，而另外三国的公共广播电视在其媒介史上扮演了中心角色。这四国都有公共广播电视与管制当局在政治上绝缘的传统。

自由主义与商业性大规模发行报界的发展

J. S. 密尔（J. S. Mill）曾经写道，英国人的性格是由两种主要的影响塑造的："商业上的赚钱买卖和宗教上的清教主义。"（引自 Altick 1957：24）这些与导致了议会民主发展和公共领域开放的政治冲突，都是在英国报界强大的先行发展背后的主要力量。如同在民主法团主义国家一样，新教在识字率的早期提升中扮演了重要角色，即使宗教团体将阅读内容从宗教领域拓展到世俗世界。在美国，新教在早年特别强大，到 19 世纪初，白人男女几乎人人识字（而直到 20 世纪中后期，黑人的文盲率仍然居高不下）。如同在民主法团主义国家一样，市场的扩张和与此相关的社会阶级的扩大对于报界的发展产生了很大的影响，"正是城市的环境——皇家交易所、咖啡馆、码头、拥挤而肮脏的街道、行会会堂和店铺——催生了伦敦的报纸"（Clark 1994：35）。此外，英国革命催生了现代政治世界的第一个伟大革命，"第四等级"（"fourth estate"）的发展是这一政治转型的一部分。

1620 年年初，英国第一批新闻信在成长中的商人共同体中流通。然而，直到 1641 年王室与长期国会（Long Parliament）的冲突爆发之前，国内新闻都不允许发表。1642 年，英国内战开战，它源于与激发欧洲大陆上的 30 年战争相似的宗教冲突，以及对英国经济越来越重要的伦敦市土地利益集团和货币利益集团之间的冲突。数量巨大的政治传

单和小册子被制作出来，以开展宣传战，这强有力地推动了阅读世俗文献的实践。到了18世纪早期，英国的政治体制发生了根本变化。国王 200
或王后只能通过国会中的多数派来统治，多数派控制了公共财政——这在先前与王室不可分离，大臣的任命权，解除法官职务的专有权。王室对经济和传统行会特权的广泛控制已经让位于自由放任（laissez faire）的经济政策。宗教宽容大步前进。随着1695年《许可证法》（Licensing Act）的废止，走向新闻自由发展的关键一步已经迈出。如同希尔（Hill 1961：3）所言，用政治文化的术语来说，"政治已经变成了理性探究，用功效、经验、常识这些术语来讨论，而不再用神权、经文和古籍研究那些术语"。对于媒介史来说，这一时期政党的发展和政府与国会中的反对党之间的分野产生了特别重要的结果。"从安妮女王（Queen Anne）当政起，被排除在权力之外的政治家持续使用报界来引导公众舆论，对历届行政当局施加压力。这反过来激起了一连串反宣传，通过订阅募集的钱或从公共基金中提取的部分注入了来自双方的伦敦报界。"（Harris 1978：95）第一份日报《每日新闻》（*Daily Courant*）就是作为这一类型的政治竞争的一部分由政府资助的。

1695年《许可证法》的废止导致了报纸的勃兴，在接下来的10年中伦敦有20种报纸，外省也有一些。然而，政治精英们对于报界的无节制扩张感到不适，在政府多次企图恢复许可证未遂后，1712年的《印花税法》（Stamp Act）对报纸、小册子、广告和纸张课税，随即导致发行中的报纸数目锐减。1789年和1797年，印花税分别提高和降低——此前发生了一次激进政治运动大潮，其间政治出版物的发行量大幅度增加——1815年和1819年再度提高和降低。英国社会的这次导致议会统治崛起的转型还包括圈地运动、旧有经济控制和特权的废除以及工业资本主义的扩张，并引发了经济不平等的扩大以及城市和农村穷人的增加。"知识税"和对报界的其他控制——例如以煽动性诽谤为名的起诉——在很大程度上是源于有产阶级的如下恐惧：报界的扩张势必导 201
致穷人的政治反叛。事实上，这些压制措施没有阻止激进报界的实质性发展。以煽动性诽谤为名的起诉或其他报刊罪经常刺激了激进出版物和不交印花税的激进报纸和小册子的发行——最著名的是科贝特（Cobbett）[①] 的《政治纪事报》（*Political Register*），其发行量在 19 世纪早期达到了令人难忘的程度（Curran 1979；Chalaby 1998）。然而，这些限制在 1850 年之前确实拖累了商业性大规模发行报纸在英国的发展。

英国的报刊制度——包括新闻实践和法律框架二者——的大部分精髓被输出到了北美殖民地以及爱尔兰（伦敦的报纸占它独立前报纸发行量的很大份额）。然而，由于美国革命，美国进一步走向新闻自由。1765 年，印花税已经由英国国会扩展到美国殖民地（一些殖民地较早前就有了自己的“知识税”），但是这成为英国与殖民地的冲突之处，印花税甚至先于美国《独立宣言》就废止了。随后，美国宪法《第一修正案》将新闻自由作为最基本的法律原则，虽然现代意义上的新闻自由并没有立即兴起。在美国，刚开始宪法《第一修正案》的意蕴有相当大的歧义。它经常被狭隘地解释为，要么将对新闻界的管制交给各州而不是联邦政府（它这样说：国会不得制定法律……剥夺言论或出版自由），要么是指新闻自由的英国传统原则，禁止以许可证或审查制度的形式的“事先约束”，但是并没有排除因煽动性诽谤或侮辱政府官员而惩罚发行人（Levy 1985）。在围绕 1798 年《煽动法》（Sedition Act）的争议期间，一种较宽泛的“自由至上主义”解释出现了，这使出版任何“毁誉”联邦政府的东西成为一种罪行。在反对党赢得 1800 年大选后，《煽动法》失效，自由至上主义理论和竞争性政党的发展一同崛起，而这不是那些宪法起草者意欲建立的那种社会结构。后来有许多围绕新闻自由的意义和限制的冲突。例如，在第一次世界大战期间，激进出版物被禁止邮寄，外文出版物被要求向政府提交英文翻译。1925 年，美国明尼苏达州通过了一项法律，允许查禁“恶意”出版物，这导致最高法院
202 做出一项关键性的判决［“尼尔诉明尼苏达州案”（“Near v. Minneso-

① 即威廉·科贝特（1763—1835），英国激进派新闻工作者、小册子作者。早年曾是保皇派，1792 年为躲避迫害逃往法国和美国。在美国以“彼得·箭猪”的笔名从事报刊和小册子写作，在一场诽谤诉讼中败诉后于 1800 年逃回英国，在伦敦创办周报《政治纪事报》（1802—1835），其间曾因所谓的“叛国性诽谤罪”入狱（1810—1812）。1832 年当选英国国会议员。——译者注

ta")]，它申明宪法《第一修正案》适用于各州。但是，新闻界有权批评政府这一基本原则在 1800 年之后成为主导性观点。

北大西洋国家媒介史的最鲜明特征是商业性报纸的先行和强劲发展，这种报纸到 19 世纪末主导报界，使得其他形式的媒介组织边缘化了。1830 年，商业性报界以 19 世纪 30 年代的便士报的面目在美国最早发端（Schudson 1978；Schiller 1981）。英国自由主义的政治传统尚未像美国那样充分占据主导地位，"知识税"阻碍了商业性报纸的发展，它直到 19 世纪 50 年代才被废除。在加拿大，美国便士报的模仿者于 19 世纪 30 年代开始出现，尽管到稍晚的 19 世纪八九十年代商业性报界才真正繁荣起来。与此类似，爱尔兰的第一份便士报于 1859 年问世，而第一份现代报纸出现于 1905 年，当时新的所有制将《爱尔兰独立报》（*The Irish Independent*）改造成了一份吸引跨越宗教和政治界限的商业共同体的在财务上成功的报纸。然而商业性报界在爱尔兰发展较慢，而其原因我们马上就要进行探讨。

尽管商业革命早在 19 世纪 30 年代就开始了，但是它的高潮大致出现在 19 世纪 70 到 90 年代之间，大规模报业的发展与工业资本主义的充分发展同步，伴随着"大量的工厂产品、城市劳动大军、投资资本的战略中心和标准化产品的广泛营销"（Baldasty 1992：52）。普利策 1883 年开始运营的《世界报》（*World*）和 1896 年的《每日邮报》（*Daily Mail*）之类报纸的发展创造了通达社会所有阶级的真正的大众读者群。在自由主义国家，自从引入电视之后，报纸发行量从巅峰下滑下来，今天不如欧洲大陆一些国家和东亚那么高，但是仍然相对强大，详细数据可参见表 2—1。英国是自由主义国家中报纸发行量最高的，每千人购买约 400 份报纸，而美国、加拿大、爱尔兰则从每千人 263 份到 191 份不等，自由主义国家发行量低于民主法团主义国家，但是高于极化多元主义国家。

商业化不仅扩大了发行量，而且将报纸从小规模的企业——其中大 *203*
多数亏损并且需要来自富裕的个人、读者共同体政党或国家的津贴——改造为高度资本化和高额营利的商业。到了 19 世纪 70 年代，大型报业公司已跻身美国最大的制造公司之列，这也反过来改变了报界的政治角色。这种改造的性质及其对民主的意蕴已成为自由主义国家媒介学术研究中最重要的辩论主题之一，这在英国辩论得最为明晰，尽管在四个国家都以某种形式存在着。[①] 关于已经在全世界扩散的自由主义媒介体制，多年来支配着学术研究和公共话语的传统解释持这样的观点："报纸作为广告媒介的价值不断提高，使得它们可以逐渐动摇政府或政党的控制，并成为民意的独立声音。"（Altick 1957：322）这个观点受到在20世纪70年代开始发展的修正主义学界的挑战，它将报界的商业化视为破坏报界在民主生活中的角色，这种破坏首先是通过集中媒介权力于特殊的社会利益集团——尤其是那些商业利益集团——其次是通过将报界的宗旨从表达政见转变为推销消费主义。这种辩论与第四章中讨论的差异化议题密切相关——商业化意味着媒介体制与政治的差异化，还意味着商业将公共领域殖民化。

当然，商业化将自由主义国家的报纸从对政治家或国家津贴的依赖中解放出来，事实也的确如此；而这种津贴在19世纪中叶之前是资助报界的标准手段。商业化既不意味着报界失去了与政党的所有联系，也不意味着报界停止扮演政治角色；相反，它意味着随着时间的推移，报界、它们的主编、它们的业主，成了独立的政治玩家。费瑟林（Featherling 1990：96）这样描写加拿大案例：

> 1890年见证了所谓独立新闻事业的兴起：也就是说，大型的、有时甚至是庞大的、自身独立于政党而党派性未必最低的报纸问世了。换言之，独立新闻事业标志着主编作为政治博弈中羽翼丰满的
> 204 玩家，而不是政治家的工具出现了。

在美国，20世纪20年代末普选权扩及每位白人男性而无关财产，报纸发行量的上升接踵而来。这是一个群众性政党发展非常强劲，并且报纸与它们继续亲密来往的时期，尽管党派性在19世纪晚期开始消退。

---

① 在美国案例中，修正主义观点出现在席勒（Schiller 1981）、斯蒂尔（Steele 1990）和贝克（Baker 1994）的著述中。

在四国中，第一代商业性报纸都有着党派性认同和承诺，尽管偶尔也有转变的，它们的业主们经常深度涉入政党政治。赫斯特（Hearst）寻求民主党总统提名；比弗布鲁克勋爵（Lord Beaverbrook）[①] 并不完全诚实地告诉 1948 年皇家委员会说，他办报“纯粹是为了制造宣传”，这是那个时代的反映。与此同时，市场逻辑明显减少和限制了报界及其业主的政治涉入，并鼓励他们淡化公开的党派性——此外，正如我们会看到的那样，在美国和加拿大，而不是大西洋彼岸——他们被迫对民意和广告商的看法[②]做出回应，使得对于报纸内容而言，政治意见不如 19 世纪早期那么位居中心。

显然同样真实的是，自由主义国家报纸的商业化将多种形式的非商业性媒介逐出了该媒介体制。托克维尔（Tocqueville）在《论美国的民主》（*Democracy in America*）（1969：519）中写道：“一份报纸只有将许许多多人的共同情感或原则公之于众才能生存。因此，一份报纸总是代表一个其成员是其定期读者的社团。”可推定他在此考虑到了政党报界和与其他各种社会群体有联系的报纸。19 世纪三四十年代是一个改革运动（最重要的是废奴主义运动）云起的时期，许多报纸与改革运动相关（Nord 2001），其间美国报纸发行量开始增长。在英国，如同我们已经看到的那样，不交印花税的激进报刊——其中有许多与工人阶级运动相联系——在“知识税”生效之际繁荣起来；托克维尔称，就像美国报纸那样，一旦商业性报界兴旺发达，它们就消亡了（Curran 1978； 205
Chalaby 1998）。然而，一旦商业性大规模发行报纸开始扩张，在托克维尔的分析中如此重要、在我们已经探究的其他媒介体制中如此重要的报纸与社团之间的关联大多消失了。

由此观之，自由主义国家并没有作为民主法团主义体制特征的不同类型报纸的多样性，到 20 世纪，除了商业性报界，其他报纸都成为边

① 比弗布鲁克勋爵（1879—1964），加拿大出生的英国报业巨头和政治家。原名马克斯·艾特肯。1911 年封爵，1918 年任新闻大臣，第二次世界大战中任飞机制造大臣和供应大臣。长期拥有快报报团。曾接受皇家报业委员会（1947—1949）的第一次报业垄断调查。——译者注

② 巴尔达斯蒂（Baldasty 1992：75ff）讨论了广告商对 19 世纪美国报纸政治内容的影响。

缘性的了。它们绝没有 19 世纪晚期在欧洲大陆发展起来的那种政党报纸——直接与政党组织相联系的报纸——主要例外是英国共产党的《工人日报》(*Daily Worker*)[后来的《晨星报》(*Morning Star*)],1950 年其发行量达 115 000 份。爱尔兰的情形稍有不同,正如我们会更为详细地看到的那样。当然,它是一种较新的政治体制,政党报纸持续存在到 20 世纪晚期。它们一直主要处于边缘地位,尽管新芬党(Sinn Fein)的杂志《共和派新闻》(*An Phoblacht/Republican News*)有重要的影响力(Horgan 2001:148)。政党报纸也曾经存在于魁北克,最后一份消亡于 1962 年(Gagnon 1981:27)。爱尔兰和魁北克都没有扮演非常显著政治角色的宗教报纸,尽管有几份一直存在,例如在爱尔兰。[①] 尽管不交印花税的激进报纸消亡了,但是英国的确曾有一个显要的工人报界。它在 20 世纪的最重要代表《每日先驱报》(*Daily Herald*)在 1922 年到 1929 年间为工会代表大会(Trades Union Congress,TUC)所有;工会代表大会保持了编辑控制权,直到 1961 年,是年该报被镜报集团(Mirror group)吞并[后来被出售给默多克,变身为《太阳报》(*The Sun*)]。虽然发行量高,但是劳工报界还是消亡了——这在很大程度上是因为广告商不仅厌恶它的政见,而且对它几乎清一色的工人读者群了无兴趣——这是英国媒介研究中修正主义学派反驳商业化产生了一个不受权力影响的自由的第四等级这一观点的一个关键论点。在美国和加拿大,商业性报纸就以一种重要的方式先于劳工运动兴起之前发展起来,而劳工报纸则总是非常边缘性的。在美国,发行量最大的是
206 周报《诉诸理智》(*Appeal to Reason*),它在 1912 年达到发行量的巅峰即 760 000 份。外文和族裔报纸也一直是美国和加拿大媒介景观的组成部分,从某种意义上来讲,其中大多数在以下意义上是混合物:它们靠市场存活,有时甚至赚钱,但是一直自视为是特定社会群体的代表,而

---

① 在美国,有《基督教科学箴言报》(*The Christian Science Monitor*),耶稣基督后期圣徒教会(Church of Jesus Christ of Latter-day Saints)在犹他州拥有许多媒介终端。《华盛顿时报》(*The Washington Times*)也由统一教会(Unification Church)提供资金。宗教性广播电视可上溯至电台的早期岁月,但是随着 20 世纪 70 年代有线电视的成长而显著扩张(Hoover 1988),可以被视为电子媒介走向更大的外部多元主义的转变之始。

不认为自己是在做纯粹的生意。在一个划分种族的社会中，它们所服务的群体经常被主流媒介排除在外，政治鼓吹经常居于其角色中的中心。① 最重要的黑人报纸《芝加哥保卫者报》（*Chicago Defender*）和《匹兹堡信使报》（*Pittsburgh Courier*）在 20 世纪上半叶达到 20 万至 30 万的发行量。今天，最大的族裔媒介是西班牙语媒介。然而，这些媒介越来越跟随标准的商业和专业模式，即便它们的内容反映的是对拉美裔人社区的独特关切（Rodriguez 1999）。

虽然大规模发行报纸的先行发展是所有自由主义国家的共同点，但是当代报界的市场结构一直是以相当不同的方式形成的。英国有一个按阶级分层的报业市场，它以如下鲜明的分离为特征：一是主要拥有中产阶级到上流社会读者群的"质"报，一是进一步分化为"中间市场"（"middle market"）和"大众市场"（"mass market"）的煽情主义小报。相形之下，在美国和加拿大，拥有跨阶级读者群的地方报纸占据主导地位；只有纽约的报业市场情况与英国相似，发行量最大的报纸是《纽约邮报》（*New York Post*）和《纽约每日新闻》（*New York Daily News*）（北美的一些其他大城市——例如芝加哥和多伦多——确实有小报，但是不像英国小报那样主宰发行量）。其主要原因可能在于如下简单事实：英国有一个全国性的报业市场，它能够支持多种报纸（1998 年有 13 种全国性报纸）面向各自的市场细分。美国和加拿大是如此之大，以至于只有当电信业的发展使得向全国各地廉价发送大量数据成为可能之时，全国性日报在技术上才成为可行［《今日美国》（*USA Today*）创刊于 1982 年，而《纽约时报》也在 20 世纪 80 年代推出了它的全国版；加拿大的《全国邮报》创刊于 2000 年］。两国也都实行联邦制。如同世界上大多数国家一样，报业市场基本上是地方性的，广告支撑型的报业市场经济学强有力地推动着其受众为包罗万象型的单一垄断性报纸。在爱 207
尔兰案例中，小报市场确实存在，但是它主要由英国输入品支配，约占了 20%的日报发行量和 26%的周日报发行量。在高质量报纸与大众报

---

① 参见贝肯的著述（Bekken 1997）。当然，许多报纸从发源国输入了类似于极化多元主义的或民主法团主义的新闻文化。

纸之间的鲜明分野和市场占领方面，英国报业市场基本上是独特的——1994 年，大众市场小报占全国性日报发行量的 54%，中间市场小报占 27%。德国也许是最接近的一个参照，但是德国地方性报界的力量削弱了《图片报》的显要性，而《图片报》压倒性地占领了“街头报纸”（“street papers”）市场。

政治平行性

在北美和英国发展得如此强劲的商业性报界在形成沙拉比（Chalaby 1996）称之为“以事实为中心的话语”（“fact-centered discourse”）的过程中扮演了先驱角色。商业性报纸侧重新闻，而牺牲了支配了较早期报纸的政治修辞和评论。在快速而准确地采集新闻的组织结构的发展以及事实性报道的诸文化形式的形成中，它们是革新者。沙拉比在对 20 世纪早期法国与英美报纸的比较中注意到，英国和美国报纸有更多的信息，报道更准确、更有时效；其焦点更广泛，因为英国和美国报纸在全世界有驻外记者网；最后是“事实性呈现”，而不是作为法国新闻事业特征的那种事实和个人意见的高度混杂。与更加侧重于评论的欧洲大陆新闻工作者相比，自由主义国家的新闻工作者更倾向于信息性、叙事性的写作文体，尽管这种差异已经减小了。

人们经常认为，这种“以事实为中心的话语”自然而然地伴随着政治中立的立场，而强大的商业性报界不可避免地意味着低度的政治平行性。

> ……从 19 世纪 50 年代起，英美新闻工作者开始提出，中立和客观是新闻界的典型主张……即便他们所写的东西在政治上是随心所欲的，但是他们一般不承认任何政治结盟或偏好。无论如何，对新闻和信息的侧重并没有向英美新闻工作者提供多少表达他们的意见的空间（Chalaby 1996：311）。

208 事实上，在政治中立性或党派性的支配程度上，自由主义国家之间有显著差异。在美国、加拿大和爱尔兰，政治中立已经开始成为报纸的典型姿态。四个国家的广播电视也都以中立性为特征，尽管随着频道骤增和广播电视产业解除管制而出现了一些重要的变化迹象。另一方面，英国报界仍以外部多元主义为特征。“政党—报界平行性”（“party-press parallelism”）的概念在英国发展起来并非巧合，即使不考虑它们的商业性质和沙拉比强调的“以事实为中心的话语”的重要性，报界也总是相当细腻地折射了政党政治的分殊。

如果像欧洲人普遍对他们的报纸所做的那样，根据政治光谱或不同的党派一致性对号入座，进而描绘美国报纸的特征，那就没有什么意义了。正如第六章所注意到的，帕特森和东斯巴赫（Patterson and Donsbach 1993）发现，他们在英国、瑞典、德国和意大利调查的新闻工作者针对一个广泛的政治光谱给各大全国性报纸定位，而他们的美国同行则将各大新闻组织定位在民主党与共和党之间的小范围内。许多美国报纸在社论版上有相对连贯的政治取向。但是这些仅仅在有限的程度上继续存在于新闻报道中。[①] 例如，《圣迭戈联合论坛报》（*The San Diego Union-Tribune*）的社论版显示出它是一份强烈亲共和党的报纸。它后来转向了政治中立——在 20 世纪 70 年代，它是最后一批有明显政党取向的幸存报纸之一——它的社论版仍然有比许多美国报纸更强的认同。尽管如此，在近期历史上最尖锐的党派冲突即围绕 2000 年总统大选结果的争议中，其报道中相当大的部分取自《纽约时报》的通讯社。在争议中，《纽约时报》对该争议持有相反的社论立场——但是美国新闻界有一种强烈的看法认为这与新闻报道无关。也有例外——偶尔有记者感到（或认为有）来自管理层的追随报纸社论路线的压力（还有的时候——这频繁得多——记者感到不偏离大多数报纸共有的中派观点的压力；关于这一点后文中有更多阐述）。也有不大区分社论立场与新闻报道的特殊报纸；《华盛顿时报》是一个特殊案例，它在 20 世纪 80 年代 *209*

① 关于美国媒介的一些实证研究已经显示了社论立场与新闻报道的相关性，例如纳科斯（Nacos 1990），他发现报纸倾向于使用与它们的社论方针一致的消息来源。然而，这些差异总的来说是相对微妙的。

用来自文鲜明牧师（Reverend Sun Myung Moon）的统一教会的资金开办，充当相对于主流报界的一份保守派替代物。地区性政治文化的变化也反映在报纸之间的差异中，它们的总部几乎全部设在地方（基于地方的）。《旧金山纪事报》（*The San Francisco Chronicle*）对一场男同性恋骄傲游行的报道不同于圣经带地区（Bilbe Belt）的一家报纸。然而，在大多数情况下，美国报纸在各自的政治取向上并没有显著差异。中立原则今天在美国新闻事业中特别强大的地方，恰恰是19世纪的美国报纸或当今其他一些国家的报纸非常强烈地展现它们的政治色彩之处——在大选选战中，美国报纸特别小心翼翼地平衡对两大政党的报道，例如，某日将关于某党的报道置顶，下次就颠倒过来处理。

这种情形基本上与加拿大报纸类似；只有《全国邮报》被普遍视为具有明显的意识形态取向，即偏右。关于加拿大媒介的大多数叙述还指出，魁北克的法语新闻文化多少有点不同（Gagnon：1981；Saint-Jean：1998；Hazel：2001），就新闻工作者的角色而言更加侧重于评论（类似于法国报界），其涉入政治的传统更强，其中许多人在20世纪六七十年代进入政界［例如勒内·莱韦克（René Lévesque）①］。然而，这并不意味着强大的外部多元主义已经在魁北克报界中发展起来；根据许多叙述，在后来，魁北克报界持续进行着一种朝向中立的专业规范的转变（Pritchard and Savageau 1998；Saint-Jean 1998）。

在爱尔兰，向中立报界的转变发生得较晚。商业性报界的发展受到爱尔兰的相对贫困和英国输出品的竞争的阻延。其政治环境也是独特的：进入20世纪早期时，爱尔兰仍然处于殖民统治之下，并经历了一次改革，之后又是一场内战②。政党体制在20世纪二三十年代才得到巩固。在这样的环境下，“一家报纸几乎被迫在当时的争议、热点话题和争斗中采取立场”［Brown 1991（1937）：53］。或者说得更正面一些，在形成爱尔兰民主体制的政治动员中，政治化的报刊有一个极端重要的

---

① 勒内·莱韦克（1922—1987），加拿大记者、政治家。曾任战地记者、电视节目主持人。魁北克人党创始人，魁北克省第23任省长（1976—1985）。——译者注

② 爱尔兰内战1922年6月开始，1923年5月结束。——译者注

角色要扮演，就像它们在较早时期的美国、英国和加拿大那样（Carty 1981；Curran 1996）——也的确就像在本研究所涵盖的所有国家那样。 210
因此，三份主要报纸相对晚近地反映了独特的政治传统和关联性：《爱尔兰时报》（*Irish Times*）起初是便士报，原先倾向于联合主义者（Unionist），后来转向中立；《爱尔兰独立报》在1979年以前一直支持统一党（Fine Gael）；《爱尔兰新闻报》（*The Irish Press*）接近共和党（Fianna Fail），该党领袖埃蒙·德瓦莱拉（Eamon DeValera）① 1931年创办该报，并长期主持该报。然而在今天，两家仅存的报纸的政党关联性和意识形态取向没有多大区别（Kelly and Treutzschler 1992）——《爱尔兰新闻报》在20世纪90年代停业。

当然，美国、加拿大和爱尔兰的主要报纸在政治取向上没有太大分殊，但这未必意味着它们完全没有区别。它们在本质上都有**相同**的取向——中间派取向（正如帕特森和东斯巴赫的调查所显示的那样，其中所有主要媒介都被定位于共和党与民主党之间），以及采取广告商偏爱的白人中产阶级读者观点的那种取向。向中间靠拢和向政治“主流”靠拢的取向仍然是一种政治取向。正如第二章所注意到的那样，用**中立**一词来指涉“盎格鲁—撒克逊式”新闻文体，并不意味着它就是像字面理解那样是“价值无涉的”或不带观点的；很早以前，自由主义国家的学术界就批驳了这种观念。问题在于，这些媒介自我定位于以下这种“包罗万象的”媒介：它们跨越了社会中既有政治力量之间分野的主要界限。

英国报界则是另一番景象。正如在其他国家一样，英国报纸的政党关联性在第二次世界大战后以来越来越弱，我们会在第八章进一步探讨这个趋势。正如西摩-尤尔（Seymour-Ure 1996：214）所言：“在1945年到1995年之间，对政党来说报界变得不大可预测和管束。”报纸在它们对这个党或那个党的支持中变得不大首尾一致了，不大倾向于追随政党领

---

① 埃蒙·德瓦莱拉（1882—1975），爱尔兰政治家。爱尔兰独立运动领袖，1922—1937年任爱尔兰自由邦政府首脑，1926年创办共和党（现为爱尔兰第一大执政党）；长期任政府首脑（1932—1948，1951—1954）和总统（1959—1973）。——译者注

袖设置的议程了，不大聚焦于政党政治的修辞了。这一趋势一直是有起有伏的。西摩-尤尔认为，党派性在 20 世纪 80 年代多少有点增强，当时玛格丽特·撒切尔（Margaret Thatcher）向英国政界的许多主导性共识发起了挑战，但是随着保守党人气的下降而再度衰落，而右翼报纸开始与它保持距离。

然而，尽管出现了这一降低政治平行性的总体趋势，英国报纸今天
211 的政治取向与欧洲任何地方同样清晰，意大利和希腊可能是例外。政治观点的光谱当然并不宽广——英国以温和多元主义为特征，它的政界有一种趋向中派的鲜明取向。尽管如此，在英国政治光谱的限度内，强烈的、不同的政治取向明显体现在媒介内容中。

强烈的政治取向也是小报界的突出特征。在世界大多数地方，小报或通俗新闻界的部分风格就是反对受客观报道的约束，将报纸呈现为替普通公民和“常识”代言，经常动员起一种愤慨的调门。如同在德国一样，在英国这惯常采取右翼民粹主义立场的形式，以强调民族主义、反共产主义、关于社会性别和许多社会议题的传统观点以及对政治家的敌意。英国小报经常围绕它们期待会得人心的事业发动造势来进行自我推销（Harcup and O'Neill 2001）。然而，除了民粹主义立场以外，英国小报也是有强烈的党派性的。尤其是在大选期间，党派性更经常是既显著又清晰，与德国《图片报》相比更是如此，后者虽然持右翼意识形态立场，但是它并不公开为某个政党造势。例如，《镜报》（*The Mirror*）在大部分时间里（尽管不包括 1997 年）是唯一亲工党的小报，1997 年大选选战前夕，它在通栏标题中打出了“忠于工党，忠于你”的口号，并在大部分时间里将头六版左右的版面主要贡献给大选宣传：“哗变：59 位顶级医生打破沉默告诉《镜报》，如果保守党本周获胜，那么 NHS（国民卫生服务体系）将会消亡”；“托尼·布莱尔回答你的问题”[①]。它甚至在造势努力中动员了三版女郎：每天一个“布莱尔宝贝”说她为什么投票给工党。5 年前，鲁珀特·默多克的《太阳报》在其著

① 《镜报》，1997 年 4 月 28 日。

名的大标题中赞颂了保守党的胜利，“是《太阳报》料到要赢的!”（“IT'S THE SUN WOT WON IT!”）（1992年4月11日）。无论其自诩真实与否，它反映了一种与北美报纸截然不同的态度，北美报纸拒绝接受大选结果的任何影响（当然，英国报纸犹豫踌躇，对它们的政治角色经常更加含糊其辞）。

质报的文体更加微妙。与北美报纸的典型文体相比，英国大报采用了一种更具有解释性的文体。[①] 近期调查显示：83%的英国新闻工作者 *212* 表示，对于新闻工作者来说，“非常或极端重要”的是“提供对复杂问题的分析和诠释”，而只有48%的美国新闻工作者有同感（Henningham and Delano 1998：153）。像“白厅卸磨杀驴”（1997年2月27日《独立报》关于海湾战争老兵疾病的一篇报道）这样的大标题，如果出现在一份地位相当的美国报纸的一则国内报道中，而压在主打报道之上，那就过于自以为是了。“布朗的主张将是强硬的预先开火”也是如此（同一天的关于金融市场对这位工党影子财政大臣声明的反应的一则报道）。

英国的质报同样拥有清晰可见的政治认同，这可见于其读者的政治关联。如表7—1所示，英国全国性报纸的读者群——小报和大报二者——在政治上是非常分殊的，就像极化多元主义或民主法团主义国家报纸的读者群那样。例如，1997年，《每日电讯报》（*Daily Telegraph*）57%和《泰晤士报》（*The Times*）42%的读者支持保守党人，相比之下，《独立报》（*Independent*）为16%，而《卫报》（*Guardian*）为8%。2000年，帕雷克[②]委员会（Parekh Commission）关于英国种族的报告发布了，这在大选选战之外提供了政治取向各异的一个范例——

① 这至少是我们阅读英国报纸时的强烈印象。对其我们没有为美国和法国报纸做的那种内容分析的数据，也不了解可比较的经验研究。塞米特科等人（Semetko等1991：159—160）在一项关于大选报道的比较研究中发现，英国报纸加入的新闻工作者的语境化的陈述约为美国报纸的两倍，尽管美国新闻工作者的陈述更有可能是指向性的——只要涉及政治家，通常都是贬斥。然而，这与我们在第五章中所使用的对法国和美国媒介的比较测评是没有可比性的。

② 即比胡·帕雷克（Bhikhu Parekh，1935—　），印度裔英国知名政治学家，男爵。“帕雷克委员会”的正式名称为表7—2中提及的“多族裔英国未来委员会”。——译者注

它在报界激起了极大争议——报界聚焦于报告中的如下论点：英国的历史概念与种族排斥相联系。[1] 没有一份主要报纸全力支持这个报告：正如我们已经看到的那样，英国报界与其他自由主义国家共有一种强烈的中派偏向。而这份报告——很大程度上是学术界的作品——与中间派偏离得太远，甚至连工党报纸也不能支持它。然而，形成对照的诠释清晰地表现了英国报界的不同政治取向。表 7—2 对比了 2000 年 10 月 12 日《每日电讯报》和《卫报》报道的头几个段落。《每日电讯报》试图将该
213 报告与工党尽可能密切地联系，表现了内政大臣杰克·斯特劳（Jack Straw）的让步是因为该报迫使他这样（该报展示了它前一天为头条新闻配发的一张图片——“斯特劳想改写我们的历史”）。在报纸内页，在靠近关于关斯特劳言论的那则报道的待续处，另外一则报道的标题是“更多白人成为种族诱发犯罪的受害者”。相形之下，《卫报》则根据字面意义接受了斯特劳让他自己与该报告保持距离的努力，没有表明那种努力是一种“退却”。它将关于该争议的污名归于极左派而非工党。

表 7—1　　英国报纸读者的政治平行性

		读者的政党支持率（%）		
		保守党	工党	自由民主党
小　报				
《太阳报》	1997	30	52	12
	1992	45	36	14
《镜报》	1997	14	72	11
	1992	20	64	14
《每日邮报》	1997	49	29	14
	1992	65	15	18
《快报》	1997	49	29	16
	1992	67	15	14

① 保守的中间市场小报《每日邮报》（2000 年 10 月 11 日）在报头上以英国国旗为背景，刊登了对工党政府的这一抨击，在内页发表了一篇评论的概要：“圆顶的浮华空虚、酷不列颠（Cool Britannia）的垃圾标记……以及如今的理念：英国特性就是种族主义。这就是一个对我们的历史一无所知，也更少关心它的政府。”

续前表

		读者支持的政党		
		保守党	工党	自由民主党
质　报				
《每日电讯报》	1997	57	20	17
	1992	72	11	16
《泰晤士报》	1997	42	28	25
	1992	64	16	19
《卫报》	1997	8	67	22
	1992	15	55	24
《独立报》	1997	16	47	30
	1992	25	37	34

资料来源：斯卡梅尔和哈罗普（Scammell and Harrop 1997：161），报纸按发行量排序。

表 7—2　　英国报界关于移民的对比性报道 214

《每日电讯报》	《卫报》
斯特劳对种族报告做了非常英国式的退却 杰克·斯特劳昨天让政府与一份关于“多元文化主义”的报告保持距离，该报告所指的英国特性激起了愤怒争论。 内政大臣被迫否认多族裔英国未来委员会的关键成果，而该委员会是他在 3 年前创办的。 尽管该委员会不是政府机构，但是内政部欢迎这份 400 页的报告，称它是对围绕种族关系的辩论的“一场及时雨”。 但是随着它将英国特性描述为“种族主义的”并且呼吁“再造”英国史，争议加深了——正如《每日电讯报》周二所披露的那样——斯特劳先生和唐宁街都与委员会的结论撇清了干系。	**斯特劳告诉左派说，做英国人很自豪** 内政大臣敦促勿将爱国主义拱手让给极右派 内政大臣杰克·斯特劳昨日指责政治左派缺乏爱国主义，因为它任由现代英国认同被视为“狭隘、排外和保守”。 斯特劳先生宣称他自己因身为英国人而感到自豪，并坚称他不接受自由主义左翼或民族主义右翼的一些论点，即英国作为一个有凝聚力的国家的理念灭亡了。有人乐于被称为“黑色英国人或华裔英国人”，这显示“英国特性”是有未来的。 斯特劳先生说，如今，现代挑战是如何将这个国家为数众多的种族、口音和态度熔为一炉，铸造单一、共有的认同。内政大臣说：“这会变得更加困难，原因是那些左派的以下做派：不理会爱国主义概念，并把那个地盘拱手让给那些极右派。”

因此，自由主义模式中包含了报业部门中政治平行性通常较高的

（英国）和通常较低的（美国、加拿大和爱尔兰）案例。这当然说明，商业性媒介市场的发展并不会自动消除政治平行性。为什么英国与北美报界有如此巨大的差异？在本章稍后我们将探讨寓于政治文化领域中的种种可能的解释。但是，前面提及的市场结构差异提供了一种可能的解释。恰如英国竞争性的全国媒介市场允许根据阶级划分进行市场细分，它也可能允许根据政治关联进行细分，而这种方式在北美（或者是小得多的爱尔兰全国性媒介市场）的地方性垄断市场是不被允许的。

关于英国报界的政治平行性有最后两点需要说明。如果说报业市场
215 反映了政治分野，那么这并不意味着它已经**准确**地反映了这些分野：自从工党兴起以来，就一直存在着强烈的党派失衡，报界中的大多数——只有《镜报》、《卫报》和《独立报》例外——明确立足右翼（Negrine 1994；Curran and Seaton 1997）。随着工党的“右转”和一些右翼报纸转为更加“实用主义的”取向，也许这种情形正在改变：换言之，始于20世纪70年代并短暂逆转的党派脱钩或许已经重新开始，并将导致政治平行性的消逝。当然，此刻得出这样一个结论言之尚早。一股修正主义强大潮流之所以起来挑战以下观点，即商业性报界意味着一个表达公意的自由的第四等级，英国右翼报纸的支配性就是原因之一。

在英国，报界与政治体制的亲密性还体现在更具实质性和更以政党为中心的政界报道中。在对20世纪80年代后期两国大选报道的一项比较研究中，塞米特科等人（Semetko 等 1991）称，与美国的报道相比，英国的大选报道“更丰富、更多样、更具实质性、更具政党倾向、更少直白的单向评论和更为恭敬”（142页）。[①] 她们在很大程度上将这些差异归于政治文化的差异，这些差异引导英国新闻工作者对大选报道采取

---

① 他们的研究证实，美国的“单向评论”比英国报界更为常见；而鉴于英国报界的党派性，这一发现似乎是奇怪的。塞米特科等人并没有充分解释这一点；党派偏向可能表现在许多方面，但并不显露在“单向评论”的数目、大标题以及对新闻和引语的选择上。在美国案例中，“单向评论”一般不是党派性的，但是总体上反映了新闻工作者对于政界的玩世不恭态度。他们所观察的两国大选报道的总体差异，其根源可能不仅是强大的、更具意识形态性的政党体制，而且包括英国公共广播电视的实力，还包括她们注意到的以下事实：专业化的政治营销在那里发展较为缓慢。

一种“圣职的”态度，认为一次大选必然重要，而新闻工作者有责任传递各政党在说什么。她们认为：“英国政党体制越具有结构性，这些政党的意识形态性越清晰，英国社会作为整体其政治化程度越高，也许就会将政治活动置于相对越高的公众尊重的位置上。”① （5 页）换言之，英国政党体制的力量和媒介与那个体制的亲密性既体现在外部多元主义 216
上，也体现在新闻报道更以政党及其观点为中心这一事实上——塞米特科等人发现，英国大选报道的议程更紧密地追随政党各自的议程——且新闻报道一般更关注政界。有证据表明，近年来新闻工作者对政治世界的这种“圣职的”、政党取向的态度已经减弱了，他们赞同更具美国风格的报道，其驱动力是新闻工作者对什么构成一个好故事这种市场取向的判断（Franklin and Richardson 2002）。

与报界相比，四个国家的广播电视都有强大的政治中立传统。这在很大程度上是一个公共政策问题。在英国，英国广播公司和独立电视网（ITV）的多家公司都受制于新闻和公共事务上的不偏不倚和平衡要求。对政府和反对党的报道平衡可追溯到第二次世界大战期间，当时工党被吸收进政府，最后自己在 1945 年上台。在电台的早期岁月，英国政坛是一党独大体制，反对党工党的报道是有限的（Seaton and Pimlott 1987，第 7 章）。在大选选战中，英国广播公司和独立电视网都一直尊重据以向各政党分配免费广播电视时段的常规（例如，1983 年保守党、工党和多党联盟的比例为 5∶5∶4）（Semetko 等 1991：42－43）。英国的广播电视也展现了对大选的“圣职的”态度，大选期间英国广播公司的新闻播报在广播电视中要增加，就像大多数欧洲国家的公共广播电视如此操作的那样。

在美国，最初的辩论围绕对电台播出的管制而展开，商业性广播业者成功地争辩说，他们应该控制电波，因为他们在整体上服务于公众，而工会、教会和大学一类公共机构试图建立的非营利电台，则被定性为“宣传”台，服务于特定的、宗派性的利益集团（McChesney 1994）。

---

① 也许有人注意到，一些调查显示，与其他欧洲国家相比，今天公众对英国政治性公共机构的信任度相对较低（Eurobarometer 55：7）。

直至 20 世纪 90 年代中期，“对等原则”（“Fairness Doctrine”）要求美国广播电视业者对争议性议题提供“平衡”报道，而欧洲体制中经常管理报道分配的种种固定的政治常规——尤其是在大选期间——并不存在，新闻工作者更为审慎地判断政治事件的“新闻价值”。如同我们会在本章下一节中看到的，在美国广播电视中，市场力量也将推向中立，
217 就像它们曾经在报界所做的一样。广播电视的市场是全国性的，与此同时也是高度寡头垄断的，三大广播电视网竞争同样的大众型受众。恰如这些广播电视网在娱乐天地内寻找“最不令人反感节目”一样，它们在新闻中也对弥合政治和意识形态分歧兴趣盎然。它们甚至不得不弥合能够解释美国报纸政治取向中众多些微变化的地区性分歧。一般而言，这种政治中立的立场在四个国家都成功地赋予广播电视业者以一种在某些时期报纸不会享有的威望和公信力。弗兰克·卡普拉（Frank Capra）[①]的经典《史密斯先生去华盛顿》（*Mr. Smith Goes to Washington*）制作于 20 世纪 30 年代，那时美国报纸仍然总是高度党派性的，它将报纸业主们描绘成操纵信息以反对人民意志的政治恶棍。另一方面，广播电台则被刻画为客观信息的一个来源。

今天，广播电视有一些变化的迹象，它们与广播电视政策转向新自由主义以及向多频道环境的转变相关。“对等原则”——它要求争议性公共议题的“平衡”报道，被自由市场倡导者视为政府对广播电视内容未经授权的干预——于 1987 年被废除，而高度意识形态性的（大多数是右翼的）电台节目激增。在电视界，鲁珀特·默多克的福克斯电视网（Fox network）建立了似乎同样有鲜明的右翼倾向的新闻部。在 2003 年对伊拉克的战争中，福克斯电视网和广播电台巨头清晰频道公司（Clear Channel）采取了一种特别明显的“爱国”立场，进而寻求自己与对手的差异化。在福克斯新闻台的观众中，共和党人和保守派所占份额过大，与三大传统广播电视网和有线新闻电视网（CNN）形成对照，

---

① 弗兰克·卡普拉（1897—1991），美国导演。生于意大利西西里岛，被称为“好莱坞最伟大的意大利人”。他的作品坚守理想和道德准则，其一生共拍摄 53 部电影，6 次获得奥斯卡最佳导演奖提名，3 次获奖。——译者注

而后者的观众与一般人群在政治上没有显著区别（Pew Research Center 2003：13）。

专业化

新闻专业主义在自由主义国家发展相对强劲。当然，新闻事业已经发展成为一个独特的职业共同体和社会活动，它有一个植根于公共服务的意识形态的价值体系和它自身的实践标准，具有相当的自主性。与此同时，当我们检视自由主义体制中的新闻事业时，在专业化的性质和意义中出现了许多矛盾。

在某种意义上，新闻事业的专业化始于新兴的商业性报纸雇用全薪 *218*
记者之际。在早年，这些记者大多工资微薄，地位低下，并且几乎没有工作保障或自主权。当然也有一些例外；从相当早的时候起就有明星记者，他们的公共声誉赋予他们与报纸业主们讨价还价的权力。例如，亨利·维拉德（Henry Villiard）[①] 21 同意在美国内战期间为詹姆斯·戈登·贝内特（James Gordon Bennett）的《先驱报》（*Herald*）工作，条件是不得要求他追随该报的反林肯方针（Kluger 1986：99－100）。但是这并不常见。那时的伦理标准不高，低收入意味着记者们经常容易被诱惑而腐败；例如，按件计酬——根据篇幅付酬——诱惑他们去煽情、铺陈和虚构（Smythe 1980）。

到了 19 世纪 80 年代——专业主义观念在更广泛的文化中声望日隆的时期——在美国围绕实现新闻事业专业化的必要性有了大量讨论（Dicken-Garcia 1989；Marzolf 1991），后来被西伯特、彼得森和施拉姆称为“社会责任理论”的视角得到了明确有力的表达。在报业竞争加剧

---

① 亨利·维拉德（1835—1900），美国新闻工作者、实业家。生于德国巴伐利亚。18 岁移民美国，作为知名记者完整报道了南北战争，其间作为《纽约先驱报》老板贝内特与林肯总统联络的私人使者。战后成为铁路公司和电气公司总裁，1881 年买下著名报刊《纽约晚邮报》和《民族》杂志。其子奥斯瓦德·加里森·维拉德日后成为美国新闻界巨子。——译者注

的背景之下——这是煽情主义的"黄色新闻思潮"的时代——产生了许多改革建议，包括创办接受捐赠的非商业性报纸和颁发新闻工作者许可证。第一批行业出版物创刊于 19 世纪 80 年代——包括《新闻工作者》（*The Journalist*）、《报界》（*Newspaperdom*）、《第四等级》（*Fourth Estate*）和《主编与发行人》（*Editor and Publisher*）。哥伦比亚大学新闻学院于 1903 年接受捐赠，1912 年开办，当时有 3 所专业性的新闻学院以及大约 12 所学院和大学开设了新闻学课程。1910 年，堪萨斯州报业协会（Kansas State Press Association）（州报业协会成立于 19 世纪 50 年代，最初是社会公共机构）通过了第一个伦理规约。美国报纸主编协会（The American Society of Newspaper Editors）成立于 1923 年，不久通过了第一个全国性的伦理规约。与此同时，专家型记者开始成立专业共同体，包括非常重要的华盛顿记者团。正如克内尔（Kernell 1986）所展示的那样，政治记者逐渐开始将报道华盛顿视为一种长期的职业生涯。许多人通过为多家报纸工作来增加其职业生涯的稳定性——这样他们就变得不那么依赖特定的雇主了。他们的专业水准上升了，倾向于依赖同侪和消息来源，而不是他们的雇主。记者的教育程度逐渐提高，就像以署名来标识记者的做法逐渐增加一样，到 20 世纪中期署名成了标准。

219 在北美，新闻事业专业化与向政治中立型垄断报纸的转变密切相关，专业实践的主导形式开始以"客观性"观念为中心——从根本上说，那就是新闻能够并且应该与意见分离，既包括新闻工作者的意见，也包括业主的意见。它还意味着组织结构的变化，发行人逐步退出对报纸的日常管理，并将该任务转交给职业新闻工作者。有了这些发展，媒介的工具化式微了。但是总有一些例外：仍然有媒介业主继续将他们的媒介财产视为塑造公共舆论的工具，并定期对新闻以及社论版实施控制。在美国，20 世纪中期这些业主中最为重要的有《芝加哥论坛报》（*Chicago Tribune*）和纽约《每日新闻》的业主罗伯特·麦考密克上校（Colonel Robert McCormick）以及时代—生活公司（Time-Life）的业主亨利·卢斯（Henry Luce）（麦考密克死于 1955 年，但是他指定的继任者将他的方针继续贯彻了几十年；卢斯死于 1967 年）。当然，其他业主在他们感到其核心利益——无论是政治的还是经济的——处在危险中时就会继续不时加以干预，而在新闻组织内部，意在遵守“方针”的微妙压力总是自上而下流动（Breed 1995）。然而在 20 世纪的北美，作为一种普遍类型，报界的工具化大为衰颓了。

此种形式专业化的先行和强大发展——以客观性原则为中心，与政党—报界平行性的急剧衰退相联系——显然是北美媒介史的独有特征之一，它的渊源在此值得做一些讨论。已经有人做出了两种主要的解释，每种都可能是重要的。第一种是经济学的解释，这一论点是由贝克（Baker 1994）非常系统地塑造的。根据贝克的说法，向政治中立型报纸的转变，是报界从读者支撑型到广告支撑型的转变的产物，也是媒介市场走向寡占的相关趋势的产物。随着 19 世纪后期百货公司的成长和品牌营销的开始，报纸和期刊来自广告的收益从 1879 年的 44.0%增长到 1929 年的 70.9%（15 页）。广告商们经常表达对聚焦于“生活光明面”的报纸内容的偏好，并避免可能冒犯读者和降低广告效应的政治争议（参见 Baldasty 1992：78）。

此外，广告增强了报纸发行量最大化的动机，即便其核心读者中有 220
许多人本来是喜欢报纸有鲜明的政治取向的。这样，广告就结合了成为报业特征的规模经济学——大部分费用是第一份报纸的成本，大型报社因此有了强大的成本优势——以形成一种走向报业市场寡占的趋势。表 7—3 显示了美国有互相竞争关系的日报的城市所占百分比（美国报业市场几乎完全是地方性的）。在 1910 年到 1950 年间，走向垄断的趋势尤其猛烈——而这正是客观性的专业规范在美国新闻事业中扎根的时期。贝克将该规范的发展诠释为一种日常化运作的手段：排除可能限制报纸发行量扩大的材料。

表 7—3　有互相竞争关系的日报的美国城市所占百分比

1880 年	61.4
1910 年	57.1
1920 年	42.6
1930 年	20.6

续前表

1940 年	12.7
1954 年	6.0
1960 年	4.2
1986 年	1.9

另一方面，舒德森（Schudson 1978；2001）则强调了发生在 19 世纪后期和 20 世纪初期的美国政治文化的变化，它意味着党派政治重要性的式微以及对中立专长的日益侧重。这个论点我们将在本章后半部分更充分地展开，届时会讨论法理型权威的发展和进步运动（Progressive Movement）对美国新闻事业的影响。然而，在此要注意到某种东西是有益的，那就是中立性专业主义在美国报界开始居于主导地位的那个时期的政治语境。那个时期关于“报界贵族”的政治角色有相当大的争议，例如，这种角色表现在尤普顿·辛克莱（Upton Sinclair 1919）的《贿赂》（*The Brass Check*）一书中。此外，由于 1932 年的政治重组，民主党主导美国政治的漫长时期开始了，报纸业主处在政治上的棘手地位。这是美国历史上第一个政治分野主要反映阶级差异的时期，至少在
221 南部以外是如此：工人阶级赞同民主党人，而商界支持共和党人。在较早的年代，政治分歧一直更多地被地区差异限定。同时，这也是第一个报界存在显著的党派失衡的时期——根据定义，其业主是上流社会人士，倾向于支持共和党；但是，约三分之二的美国报纸以社论反对罗斯福（Roosevelt）。因此，报纸业主与公共舆论不合拍，而在通俗文化中形象不佳。正如前面所提及的，卡普拉的《史密斯先生去华盛顿》中的恶棍是一个利用他的报纸阻止英雄与人民沟通的报业巨头。当报纸公会（Newspaper Guild）成立时，新闻组织内部也存在紧张关系，新闻工作者与业主经常围绕罗斯福的新政、工会的角色以及其他许多议题在政治上各执己见。《史密斯先生去华盛顿》不仅将媒介业主刻画成反民主的公共舆论的操控者，而且鼓动新闻工作者拒绝客观报道的约束，公开谴责腐败的人民公敌。最后就有了某种关于报界管制的可能性的讨论——哈钦斯委员会（Hutchins Commission）也建议，如果专业化不成功，那么某种公共管制或许是必要的；它的 1947 年报告清楚有力地阐述了

新闻界作为社会信任的观点，并呼吁专业化。在这个语境中，媒介业主不仅有经济的，而且有政治的动机接受专业化，而专业化限制了他们将报界用作政治干预工具的能力；但是，它也使可能会破坏商业的政治紧张关系最小化，而借助客观性规范提供一种控制新闻工作者的替代性机制。

正如我们已经看到的那样，英国的政治平行性仍然甚为强大。在20世纪，业主支配的报界工具化确实减弱了，尽管不如在北美那么强烈。1969年进入英国报业市场的鲁珀特·默多克部分逆转了这种转变，他坚持控制他的媒介的政治内容，并利用它们干预政治（Shawcross 1992）（默多克在美国的角色一直是较为有限的，因为他所控股的报纸一直是相对边缘性的，而福克斯电视网在20世纪90年代后期之前没有新闻业务）。在加拿大，康拉德·布莱克同样主张他在政治上控制他的报纸的权利（Taras 1999：212－214），特别是针对《全国邮报》，而他与自由党总理让·克雷蒂安（Jean Chretien）有着强烈的敌对关系。布 222
莱克也拥有英国《每日电讯报》，他声明放弃他的加拿大公民身份，并于2001年将他的加拿大报纸卖给了加拿大主导性的媒介复合体——加西公司（Can West）[①]，而它的业主们支持自由党。[②] 自从出售以后，围绕加西公司施加的一条方针一直有某种争议，该方针要求它的所有地方报纸都要追随社论版的特定立场。加西公司说这不影响新闻报道，尽管一些新闻工作者们声称，加西公司正在破坏专业自主权（Brown 2002）。

正如英国报界的党派性和好干涉的业主所表明的那样，专业化在英国报界的发展也许不如在美国报界那样充分，或者至少不那么一以贯之（正如我们会在下文中看到的，广播电视新闻事业是另一种情形）。正如所有自由主义国家一样，英国的新闻事业在以下意义上是高度专业化的：新闻工作者有他们自己的一套选择和呈现新闻的标准。这与报界作

① 加西公司，全名加西全球传播公司（Canwest Global Communications Corporation），加拿大大型媒介公司，1974年成立，拥有出版、广播、电视等产业，2009年末进入破产保护。——译者注

② 也正是康拉德·布莱克买下了《耶路撒冷邮报》，并强加给该报一条更保守的路线，这些导致了主编欧文·弗伦克尔的辞职；第二章引用了弗伦克尔对新闻自主性的评论。

为一个产业的强大发展密切相关，英国在这方面非常不同于意大利；在意大利，新闻实践的标准与政治标准分得不那么开。正如沙拉比（Chalaby 1998：107）所言，由于报界作为产业而发展起来，“新闻工作者开始根据他们自己的需要和兴趣来报道政治，以他们自己的视角或专业价值观覆盖主题。”另一方面，英国专门化的新闻教育的发展晚于北美（Hanningham and Delano 1998），直到20世纪80年代，英国新闻工作者中获得大学学位的寥寥无几。在这个意义上，新闻事业在相对晚近的时期仍然是一个白领的、半专业化的职业（Tunstall 1971：59－60）。调查也揭示，与美国同行相比，英国新闻工作者不大挑剔信息采集的方法（Hanningham and Delano 1998），这可能与英国报界的高度竞争性有关，可以说在这个意义上，英国报界的伦理自律和将新闻事业视为一种公共服务的观念是较弱的。

就新闻事业的自主权而言，情况是混杂的。如同我们会在本章稍后
223 看到的那样，英国的广播电视新闻工作者可能比他们在美国和加拿大商业性媒介中的同行更有自主权。在20世纪六七十年代，当《泰晤士报》为加拿大发行人汤普森（Thompson）所有时，该报的新闻工作者受到了被任命的4名独立的全国总监的保护，这4人的唯一职责是确保编辑自主权。《卫报》也受到一个托管机构的控制，其章程将编务和商务分离。在美国不存在对编辑自主权的正式保护。20世纪六七十年代经常被英国媒介学者称为新闻事业自治的高点，从那时起有一个走向更为集中化的编辑控制趋势（Curran and Leys 2000：232）。在《泰晤士报》的案例中，当默多克1979年买下该报时，一个关于编辑自主权的新协议达成了，但是它被证明是无效的（Shawcros 1992）。一般来说，新闻事业自治在英国报界可能比在北美报界更加有限，尤其是在小报中。东斯巴赫（Donsbach 1995）报告说，在报称他们的报道被修改以“赋予政治倾向”的新闻工作者所占百分比上，英国在意大利之后排名第二；6％的英国新闻工作者说这至少是偶尔发生的，而意大利是8％，美国和德国为2％，瑞典为1％（也许有人注意到了，与意大利相比，在英国关切政治的新闻的百分比较低）。另一项调查显示，44％的英国新闻

工作者说，他们的报道遭受了“不当的编辑干涉”（Hanningham and Delano 1998：154）。

在自由主义国家，至少与民主法团主义体制相比，正式的新闻专业组织发展得并不特别强劲。专业自律主要是非正式产生的，出现在特定的新闻组织之内和较宽泛的新闻事业同侪文化之中。在一项调查中，在20世纪80年代的美国，只有17%的新闻工作者归属于职业新闻工作者协会（Society of Professional Journalists）这个全国最大的专业社团，而类似比例的新闻工作者归属于工会，通常要么是报纸公会，要么是美国电视和电台艺人联合会（American Federation of Television and Radio Artists）（Weaver and Wiloit 1991：106－107）。美国报纸主编协会也在形成伦理标准和共同的新闻文化方面扮演了显要角色。在英国，新闻工作者协会这个专业组织成立于1890年。然而，它在20世纪被全国新闻工作者联盟的发展盖住了风头，而后者最终变成了一个几乎所有新闻工作者都归属的强大工会。在这个意义上，由于强大的工会运动，英 224
国已有一个较强大的新闻事业集体组织，不过这是在工会而不是专业社团的语境下。撒切尔政府当政时期，全国新闻工作者联盟受到了针对工会的抨击的严重损害，不过到20世纪90年代末期它多少有所恢复，并且还有62%的英国新闻工作者是其成员（Hanningham and Delano 1998）。全国新闻工作者联盟的一个分支代表爱尔兰新闻工作者。在加拿大，工会会员和加拿大新闻工作者协会（Canadian Association of Journalists）的会员同样为数寥寥，就像在美国一样；而魁北克是例外，在那里实际上所有新闻工作者都属于新闻工作者工会。围绕新闻编辑室的权力，魁北克还有一段新闻工作者富于战斗性的论争的不寻常历史，主要是在20世纪六七十年代，他们努力协商制定在新闻组织内部保护新闻工作者自主权的“专业条款”（Clift 1981；Saint-Jean 1998）。

在自由主义国家，媒介自律的正式制度发展得比民主法团主义国家缓慢，尽管要快于地中海地区。爱尔兰没有新闻评议会或报业投诉委员会。美国也没有，在那里新闻组织极不情愿屈服于任何外界干预——

1970 年成立的明尼苏达报业评议会（Minnesota Press Council）是例外。（也许部分反映了斯堪的纳维亚国家对明尼苏达州政治文化的影响?)① 在光谱的另一端是魁北克，它有一个相对强大的报业评议会，没有管理权，但是有一些公共资助，接受对所有报纸的投诉，无论它们是否自愿加入该评议会（Clift 1981）。加拿大其他省份有相对弱小的、由报纸资助的自愿型报业评议会。1991 年，英国从非常弱小的报业评议会（Press Council）转变为报业投诉委员会，意在规避大陆式的隐私和回应权立法（right-of-reply legislation）。尤其是英国小报，对公众人物或普通个人的性丑闻都高度侧重。报业投诉委员会显然比其前身更强大，它的存在是英国的体制与民主法团主义国家共有的一个特征，尽管它基本上仍然由报业管理，但它“体现了英国人对‘甩手式’自律的持久承诺”（Humphreys 1996：61）。

在自由主义国家，新闻事业的自律主要是以非正式的方式在单个的
225 新闻组织内部建立的。它的演变始于 19 世纪后期和 20 世纪早期。1913 年，普利策的纽约《世界报》（*World*）报社内部设立了准确和公正部（Bureau of Accuracy and Fairness），主要是为了减少诽谤诉讼的数目（Marzolf 1991：66－68）。最终，这一功能被整合进了编辑过程的一般组织中。自由主义国家的新闻组织以广泛的编辑层级制（editorial hierarchies）为特征，它对新闻工作者个人的作品有许多“制衡”；相比之下，许多欧洲大陆报纸的新闻工作者各自为战，几乎没有编辑监督（Donsbach 1995；Esser 1998）。

正如关于编辑控制的最后一点所揭示的，就新闻事业的自治性而言，发展于自由主义社会的专业化实际上具有两面性。它约束了业主，经常用来增强新闻事业的自主权，并限制媒介的工具化。但是它也约束了新闻工作者；他们被期待摈弃任何类似这样的野心：利用他们的地位

① 一个名为全国新闻评议会（National News Council）的组织存在于 1973 年到 1983 年间。它得到了一个私人基金会的支持，其功能之一是接受关于媒介伦理的投诉，但是新闻组织的配合总是有限的。

作为表达其自身政治观点的平台，并服从专业常规和编辑层级制的规训。[①] 正如先前注意到的那样，20 世纪二三十年代新闻工作者联盟的发展可能是业主们认为转向专业化符合他们的利益的一个理由。对新闻工作者的约束与对业主的约束之间的平衡因时代而变，也会因报纸而异。有时候，天平向业主倾斜，以至于专业化实际上方便了报界的工具化。于是在讨论当时英国最大的报纸《快报》（*Express*）在 1945 年大选期间反对工党的造势时，史密斯（Smith 1975：35）引用该报主编的话说："即便是编辑部的社会主义者——人数众多——也以专业热情贯彻他们的信念。这是自由式摔跤，赤手空拳的搏斗，突击队员的身手，而我们以为我们擅长此道。"在此专业化采取较为狭隘的形式：一名"专业人士"就是这样一个新闻工作者，此人掌握了以小报风格制作政治新闻的常规，其中有诉求大众情感的英雄和恶棍。除了自己的政见，新闻工作 *226*
者以胜任此事为集体荣耀。这种形式的专业主义的发展对于理解以下情形为什么是可能的具有关键性作用：绝大多数英国新闻工作者在历史上就一直是政治左倾的，而大部分报纸是右倾的。

在北美，专业主义的主导形式在与客观性概念的联系上是不同的。但是它也对新闻事业的自治性施加了约束。本书的美国作者在 20 世纪 80 年代花费大量时间对报道中美洲冲突的新闻工作者做了访谈。这支世界新闻队伍中的美国和欧洲新闻工作者经常批判对方的专业主义。美国人说欧洲的新闻工作者"不专业"，因为他们过于政治化，总是将他们自己的意见注入他们的报道中；欧洲人则说美国人"不专业"，因为他们受到平衡和"客观性"常规的约束，以至于不能做出独立判断。例如，美国新闻工作者可能到农村去，从现场报道一场很像是政府对手无

---

① 关于这些约束的重要性，一个更有趣的例证是《华尔街日报》记者 A·肯特·麦克杜格尔（A. Kent MacDougall）的案例，他在退休后写的一篇文章中披露自己是一名马克思主义者，并告诉激进派同道说，供职于主流报界能够有所作为，这在新闻界制造了一番"隐蔽的激进影响"轰动。但是，对麦克杜格尔报道的分析清晰地显示，在绝大多数时候，其报道无法与其他新闻工作者的报道相区别（Reese 1990）。科赫尔（Köcher 1986）发现，英国新闻工作者不大像德国新闻工作者那样主张一种热衷于表达意见和塑造公共舆论的"传道"取向。当然，英国报纸的政治倾向并不一定是新闻工作者个人的政治倾向。

寸铁的农民的屠杀，但是他们在写报道时不得不平衡考虑当地人的说法与军方和美国大使馆的否认，并且最终以这样的方式写报道：他们对哪一种说法正确没有自己的意见（参见 Pedelty 1995）。对欧洲人来说，他们并不是由弗伦克尔所表达的那种意义上的“诚实的目击者”，我们在第二章讨论欧洲大陆的专业主义观念时引用了他的话。对自由主义社会的媒介研究中有许多都着力展示，专业常规何以能导致新闻媒介的奉承不是针对业主个人的特定政治承诺，而是针对政治精英中的较为广泛的主导性观点。专业常规的概念在此值得强调。由于自由主义体制下相对强大的新闻事业专业化，这些国家的媒介学术圈形成了对这个概念的独特聚焦，而且用以解释新闻政治学的通常主要是融入这些规范的文化假设和结构限制，而不是新闻工作者的个人观点或政治瓜葛、业主的工具性控制，或是来自新闻组织之外的政治压力（Sigal 1973；Tuchman 1978；Gans 1979；Gitlin 1980；Hallin 1986；Ericson，Baranek and Chan 1987；Schlesinger 1987）。

专业化与对新闻工作者的商业约束的关系也是相互矛盾的。19 世
227 纪末走向专业化的早期动向至少有许多是对商业竞争效应的一个回应，就像关切对媒介的政治操纵一样；一如 E. L. 戈德金（E. L. Godkin）在《民族》（*The Nation*）上所言，那是一种对那个时代作为“黄色”报界特征的“庸俗、下流和鲁莽的煽情主义的……蔓延中的精神”的反应（引自 Marzolf 1991：27）。成为美国新闻专业主义的一个关键隐喻的“政教分离”（separation of church and state）具有双重含义。它意味着社论版上表达的意见——反映业主观点的意见——与新闻版的分离，而新闻版是专业新闻工作者的产品。它也意味着新闻组织的商务部门与新闻编辑室的分离。尽管如此，专业化首先在基于市场的媒介的语境中发展起来，并在其中融入了这种语境中的许多东西。在自由主义社会中，新闻事业的专业常规融入了对根植于市场的可近用性和受众兴趣的高度侧重。在先前提到的多层级的编辑过程中，总是将市场友好型新闻（market-friendly news）的生产作为其主要功能之一。于是东斯巴赫（Donsbach 1995）发现，36％的美国新闻工作者和 28％的英国新闻工作

者报告说，他们撰写的报道被改动了，“以增加受众兴趣”；瑞典与之对应的数据是18%，意大利为14%，德国为7%。

如同我们在此已经界定的那样，在过去的20年左右，专业主义已经在显著的方面衰落了。如前所及，英国许多学者争辩说，新闻事业自治性已经从20世纪60年代前后的高点消退了。在美国，随着近年来业主们转而减少新闻组织的商务与编务之间的障碍，“政教分离”已经被削弱了，随着新闻工作者感到职业诚信受到了破坏，相当程度的紧张关系已经出现（Squires 1993；Underwood 1993；Hallin 2000）。1998年7、8月的《哥伦比亚新闻学评论》（*Columbia Journalism Review*）的封面上赫然写道：“**钱欲**：追逐利润的压力如何腐蚀新闻事业。”在报界，这种转向源于发行量下降以及在20世纪七八十年代报社向公司所有制转变，这两项结合在一起，给新闻组织造成了沉重压力，并促使它们去关注发行量数字和账簿盈亏结算线。在电子媒介中，广播电视解除管制和竞争加剧已经产生了一个类似的，甚至实际上更严重的结果。

国家的角色 228

根据定义，自由主义社会是指那些国家的社会角色相对受到限制，市场和私人部门的角色相对较强大的国度。英国是工业资本主义的诞生地，而美国是它在20世纪发展壮大的中心。一般来说，市场制度和自由主义意识形态在这两国发展强劲，特别是在媒介领域，它们体现在商业性媒介产业和根植于公民社会和市场的关于新闻自由的自由主义理论的先行发展。在所有四个自由主义国家，在20世纪大部分时间里，国家对报界的津贴微不足道。商业广播电视一直是美国的主导形式，在较低程度上来说加拿大也是，它被引进英国的时间比欧洲大陆大多数国家要早一代人；爱尔兰对它的抵制则要长久得多。

然而，国家一直在资本主义社会的发展中扮演显著的角色，而即便是在最鲜明的自由主义社会，它在媒介发展中的角色也是重要的。在此涵盖的四国中，国家的角色差异很大。甚至在美国这个显然是自由主义模式的最纯粹的案例中，国家的角色也不能被忽略。国家建立了最初的传播基础设施——邮政体制——它使报界的发展成为可能，并通过公共教育承保促进了可被称为报界人力基础设施的发展。此外，随着党报的发展，政治阶级明确将报界视为不仅仅是一门生意，而且是一种至关重要的公共机构，并因此而支持它（Cook 1998）。受津贴的邮政费率，包括发行人之间免费交换报纸的权利，对早期报纸的生存极端重要，就像政府印刷合同以及雇用朋友当主编那样（Smith 1977）。1860 年以后，这些形式的资助在重要性上开始下降，原因是政府印刷局（Government Printing Office）的成立、公务员改革的启动以及报纸自有配送网点的发展，这些削弱了接受津贴的邮政费率的重要性（尽管后者仍然在起作用）。1912 年，邮政部门确实获得了一个新的管制角色，当时报纸被要求提交发行量和所有权的起誓声明，而这有利于透明的广告市场的
229 发展（Lawson 1993）。新闻工作者也被赋予一些法定权利，它们暗示国家继续承认报界是一种重要的社会公共机构，例如，保护消息来源的秘密性的权利，它是由许多州的“盾”法（“shield” laws）来提供的（英国也有这样的法律，但是加拿大没有）。

如果国家的角色不能被排斥，那么实际情况是，美国媒介史是以对国家角色的重要限制为特征的。在此非常重要的是与美国宪法《第一修正案》相联系的法律传统，它将美国与大多数欧洲国家的媒介体制明确区分开来。欧洲国家的宪法永远保障言论自由，但是一般来说，这是一条尤其要与隐私权、社会福利、政治多元主义、公共秩序等原则加以平衡的法律原则。而在美国，法律学说和政治文化都倾向于以更为绝对主义的方式来对待宪法《第一修正案》，这意味着常见于欧洲的许多种类的媒介管制——隐私规则、对政治广告的管制、对政治传播的免费时段要求以及回应权（一项在佛罗里达州通过的此类法律被法院宣布无效）——在美国在政治上和法律上都站不住脚。在美国，国家在某些时刻扮演重要角色的一个领域是对媒介寡占的管制。这些时刻中有两个是：1945 年美国联邦通讯委员会（FCC）将美国全国广播公司（NBC）

的“白”网和“蓝”网分离；1948年的《派拉蒙仲裁令》(Paramount Decrees) 将好莱坞片厂与电影院线的所有权分离。对微软的反垄断定性一度看上去也许是证明这一传统的另一个例证，但是布什政府走了较柔和的路线，该案件在没有产生戏剧性结果的情况下结案了。也许可以这么认为，从历史上看，国家对媒介寡占的干预在美国与在大多数欧洲国家同样积极。当然，反垄断干预与美国盛行的自由主义意识形态并非水火不容，有鉴于美国媒介市场的规模，这种干预还是特别具有说服力的。

无论大小，美国是唯一一个这样的工业化国家：它形成了一种私有的电话电报体制，其后是一种主导性的商业广播电视体制。公共广播电视体制 (PBS) 直到1967年才建立，而根据比较性的标准它一直是弱小的，如今，不到50%的资金来自政府渠道（1990年，16%来自联邦政府，30%来自州和地方政府，其余来自观众、法人捐赠和商业渠道），总开支一直是人均1美元左右——而英国的公共广播电视则为人均38 230
美元 (Twentieth Century Fund 1993；Hoynes 1994)。

在美国，对商业广播电视的管制一直被称为“扬眉管制”，意思是说联邦通讯委员会避免对广播电视节目发出特别指令。尽管如此，国家管制在重要的方面形塑了商业广播电视部门。从20世纪30年代到80年代，广播电视执照必须由联邦通讯委员会每三年更新一次，由于强制性的“对等原则”和执照持有者必须为“公共便利和需要”服务，这个更新过程产生了许多重要的效应。它保护了既成的广播电视业者，在与商业压力有效绝缘的情况下鼓励了中立的、内部多元主义的新闻文体的先行发展；为公民社会中的群体提供了一种挑战广播电视实践的机制——就像20世纪60年代民权团体在重要案例中的作为 (Horwitz 1997)；而毫无疑问，这个更新过程或好或坏地抑制了许多具有潜在争议性的节目的发展。到20世纪90年代，执照更新过程变成了一种例行公事，“对等原则”废止了，美国明显转向了一个纯粹的广播电视市场模式。然而即便是今天，媒介产业的融合和覆盖电信、传统视听产业以及新的互联网产业的有利可图的跨媒介复合体的形成，意味着涉足广播电视的公司在继续与国家保持良好关系方面有强大的利害关系，而国家以这样或那样的方式，在建立这些产业的基本规则过程中继续扮演中心角色。这种利害关系充分体现在媒介产业向政治家和政党的大笔捐赠上（Lewis 2000）。

在英国，强大的自由主义传统被保守的国家主义遗产和强大的劳工运动二者改变了，后者在 20 世纪 40 年代被整合进权力体制，将英国转向一种在许多方面与我们在第六章考察的民主法团主义类似的自由法团主义（Curran 2000）。此外，英国没有成文宪法，议会主权学说在其法律体系中居于中心地位，因此新闻自由仍然是一种重要的文化传统，而不是像美国那样成为特权性的法律原则。报业部门在性质上基本上仍然
231 是自由主义的，既没有津贴也没有明显的管制干预，尽管这种干预的威胁确实引发了报业投诉委员会的形成——管制继续被讨论，而许多人认为报业投诉委员会是没有效果的。英国的强国家传统的重要表现包括国防机密通告体制（D-notice system）① 和《官方机密法》（Official Secrets Act）；前者限制报道影响“国家安全”的信息，而根据后者，新闻工作者和公共官员可能因“泄露”特权性信息而受到惩罚。令美国新闻工作者大惑不解的是，有人在 1996 年向《镜报》泄露了一份本该在第二天呈交给议会的政府预算副本，而最终它被归还给了政府。根据《官方机密法》提起的公诉是罕见的，这是更广义的政治文化的一部分，部分与威斯特敏斯特体制下的政党规训的力量有关，在这种体制下内部政治信息不会像在更加碎片化的美国政治体制下那样如此自由地被泄露。与美国相比，诽谤法在英国不像在美国那样有利于新闻界。

然而，由于英国建立了强大的公共服务广播电视体制，美国和英国在广播电视领域的差异一直是非常显著的。英国广播公司基于如下意识形态：双重拒绝“市场力量和有利于效率的、由专家控制的计划性增长型政治”（Curran and Seaton 1997：114），第一任台长约翰·里思

---

① 现已改为“国防咨询通知”体制（DA-Notice，全名为 Defence Advisory Notice System），其用意为劝导英国媒介针对有可能损害国家威信或安全的新闻遮盖部分事实或忽略该事件，这虽然不是强制性的，但是新闻媒介大多会遵守。——译者注

(John Reith) 在早期岁月里给它加入了加尔文式的家长作风。1954 年，英国成为欧洲第一个引入商业电视的主要欧洲国家；即便到那时，它的广播电视体制仍然保留了强大的公共服务取向。英国广播公司和独立电视网争夺观众，而不争夺收益，英国广播公司依赖执照费，而独立电视网依赖广告。与联邦通讯委员会相比，独立广播电视管理局（Independent Broadcasting Authority）是一个大大不同和更为强大的公共机构，它在 1990 年《广播电视法》（Broadcasting Act）出台之前管制着商业广播电视。它不仅仅是一个管制机构，而且还为商业广播电视发放执照，与独立电视网各公司签订合同以提供节目并保留对节目的最终管理权。出于这个原因，将英国广播公司和独立电视网统称为英国广播电视的“公共服务体制”是常见的。第四频道（Channel 4）将这种非同寻常的结构阐释得特别出色。第四频道作为商业广播电视体制的一部分被委以如下责任：承担提供小众节目和支持独立制作部门的公共服务使命。在 20 世纪 90 年代取代独立广播电视管理局的独立电视委员会（Independent Television Commission）不再掌握广播电视执照，也不再要求由它批准节目表和广告，尽管它在这些方面仍然比联邦通讯委员会更有影响力。像欧洲其他国家一样，包括英国广播公司在内的英国广播电视日益受到市场逻辑的影响，尽管英国的公共服务体制仍然强于许多 232
欧洲国家。

在加拿大和爱尔兰，对民族文化的关切改变了自由主义模式的逻辑。这两国都是临近大得多的和有同样主导性语言的国家的“小”国，而两国都有某种理由担心，即纯粹基于市场的媒介势必会不可避免地受到邻国美国或英国媒介产业的支配。在加拿大，“不是国家就是美国”的哲学观对广播电视政策有特别重要的影响。加拿大一直有双重体制，即商业的和公共的广播电视体制。但是，公营的加拿大广播公司在整个早期一直主导着广播电视（在 1958 年以前，它既是公共广播电视机构又是商业广播电视管制机关），并仍然强于美国的公共广播电视［例如，1997 年它有 9%的观众份额，而美国的公共广播社（Public Broadcasting System）为 2%］。加拿大通过立法来保护国内印刷媒介，只对投放在加拿大人拥有的出版物上的广告降低广告费税，这限制了刊登针对加拿大市场的广告的美国杂志“分刊”（“split-run”）[①] 版的输入。世界贸易组织（WTO）近期裁决反对这项政策，而加拿大一直在努力修改它。美国杂志约占加拿大市场的 80%。关于报界伦理和报业寡占，加拿大也有多于美国的辩论，但是最后没有将这样的管制变为法律。加拿大的确有一部类似于英国的《官方机密法》以及比美国限制更多的诽谤法。

爱尔兰是一个后殖民国家。它的政治文化结合了自由主义传统和强大的民族主义这一官方意识形态。它还有一段经济依附和国内资本发展疲弱的历史，就像其他后殖民社会一样——例如希腊——这导致了一种干涉主义国家的后独立传统（Bell 1985）。因此，公共广播电视在爱尔兰一直具有强烈的支配性，免费商业电视 1998 年才引入，尽管爱尔兰公共广播电视的商业资助程度高，1998 年为 66%（见表 2—4）。[②] 与加拿大不同，爱尔兰没有保护自己的印刷媒介产业，尽管采用一度被天主教会认为是不道德的出版物审查制度来部分抵制输入的出版物（Hor-
233 gan 2001：12－13）。今天，在爱尔兰约占 20%的日报发行量来自英国。有效期到 1967 年为止的《出版物审查法》（Censorship of Publications Act）产生于 20 世纪 20 年代内战中的政治冲突；而像英国一样，爱尔兰对与北爱尔兰冲突有关的媒介有限制。

国家与媒介之间的关系不仅事关管制、津贴和国家所有权。它还涉及信息流动——包括图像、符号和诠释框架。在这个领域中，不很明晰的是自由主义国家中媒介与国家的分离是否更甚于在此研究的其他两种体制，尽管自由主义国家的修辞倾向于强调媒介与国家之间的对立关系，并且尽管国家作为监管者、出资者和所有者的正式角色受到多于其他体制的限制，但是强调以下这一点是重要的：这未必意味着国家对新闻制作过程影响较小。在此显然有一种进行更广泛的比较研究的需要。

---

① 分刊是指报刊在不同的市场上投放不同的内容和广告，即出版针对特定国家和地区的版本。——译者注

② 商业性广播电视的姗姗来迟也是由于爱尔兰市场规模的狭小，特别是有鉴于与英国电视竞争这一事实。——译者注

与国家官员的对立态度当然是盎格鲁—撒克逊国家新闻文化的一部分。这体现在调查性报道技术的强大发展和对丑闻的强烈侧重上（二者并不总是一回事），而这二者一直是水门事件以来的传奇，尤其是在美国这个近用政府信息相对容易的国度。与此同时，国家是"首要定义者"的观念——新闻生产是围绕国家官员提供的信息和诠释而结构化的理念——源自盎格鲁—撒克逊媒介研究（Hall 等 1978）；大量研究显示，在自由主义体制下的新闻工作者与政府官员之间有强大的制度化联系，这也许最清晰地展现在英国的威斯敏斯特记者团体制中。国家与媒介机构的相互依赖意味着它们的每一个结构都反映了与对方的关系：媒介组织在很大程度上是围绕将记者与他们的消息来源联系起来的"条线"系统而被结构化的，而国家机构在很大程度上则是围绕媒介需求而组织起来的。根据一些估计，超过半数的白宫工作人员涉入公关活动，其中很大比例是参与处理媒介关系（Grossman and Kumar 1981：83－84）。在自由主义体制（近年来也在某种程度上的民主法团主义体制）中，国家官员和新闻工作者都声称拥有一种作为远离党派和宗派利益的 234
公众立场代表的中立的权威性，这似乎为以下关系提供了基础：它虽然以一种非常不同的形式出现，但是恰如源于南欧的新闻工作者与政治家之间常见的政党瓜葛的那种关系一样强大。由于这些关系，新闻内容受到源自国家各机构内部的信息、议程和诠释框架的强烈形塑。[1]

最后应该注意到，新闻媒介与国家之间关系的这种紧密性一直受到了"国安型国家"（"National Security State"）[2] 发展的强烈影响。美国

① 关于这个问题的文献甚丰，几部关键作品的作者包括西格尔（Sigal 1973）、甘斯（Gans 1979）、哈林（Hallin 1986）、赫尔曼和乔姆斯基（Herman and Chomsky 1988）以及本内特（Bennet 1990）。

② "国安型国家"的概念是：第一，国家安全在政府责任和功能中占有首要的、中心的、绝对的重要地位；第二，在政府组织体制和政策制定程序上达成政治、军事、外交、内政、经济、情报等各职能领域和部门之间的集中统筹和全面协调；第三，对国内的人力、经济、意识形态和智力资源实施充分动员；第四，"帝王式总统制"（"imperial presidency"），行政部门特别是总统在外交事务上权力扩张；第五：政府机构内部的权力和精英结构的变化——常规外交职能部门和专业外交官实际影响力下降，军事部门和情报部门规模扩大、影响力上升；第六：外交政策事务中隐秘性的强化。——译者注

和英国都是拥有核武器并大量涉入国际冲突的世界大国。两国的媒介与国家之间都有战时合作甚至是相互渗透的历史：在第二次世界大战中，美国和英国都没有正式的新闻审查制度，但是两国媒介都与国家开展了广泛合作。在后第二次世界大战时期，这种合作受到了更多限制，尽管它没有消失（例如，在“9·11”恐怖袭击的余波中，好莱坞的经理人们要求会见政府官员，讨论他们如何能像第二次世界大战时一样为“战争努力”做贡献）。“国安型文化”对以下二者贡献卓著：在某种意义上新闻工作者和政府官员都代表共同的公众利益的假定，以及他们之间发展起来的信任和相互依存的制度化关系。当然，有时候媒介与国家围绕“国家安全”报道存在紧张关系——例如，在英国是围绕苏伊士运河危机和后来的北爱尔兰，在美国是围绕越南或中美洲。国家以针对媒介和信息流通的多种限制和压力作为回应；作为例证，我们已经提及英国的国防通知体制。牛顿和阿廷斯托尔（Newton and Artingstall 1994）在一项对 9 个西方民主国家审查制度的比较研究中发现，它在英国、美国和法国这三个核大国被使用得最为频繁。[①] 他们注意到，英国使用审查
235 制度的频率远远高于其他国家，这可能是它与美国共享世界大国地位这个事实的一种反映，但是作为一个中央集权色彩更浓的国家，它缺乏存在于美国的那种对政府审查的宪法限制。显然，自由主义国家往往也是世界大国，这要求以下两种观念有先决条件：国家在这些体制下扮演有限角色，新闻界充当独立的“第四等级”。

广播电视治理

相对于政治多元主义据以假定要求政党在广播电视中“现身”的欧

① 他们的研究基于“审查指数”（“Index on Censorship”），研究时段是在 1972 年到 1990 年间。其他 6 国依次是加拿大、德意志联邦共和国、意大利、澳大利亚、丹麦和瑞典（这样，民主法团主义国家的政府审查发生得可能相对较小）。由于政府审查的发生与人口多寡不相关，牛顿和阿廷斯托尔于是就根据审查发生的原始数目来给各国排序。

洲大陆体制，自由主义体制的假定则是，为了使广播电视体制服务于一个多元主义社会，它必须与政党政治分离，而由无党派的中立的专业人士来管理。英国广播公司是我们在第二章中称为广播电视治理的专业模式的经典案例。它的正式结构无异于政府控制体制或议会体制：由女王——实际上由首相——任命台长和理事会，并且按照惯例要得到反对党的同意。然而，这样一种强大的文化规范发展起来了：理事们应该是水平最高的……卓越的男男女女，被选中不是作为政党而是作为社会整体的代表，愿意抵御政治压力而恪守英国广播电视的独立性。新闻工作者、制作者以及其他创意人士都以类似的方式被选中，而没有政党瓜葛，并有相当大的自主性；如同杰里米·滕斯托尔（Jeremy Tunstall 1993）所简称的那样，英国广播公司在历史上就是一种“制片人驱动的”事业。

政治压力当然确实会影响英国广播公司（Etzioni-Halevy 1987；Curran and Seaton 1997）。这在 20 世纪 80 年代尤其明显，当时玛格丽特·撒切尔与英国广播公司频频发生冲突，就像她与地方政府和仍然不在内阁控制之下的其他公共机构发生冲突一样。而最尖锐的冲突则是 1985 年的《真实生活》（*Real Lives*）事件，其间内政大臣要求英国广播公司的理事们撤下一部关于北爱尔兰的纪录片，其中包括对一名新芬党领导人的访谈。英国广播公司的理事们取消了预定播出的节目，这一决定激起了英国广播公司的新闻工作者们的 24 小时罢工；该节目后经修改得以播出。2003 年，当托尼·布莱尔政府抨击英国广播公司对政 236
府处理伊拉克情报的报道时，紧张关系再度出现。然而，从比较视角来看，英国广播公司，当然还有独立电视网的专业人士享有高度的自主权，而对广播电视的最重要的政治限制不是来自外界的政治干预，而是在广播电视专业人士共同体内，在他们对“负责任的”专业广播电视的中间派、共识主义观点中发现的。

加拿大和爱尔兰的公共广播电视体制基本上模仿了英国广播公司，尽管在爱尔兰的案例中广播电视在 1961 年之前处在一个政府部门的控制之下，并且大约从 1932 年到 1948 年其“实际上是政府喉舌”（Hogan 2001：70）。公共广播在美国有一种复杂的结构，这是因为去中心化的性质和它对私人捐赠和公共资助的依赖。但是主要的全国性团体公共广播公司（Corporation for Public Broadcasting）在制度形式上类似于英国、加拿大和爱尔兰的体制——一家理事由总统直接任命的独立的公共公司且他们政治上必须是独立的。至今无人从比较视野研究过美国的公共广播电视，但是它可能比英国广播公司更易受制于政治家的压力（例如见 Twenty Century Fund 1993：36），因为它是一家更加边缘性的公共机构，没有可媲美的威望或执照费这样的专门资助来源（给它一种除了综合税收益以外的资助来源的多个建议都遭到了拒绝）。它还受制于其他资助者的压力，包括地方和州政府，以及公司捐赠者（Hoynes 1994）。

当然，美国的大多数广播电视是商业性的。但是美国的商业性广播电视网在与政治体制的关系上与英国、爱尔兰和加拿大的公共广播电视并没有根本性的不同。它们的确有免于政治控制的自主权，但是不能完全摆脱政治压力。[①] 后者部分是因为像广播电视网越来越涉入其中的相关电信业一样，广播电视是政府管制的，而广播电视网的业主们对与政
237 治性管理机构保持平顺关系有强烈的兴趣。与此同时，又像英国、爱尔兰或加拿大的公共广播电视一样，美国商业广播电视业者的合法性取决于一种中立性专业主义伦理。它们的不同之处在于商业压力强大得多。也许可以说，在这个意义上，英国广播公司的专业自主性程度高于美国的广播电视网，在那里包括新闻工作者在内的专业创意人士——尤其是自 20 世纪 80 年代以来——更受制于商务经理的控制。

在自由主义国家，管制商业广播电视的公共机构是作为具有相当大政治自主性的独立机构而组织起来的，类似于中央银行，尽管可能没有那么强大。例如，联邦通讯委员会的委员是由总统提名和由国会批准

---

① 关于这种压力的许多事例在过去经常可见。尼克松时代的可参见波特（Porter 1976）的记述，里根时代的可参见赫斯特加德（Herstgaard 1988）的记述。各电视网近来遭遇了来自布什政府要求的不得播放奥萨马·本·拉登（Osama bin Laden）提供的录影带的压力。英国广播公司则抵制了类似的压力，它说它基于本·拉登录影带的新闻价值做出自己的决定。

的。这些任命经常是相对政治化的：委员们的政党关联当然事关重大，而国会在对联邦通讯委员会的管理感到不快时就会加以干涉。但是该机构并不受制于总统，而必须根据严格限制政党政治直接影响的行政法程序来运作。

政治史、结构与文化

资产阶级革命最早发生在英国。正如我们所看到的那样，议会制和市场的先行发展，伴之以与新教相关的高识字率，导致了报界和新闻自由的先行发展。英国的自由主义制度，包括新闻自由，很大一部分传入了爱尔兰和北美殖民地。正如托克维尔所观察的那样，美国从一开始就是一个自由主义社会。在 19 世纪早期，它的社会结构就是相对平均主义的（当然南部的种植园制度除外），并且拥有大量的小生产者——工匠和“自耕”农（美国从来就没有真正的农民阶级）——实际上他们中的所有人都识字。19 世纪 20 年代后期，选举权扩大到所有白人男性，其后大众政治和大规模发行报纸双双发展迅速。我们已经探究了社会和政治史与媒介发展之间最根本的关系，尤其是新闻自由的先行发展和商业性媒介产业的力量。在本节的后面部分，我们将要探究自由主义国家政治结构和文化中的一些更加特别的 238
元素，以及一些自由主义与媒介体制之间较不明显的关联，例如包括如何解释新闻事业专业化的问题。

温和多元主义

在欧洲大陆的案例中，我们已经论证了极化多元主义与温和多元主义的分野对媒介有重要的意义。极化多元主义倾向于与评论取向型新闻事业、较高程度的政治平行性以及政治与媒介体制的相互渗透相联系，而温和多元主义则更加有利于包罗万象型商业性媒介和中立性专业主义的发展。南欧国家倾向于极化多元主义，民主法团主义国家更倾向于温和多元主义，而自由主义国家更是如此，尽管如同其他国家组别一样，它们之间有重要的差异。正如我们在第四章中注意到的那样，这些差异与政治史相联系：极化多元主义倾向于发生在**旧制度**强大，围绕自由主义制度引入的冲突旷日持久的地方。温和多元主义更是自由主义先行告捷的地方——如同在此涵盖的四国——的特征。我们相信，政治极化的变异对于了解自由主义国家与欧洲大陆国家之间，以及自由主义国家自身的差异——在报界政治平行性的程度上尤其如此——是极其重要的。

在此，回顾路易斯·哈茨（Louis Hartz）[①] 在《美国的自由主义传统》（*The Liberal Tradition in America*）（1955 年）中的论点是有益的。脱胎于托克维尔对美国缺少封建史的观察，哈茨认为美国没有作为欧洲政治特征的意识形态分野。自由主义从来不需要与根植于封建主义的对立的保守意识形态竞逐，而到了产业工人阶级诞生时，自由主义的主导性已经足够强大，以至于社会主义运动不能兴起了。哈茨说："社会主义的崛起为的是不仅与资本主义而且与封建主义残余战斗"（9页），其阶级斗争的意识形态并不直接产生于经济不平等的客观现实，
239 而是基于资产阶级与土地贵族之间的政治斗争的背景。也有这样一条道路：社会主义意识形态实际上在其中吸收了与旧制度相联系的保守主义；两者都用基于更多关于社会秩序的有机体观点的集体主义意识形态来反对自由主义的个人主义意识形态。

当然，缺少意识形态差异这一事实并不意味着美国缺少政治冲突。美国内战是 19 世纪在全世界最血腥的战争。美国劳工史比许多欧洲国家的劳工史更为暴力。近期历史也没有什么不同：43 人丧生于 1967 年的底特律骚乱，而 4 人死于 1968 年的法国叛乱，2 人丧生于 1975 年的葡萄牙革命。这些政治冲突根植于与种族、阶级、地区等相联系的根本利益冲突中。一般来说，美国的经济不平等甚于高福利的欧洲国家。然而，社会分野并没有体现在不同的意识形态中，或体现在围绕这些意识形态而组建的政党体制中。美国的政党体制是围绕两个包罗万象型中派

---

① 路易斯·哈茨（1919—1986），美国自由主义政治科学家，"美国例外论"有影响的鼓吹者。《美国的自由主义传统》是他的经典著作。——译者注

政党而组建的，两党都致力于一种被认为理所当然的自由主义政治文化。用葛兰西的话说，“这种一成不变的、教条式的自由主义”——强烈的领导权性质的——

> 是助长许多最令人困惑的美国文化现象的一个秘密根源。自由主义接受最高法院不同寻常的权力及对宪法的狂热崇拜，这也是它赖以生存的基础。除了联邦制以外，如果没有全民对最终庄严载入宪法的洛克信条（Lockian creed）的接受，那么在美国一直奏效的司法审查是不可思议的，因为将重要政策转到判决领域暗指事先承认这些原则必须经由法律解释。（Hartz 1957：9）

同样的逻辑似乎适用于大众传媒中立性专业主义制度：如果没有共有价值观的广阔天地和对其内含在新闻中不被视为政治上有所偏袒的假定，这种制度就是难以想象的。[①] 新闻事业从来不能只是简单地“报道事实”；它必须赋予事件以意义；而只有在社会中的主要政治玩家不存 *240*
在分歧尖锐的世界观时，用英国人的短语说，才可以用“公正无私不偏不倚”（“due impartiality”）来赋予事件意义。

形成对照的是，英国确实既有封建主义，又有强大的社会主义运动。与美国相比，其政党在传统上更为团结，在意识形态上也更为一致。工党被明确地等同于工人阶级的社会利益，并且在20世纪90年代转向新工党（New Labour）之前，其意识形态名义上依然是社会主义的。根据拉内和埃尔松（Lane and Ersson 1991：185）的意识形态极化指数，在1955—1985年间，英国的数据接近欧洲的平均数，尽管其在20世纪50年代比后来要高。借用卢曼的术语，这种更大的意识形态多样性，或者说意识形态更大的“主位化”（“thematization”），无疑是英国报界传统上政治平行性较高的一部分原因，尽管应该注意到，这种差异是由许多因素造成的：英国报业市场是全国性的和竞争性的，而不是地方性的和垄断性的，这可能也激励了报界的外部多元主义。与此同

① 这样，甘斯（Gans 1979）确认了一组美国新闻工作者视为常识、游离于政治争议之外的“永恒价值观”。

时，与许多欧洲大陆国家相比，英国以温和多元主义为特征：反体制政党是边缘性的，而主要政党和其他政治行动者之间有广大的共同基础——议会民主、与相对强大的福利国家相结合的市场经济、大不列颠爱国主义，等等。英国广播电视的政治独立性显然根植于这一共同基础之中。同时，尽管英国报界以党派差异化为特征，但是一般而言倾向于将自己呈现为“人民”的代表。

加拿大似乎处于美国和英国之间，比美国有更大的意识形态多样性。它显然的确有托利党的保守主义传统，社会主义在加拿大一直强于美国，尽管要弱于英国（Horwitz 1966）。在爱尔兰，一个强大的自由主义传统与民族主义的中心角色相结合，以产生一种共识性的政治文化：爱尔兰政党之间的分野源自围绕1922年《对英条约》的分裂，它更具有象征性而不是实质性。拉内和埃尔松的极化指数显示，爱尔兰的意识形态极化程度低于其他任何欧洲国家（它确实接近于零）。这些从“适度”到“低度”的政治极化程度又一次结合了媒介市场状况（在加拿大的案例中也许特别有决定性），以激励一种政治中立的新闻事业传统。

241

个人化多元主义

在自由主义体制下，政治代表性倾向于见诸政治过程中个体公民问责政府方面，而不是有组织社会群体——政党和“高峰社团”——的参与方面。美国又一次成为我们在第二章①所称的**个人化多元主义**的极端案例，英国有点倾向于欧洲大陆国家的类型，而加拿大和爱尔兰可能介于它们之间。当然，美国有许多有组织利益群体，它们在政治过程中扮演重要角色。但是它们没有政治行动者那种强大的合法性——它们被嘲讽为“特殊利益集团”——它们没有以民主法团主义社会中常见的方式被正式整合进政治过程。英国有较强的法团主义传统，以及较强的政党政府传统。然而，与此同时，它的利益群体较不统一，较少以大陆的民

① 此处和其他多处地方原书指称有误，此处应为第三章，其他地方不一一指出。——译者注

主法团主义形式被整合进政治过程——而像美国一样，倾向于“自由人人有份”（“free for all”）式多元主义，在其中“各种各样的利益群体……以一种未经协调的和竞争性的方式向政府施加压力”（Lijphart 1999：16）。英国政治文化还强调以下观念：国会议员要服务于作为整体的公众。这与以下事实是一致的：自由主义社会中的媒介并不自我呈现为社会群体的喉舌，而是作为个体公民的信息提供者，或者作为“普通男女”的声音。像议会本身一样，这个第四等级被视为具有“高于”特定社会利益集团的地位。

个人化多元主义还与广播电视治理的专业模式相一致，这种模式努力将有组织社会群体排除出公共广播电视治理。约翰·里思关于英国广播公司与有组织社会群体之间关系的观点很好地说明了英国与民主法团主义体制在政治文化方面的反差：

> 如果说工会代表大会（Trade Unions Congress，TUC）是一个自豪的集体主义拥护者，那么英国广播公司则是一个同样坚定的自由主义个人主义恪守者……里思……一般将他自己对工会代表大会“压力”的抵制视为针对组织压力的个人十字军。对组织的敌意这种伦理标准也普遍存在于他的幕僚中。用广义的文化术语讲，英国广播公司远远不是保守的……战前的广播工作者名单包括了当时最 242
> 多产的和最有想象力的演说家中的许多人……另一方面，政党政治或组织型政治是另一回事。英国广播公司只赞成它同意的改革：“非党派性”，这是以个人身份谈话的演说家所倡导的……（Seaton and Pimlott 1987：137）

在第三章中，我们注意到了这种自由主义与民主法团主义国家之间差异的一个有趣例证：在20世纪80年代地方性广播电台被引入的时候，英国禁止政党和教会持有执照，而斯堪的纳维亚国家专门鼓励这种所有权（De Bens and Petersen 1992）。

多数至上主义

自由主义的四国全都倾向于多数至上主义政治。实质上为爱尔兰和加拿大所共享的英国威斯敏斯特体制当然是多数至上主义的一个经典案例。爱尔兰以外的所有国家都是单一席位选区（single member districts）① 并实行“多数决”（“first-past the post”）选举体制，而非比例代表制，所有国家的政党都为数不多，而每个体制都主要由两个广泛的、包罗万象型政党主宰。在美国，多数至上主义受到联邦制的修正（在加拿大也是这样）和三权分立的影响，但是这些国家仍然被称为普遍是多数至上主义的，至少在利普哈特的《行政/政党维度》（*Executive/Parties Dimension*）中是如此。与自由主义国家的其他方面一样，多数至上主义暗示了在某种意义上高于特殊利益的单一公共利益的存在：政党所竞逐的不是较大或较小的权力**份额**，而是代表作为整体的国家。

在广播电视管制和治理的特定案例中，我们在第四章认为，多数至上主义倾向于产生向着专业主义模式的转变，而这正是我们在自由主义国家发现的类型。在多数至上主义体制中，权力共享不是一个选项：公共广播电视要么彻底被多数人控制，要么与政治控制分离。如同我们已经在本质上实行政府控制体制的地中海国家的案例中看到的，这会导致观众信任度的下降和政府与在野党之间的尖锐冲突，这种体制似乎不太可能长期历经政府与在野党之间的轮替而存活下来。在多数至上主义体
243 制中，可选择的方案是专业化，而这是在此涵盖的在经久不衰的民主国家发展起来的类型，尽管它在更年轻的爱尔兰的体制中发展较晚，在那里公共广播电视与政府控制的分离发生在1961年。

更普遍的是，自由主义国家的经验说明，多数至上主义固有的政治概念强化了如下观念：与其他政治性公共机构一样，媒介代表了单一的社会普遍利益，而在这个意义上，多数至上主义倾向于与专业化、媒介与特殊社会群体分离以及客观性规范为伍。

---

① 单一席位选区，即每个选区有一个议员名额，竞选中获多数票的候选人当选。单一席位选区制意味着，在一个选区只能有一个政党获胜。与此相对的是比例代表制。比例代表制的选区范围相对大得多，每个选区有数名议员代表，并且是在同一次选举中按各政党的得票比例产生。——译者注

法理型权威

在整个19世纪中期，政党政治在英国和美国都基于无处不在的庇护制。然而，在每个案例中都有一场由“使资产阶级理性化”（“rationalizing bourgeoisie”）（Shefter 1977）促成的向中立的、专业化的行政机构转变的强大运动。这些运动在一定程度上是由以下因素促成的：如果没有一个可预测的、受规则管辖的政治和法律结构，以及一个能提供随处可用的基础设施的高效的行政管理机关来保障广泛的经济增长和应对工业化的外部性（externalities），那么，一个复杂的全国性市场体制就无法运行。公务员制度改革可以追溯到1870年的英国以及稍晚的美国。这两国现在都有基于唯才是举的招聘和晋升以及与政党政治分离的公务员制度的强大的中立行政管理体制（Heclo 1984；Rose 1984）。依侍主义政治在许多美国市政府存活至20世纪，但是在全国层面上基本式微了。在政治家与他们的地方选区的关系上，爱尔兰长期有一种依侍主义体制（Carty 1981）①，尽管它也有与英国非常类似的公务员制度和司法体制。

在自由主义国家，一个有相当大权力的自治的司法体制也是法理型权威的重要组成部分。从某种程度上来说，司法体制的自治性是普通法系去中心化性质的一部分，普通法系将一种重要的角色分派给陪审团和通过司法先例而不是通过立法制定的法律（在英国及其前殖民地，陪审团制通常使国家难以对新闻界施加控制）。在美国，正如维贝（Wiebe 244
1967）所认为的那样，宪政也对法律体制实力的增长做出了贡献，而法律体制在导致公务员制度改革的理性化的同一个时期得到了扩张；随着司法的介入，公务员制度改革经常得到政体的其他分支的同意，来提供一个特殊主义的政党体制无法提供的那种广泛的全国性政策框架。在美国，这些发展还伴随着其他旨在降低对公共行政管理的政党—政治控制的改革，包括非党派选举的现象——对大多数欧洲人来说是一种异乎寻

① 卡蒂（Carty）注意到，爱尔兰——类似于地中海国家——是一个工业化滞后，乡村农民文化一直存续到20世纪的天主教国家。

常的观念——这在西部各州的许多地方政府中尤其常见，这让美国的选民们盯着成堆的选战传单，努力弄清楚地方官职候选人的政党关联（爱尔兰一些地方也有非党派选举）。

法理型权威的发展对于媒介体制产生了若干影响。第一，它建立了一个中立性专业主义观念在其中被视为既动听又可求的文化语境。新闻专业主义开始或多或少地与公共行政管理的专业化和法院权威性的增长进行同步发展。在美国，新闻工作者和报纸业主曾经常深度参与拥护超越政党政治的中立的公共行政管理的进步运动（Nord 2001），美国新闻界的专业主义文化通常被认为植根于进步主义（Gans 1979）。[①] 正如前文中所注意到的，舒德森（Schudson 1978）将美国新闻事业中客观性规范的兴起归功于这种文化语境。

第二，它提供了这样的权威消息来源：它们可以被认为是政治上中立的，并且为最为盛行于美国的新闻事业的信息模式提供了基础。例如，在 19 世纪 70 年代，对选举舞弊的指控——选举后常见的新闻报道——由各政党在政治竞技场上争斗出结果。那时不存在中立的消息来源；报纸参与党派争斗，拥护这一方或那一方。到了 19 世纪末，大多
245 数这样的争论离开政治竞技场而进入了法院，报纸则越来越多地以“客观的”流行样式报道律师关于双方的论点和法庭的裁决。本森（Benson 2000：438）在他对美国与法国关于移民的报道所做的比较研究中发现的差异之一在于，相较于法国的新闻，美国的新闻中有为数众多的政治上中立的消息来源（官僚、司法消息来源和无关联的个人）。

第三，一个有法理型权威的强大政权减少了媒介业主形成党派联盟的倾向，从而降低了尤其盛行于地中海国家的那种“工具化”的重要性。如同我们已经看到的那样，公务员制度改革的一个最初效应，便是切断了在 19 世纪将报纸业主和主编与党派性的依侍主义人脉网联系起来的那种庇护。一般而言，由于韦伯式国家基于同等对待类似情境的行动者的普遍主义规则，一般直接干涉政党政治的商业动机较少——包括

① 赖夫（Ryfe）（即将出版）详尽讨论了新闻专业主义与进步主义政治文化之间的矛盾关系。

媒介业主。这并不意味着商业与政治结果没有利害关系，或者商业并不试图去影响政治结果。在自由主义社会，法律和行政规则确实经常用来精确地实现商业对公共政策施加影响的制度化，尽管有时候它们也许会为其他社会群体产生影响开放通道。例如，联邦通讯委员会的大多数分析家称其一般会保护广播电视既得利益集团，尽管在 20 世纪 60 年代，当法院将干预管制裁决的“常设权利”（“standing rights”）扩大到更广泛的社会群体时，这个过程变得更具有多元主义性质了（如同它在 20 世纪 80 年代以一种不同的方式所做的那样，当时更广泛的商业利益集团开始与电信政策有利害关系）（Horwitz，1989）。据此，美国被认为被社会利益集团高度渗透，这部分是因为联邦制和分权。商业积极地试图影响那些左右其利益的政治决定，主要通过院外游说和选战捐赠的方式，传媒公司也不例外。例如，在 1998 年，传媒公司在院外游说上花费了 2 850 万美元，略高于证券和投资公司，尽管低于航空公司、电力公用事业公司和国防承包商（Lewis 2000）。然而，传媒公司与政治家之间的关系一般超越了政党界线，而不采取稳定的党派联盟或依侍主义人脉网的形式。至少在 20 世纪 80 年代解除管制之前，联邦通讯委员一般不主张一家广播电视网一家由共和党控制，另一家由民主党控制。美国管制机构据以运行的行政法规定使得这种模式的出现非常困难。因此不足为怪的是，美国的媒介业主中鲜有活跃的政治家。而这在英国历史 246
上则一直是更常见的——《镜报》业主罗伯特·马克斯维尔（Robert Maxwell）曾是国会议员——尽管比地中海国家要少得多。

最后，如同关于行政法和联邦通讯委员会的主要观点所说明的，法理型权威特别支持广播电视治理和管制的专业模式。因此，英国广播公司的广播电视专业人士与公务员有一种类似的地位；像高级公务员一样，他们是一支自律的专业人士队伍，其晋升和评估过程与政治干预绝缘；像公务员一样，他们受到限制不得参与外界政治活动。

结 论

自由主义制度在英国及其殖民地的先行巩固，加上一连串与这段历史相联系的社会和政治特征——先行工业化、有限政府、强大的法理型权威、温和的和个人化的多元主义以及多数至上主义——与媒介—体制特征的一个独特类型相联系。这些包括商业性报界的强劲发展及其相对其他形式报业组织的支配性、商业性广播电视的先行发展、新闻事业相对强大的专业化、“以事实为中心的”报道这一强大传统的发展以及“客观性”规范的力量。自从19世纪晚期以来，在大多数情况下，媒介已经从制度上与政党和其他有组织社会群体相分离了。国家对媒介部门的干预一直受到民主法团主义或极化多元主义体制的限制。

我们还看到，四国之间有重要差异，以至于我们应该对过于轻易地搬用“盎格鲁—撒克逊”媒介模式的概念持谨慎态度。无论是在政治制度和文化上，还是在它们的媒介体制上，英国的以及较低程度上爱尔兰的和加拿大的体制与欧洲大陆——特别是那些民主法团主义国家的体制——具有相同的重要特征。这最为明显地体现在公共广播电视的实力以及英国报界的党—报平行性的持续存在中。后者还说明，商业化自动
247 导致政治中立媒介的发展这一常见假定是不正确的。最后，自由主义媒介体制中有许多紧张关系和矛盾：在私有制这一事实与媒介被期待应该服务于公共福祉之间有一种紧张关系，而在新闻专业主义伦理与商业主义的压力之间有一种密切相关的紧张关系。在新闻自由的自由主义传统与“国安型国家”强大的社会中政府控制的压力之间也有一种紧张关系。

如同我们在本书导论中所注意到的，自由主义模式在全世界被当作一种规范性理想而被普遍接受。在某些方面这是反讽的，因为自由主义国家的媒介在它们内部一直经常地、并非不公正地受到强烈批评。例如，只有15%的英国公众说他们信任报界，这是迄今为止欧盟中信任

度最低的，倒数第二是希腊，2001 年有 43%的公众信任印刷报刊。英国在对新闻工作者的尊敬方面也居于欧盟末位（European Commission 2001：B7，B81）。在许多方面，全球聚焦于自由主义模式并将它作为一种理想是可以理解的。自由主义国家有悠久而强大的新闻自由传统。它们还有极其成功的文化产业。当然可以说英国广播公司是一种实至名归的公共广播电视体制模范，既有相对强大的政治独立性，又保持回应公众趣味与公共服务取向之间的良好平衡。在新闻事业领域中，自由主义国家显然一直领导着基于信息的新闻事业（information-based journalism）的强大形式的发展。作为新闻采集公共机构，美国的大型新闻组织在某些方面仍然是令人印象深刻的。

然而，自由主义体制的其他特征显然较不吸引人。它们不是报纸发行量的领先者，而是落在大多数民主法团主义国家的后面。英国报界的特征是党派失衡和程度相当高的工具化，而美国报界的特征则是缺乏多样性。英国报界和美国电视都以高度商业化为特征，而高度商业化让新闻伦理不堪重负，并提出了为公共利益服务到怎样程度的种种问题。尽管宪法《第一修正案》传统有吸引力，一个人当然可以质疑例如隐私保护不足或选战传播（campaign communication）管制缺乏是不是要追随的理想。如同我们会在下一章看到的那样，自由主义模式确实是未来的潮流，这是因为大多数媒介体制正在许多重要的方面朝这个方向移动。248
然而，它也是一种在非常特定的社会和政治语境下发展起来的体制，就像我们已经考察的任何其他体制一样，它也存在诸多紧张关系和矛盾，媒介研究领域最好摒弃它是一切媒介体制的天然度量器这一观念。

下　编

三种模式的未来

第八章　趋同的力量与局限

前面各章已经描述了三种独特的媒介体制模式以及在单个国家中的特例。然而，这三种模式之间的差异以及一般而言在民族国家之间的变异程度，已经随着时间推移而大为减小了。1970 年，以我们的三种模式为特征的三组国家之间的差异相当引人注目；一代人之后，到 21 世纪初，这种差异减至这样的程度，以至于有理由发问，一种单一的、全球性的媒介模式是否正在取代过去的国别变异——至少是在本书中所讨论的发达资本主义民主国家。正如麦奎尔所言，一种“国际性媒介文化”对我们研究的所有国家来说已经变得越发常见了。在本章中，我们将聚焦于这种趋同或同质化过程，首先概括欧洲媒介体制朝这个方向倾斜的种种变化，接着转向如下问题：变化如何才能得到解释，它的局限和反向趋势是什么，以及它对媒介理论的意蕴，特别聚焦于第四章中提出的关于“差异化”的辩论。

自由主义模式的胜利

自由主义模式无疑在整个欧洲和北美已经越来越具有主导性——如

同它在世界的许多地方一样。在很大程度上，它的结构、实践和价值观正在取代我们在先前几章中探究的其他媒介体制的结构、实践和价值观。然而，需要给这种说法增加重要的限制条件；如同我们稍后会看到的，存在着显著的“反向趋势”：它们限制了自由主义在许多国家的扩
252 散，或者甚至改造了这种模式本身。但是一般而言，将欧洲媒介体制的种种变化概括为朝向以其最纯粹的形式盛行于北美的自由主义模式的转变是合理的。

党报和其他与有组织社会群体相联系的媒介——首要目标是动员集体行动和干预公共领域，曾经在民主法团主义和极化多元主义体制中扮演了重要角色的媒介——与商业性报纸相比其市场份额减少了，后者的目标是通过向个人消费者投放信息和提供娱乐以及向广告商投放消费者的注意力来赚取利润。举民主法团主义体制的一个典型例证：在芬兰，在政治上结盟的报纸的市场份额从 1950 年的 70％下降到了 1970 年的 50％，而 1995 年则不足 15％（Salokangas 1998：98）。论战性的写作文体的争议与“盎格鲁—撒克逊模式”的实践相比呈现出此消彼长的态势：后者的特点表现为新闻与评论分离，侧重信息、叙事、煽情和娱乐，而不是观点。一种基于“客观性”和政治中立的新闻专业主义模式越来越具有主导性。

在广播电视领域中，20 世纪八九十年代的“商业大潮”已经取代了上一个时代公共服务的一统天下，它支持商业性媒介在其中越来越具有主导性的混合体制。广播电视从一种市场力量在其中扮演微不足道角色的政治和文化公共机构被改造成了一个以市场力量为中心的产业，甚至对于必须为维持受众份额而战的幸存的公共广播电视台来说也是如此。广播电视新闻事业的多种风格已经从以政党体制为中心的信息形式转向了首创于美国的戏剧化、个人化和通俗化的风格（Brants 1985，1998）。与此相似，电信产业也自由化了。

政治传播类型也已经被改造，从如同旧的报纸体制那样植根于一些有组织社会群体、以政党为中心的类型，转向了涉及将政党及其领袖推销给个人消费者大众、以媒介为中心的模式。像报纸一样，政党倾向于模糊它们的意识形态和与特殊社会群体和利益集团之间的关联，以吸引尽可能广泛的选民——它们倾向于成为“包罗万象型”政党。政治越来越“个人化”，或者说“总统化”，因为对于一个政党的形象和号召力来

说，政党领袖个人变得越来越具有中心性。政治也“专业化”了，因为政党和选战已渐渐地不再由普通党员和积极分子操纵——其人数正在减少——而是经常由从媒介世界吸收的政治营销专家操纵。贝卢斯科尼的 253
意大利力量党是这一类型的最纯粹例证——该党最初建立时没有党员，政治和媒介专业人士在其中扮演关键的管理角色，而这仅仅作为领袖个人的营销工具而存在；但是，这种倾向是普遍的，例如，托尼·布莱尔的新工党或格哈德·施罗德（Gerhard Schröeder）的社会民主党也证明了这一点。最后，政治更以媒介为中心，因为作为议程设置者，作为集会和积极分子造势的“零售”政治，大众媒介变得越来越独立了，而在某些国家，优待首先给予针对大规模受众的以电视为中心的造势。适用于大选的东西一般也适用于涉及治理过程的传播。

这些变化可以概括为：在民主法团主义和极化多元主义模式中都与政治体制关系密切的欧洲媒介体制，正在日益与政治性公共机构分离。用结构功能主义理论的语言来讲，媒介体制与政治体制的这种“差异化”是自由主义模式的首要特征之一，并且在北大西洋国家的出现时间要比欧洲大陆早得多。媒介与政治体制的“差异化”并不意味着媒介失去了与政治世界的所有联系。的确，常见的论点是，随着媒介变得更加独立于政党和其他政治行动者，并随着后者丧失了形塑文化和意见的能力，媒介已经开始在政治过程中扮演越来越重要的角色。事实上，差异化意味着媒介体制越来越根据自己的独特逻辑来运作，在相当程度上取代了曾经相联系的政党政治和在有组织社会利益集团之间讨价还价的逻辑。如同马佐莱尼（Mazzoleni 1987）所说，一种独特的“媒介逻辑”越来越超越受制于政党和政治领袖需要的“政治逻辑”，后者曾经主导欧洲的传播过程。

要将差异化概念作为理解欧洲媒介体制变革的工具，那是困难重重的。首先必须处理独特的“媒介逻辑”概念的重要的模棱两可，这种模棱两可关乎它本质上是一个**专业**术语还是商业术语；我们会在本章结尾看到，要解释社会和政治**权力**有重重困难，而它们是产生差异化概念的结构功能主义视角所特有的。尽管如此，认为欧洲的媒介体制已经越来越分殊于政治体制，并且在这方面开始与自由主义相像，这种想法是开 254
启融合过程讨论的一个好方式。

是哪些力量在推动媒介体制的同质化，或者说推动它们向自由主义模式融合？大多数解释聚焦于“美国化”和“现代化”，它们依次与全球化和商业化有密切关系（Negrine and Papathanassopoulos 1996；Swanson and Mancini 1996；Blumler and Gurevitch 2001）。我们将试图阐明这四种过程——以及我们将称之为世俗化的第五种相关过程——怎样影响了欧洲的媒介体制以及它们之间是怎样相互联系的。我们将从“美国化”开始，并且更一般地从考察同质化的种种外生力量开始，那就是推向与自由主义模式融合的方向的欧洲社会以外的力量。然后，我们将转向内生因素，包括欧洲社会和政治的“世俗化”以及欧洲媒介的商业化。本章最后两节将聚焦于同质化过程的局限和反向趋势，聚焦于现代化和差异化概念。

同质化的外生力量：美国化和全球新闻文化的发展

自从 20 世纪 60 年代末以来，“美国化”概念一直是分析欧洲媒介体制变化的一个受欢迎的起点，当时文化帝国主义视角将注意力集中于美国的文化力量及其对全世界媒介体制的冲击（Schiller 1969，1973，1976；Boyd-Barrett 1977；Tunstall 1977）。这个视角明显捕捉到了这个过程中的一个重要部分。不仅欧洲的媒介和传播过程在重要的方面开始与美国的类型相像，而且有美国的直接影响的证据，它起码始于 19 世纪晚期，当时美国新闻事业的种种形式被广泛模仿。这一类型在两次世界大战之间随着好莱坞和美国通讯社实力的增长而继续发展，并在第二次世界大战后随着美国成为世界政治、经济以及文化盟主而加速（Schou 1992），并且在一些方面随着 20 世纪 80 年代全球转向新自由主义而进一步加速。我们一般将今天的“美国化”与新自由主义的保守性
255 影响相联系，但是如同若干学者所指出的那样（如 Gundle 2000），欧洲的左翼文化还受到“美国梦”的强烈影响。

文化帝国主义理论所描述的过程本质上是**外来**影响之一，涉及一种文化被另一种输入型文化取代。我们将争辩说，事实上欧洲媒介体制的种种变化首先由欧洲社会**内部的**变化过程驱动，尽管这些变化与欧洲国家融入全球经济一体化相联系。然而，外来力量显然是这个景象中的一个重要部分。我们将以对美国影响的较充分讨论和一种全球新闻文化据

以发展的较广泛过程开始——包括技术的影响——然后转向常常被称为"现代化"的变化的内部过程。

如同我们在先前各章中已经看到的那样，国际影响力从一开始一直是媒介史的一部分：南欧媒介深受法国的影响，而北欧各国之间的强烈互动对它们媒介文化的形成具有中心地位。这种影响力是多向移动的，例如，德国新闻事业对美国媒介一直有显著影响。约瑟夫·普利策（Josef Pulitzer）在开办英文报纸之前曾供职于美国的大型德文报界，而20世纪30年代迁往美国的德国摄影新闻工作者对美国的摄影新闻事业有重要影响（正如同一时期在好莱坞的欧洲电影制作人一样）。如同我们所注意到的，美国对欧洲媒介的影响最少可以上溯到19世纪后期。例如，我们在第五章看到，新兴的法国大众报界显然受到了美国人的影响，最重要的报纸之一《晨报》为一个美国人所有，他说该报将是一份"独一无二的报纸……它将没有任何政治偏见……一份刊登准确的电报体新闻的世界性报纸"（Thogmartin 1998：93－94）。舒德森（Schudson 1995）表明，采访实践是由美国记者向欧洲扩散的。

第二次世界大战后，随着美国成为主导性的政治和经济强国，其影响力明显加强了。这并不是一桩简单发生的事情。如同布兰查德（Blanchard 1986）所指出的，这是美国报纸主编协会和美国国务院向全世界推广美国的新闻自由和新闻专业主义概念这一有组织努力的结果。"新闻自由运动"的首要目标是重建经历了法西斯主义的欧洲各国的民主，以及推进针对苏联集团的政治模式的遏制政策。一个重要的表现是 256
盟国在占领期间对德国、奥地利和意大利的媒介体制施加的影响。与此同时，这一运动总体上巩固了美国通讯社和大众媒介的影响范围和市场。布兰查德所描述的这场"运动"很大程度上聚焦于国际机构——联合国和联合国教科文组织（UNESCO）——并在表面上取得了有限的成功，因为美国的建议经常被否决。尽管如此，它确实为变得越来越占据领导地位的自由主义媒介原则的散播做出了贡献。

如果说20世纪四五十年代的"新闻自由运动"与反法西斯斗争和接下来的冷战的政治目标有关，那么其他计划和社团则是媒介产业日益全球化的结果。市场不得不被渗透和扩张，有一种这样的需求：针对这些市场的信息、协调开发这些市场的计划以及适合这些市场发展的条件——包括政治和文化条件——的完善。一个追求这些目标的社团就是世界报业协会，它成立于1948年，现有71个国家的报纸协会作为成员，它将它的目标描述为：

(1) 捍卫和促进新闻自由和报纸的经济独立，以此作为新闻自由的基本条件。

(2) 促进不同地区和文化的报纸经理人之间的沟通和交往，进而为报纸出版做贡献。

(3) 促进其成员组织——无论是全国性的、地区性的还是世界性的——之间的合作。

世界报业协会通过培训项目、会议、出版物和游说国际机构和各国政府来追求这些目标。1981年通过的《报纸实践规约》(Code of Newspaper Practices) 明显反映了新闻自由和专业主义的自由主义观念的影响。其第一点重申新闻自由的基本原则；第二点重申不偏不倚的要求；第三点重申新闻与评论的分离；一直到第十一点：它重申报界免于“无
257 论是政府、政党、商业利益还是个人施加的”每一种外界压力的独立性。政治与新闻事业的共生就这样被支持新兴的媒介自由这一自由主义“常识”的全球商业性报纸产业拒斥了，而这种共生一度反映了民主法团主义和极化多元主义模式的本质特征；这在很大程度上就是麦奎尔(McQuail 1994) 所称的“国际媒介文化”。

世界报业协会的角色就是滕斯托尔 (Tunstall 1977) 以下论点的一个范例：美国对世界媒介文化的影响一部分源于美国在“知识生产”中扮演的关键角色。到第二次世界大战结束时，正式的新闻教育和传播学学术研究在美国发展得相对强劲。这些机构产生了大量连贯的、便于输出的学说，它们聚焦于最终对欧洲和世界媒介文化具有深远影响的新闻自由的观念和中立性专业主义的理念。[①]《传媒的四种理论》对全球媒介学术研究和教育的影响——如同我们在第一章所认为的，这是一种甚至阻碍了其他媒介体制的理论概念化的影响——是滕斯托尔观点的一个范例。巴恩赫斯特和内罗恩 (Barnhurst and Nerone 2001：276) 在对报纸设计的美国化的一个分析中同样发现：“美国顾问们将现代主义形式

① 德雷克和尼古拉蒂斯 (Drake and Nicolaidis 1992) 以类似方式显示，20世纪80年代国际电信体制的转型是如何源于西方国家的专家运用新方法去理解电信业而使其从事生产的。

吹捧为地方新闻事业和广告的高效传输者，进而扩散他们的设计敏锐性。为了支撑他们的论点，他们可能需要易读性研究（legibility research）和心理学原理貌似中立的支持。”（巴恩赫斯特和内罗恩进一步认为，美国的设计技巧体现了一种关于报纸作为市场机构而不是政治世界的机构的角色的特殊的、自由主义的意识形态。）

关于新闻教育，并没有多少系统性研究，尤其是比较性质的研究。但是，似乎确实有可能的是，美国新闻教育的种种模式在改变全世界新闻文化方面已经扮演了重要角色。有一种让正式的新闻事业培训发挥更大作用的显著趋势。这本身就是显著的——甚至与教育的内容无关——因为一种面向新闻工作者的独特教育轨迹的发展，几乎不可避免地会促进一种首先不同于政党政治的新闻文化的发展。此外，我们认为有可能 258
的是，新闻教育的内容强调的恰恰是世界报业协会所侧重的关于媒介角色的概念[①]。斯普利查尔和斯帕克斯（Splichal and Sparks 1994）似乎也持这种意见，他们在总结对 22 个国家新闻教育的研究时强调，在一定的先决条件下，由于共同的教育实践，新闻事业正在从技艺转变为专业。在一本基于对新闻工作者的调查的著作中，韦弗（Weaver 1998）也强调了正式教育在创造一种全球新闻文化方面的重要性。

世界报业协会早年深受美国报纸发行人的影响，但其后来在很大程度上变成了一个国际机构；它的例子还说明了一种在全球性媒介文化发展中的另一个显著的力量，即全世界新闻工作者之间的强烈互动，到如今它已经变得远比“美国化”广大。这发生在多种语境下。以巴黎为基地的世界报业协会组织新闻工作者和其他媒介人员的国际聚会，许多其他组织扮演着类似角色，包括由许多欧洲的新闻学院和研究所建立的欧洲新闻事业培训协会（European Journalism Training Association）。在报道世界性事件或国际机构时，新闻工作者也强烈互动着（Hallin and Mancini 1994）。这种互动并没有自动产生“同质化”；针对在布鲁塞尔报道欧盟各机构的新闻工作者的研究，一直强调他们的报道继续受各国

---

① 当我们在多特蒙德大学新闻学院呈现我们的研究的一个早期版本时，我们的东道主格尔德·科佩尔（Gerd Kopper）强调，中立性专业主义的自由主义概念正是那里的学生所学习的东西。

政治议程支配的程度。[①] 但是这种互动的确导致了技巧、实践和价值观的散播，同样地，各国新闻文化随着新闻工作者们集体报道新兴的各国政治机构而开始发展。这种互动也以一种更加媒介化的方式来进行，通过全球性的信息流动而发生。新闻工作者是全球性媒介的重量级消费者，而它们中有许多以美国和英国为基地，这既因为它们代表了强有力的大型媒介组织，也因为它们使用英文——国际性的《先驱论坛报》(*Herald-Tribune*)[②]、《金融时报》(*Financial Times*) 等全球性商业报
259 界的代表[③]、有线新闻电视网 (CNN) 以及既有电台又有电视的英国广播公司世界服务部 (World Service)。新闻工作者还着重使用国际新闻代理机构，包括通讯社以及路透社电视部 (Reuters TV) 和世界电视新闻社 (Worldwide Television News) 等全球电视代理机构。全球性的新闻共享因技术的发展和商业化而逐渐增加，新的信息技术的发展使得新闻工作者只需要按下按钮就可以轻易获取来自全世界的信息，而商品化将低成本新闻采集列为优先事项。这一切易于推广新闻工作者角色的共同观念——水门事件神话对全世界新闻事业的影响就是一个完美的例证——以及新闻呈现的共同风格。

我们在此聚焦于新闻事业，但是类似的过程已经在媒介和传播实践的其他领域发挥过作用了。例如，布卢姆勒和古雷维奇 (Blumler and

---

① 这一研究中的许多内容由施莱辛格 (Schlesinger 1999) 概述。施莱辛格注意到，欧洲化的新闻报道主要是为一个高度精英型的受众群生产的，而诉诸大众型公众的媒介追随全国性政治议程。

② 里费尔 (Rieffel 1984：114) 注意到了《先驱论坛报》对法国新闻工作者的影响。近期，美国影响力的一个有趣例证是，《世界报》开始向其读者提供《纽约时报》的某个版本作为增刊。

③ 商业报界是最为全球化的媒介部门。这并不令人惊讶，因为资本以新闻媒介覆盖的政府或其他社会生活领域做不到的方式全球化了。世界商业报界还明显地由盛行于自由主义国家的新闻事业风格所主导。这部分是因为如此众多的玩家以自由主义国家为基地——《金融时报》、道-琼斯公司 (Dow Jones)、路透社、彭博资讯 (Bloomberg)。它可能也与以下事实相联系：商业新闻事业在很大程度上一直是信息性的，可上溯到报界的最早时期。对于市场参与者来说，提供他们需要的据以做出决定的信息在相当程度上是报界的功能。当然，商业报纸也确实被用来提出观点——例如推销新自由主义——并作为围绕政治议题开展辩论的论坛。但是因为商业共同体——就像自由主义模式的国家——以关于基本意识形态假说的高度共识为特征，对于“客观的”呈现风格来说，占据主导地位是容易的。

Gurevitch 2001：400；参见 Plasser 2000）注意到，在 1996 年和 1997 年大选选战期间，“英国工党和克林顿团队的专家们互相观摩，共享他们的战术专长……”

技术的角色

技术可以说是走向同质化的另一股“外来”力量。在《早期现代欧洲的印刷革命》（*The Printing Revolution in Early Modern Europe*）最有趣的篇章之一中，伊丽莎白·爱森斯坦（Elizabeth Eisenstein）(1983) 确立了一个最先由麦克卢汉强调的观点，指出印刷机的发明如何产生了一个标准化的过程，这在接下来的几个世纪中影响了文化和社会的许多方面。写作风格和字体以及在书籍的语境下被提出的许多社会实践（爱森斯坦用时尚作为一例）易于向每一个印刷工业普及的国家扩 *260*
散。爱森斯坦的分析提醒我们，每一种技术革新最终都会导致个人和社会公共机构的大范围改造。人们倾向于采取行为、形式、结构，以及在这种情况下与新技术相联系的传播过程，这种影响经常跨越不同的社会语境而产生共同的实践文化。戈尔丁（Golding 1977：204）在对新闻专业主义的西方实践向发展中世界扩散的分析中提出了类似的论点：“专业主义转向与技术转向相平行，这也许可以被理解为技术依赖的问题。”

技术的影响当然不能与技术在其中被改造和实施的社会语境相分离，我们不能夸大大众传播技术的标准化作用。例如，印刷机当然散播了许多传播实践，但是正如我们已经看到的，形式大为不同的印刷媒介发展于我们已经在此研究的不同政治语境，并且它们的消失在很大程度上明显归因于经济和社会政治的力量，而不是印刷媒介的任何变革。尽管如此，同质化过程无疑与技术革新相联系。首先，电视技术的发展通过使广播电视跨国播出更加便利和增加频道，在瓦解现存媒介结构方面明显扮演了重要角色，我们将在下文中进一步探究这种发展的意义。在许多方面，技术增加了媒介内容可以超越国界地被共享的便捷性，世界各地的新闻工作者能在他们的电脑屏幕上近用相同的语词和图像集成。当然，通讯社一度曾扮演这个角色，提供了以独特的文风语体写成的新闻，制造了一种独特的新闻采集实践。20 世纪的主导性通讯社都是英国的，它们在扩散新闻事业的自由主义模式方面扮演了极其重要的角色。另一个更为新近的例证是一项类似于“埃维莉娜”（Evelina）的服务，它是由欧洲广播电视联盟（EBU）打造的，它提供根据共同标准摄制的图像，并将其提供给每一个欧洲用户。就扩展共同程序和技能而言，有线新闻电视网（CNN）显然是另一个强大的工具，正如互联网一样。

261 新闻专业教育的成长有可能与技术变革相关联。随着书写工作日益被多媒体呈现方式所替代，制作与新闻工作的界限变得模糊了，而技术开始在新闻实践中扮演中心角色。在这种语境下，一名新闻工作者就政治不得不表达的陈述，不如她或他能否创作出迷人的电视叙事或在电脑屏幕上创作出具有吸引力的视觉展示来得要紧。这创造了新闻工作者专门化培训的新需求，并有可能创造出一种与各国政治文化相对分离的全球性技术专长文化。类似的过程也发生在政治传播的其他领域，例如在政治选战中，电脑的使用类似地产生了对标准化技术专长的需求。技术革新带来的同质化主要涉及较年轻的专业人士，他们更多地接触创新，更有可能已经接受了侧重实际应用的专门化培训。这也许是较老的与较年轻的新闻工作者之间经常存在代沟的一个原因，前者的职业关切围绕他们所在的新闻组织的政治路线而演化，而后者更加关心其工作的“严格的专业性”特征（如 Ortega and Humanos 2000：158）。

变革的内生力量：“现代化”、世俗化和商业化

欧洲媒介体制所受的外部影响显然一直扮演了重要角色。然而，正如我们在先前各章中试图说明的那样，在欧洲演化出来的媒介体制——在许多方面非常不同于北美的媒介体制——深深植根于特殊的政治历

史、结构和文化中。似乎并不可信的是，它们会在不发生政治和社会的显著变革的情况下转型。欧洲的媒介专业人士没有立刻或直接采取美国的形式。在某种程度上，自由主义媒介体制的**意识形态**其实是在不改变新闻事业或其他媒介的**实践**的情况下扩散的。我们一直总是感到困惑的是，新闻工作者表达对“客观性”这一全球性观念的忠诚是多么常见，尤其是在南欧，另一方面他们又以一种与美国或英国的政治中立理念非常不合拍的方式实践新闻事业。帕帕萨纳索普洛斯（Papathanassopoulos 2001）对希腊新闻事业转型的分析与这一观察是一致的。自由主义 *262*
媒介实践的较深度的穿透，只有在欧洲媒介和政治体制转型使得这些实践越来越关系重大和恰如其分时才会发生，并在更深刻变革的语境下才能被理解。因此，我们现在转向欧洲媒介体制中正在发生的内部变革的根本性过程。

理解更深刻变革过程的最常用方法之一是使用“现代化”的术语。派伊（Pye）[1] 在其1963年的经典著作《传播与政治发展》（*Communications and Political Development*）中写道：

> 在任何社会中，只有一小部分的政治传播源于政治行动者自身，而这个比例随着现代化中越来越多没有权力的参与者加入传播过程而下降。从根本意义上说，现代化意味着一个传播者专业阶层的崛起……专业化传播者的崛起……与一种客观的、分析性的和无党派的政治观点的发展有关。（参见 Fagen 1966：78）

派伊的观点与结构功能主义相关联，它认为社会倾向于朝着社会公共机构的更大的功能专门化，以及这些公共机构彼此间在其规范、实践和象征身份上的更大差异化的方向演变。对于帕森斯等结构功能主义者来说，专业主义是这个过程的中心。差异化的概念显然确实抓住了欧洲媒介体制变革中的一个重要部分。正如吉登斯（Giddens 1990：21）所

---

① 即卢西恩·W·派伊（1921—2008），中文名白鲁恂，美国政治科学家、汉学家。生于中国山西汾州，1951年在耶鲁大学以论文《20世纪20年代的中国军阀政治体制》获博士学位。擅长比较政治研究，在麻省理工学院任教长达35年，曾任美国政治科学协会会长。——译者注

言，如果现代化意味着“脱域”（“disembedding”）①，即“社会关系从彼此互动的地域性关联中，从跨越无限时空的重构中‘脱离出来’”，那么说欧洲媒介体制变得越来越“现代化”是有一定道理的。与此同时，如同现代化的概念通常被理解的那样，它在许多方面都是成问题的：不仅包含对某种特定模式的普世优越性的可疑的规范性假说，而且就朝向更大的差异化的非线性转变而言，描述在此涵盖的国家的媒介体制的变革也是有实际问题的。在本章的最后几节，我们将详尽地加以探究。因此，我们建议从更加中立和明确的世俗化和商业化的概念开始。

大众媒介与世俗化

263 自马克思、韦伯和涂尔干开始，对于理解现代性而言，“世俗化”就一直是基本概念。在此我们用它意指公民与对宗教和意识形态“信仰”的依附的分离，以及基于这些信仰的、曾经结构化欧洲社会生活的广大部分的公共机构的衰落。恰如教会现在再也不能控制社会化以及如今被引向信仰领域之外的价值观和公共机构的民众的行为，使政治秩序结构化的政党、工会和其他公共机构——李普塞特和罗坎（Lipset and Rokkan 1967）曾经称之为基本上“被冻结的”——再也不能主导公民的共同体生活了。欧洲的政治秩序曾经是围绕这样的社会公共机构而组织起来的：它们植根于以广泛的社会分野——尤其是社会阶级和宗教的分野——为基础的意识形态承诺。个人与这些群体的联系对其身份和物质福利来说都是中心性的。这些公共机构也在构造公共领域、创造和流通文化和政治符号以及组织公民参与社区生活方面发挥着广泛功能。我们所说的世俗化意味着基于这些公共机构的政治和社会秩序的衰落及其被一个更为碎片化的、个人化的社会所取代。随着政党、工会、教会以

① “脱域”一词由英国知名社会学家安东尼·吉登斯在《现代性的后果》一书中发明，用以说明传统在现代社会中的境遇。他将“脱域”机制看做现代性的重要特质之一，认为在现代社会的条件下传统与现代之间存在一种根本性的“断裂”。——译者注

及类似的公共机构的总体性衰落，大众媒介以及许多其他社会化中介机构变得越来越自主，并开始接管它们所行使的许多功能。

荷兰社会的“去支柱化”可能是这种变革的经典例证。如同我们在第六章看到的那样，支柱化是全民分化为基于宗教或政治派别的有组织的子社区。荷兰的支柱包括多种多样的公共机构——学校、医院、社交俱乐部、福利机构和大众媒介——它们履行了广泛的社会功能，包括生产象征意义、“整合利益”和组织政治决策、组织闲暇时间、提供社会福利等等（Lijphart 1968，1977，1999；Lorwin 1971；Nieuwenhuis 1992）。在传播领域，某一个人可以在单一支柱的公共机构所构造的再现流之内度过他或她的一生。到 20 世纪 70 年代，这种结构崩解了，“普通荷兰公民主要成了个体消费者，而不是一个特定宗教或政治部门的追随者”（Nieuwenhuis 1992：207）。

一个类似的过程已经发生在意大利，该国的两大政治亚文化，即基 264
于根深蒂固的宗教和政治信仰的天主教亚文化和共产党亚文化，曾经同时代表这个国家政治权力和最重要的社会化机构的主要工具。天主教亚文化与天主教会、它的慈善组织和人际网络的结构在本质上相关联，尽管不是唯一的关联。天主教民主党是它的政治部门。共产党亚文化是在第一批工会和工人团结组织的基础上建立的。与共产党相关联的是许多活跃在不同领域的其他组织：社会团结、体育、文化、休闲、教育、媒介等等（Galli 1968；Sani 1980；Trigilia 1981；Mannheimer and Sani 1987）。如同在荷兰一样，在意大利——尽管更为晚近——这两种亚文化及其组织的重要性都下降了。贝卢斯科尼的意大利力量党在与选民的联系上几乎完全依靠大众媒介，它的诞生和胜利是对这种下降——以及媒介相应扩大了它们的社会角色这一趋势——的有力说明。

在斯堪的纳维亚国家，农业的、保守主义的、自由主义的和社会主义的政党，与工会一道曾经渗入社会的许多领域，但是都已经大大衰落了。关于“从集体主义的到个人主义的政治文化”转向的一个有趣说明和它对新闻事业的影响，可以在对 1925 年到 1987 年瑞典新闻媒介的一项内容分析中发现（Ekecrantz 1997：408）；它发现，在较早的几十年的新闻话语中，**我们**这个词的使用比**我**这个词的使用更频繁，而到20世纪80年代这个关系却颠倒过来了。人们可以就本书所涵盖的大部分国家讲述类似的故事，尽管存在地方性变异。

政党衰落与“世俗化”过程密切相关，并且这种衰落对理解媒介体制变革尤其重要。关于“政党衰落”有大量文献，一些辩论围绕它是否或在什么意义上发生。有些人认为，政党并没有在其功能“被现代化”和被窄化方面如此衰退，并且既然它们已经专业化，以及与工会等公共机构的关系已经分离，因此它们在大选期间在动员选民方面实际上更为有效。有些人则认为，与其一般性地谈论“政党衰退”，我们需要特别审视传统的“大众型政党”衰退，它在欧洲20世纪的较长时期内和在美国的一个较早时期以一种较早形式强大一时（Panebianco 1988；Mair
265 1990；Katz and Mair 1994）。大众型政党充当了代表和维护社会和经济利益集团、“整合利益”和形成共识的中心工具，并借助它们的组织据以建立的人际网络充当了重要的传播结构。在大众型政党的其他功能中，它们负责生产社会表征和形象。为了行使这一功能，它们拥有和控制报纸，在这些报纸中工作的新闻工作者有义务散布和维护党的观点。新闻工作者的信息采集、写作和与读者互动的实践，在相当程度上植根于意识形态框架和他们所属的以政党为中心的社会网络。他们集新闻工作者和政治人物于一身，根据因国家而异的政治文化形塑的实践模式而行动——因此，我们已经发现了各国媒介体制之间的实质性差异。

意识形态一致并植根于不同社会群体的大众型政党的衰落，以及它被主旨不是代表群体和意识形态，而是征服选举市场份额的“包罗万象型”或“选举型—专业型政党”所取代，这种情形在政治科学中被广泛记载下来（Kirchheimer 1966；Panebianco 1988）。曾经存在于政党和公民之间的稳定的心理学和社会学联系已经在这次转型中被削弱了。党员人数已经下降了（教会教友和工会会员也是这样），至少在许多案例中对党的忠诚下降了，根据与政党的一致性或根据在选举行为中党派性的连续性来衡量都是如此。投票人数在许多国家下降了。“当党派性与阶级和宗教紧密联系时，社会和政治认同的交汇为政党认同者的聚集提供了非常强大的鼓励。然而，这些联系近年来衰减了……”（Dalton and Wattenberg 2000：66）曾经将政党与公民联系起来的“草根”政治组织萎缩了，而关注媒介和营销的专业班底成长起来。领袖个人对于一个政党的吸引力来说越来越重要，而意识形态和群体忠诚变得越来越不那么重要。

反过来，大众型政党的疲弱与一个更广泛的社会变迁过程相联系，这其中包括大众型政党据以建立的社会和经济断裂的弱化或碎片化（Panebianco 1988）。社会分化的清晰线条最初在马克思主义理论中受到 266
强调，有人认为，随着大众型政党已经失去了它们的社会基础，这些线条后来在战后的比较政治学文献中衰减为正在逐渐消失的点。有特定经济需求的社会群体的激增变得越来越重要，使得雇主与工人、地主与农民之间的区分不那么相关了。这个变化的一个重要因素是，传统工人阶级组织植根其中的制造业衰落了，并被成长中的服务部门所取代。也许非常具有根本性的是，欧洲经济扩张了，而消费社会影响的增加和成长似乎有可能导致对个体经济成功的日益重视，而不是对群体利益的政治维护。对经济成长效应的一个不同的、尽管未必是不相容的诠释是英格尔哈特（Inglehart 1977）的论点：自由民主社会的富裕和稳定导致了“后物质主义价值观”的兴起。政治文化的这一变革被视为削弱了作为旧的政党体制基础的意识形态分野，并使个人越来越不愿意顺从传统组织的领导。反过来，也许这与提出了跨越传统政党界限的议题的新社会运动兴起有关。

被英格尔哈特引述的这些相同因素——富裕和在资本主义经济的语境中议会民主的巩固——也许还是意识形态极化显著下降的原因。有证据表明，政党之间的意识形态差异减小了（Mair 1997），尽管随后我们将看到也许还有反向趋势，并且它未必被假定为这样的差异将继续无限减小。这与保守主义政党对福利国家广泛纲领的接受和左翼政党对资本主义和自由民主的接受有关。这一转变的一个重要象征是在 20 世纪 70 年代的意大利将共产党结合进政治权力分支的“历史性和解”。至于荷兰——该国的各种亚文化在草根层面上有各自的公共机构——这类“多元”社会的文献经常被注意到，这些共同体的领导层习惯于民族国家公共机构层面上的合作和妥协。

对欧洲政治体制变革的一些解释还指向教育发展，逐渐发展的教育可能导致选民们独立寻求信息，而不是依赖政党领导层。在一些解释
267 中，这与基于政党的投票和群体忠诚到基于议题的投票的转向有关。一些人还提及，恩宠庇护体制衰落了，这部分是因为经济一体化——尤其是因为欧洲货币联盟（European Monetary Union）的形成以及它对政府预算施加的压力——削弱了政党向它们的积极支持者提供物质刺激的能力（Kitschelt 2000；Papathanassopoulos 2000）。因移民而兴起的人口统计学团体也有可能已经削弱了旧秩序，这既是因为新移民未被整合进基于群体的传统社会结构中，也是因为导致传统追随者变节的移民行为引发了紧张关系。

最后，许多人一直认为，通过将决策重心从政党支配的全国政治领域转移开来，全球化和经济一体化最终削弱了政党。如同贝克（Beck 2000）所言，民族国家曾经是决策和其他在大多数生活领域影响着公民的社会过程的“容器”。民族国家今天已经渐渐失去了这种“容器”角色，而影响其公民的许多决定是在超国家层面上做出的，解除了国家和政党、组织和代表公民利益的利益集团的权力。崛起中的全球经济体的种种限制迫使政党放弃鲜明的政治立场，而这样的立场曾经界定了它们的身份，今天还阻碍了它们向其选民输送好处的能力。这些限制在许多案例中还特别强有力地推进了媒介政策的一致性，并经常破坏先前存在的国家、政党和媒介之间的关系。因此，加拿大感到了放弃保护民族文化产业的压力，而斯堪的纳维亚国家则感到了解除广告管制的压力。同时，西班牙依侍主义类型的政治联盟受到以下事实的瓦解：公司可以诉诸布鲁塞尔以推翻在马德里做出的管制裁决。

媒介体制变革：原因还是结果

本章开头概述的欧洲媒介体制的种种变革——尤其是向包罗万象型

媒介、向基于政治中立的新闻专业主义模式的转变，以及向媒介取向的政治传播形式的转变——肯定与世俗化的这一过程相联系。但是，哪一个是尾巴，哪一个是狗？媒介体制的变革只是这些社会和政治变革的一个结果，还是它扮演了某种独立角色？在很大程度上，媒介体制的变革 268
当然是先前概括的根深蒂固的种种过程的一个结果，这些世俗化过程已经削弱了与它们相关的大众型政党、群体团结和媒介体制的社会基础。然而，显然同样真实的是，媒介体制内部的变革过程一直是有效的，并且似乎相当可信的是，欧洲媒介体制的变革对世俗化过程做出了贡献。常见于关于欧洲政党衰落的文献中的，是将媒介体制指认为一个关键性的变革源泉：

> ……新技术和……大众传媒的变革……已经使政党领袖能够直接吸引选民，从而削弱了对组织性网络的需求……（Mair 1997：39）
>
> 日见增多的是……媒介已经接管了［信息和监督功能］，因为它们被认为是无偏向的信息提供者，且电子媒介已经创造了更为便利和普遍的传送系统……通过媒介来增加政治信息的可获取性已经降低了做出明智决定的成本。(Flanagan and Dalton 1990：240 - 242)
>
> 大众媒介正在承担曾经由政党控制的许多信息功能。大众媒介不是在选战集会上或从政党游说者那里了解大选，它们已经成为选战信息的首要来源。此外，为了回应大众媒介的扩张，政党已经明显改变了它们的行为。在居民区游说、集会和其他直接接触的活动上，政党已经有一种减少其投入的趋势，而在通过媒介开展选战上投入了更多的注意力。(Dalton and Wattenberg 2000：11 - 12)

在这些解释中表现得最强劲的要素是电子媒介的兴起，这被认为削弱了政党的作用，而且还会削弱教会、工会和其他社会化机构的作用。然而，如同我们在先前各章中看到的，电子媒介在欧洲最初是在政治权威之下组建的，而在大多数体制中，政党对广播电视有相当大的影响力，如同某些体制中的“社会相关群体”的影响作用一样，而其中最引人著目的是德国。因此，一个人本来也许可以指望电子媒介巩固而不是 269
削弱政党和有组织社会群体的传统作用。然而为什么这没有发生呢？

对电视影响的一个解释由维格博尔德（Wigbold 1979）提供，它聚焦于特别有趣的荷兰案例。在荷兰，广播电视遵循适用于报界、教育和其他文化机构的支柱化模式而组建。荷兰社会每一个不同的社群都有各自的广播电视组织，恰如它们在传统上有自己的学校和报纸一样。一个人本来可能会想，通过扩展其对某种强有力新媒介的接触，荷兰社会的各个支柱本来会变得更为稳固。然而，去支柱化在历史上显然与电视的兴起同时发生。维格博尔德做出论断说，荷兰的电视“摧毁了它自己的基础，像这些基础一样植根于（它）曾经帮助改变的社会”（230 页）。

他的论证有三个部分。第一，他认为尽管存在各个分立的广播电视组织，电视还是打破了各个支柱的分离性：

> 在这样的国家，电视必然有巨大的影响力：不仅是起居室，而且教室、工会会议室、青年旅馆、足球场和舞蹈学校的门统统对陌生人关闭……它与持有观点、想法和意见而又被与之隔离的群众对峙……除了关机这种困难的权宜之计以外，既没有办法，也无藏身处。电视观众甚至不能转到第二个频道，因为没有这样的频道……天主教徒发现社会党人不是他们一直被警告的危险的无神论者，自由党人不得不得出结论说，正统派新教徒不是他们认为的那种偏执者。（201 页）

第二，他认为在 20 世纪 60 年代早期，电视新闻工作者在本质上转向与他们先前顺从的既成机构领导者们建立更为独立和更具批判性的关系。

第三，作为包罗万象型政党的广播电视的替代品，一个新的广播电视组织——电视和广播播出基金会——在 20 世纪 60 年代末成立：它起
270 家时是一家海盗电台，提供轻娱乐，“是基于……向有话要说的群体提供播出时段的广播电视体制的对立面”（225 页）。[1] 电视和广播播出基金会曾经充当走向同质化的一股强大力量。

---

① 1965 年，播出时段的分配规则改变了，以强调每个广播电视组织历经考验的成员的数目，提高建立受众群的重要性和减少支柱关联性的重要性（Van der Eijk 2000：311）。

当然，荷兰的案例在许多方面是独特的。但是，这些因素中的每一个都似乎有可能与欧洲大多数国家相平行：电视**扮演共同基础的**角色，**批判性新闻事业**和**商业化**的发展。这些趋势不仅常见于整个欧洲的广播电视中，而且与印刷报刊的变革——在某种程度上反映了电视对印刷报刊影响的变革——密切相关。在下一节我们会讨论前面两个主题：作为共同基础的电视和作为“批判专家”的新闻工作者，接下来的一节会处理商业化这一至关重要的和复杂的主题。

电视作为共同基础

在整个欧洲，广播电视组建于政治权威之下，并经常结合了自政治世界吸取的比例代表制原则。然而，似乎可以确信的是它充当了社会和政治的共同基础，对削弱意识形态各异的亚文化发挥了某种作用。它是高度集权化的，在第二次世界大战之后的大多数时间里有一到三个（电视和广播）频道。大多数节目针对整个公众群体，而不考虑群体边界。新闻产生一般受制于政治中立和内部多元主义原则，这将广播电视新闻事业与常见于印刷报刊的党派性评论传统分离开来［在荷兰的案例中，支柱化的广播电视组织出产公共事务播报，而体育一类的新闻由伞形组织荷兰广播电视基金会产制］。其间，电视娱乐提供了一套共同的文化参照系，它对政治文化的影响是很难用材料证明的，但是肯定非常显著。

除了广播电视节目的内容之外，以下事实也许已经具有重要的政治效应：广播电视媒介作为“包罗万象型”媒介发展起来，能够跨越意识形态和群体的边界传送讯息；如同前文中对政党衰落的一些解释那样，它使政党以非常有效的方式吸引它们的既有社会基础之外的公民成为可能，因此可能促进了包罗万象型政党的成长和与特定亚社群的社交网络 271
相联系的传统传播手段的式微。还应该记住的是，尤其是在民主法团主义和自由主义国家，电视不是唯一一种在这一时期扩展的“包罗万象型”媒介。对传播过程而言，包罗万象型商业性报纸也越来越具有中心性。可以说，20 世纪的媒介发展一般而言导致了跨越群体边界的文化和信息流动的增加，降低了公民在特定亚社群内对独家性消息来源的依赖。

新闻事业的“批判专长”

电视的扩散还与一种新的新闻文化的发展同时发生，帕迪奥勒（Padioleau 1985）在对《世界报》和《华盛顿邮报》的一项比较研究中将其称为“批判专长”文化。在 20 世纪六七十年代的西欧和北美（Hallin 1992），出现了一次从对权势精英和机构相对恭敬的新闻事业形式到相对更为积极、独立的新闻事业形式的显著转向。这种转向在电子媒介和印刷媒介中都发生了。例如，在瑞典电视的案例中，耶尔夫-皮埃尔（Djerf-Pierre 2000；参见 Ekecrantz 1997；Olsson 2002）写道：

> 1965—1985 年的新闻工作者的文化欣然接受了新闻型新闻事业的新理想，即批判性细察的新理想。主导性的方法现在定位于施加影响，既针对机构，也针对全体公众……新闻工作者寻求弥合社会的信息鸿沟，为了积极公民身份和民主参与而武装他们的受众……新闻工作者还有这样的雄心：细察决策者的行动，既影响关于社会和政治议题的公共辩论，也影响公共机构制定的政策（254 页）。

这种转向在形式和程度上各异，但是它似乎在我们研究的三种模式内的所有国家都跨越了国界而被高度普遍化了。这包括不同于政党和政治家话语的新闻话语的创造、媒介作为公权力的集体看门狗的概念（Djerf-Pierre and Weibull，2000）以及新闻工作者作为与政党和社会群
272 体的路线相左的被普遍化的公众舆论的代表。如同内沃（Neveu 2002）所言，从事批判的专业人士“从对议题的深度了解出发，发现战略上的大错、治理中的失误。他们以公众舆论及其要求的名义——根据民意测验‘客观地’确认——或者以道德性、现代性或欧洲精神等超政治价值观的名义来质疑政治家”。

这一变革为什么发生？这当然在相当程度上植根于先前讨论的更广泛的社会和政治变迁。例如，如果富裕、政治稳定和教育水平提高导致了朝着积极参与和自由表达的“后物质主义”价值观的总体文化转向，

那么新闻事业中批判专长的兴起也许会被视为更深刻的社会变迁的一个结果。也许有人会注意到，这种变迁不仅反映在新闻事业中，而且更为普遍地反映在通俗文化中。例如，它反映在电视政治讽刺的成长中，形式如英国的《如此一周》（That Was the Week that Was）和《蒙蒂·派森飞行马戏团》（Monty Python's Flying Circus）① 以及美国的《斯马瑟斯兄弟秀》（The Smothers Brothers Show）等节目，这些都是高度依赖政治幽默的喜剧节目。如果包罗万象型政党在20世纪50年代就已经成立——1966年，基希海默（Kirchheimer）才注意到它的崛起——那么，把自己托付给"超越政党"的价值观的个性选民所形成的公共舆论话语，也许会成为新闻业专业主义批判的一个至关重要的观点——而这很有可能早于后者。②

即便媒介中批判性专业主义的兴起部分是因为其他社会力量的一种效应或反映，然而似乎有可能的是，它在某一节点上开始加速和放大这些社会力量。也有可能的是，媒介体制内部的若干因素推动了新闻事业政治功能的转变，因而反过来推动了欧洲社会的世俗化并对政治体制之间差异的减少做出了贡献。这些内部因素包括：

（1）新闻工作者教育水平提升，促使他们的分析形式更为精密，部分是因为他们将从社会科学和人文学科获得的批判性视角结合进了新闻事业。

（2）新闻组织规模扩大，促使新闻采访和新闻处理进一步专门化和占有更丰富的资源。

（3）新闻专业共同体的成长，这种内部发展形成了新闻事业自身的实践标准。 273

（4）信息处理新技术的发展增加了新闻工作者作为信息生产者的力

---

① 一群牛津大学和剑桥大学等英国名校毕业的喜剧演员组建的团体从1969年至1974年间拍摄的45集喜剧。——译者注

② 马尔谢蒂（Marchetti 2000：31）在关于法国"调查性报道"兴起的一次讨论中注意到："……被'新自由主义路线'，尤其是社会党的路线所诱导的政治领域，其风险的去政治化……对改变政治斗争的条件做出了贡献。传统左/右对立的弱化和权力学校训练出来的政治人物同质化的重要事实，已经将政治斗争的风险转向了更严格的道德风险……"

量。这包括电视的视觉技巧以及印刷和信息技术的许多发展。一个有趣的例证是民意测验：内沃（Neveu 2002）认为，民意测验赋予新闻工作者更大的权威性去质疑公共官员，使他们能够独立评估公共官员代表公众的说法。

（5）与新闻工作者威望上升有关的是所有这些因素，大型传媒组织开始占据社会传播总体过程的中心地位，以及还有可能作为整体公众代表的包罗万象型媒介的形象。于是帕帕萨纳索普洛斯（Papathanassopoulos 2001：512）就希腊的案例争辩说（肯定有一点不同，因为如同我们会看到的那样，党派附属在希腊确实更为强大，就像在南欧许多国家那样）：

> 一个人可以说，商业化和希腊媒介市场的快速发展提升了希腊新闻工作者的社会和专业地位。事实上，电视新闻工作者，尤其是电视新闻主播成了公众人物。他们承继了当局的角色，也就是说他们呈现当局的观点并诠释社会和政治现实。他们这样做的方式是将自己表现成既是有权做出判断的专业人士，也是人民的代表。他们通过承担这两种角色，提升了他们的公众形象和权威性。

商业化

我们相信，就媒介体制同质化而言，最强大的力量是改造了欧洲印刷媒介和电子媒介的商业化。在本节中，我们将描述这个过程，并概述欧洲媒介商业化的主要原因；在下一节中，我们将考察它对媒介的社会和政治角色的影响结果。就印刷媒介来说，其 20 世纪后期的特征是政
274 党报刊的衰落（在一些国家，这在 20 世纪 50 年代就已发生；在其他国家，最明显的是意大利和法国，政党报刊在第二次世界大战后复活，然后开始衰落），“综合型”商业性报纸逐渐占据主导地位，以及因此报纸与它们较早前植根的政治世界分离。在某种程度上，这种转向无疑是更广泛的世俗化过程的一个结果，读者们变得不大热衷于政治，并且不大

倾向于基于其政治取向来选择一份报纸。但是，报纸市场的内部发展显然也强有力地朝这个方向推进。市场力量在20世纪早期开始向政党报刊施加压力，当时政党忠诚仍然在政治文化中根深蒂固。例如，瑞典的报纸数量在1920年达到顶峰（Picard 1988：18）。就像我们在第七章中探讨的北美的案例那样，从那一时刻起，报业市场出现了走向寡占的趋势，结果是报纸越来越试图通过跨越传统的群体和意识形态界限的诉求来扩展他们的市场。高度资本化的、靠广告资助的商业性报纸倾向于将不太富有、有政治取向的报纸驱逐出市场，最终导致政党报刊几乎完全黯然失色，而政党报刊在20世纪的大部分时间里曾经主导这些国家的媒介。

然而，比印刷报刊中的变革更有戏剧性的是，欧洲广播电视从20世纪70年代近乎纯粹的公共服务体制向商业性广播电视在其中越来越占主导的体制转型。通常所称的“商业大潮”始于意大利，紧随着1976年意大利最高法院做出公共广播电视法定垄断权无效的一项裁决，它允许私人电台在地方性的区域内播出［甚至更早以前，电视和广播播出基金会以及维罗尼卡电台（Veronica）就已经在荷兰运作，它们在公共服务结构之内运作，但是所根据的是一种非常不同的逻辑；维罗尼卡电治源于一家海盗电台，定位于青年文化］。到1990年，欧洲的大多数其他地方引入了商业性广播电视，到20世纪末，只有奥地利、爱尔兰和瑞士尚无显要的商业电视。[①] 在大多数国家（见表2—4），商业广播电视占有大多数受众，针对受众的竞争也显著改造了公共广播电视，迫 275
使它采用商业性体制的许多逻辑。

除了我们已经概述的社会结构的变化，还有许多力量综合起来导致了欧洲广播电视体制的变革。首先，广播电视竞争的种种形式出现了，这些形式从公共广播电视台抢走受众，削弱了它们的合法性，推动了受众对媒介节目感受的改变；随着频道的增多——根据一项计

① 这几个国家皆为毗邻大国，并与其使用相同语言的小国。外国的电视节目在所有这些小国拥有大量受众——在瑞士的案例中是大部分受众——有鉴于这种竞争，这些市场一般被认为过于狭小，以至于无法在全国性层面上支撑国内的商业性广播电视台。

算，由 1975 年的 35 个频道增加到 1994 年的 150 个（Weymouth and Lamizet 1996：24）——公共广播电视台开始看上去不那么像一种社会公共机构，社会公共机构为社会中每一个人提供可共同分享的一份公共福祉，而公共广播电视却更像一件可以由消费者个人选择的商品。盒式磁带录放机（VCR）的发展无疑也促进了这种意识的改变。最早的另类广播电视形式是海盗电台，其中第一批于 20 世纪 50 年代后期从斯堪的纳维亚外海的轮船上开始播音。它们是靠广告资助的，其人气在某种程度上得益于一种独特的——也是全球化的——青年文化的发展。在这两个特征上，它们显然与走向全球性的消费者文化的较宏观的文化趋势有关。20 世纪 70 年代，海盗电台在许多国家激增，当时它不仅经常与青年文化，而且与那个时代的新社会运动相联系。公共广播电视压制海盗电台的努力削弱了它们作为政治多元主义斗士的形象。总部设在卢森堡，以法语、德语、意大利语和荷兰语开始向周边国家播报的海盗电台和电视台也削弱了公共服务的垄断性，正如蒙特卡洛电台（Radio Monte Carlo）和卡波迪斯特里亚电台（Radio Capodistria）（总部设在克罗地亚）[①] 所做的那样，它们彻底改造了 20 世纪 70 年代意大利的电台。跨国广播电视现象，带着它的削弱广播电视机构与各国政治体制之间关联的势头，在 20 世纪 80 年代随着有线电视和直播卫星电视的成长而得到了扩张。

另一个重要因素是迫切要求媒介政策变革的强大院外游说团。其中最重要的是广告院外游说团，他们在许多国家努力推动近用电子媒介（Humphreys 1996：172－173）。皮拉蒂（Pilati 1987）强调，意大利的海盗电视台产生于这样一种特定的时期，即各种商业和制造公司赚取足够的金钱投放于广告，而公共广播电视不能满足这种对播出时段的新需求的时候。在许多案例中，广告利益集团加入了急于打入电
276 子媒介的传媒公司对商业广播电视的推动。在某种程度上，限制印刷媒介寡占的法律刺激了这种欲望，而许多公司如果不与这些限制发生

① 今属斯洛文尼亚。——译者注

冲突，就不能扩展它们的印刷帝国。在许多案例中，向私营广播电视推进的另一个非常不同的力量，来自在既成的传播通道之外寻找表达其呼声的新机会和新方法的社会运动（学生运动、工会等等），它们经常转向海盗广播电视以获得发表言论的机会。

同样显著的是，随着彩色电视机市场的饱和，公共广播电视的资金来源变得越来越成问题，执照费收益的自然增长因此趋于平缓。根据这一点来看，额外的执照费收益只能靠上涨来获得，这在政治上当然是不得人心的。这意味着电视要超越当时运作的有限数量的频道而谋求扩展，似乎有赖于私营广播电视的引入。

最后，经济全球化——既在整体上又尤其在媒介产业上——发挥了重要的和多边的角色。早在 1974 年，欧洲法院（European Court of Justice）就裁定，广播电视是被囊括在《罗马条约》（Treaty of Rome）之下的一种贸易形式。20 世纪 80 年代早期，这个裁定在许多场合得到了重申，其背景是全球范围内的服务贸易的自由化转变——《服务贸易总协定》（General Agreement on Trade in Services）于 1994 年获得批准——以及用这些术语界定广播电视，而不是将其作为各国的社会和文化公共机构的倾向。欧洲委员会（European Commission）在 20 世纪 80 年代将它的注意力转向广播电视政策时——1989 年产生了《电视无国界指令》（Television without Frontiers Directive）——强调了设定一个共同的欧洲视听市场的目标，这个市场将有利于与美国传媒复合体竞争的媒介产业跨国化发展。欧洲各国政府也逐渐看到了尖端的信息产业中关于全球化竞争的媒介政策。这些政策有利于媒介产业的跨国化，在跨国化中它们的所有权也越来越国际化了［例如，西班牙的电视频道电视五台（Tele 5）1988 年由贝卢斯科尼（25%）、德国公司基希集团（Kirch）（25%）和卢森堡银行（Bank of Luxembourg）（13%）所拥有，贝塔斯曼也有某种参与］；要在国际市场竞争，共同制作经常是必要的，而一般来说，全球市场的力量趋向于取代曾经塑造媒介的各国政治力量。

商业化的后果

277 媒介商业化产生了广泛的影响。首先，商业化明显将欧洲媒介体制的重心从政治世界转移开来，而转向了商业世界。这就改变了新闻事业的社会功能，新闻工作者的主要目标不再是传播观点和创造围绕它们的社会共识，而是制作能够向个人消费者出售的娱乐内容和信息。而这显然促进了同质化，削弱了在 20 世纪大部分时间里具有欧洲特征的、植根于各民族国家特定的政治和文化体制的多元性，并且促使它被一组共同的全球性媒介实践取代。特别是公共广播电视体制，总是强有力地侧重于表达界定民族身份、"维系和延续该社会有特色的文化资本和凝聚力"的社会群体和文化类型的心声（Blumler 1992：11；Avery 1993；Tracey 1998）。甚至公共广播电视体制也越来越必须遵循全球性文化产业的逻辑。

在欧洲社会的"世俗化"方面，媒介商业化无疑扮演了显著的角色。正如我们已经看到的那样，世俗化根深蒂固，并且已经被最富戏剧性的变化——广播电视的商业化——大大推进。然而，如同荷兰的电视和广播播出基金会的案例所表明的那样，在 20 世纪 80 年代的商业大潮来临之前，种种商业力量开始以如下多种方式使自己为人感知：通过输入美国媒介的内容对美国进行模仿，通过在一些欧洲公司投放广告、通过海盗广播电视和跨国界的广播电视，来向商业性报纸转变，同时还伴随着 20 世纪 70 年代末意大利公共服务垄断地位的崩解。可以肯定的是，如果说 20 世纪 60 年代欧洲变得更像是个人主义消费社会，那么电视和广播的成长以及报界的商业化则促进了这一趋势；并且似乎可以确定，自 20 世纪 80 年代以来，它们已经强化了这一过程。

商业化对政治传播的过程也有重要意义。商业性媒介创造了强有力的再现和受众制造新技巧，而为了在新的传播环境下占上风，政党和政
278 治家们必须采用这些新技巧。在这些最重要的技巧中，有两个彼此相

关，一个是个性化，另一个是赋予“普通公民”观点以特权的趋向。例如，在20世纪80年代的意大利公共电视中——那时商业电视还不被允许播放新闻——来自每个主要政党的发言人都可以露面，就任何重大政治报道发表评论（Hallin and Mancini 1984）。他们作为所在政党的代表，而不是作为政治的戏剧表演中的人物露面，政治逻辑支配了新闻呈现，而这些政治家的个性一般与新闻读者的个性无关，而且后者每个夜晚都换人，因此对于美国的新闻主播没有意义；到20世纪90年代，贝卢斯科尼可以主宰新闻，因为他就是一个好故事，而这种商业性新闻的叙事逻辑越来越主导意大利的新闻场面。在商业性媒介时代，政治家们日益成为在政治边界之外表现出色的“媒介明星”：他们在体育播报、脱口秀和娱乐节目中露面（Mancini 2000）。也许可以注意到的是，个性化不独为电视的特征，而且一般也是通俗的商业性媒介的特征：英国、德国或奥地利的煽情主义报界无出其右；它在所有地方的印刷媒介中越来越重要。

商业性媒介新逻辑的另一个重要体现是聚焦于“普通公民”的经验和视角的趋向。欧洲新闻事业较早的传统是高度聚焦于政党、有组织群体和国家的官方代表的视角（如 Hallin and Mancini 1984），而随着向商业性媒介的转变，公民个人的视角日益被赋予特权（Neveu 1999；也见 Blumler and Gurevitch 2001），这既是新闻报道的变化、也是公共议题在其中被讨论的新形式的娱讯（infotainment）发展的结果；例如脱口秀，政治家们如果露面的话，通常被贬为次等角色，而正如洛伊尔迪克（Leurdijk 1997）所指出的那样，“常识”优先于政治话语。正如许多分析家已经注意到的，这些变化很有可能已经帮助销蚀了传统大众型政党和与之相关的社会组织的影响力。

随着媒介自身在设置政治议程中日益居于中心地位，商业化推动了媒介与政治性公共机构之间权力平衡的变移。这个趋向的一个重要体现 279
是政治丑闻播报频率的增加，这在欧洲和北美都不难发现。在希腊的案例中：

……为了控制政治议程，媒介已经开始与政治家们战斗，并开

> 始让他们在政治传播过程中听到对政治家和政党行为的一连串持续批评……商业性媒介的兴起也许已经加快了这一趋势，创造了希腊公民今天在其中可以观看一连串无休止的关于政治丑闻、对抗和自利的报道的局面。而如同其他自由民主国家的媒介那样，希腊媒介借助于特别关注持有争议性观点的或反对政府行为的政治家，一直在努力制作关于政治冲突的报道（Papathanassopoulos 2000：58）。

这些趋向不仅仅是由商业化产生的。它们还与批判性专业主义的兴起有关，后者在许多国家的发生先于商业化开花结果（Djerf-Pierre 2000）。丑闻经常同时受到以下因素的驱使：新闻工作者建立专业威信和主张他们相对于政治行动者的独立性的欲望，以及媒介组织争夺受众的欲望。丑闻政治的兴起也与政治体制的变革有关，如同我们在第五章中看到的，包括在南欧变得更为独立和更有主见的司法制度。正如维斯博德（Waisbord 2000）所指出的，丑闻几乎总是要求政治性消息来源的参与，因此不能根据媒介体制做出严格解释。尽管如此，商业化倾向于不惜以牺牲政治家来赋予媒介独立的基础和坚持其自身议程的动机。

要解决的更为困难的问题之一在于，商业化增加还是减少了政治信息流和讨论流？欧洲媒介在传统上一直以政治为关注中心；在公共广播电视的案例中，“在它内部产生的对政治过程的健康和对政治讨论的质量的某种责任意识”（Blumler 1992：36）曾经一度成为中心价值，并且新闻和公共事务节目明显被赋予了特权。尽管难以比较各国的政治知识水平，但是有一些证据表明，在世界事务方面欧洲人比美国人了解得更多（Dimock and Popkin 1997），即便是在报纸读者群较小的国家也是如
280 此。欧洲的评论家所表达的关于媒介“美国化”的主要担忧之一是，在一个商业体制中，政治信息和讨论势必被边缘化。公共广播电视体制有在黄金时段播报新闻的传统，在一个电视上没有别的东西的时代，新闻播报有巨大的受众群。在一个商业环境中，这种实践明显受到了威胁，这体现在英国关于被管制的商业广播电视机构——独立电视网——的决定中，该决定取消了该国最受欢迎的新闻节目《十点新闻》（*News at Ten*），转而仿照在早段边缘时间的下午 6 点 30 分播报新闻的美国实践。

与此同时，通常我们假定，媒介的信息爆炸已经出现。在前文中引用的政治科学家关于政党衰落中的媒介角色的论点之一是，借助于媒介，增长的获取政治信息的便利性已经降低了做出有见地的决定的成本（Flanagan and Dalton：242）。在某种意义上，以下这一点肯定是真实的：如果我们与第二次世界大战后的那个时代相比，至少可用的信息更多了。不仅是电视频道激增，而且新闻组织一般也更大了。大多数报纸在版面上比过去大了。1967 年，《晚邮报》有 16 到 28 版，而今天是 40 到 50 版。另一方面，似乎不可能的是，日益商业化的媒介将持续侧重于公共事务，而这要么是从前在政治上有关联的报纸，要么是公共广播电视垄断机构做的事情。[1]

然而，现有的经验性证据是碎片化的，并且不完全一致，类型有可能是复杂的（如 Brants and Siune 1998）。例如，鲁尼（Rooney 2000）发现英国《太阳报》和《镜报》在报纸的公共事务内容上呈现出这样一种下降趋势：从 1968 年分别占 33%和 23%减至 1998 年的 9%——这与英国媒介研究中的一种普遍观点相吻合，即商业化已经将政治内容从英国通俗报界中驱逐出去，这一发展以工会支持的《每日先驱报》的消亡和它被煽情主义的《太阳报》取代为象征。然而，麦克拉克伦和戈尔丁（McLachlan and Golding 2000）对政治报道采用了一种较狭窄的定义， 281
发现无论是英国小报界还是大报界，其内容都没有连贯的趋势，并指出“小报提供的东西的本质仍然是弥漫着政治的，或者如果你喜欢的话，是意识形态的”（87 页）。富兰克林（Franklin 1997）报告说，20 世纪 90 年代英国大报上的议会报道减少了。内格林（Negrine）1998 年也报告了议会报道的减少（英国大报直到 20 世纪 90 年代之前一直为议会报道提供数个版面）。他还报告了法国和德国电视新闻中政治新闻的减少。普费茨施（Pfetsch 1996）发现了德国电视新闻中政治性公共机构——政府、议会、政党——报道的减少，尽管政治报道整体上并没有减少，

① 有多少政治信息被生产出来的问题不同于有多少被消费的问题。普赖尔（Prior 2002）认为，电视频道的倍增使得公民比较容易回避政治信息，并因此有可能增加对政治知识了解程度的不平等，即便总体而言有更多信息可用。

这部分是因为政治暴力报道的增加。温斯顿（Winston 2002）指出，在英国广播公司一台（BBC 1）的新闻快报中，政治新闻条目所占百分比从1975年的21.5%降至2001年的9.6%，而犯罪新闻条目所占百分比则从4.5%升为19.1%。英国独立电视新闻有限公司（ITN）[①] 显示了类似的——稍大一些的——转变。布兰茨（Brants 1998：322）发现，“在大多数国家中，商业性电视并没有将政治新闻边缘化。在20世纪90年代早期的8个西欧国家中，在每次新闻播报的平均13.3条新闻中几乎有6条是关于政治的”。尽管意大利报纸的取向已经变得更为市场化，但是它们最终没有减少其政治报道：每年从意大利报纸中抽取的30期样本显示：1966年有80篇政治报道，1976年为647篇，1996年为1 257篇（Mancini 2002）。当然，通过增加戏剧化可能性的话语类型，政治被以不同于过去的方式来处理（Bionda et al. 1998；Mancini 2002）。时事节目在电视中的流行程度也增加了，这些节目似乎受到意大利观众的欢迎（Menduni 1998）。

政治内容是否将随着媒介商业化而减少，这个问题显然是有待继续探讨的。

与在一个日渐商业化的媒介体制中内容是否将被边缘化密切相关的问题是，商业化是否有可能导致大众型公众与政治生活疏离？各方又是观点不一。许多人认为，商业性媒介对私生活的聚焦，对集体性政治行动者的不予强调，对丑闻的侧重，以及对政治生活经常是负面的描绘将有可能危害公众对政治过程的参与（如Patterson 1993）。与商业性媒介的兴起相联系的选战风格的变化也经常被视为具有这种效果。帕帕萨纳
282 索普洛斯（Papathanassopoulos 2000：56）认为，“在适应以电视为中心的选战方面，政党已经告别了传统上对公众集会和与党务工作者个人交往的侧重，因此减少了公民直接参与选战的机会，进一步拉开了政党与选民的距离”。其他人（如Brants 1998）则认为，政治的戏剧化以及政

① 成立于1955年，是一家私人控股的电视广播新闻节目制作公司。独立电视新闻和第四频道新闻是其下属的两个分支机构，分别为英国独立电视台和第四公共电视台制作、播出新闻节目。——译者注

治讨论转向普通公民的声音在其中有更大作用的“娱讯”场所，有可能增加民众对政治的参与。

要梳理商业化的效果是件很困难的事情，部分原因在于它出现在西方社会一系列复杂的变化和与这些变化互动的语境中。这在海盗电台现象中得到了充分说明，它们同时被广告产业和意欲在公共领域发出更大声音的新社会运动所推动。有许多海盗电台因这样一种青年文化而普及：它既是对既成权力体制的文化挑战的反映，又是成长中的全球消费社会的表现。与此类似，当代新闻实践显然受到了批判性专长的兴起和商业化的双重影响。在下一节，我们还将主张，商业化未必不容于一定程度的政治平行性，在某些环境下，它甚至可能增加媒介中的党派性。尽管有这些复杂性，但是可以说，一般而言商业化已经削弱了媒介与有组织政治行动者世界之间的联系，而后者将民主法团主义和极化多元主义体制与自由主义体制区分开来，并鼓励了大大减少媒介体制中国别分歧的全球化媒介文化的发展。

同质化过程中的局限性和反向趋势

毋庸置疑，同质化力量强大，相当程度的趋同已然发生，而这主要是朝向自由主义模式的。非常有理由认为，例如，随着对于媒介角色的不同观念已经社会化了的较年轻的新闻工作者取代较早的几代人，随着广播电视商业化的后果——在许多欧洲国家还相对新鲜——继续获得成功，这种趋势将继续下去。如果这一趋势在未来继续不变，那么做以下想象是可能的：美国和西欧的媒介体制朝向某种接近于自由主义模式的 283
东西而完全融合。然而，历史通常不是直线运动的，可以有许多理由去怀疑，预测过去数十年迈向同质化的趋势会无限延续到未来是否有意义。

首先，尽管政治制度和文化显然已经发生变化，但是就在此考虑的似乎有可能持续下去的国家而言，它们的政治体制有重要的差异。人们常说，欧洲政治在某种程度上已经“被总统化了”。但是议会制仍然不同于总统制。正如布卢姆勒、卡瓦诺和诺西特（Blumler，Kavanaugh and Nossiter 1996：59）所观察到的那样：

> 美国政体中的权力分立已经对总统强加了这样的持续压力：通过大众媒介来向大众意见献殷勤，以保持民众支持他的举措的热度……然而，在英国的议会制中，首相和他或她的内阁可以依靠党的纪律来确保几乎所有拟议好的立法获得通过……

比例代表制还依然有别于多数选举体制，并产生了一种不同的政党体制。宪法改革当然也能在此导致同质化，尤其是意大利，一直在就这些改革辩论。但是，在欧洲大多数国家，没有迹象表明任何这样的改革不久将发生。当然，政治体制的结构不像以前那样深刻地影响媒介体制，这是因为大众媒介变得与它渐行渐远。但是，新闻媒介仍然与政治体制强烈互动。在不同的媒介体制中，信息流动和消息来源的结构性组织似乎必然是不同的，报道政治的叙事常规也是如此。当政党和选举体制继续迥然有别时，媒介体制的完全聚合似乎是不可能的。

法律体制在许多重要方面也依然保持着不同。特别是没有理由假定，成为美国法律体制特征的“宪法《第一修正案》绝对论”不会扩散到欧洲。这一差异似乎有可能会对媒介体制有持续的影响。例如，似乎有可能的是，在欧洲选举传播将继续更受管制，许多根据政治标准和付
284 费广告分配的电视时段受到了限制（比利时、丹麦、法国、挪威、葡萄牙、西班牙、瑞典、瑞士和英国目前禁止付费电视政治广告）（Farrell and Webb 2000：107）。[①] 一般而言，对广播电视媒介更强有力的管制也可能历经“商业大潮”而存活下来（事实上有可能的是，随着欧洲市场对美国公司日益重要，欧洲式管制的某些方面将日益影响美国的管制，反过来也是这样。例如，欧盟对隐私的较严格管制最终将影响美国对信

① “在英国，与政治家们传统上一直享有的较高地位相比，广告行业地位较低。法律对所有政治广告和广播电台的禁止仍然有效，尽管英国广播电视近期在许多方面暴露给市场力量。”（Blumler，Kavanaugh and Nossiter 1996：59）

息产业的管制)。由于全球转向新自由主义，欧洲的福利国家已经明显被击退了。但是，在此也有许多学者质疑，完全的同质化是这个过程的可能结果。例如，摩西、葛耶尔和英格布里森（Moses，Geyer and Ingebritsen 2000：18）总结说："斯堪的纳维亚模式依然是以下部分的有效指标：全球化/欧洲化力量的局限性、单个国家追求不同政策策略的能力、左派反对并成功反击国际市场力量的能力和各个社会民主党适应变革中的国际秩序需求的能力。"同样的逻辑也许真的适用于斯堪的纳维亚国家的媒介体制。与此类似，布卢姆勒和古雷维奇（Blumler and Gurevitch 2001）发现，随着商业化在美国的加剧和公共服务广播电视文化在英国的持续，尽管有重要迹象表明美国和英国选举报道风格趋同，但是美国与英国在选战报道数量上的差异在 20 世纪八九十年代实际上扩大了。

同样有可能的是，在已经导致媒介体制趋同的走势中，或者在一般国家，或者在特殊国家，有一些不仅会放缓或停止，而且甚至会逆转。例如，一些证据表明，在在此考虑的大多数国家中，政治极化和政党之间意识形态差异的减少似乎明显削弱了媒介体制中的政治平行性，这一结果由近年来的反向趋势的影响所致。例如，根据雅博布森（Jabobson 2001）的说法，在 20 世纪 50 年代到 70 年代的美国，选举和政治态度中的党派连贯性衰减了，但是随后有所加强。在欧洲，由于传统的左右 285
政党存在差异，共产党和在某些案例中的法西斯政党已经衰退了。但是，受到反对移民、多元文化主义和欧洲一体化的激励，在许多国家，新的极端主义政党在偏右阵营中出现了，而绿党则从偏左阵营成长起来，还有一些迹象表明，左派的其他部分有可能持续下来甚或成长壮大。在 2002 年法国总统选举第一轮中，右翼的国民阵线（National Front）击败了中间派社会党人，获得 17%的选票，而绿党和托洛茨基主义者则在偏左阵营有出色表现。

同质化通常被理解为朝着中立的新闻专业主义的转向，这在美国一直是特别强大的。正如我们看到的那样，这显然是现代化/差异化理论的预言，该理论将围绕中立性专业主义理念建立的媒介机构视为最发达的。而事实上也确实一直有一种朝着这个方向的显著趋势。但是在此也需要强调非常重要的局限性和反向趋势的存在。不仅在欧洲国家一直都是强大的鼓吹性新闻事业继续存在，而且新的形式也开始激增，而这在自由主义体制中的发生率至少会像在其他体制中那样多。如果在此有融合，那么它不会仅仅朝一个方向前行。

我们在第五章看到，新闻事业的种种鼓吹形式持续存在于极化多元主义国家，特别是在意大利、西班牙和希腊。在意大利，尽管自从20世纪70年代以来报界就变得更以市场为取向，但是，领导这一转向的报纸，例如《共和国报》（*La Repubblica*）和《日报》（*Il Giornale*），有强大的政治认同，并且它们创办中立报纸的企图失败了；在西班牙，大多数媒介，印刷的和广播电视的，在20世纪八九十年代分化成两大对立的政治阵营；帕帕萨纳索普洛斯（Papathanassopoulos 2001）认为，在希腊，越来越通俗的、市场取向型的新闻事业形式并没有消灭新闻媒介的政治工具化类型，但是已经将力量平衡从有利于政治家转向了有利于媒介所有者，后者有越来越强有力的政治压力工具。根据帕帕萨纳索普洛斯的说法，解除管制和商业化制造了煽情主义，而不是中立。他引用扎哈拉普洛斯和帕拉斯科斯（Zaharopoulos and Paraschos 1993：96）的评论说："绝大多数希腊媒介满不在乎地表现出党派性、煽情和政治性。"同样的类型盛行于意大利（Bechelloni 1995；Mancini 2000；Roidi 2001）。

286 我们在第六章看到，在民主法团主义国家，尽管一直有一种将走向中立性作为新闻事业规范和市场战略的重要发展趋势，但是政治平行性在全国性报界中继续存在，并且没有显示出在不久的未来将消失的迹象。同时，在自由主义体制中，鼓吹性新闻事业的新形式正在激增。在美国，政治化的谈话节目在电台和有线电视中变得日益常见，而福克斯新闻台（Fox News）以清晰的政治轮廓使自己有别于其他电视网，这在内容上和受众的政治偏好上都是明显的。

有证据显示，在媒介的商业化与中立性专业主义之间并没有必然的联系。商业化转向有可能创造鼓吹性新闻事业和政治平行性的新形式，即便它削弱了旧形式。毫无疑问，商业化能增加对“包罗万象论”的压力，因此也能增加对中立性专业主义的压力。然而，这似乎发生在特定的市场条件下——它在高度寡占的地方性报纸市场非常强劲。确实，中立性专业主义似乎在竞争压力**不是**特别激烈的地方发展得最好（Hallin 2000）——在垄断性地方报纸中（在美国的案例中，尤其是当来自其他媒介的竞争没有那么激烈或报纸公司没有被列入股市名单时）、在保持政治独立性的公共广播电视中；或者还是在美国的案例中，在 20 世纪 80 年代解除管制之前盛行的政府管制的寡头广播电视中。在其他案例中，商业压力可以鼓励媒介使自己与政治分离，并强调意见的色彩性和戏剧性胜于信息的质朴实用性。我们因此在第七章看到，竞争性的英国报界——尤其是小报界——远比垄断性的美国报界更为政治化。在适当的政治和经济环境下，意见好出售。这不仅在小报界，尤其是英国、德国和奥地利的小报界，而且在西班牙的广播电台也是明显的，其政治讨论节目《聚谈会》（tertulias）的主持人将他们的人气建立在强烈表达意见上，也因此赢取了丰厚的薪酬（Barrera 1995）；在美国的有线电视也是，在那里意见也是脱口秀主持人以及越来越多新闻工作者的人气所在（如 Rutenberg 2002）。过去 20 年的“商业大潮”也伴随着电子媒介频道数量的戏剧性增长，而随着观众的碎片化使得包罗万象战略不那么可 287
行，至少对于许多频道而言，基于这个原因似乎有可能产生新形式的政治平行性。

最后，重要的是要记住，如同我们在第七章中讨论自由主义体制的专业化时所看到的，就新闻媒介中的中立性专业主义而言，它部分是基于新闻事业与媒介产业的商业逻辑相分离。由于商业化削弱这种分离，经常降低媒介组织内部新闻工作者的自主权以及混淆新闻与娱乐的界线，因此中立性专业主义可能不会消失，但是可能会发现它自己下降成为许多类别中的一种。这在“娱讯”类别的成长中是明显的，它们有时被称为“新新闻”（“new news”）（Taylor 1992），经常与客观性这一传统的专业主义理念分道扬镳。

差异化与去差异化

在本章末节，我们以稍稍不同于本章开头的方式，回到第四章我们在讨论差异化理论时提出的问题：在结构功能主义意义上将西欧和北美媒介体制的变革理解为一个“现代化”的过程——作为媒介与其他社会公共机构朝向更大差异化的一种变动——有意义吗？在许多方面，这种理论视角看起来显然是合适的。世俗化过程肯定与差异化理论相一致。在 20 世纪早期，许多欧洲社会——包括同属于民主法团主义和极化多元主义模式的那些——以公共机构与认同的强大融合为特征：意识形态的、社会阶级的和宗教的认同以重要的方式被融合在一起，政党、教会、工会和大众媒介这样的公共机构也是如此。在 20 世纪的最后几十年，这些联系大为消解了，媒介与政党以及与个人和社会组织的关系也变得更为易变，受稳定的忠诚和组织联系的约束也大为减小。正如我们在第四章所看到的，亚历山大认为，三大力量推动看媒介的差异化过程：反对与先前存在的社会秩序相联系的形形色色鼓吹性新闻事业的新型社会组织提出的对更为普遍的信息的需求；引向新闻事业自治性发展的专业规范和自律的成长；与法理型权威相联系的各国公民文化中普遍
288 主义的程度。我们对媒介在这三组国家中的历史发展的分析确认了这些联系，尽管媒介与政治组织的差异化也受经济因素驱动，如同我们会看到的，这些因素在亚历山大理论中的角色是更为含糊的和更成问题的。

与差异化理论相一致的还有，媒介日益成为政治和大量社会生活的中心，而根据差异化理论，这是差异化过程的必然结果。例如，随着政党与教会、工会和其他社会群体——以及与它们也许曾经控制的那些国家部分相分离（例如越来越专业化的司法体系）——它们必须越来越依赖媒介来建立与选民个人和其他社会行动者的联系。根据差异化理论，一般而言，差异化了的社会依靠媒介来联结行动者和那些不再由更直接的关系来联结的公共机构。这些过程发生在我们在此研究的所有国家

中，但是最早是在自由主义体制中，后来是在民主法团主义和极化多元主义体制中。

与此同时，作为理解媒介体制变革的一种方式，差异化理论和与它相关的现代化概念确实是存在问题的。在第四章，我们考虑了差异化理论的两种替代性视角，它们与哈贝马斯和布迪厄相关；两位学者都认为，在某些方面，媒介史可以被视为一种去差异化过程。我们的分析表明他们在重要的方面是正确的。

差异化与市场

哈贝马斯和布迪厄的中心论点之一是，媒介在与市场和经济体制的关系上失去了自治性。确实，当我们从本章讨论的两大变革过程中的第一个——世俗化——转向第二个——商业化——的时候，朝着更大差异化的非线性转向，这一现代化假设开始看上去越来越过于简化了。如同我们在第二章看到的，亚历山大（Alexander 1981）认为，媒介的现代化要求，“在经济维度中，特别是在社会阶级中，必须具备与结构的差异化”。他将媒介与“经济结构”差异化的主要意义与媒介和阶级相关政党以及组织有关：他认为，与工会相联系的报纸在历史上是专业化和差异化的一个障碍，尽管他也提及了 19 世纪德国具有高度党派性的资 289
产阶级报纸。他没有详细谈到市场和私营媒介业主二者的角色。他仅仅在讨论美国媒介史时就媒介经济学做了评论：“内容（告别党派性）的这种转型与新闻事业专业化的诞生同时发生，也与报纸作为一桩大买卖的崛起相一致。于是，到 20 世纪之交，新闻媒介作为‘公共机构’的观念开始制度化了。”（31 页）这明显意味着商业化促进了差异化、专业化，或至少与它们和谐相处。

从某些重要的方面看这是正确的：强大的媒介市场将媒介公共机构从那种对庇护人的依赖中解放出来，这种依赖产生了我们从极化多元主义体制的历史中特别提炼出来的工具化类型；从此，媒介组织的规模有可能与作为独特职业类别之一种的新闻事业的成长相联系了。同时，对读者和广告商的争夺激励媒介跨越亚文化界限寻求受众，并且导致了这样一种寡占过程：它打乱媒介与社会群体之间关系的旧有类型，增强了大型幸存媒介组织的力量和独立性。当然，专业化和差异化确实也发生在其他制度结构之内，如同我们在先前各章已经看到的：它强劲地发生在民主法团主义和自由主义国家的公共广播电视体制中，在其稍后阶段的发展中，在相当程度上也发生在民主法团主义国家的党报和与工会相联系的报纸中。对于自治的公共机构或专业来说，商业化并不是**必然的**；司法或行政机关的专业化和自主性显然不依赖于它们的商业化。

此外，尽管在许多案例中新闻媒介的专业化是在商业语境下发展的，但是它绝不是在与商业化的总体和谐中发展起来的。专业化意味着经常发生在媒介组织自身之内的差异化的一种形式，如同新闻工作者主张**针对**纯粹商业标准的新闻事业标准的廉正性，以及他们针对业主、营销商和广告销售班底干涉的自身自治性。在 20 世纪中期美国报纸制度
290 化了的“政教分离”的意识中，在第二次世界大战之后的法国精英报界在相当程度上获得的新闻自主权中，或者在一些民主法团主义体制中可以发现的编辑条例中，以及在立意维护专业价值观，在很大程度上反对经济自利压力的报业评议会之类的新闻自律体制中，我们已经看到了这种形式的差异化。

肯定有有力证据表明，在美国的案例中，这种形式的差异化衰落了——降低了新闻事业自治性，并引发了“新闻媒介作为‘公共机构’观念”的问题，这在今天不再被认为如同 20 世纪 50 年代到 70 年代那样是理所当然的（Hallin 2000）。尽管美国媒介永远首先是商业性的，但是随着对广播电视管制的解除和将报纸置于华尔街影响之下的报纸所有权的变化，商业压力增大了。类似变化在不同程度上显然正在整个欧洲发生，并且在广播电视领域中最为剧烈。

在此，回到马佐莱尼（Mazzoleni）对媒介逻辑与政治逻辑所做的区分是有意义的。如同许多人观察到的那样，欧洲媒介体制的变革意味着“媒介逻辑”已经远离“政治逻辑”，并在许多方面日益支配后

者。例如，报道选择越来越不是根据政治标准——诸如比例代表制原则——而是根据新闻事业的或基于媒介的标准来决定什么才是“好故事”。然而，重要的是要承认，这一在20世纪后期已经出现的“媒介逻辑”是一种杂交逻辑：如同我们已经看到的那样，它植根于在历史上重叠的以下两项发展，它们在重要的方面相互纠缠，但也是相互区别的：

(1) 批判性专业主义的成长：它在20世纪六七十年代（在欧洲一些国家甚至更晚）尤其重要，但可能从那以后已经放缓，甚至在某种程度上被逆转；

(2) 商业化：它始于20世纪六七十年代，但是在八九十年代加速了。

前者远比后者更适合差异化理论讲述的故事。“娱讯”作为杂交形式的节目的成长就是一个好例证。卢曼（Luhmann）认为，大众媒介差异化内容的三种类别——新闻和时事、广告、娱乐——每一种都有独特的社会功能，它是“大众传媒体制最重要的内部结构”（2000： 291
24）。但是，事实上随着产品植入在娱乐内容中增多，随着新闻被用来交叉促销传媒复合体的其他产品，商业化不仅借助于模糊新闻与娱乐的界线，而且借助于模糊广告与另外二者的界线，明显削弱了这种形式的差异化。

一言以蔽之，似乎非常可信的是，媒介相对于经济体制变得不那么差异化了，即便它相对于政治体制变得更加差异化了。许多人会认为，这是当代社会中朝向去差异化的总体趋势的一部分：随着朝向新自由主义的转向，市场逻辑倾向于支配社会中的广大地盘——包括越来越像市场营销的政治、教育、休闲、社会服务等等。如果日益商业化的媒介正变得对于社会生活具有中心性，那它们也许是去差异化的更广泛过程的重要动力。这显然是布迪厄的论点。

差异化与国家

我们在此已经关注了媒介相对于经济体制变得去差异化的趋向。然而，值得多说几句的是媒介与国家的关系。如同我们已经看到的那样，在 20 世纪的话语方面，媒介已经日益远离政党、工会和教会等有组织社会和政治群体。它们与国家的关系会遵循相同的道路吗？如果我们审视过去的 20 年，我们就可以说它们与国家的关系也是如此。自由化和解除管制淡化了国家作为媒介所有者、资助者和管制者的角色，新闻工作者在与国家精英的关系上变得更加自信了。然而，如果我们细察的历史时期越长，画面就越复杂，变革的方向看上去就越不是线性的。在报纸的早期发展阶段，国家在一切地方扮演重要角色：印刷官方公报、经常征税、提供津贴和审查媒介。如同我们已经看到的那样，19 世纪有一个朝着新闻自由的总体转向，它在不同的国家以不同的速度发生：媒
292 介在重要的方面与政府相分离，尤其是在自由主义和民主法团主义国家，并且或植根于市场或植根于公民社会，而在公民社会中媒介受到政党和社会组织的支持。随着法团主义和福利国家在 20 世纪中期的成长——它将许多媒介依赖的公民社会中的社会组织整合进了国家——可以说媒介与国家的差异化在重要的方面减小了。正如埃克克兰茨（Ekecrantz 1997：400）在谈到瑞典时所说：“强大的劳工组织、经由国家谈判达成的管制框架、国立大学内的新闻工作者培训、对报界的高额津贴以及退税，凡此种种都属于新闻事业作为瑞典的一种公共机构的画面。”埃克克兰茨显然可以再加上公共广播电视。此外，正是在这种语境中，国家作为新闻内容“首要定义者”的角色发展起来了。在自由主义国家，法团主义较为弱小；但是，第二次世界大战和冷战期间“国安型国家”的兴起，导致媒介部分被整合进了成长中的国家机器。在许多国家——尽管在极化多元主义国家发展得最为强劲，而且直到现在也发展得特别强劲——媒介业主们最终继续充当重要的政治行动者，经常或正

式或非正式地握有一份国家权力。那么，我们在此也应该谨慎地说，走向差异化的直线发展趋势是媒介发展的“天然”道路。

差异化与权力

最后，聚焦于亚历山大提出的媒介与社会阶级的差异化议题也是有价值的，这将我们带回到第四章末尾提出的关于权力的宏大议题。对于亚历山大来说，当代自由主义社会中的媒介已经成为“大买卖”的一部分，这个事实不会阻止它们与社会阶级的差异化。另一方面，许多欧洲的学术研究在历史上将商业性报界视为“资产阶级”报界。例如，这在斯堪的纳维亚的文献中是典型的。因此，商业性媒介对政党报纸和公共广播电视的替代，可以被看做巩固了某个凌驾于作为整体的媒介体制之上的特定社会阶级的权力。正如我们已经看到的，商业性媒介反映了一种向政治右翼倾斜的偏向，这一论点也已经被自由主义国家的学者强有力地提出来（如 Murdock and Golding 1977；Westergaard 1977；Curran 1979）。英国的商业性报界一直特别强烈地倾向于政治右翼。这也得到了帕特森和东斯巴赫（Patterson and Donsbach 1993：13）所做的比较 293
研究的支持，他们观察到：

> 从历史上看，保守主义政党一直受到新闻组织的过度反映。报界从商界那里获得广告形式的间接津贴，这在过去所起的作用一直是有利于右翼政党的。这份报纸上的数据表明，这些政党依然占有优势；如同新闻工作者们意识到的那样，与自由主义政党相比，保守主义政党与新闻组织之间有更紧密的平行性。

可以补充的是，如果我们抛开公共广播电视，而聚焦于商业上最能生存的新闻组织，那么这一趋向便尤其凸显。这在某种程度上是正确的，当下进行中的媒介商业化有望强化“资产阶级”对于政治传播的主导性。这是赫尔曼和麦克切斯尼（Herman and McChesney 1997）以及批判性政治经济学传统内的其他著述的论点之一。

为什么亚历山大会将工会报纸视为与一个特定的社会阶级相联系，而商业性报纸却不是这样？我们也许可以将这诠释为某种对格奥尔格·卢卡奇（Georg Lukacs）的工人阶级作为普遍阶级这一概念的颠倒，诠释为这样一种主张：资产阶级是一个其利益与作为整体的社会的利益相同的普遍阶级，这样就比较容易理解上面那段话。事实上，亚历山大的主张确实是关于专业化和一个经由媒介与形形色色政党、社会群体和社会部门相联系的网络的发展的——这种联系不是随着媒介的商业化而倾向于消亡的组织上的联系，而是信息的影响和交流的关系。显然真实的是，当商业性报纸寻求捕获左翼政党报刊的读者，以及在一些案例中甚至与先前另有政治取向的报纸合并的时候，它们一般倾向于拉开自身与保守主义政党较早时的那种狭隘联系，并拓宽和模糊它们的政治认同。

在代表不同社会阶级或更一般意义上不同的社会利益集团方面，很难说这种趋向是否强大到足以抗衡政治取向多种多样的非商业化报纸的衰落。在20世纪的大部分时间里，政党、工会、教会等对各自报纸的
294 支持部分抵消了商界通过广告给予“保守自由主义”报纸的支持。随着最后一批社会民主党报纸在北欧消失，以下这一点意味着什么呢：由于现存的商业性媒介足以代表社会上所有的主要利益集团，因此对社会民主党报纸就不再有需要吗？或者说这种发展增强了林德布卢姆（Lindblom 1977）所称的西方社会中的“商界的特权地位”了吗？当然，这是一个全球走向新自由主义的趋势提出的普遍性议题，在其中媒介商业化的具体案例是一个重要的方面。

在此，商业化与专业化之间的关系再次成为一个重要议题。例如，在注意到新闻组织——特别是可以加上商业性的新闻组织——至少在社论立场上倾向于支持政治右翼之后，东斯巴赫和帕特森（Donsbach and Patterson 1993）继续坚称，这被以下事实抵消了：大多数国家的新闻工作者多少倾向于左翼。这样，他们的影响通过其他方式也许可以提供某种随着政治性报界的衰退而失去的平衡。可能真实的情况是，“批判性专业主义”在20世纪六七十年代的兴起，在很大程度上抵消了媒介寡占的效应以及随之而来的新闻组织政治多样性的减少，而导致了更高

程度的内部多元主义取代衰落中的外部多元主义。然而，从长远来看，如果商业化有削弱新闻专业主义的效应，多样性和政治平衡的议题将可能变得更为迫切。

不幸的是，我们在此不能解决这个议题：如同我们在第四章注意到的那样，以比较的方式系统地提出媒介和权力议题的研究在总体上基本是匮乏的。

结　论

本书先前各章描述的各国媒介体制之间的差异正在明显减小。一种全球性媒介文化正在崛起，它酷似我们在第七章探究的自由主义模式。最重要的是，媒介体制的同质化意味着媒介公共机构从与政治世界的强大联系中分离出来，而这种联系区分了民主法团主义模式极化多元主义模式与自由主义模式。这种转型有许多原因。尽管肯定与全球化过程相联系，但是我们还是强调了外在于欧洲社会的力量和本质上内在于欧洲社会的力量之间的区别，前者包括美国的直接影响和技术创新的冲击。295
我们一直认为，这些内部力量中最重要的是“世俗化”和商业化；“世俗化”意味着：与曾经建构了欧洲政治和文化的有组织社会群体相联系的政治信仰衰落了，并且政治文化从集体主义转向了个人主义。尽管我们已经给出理由，欧洲媒介体制的变革受到了社会变迁更深刻过程的驱策，但是我们也一直认为，随着电视的兴起，媒介体制变革已经扮演了一种有因果关系的独立角色，“批判性专业主义”的发展和媒介市场的成长，已经改造了政党和有组织社会群体与曾经依赖它们的公民个人之间的关系。

我们还注意到，存在着限制甚至在某些方面逆转自由主义模式趋同过程的重要因素。各国政治体制的差异仍然是显著的，而且有可能在可预见的未来阻止媒介体制的完全同质化。媒介市场的变革已经创造了甚至在自由主义国家也可以看到的反向倾向，例如，就像电视频道的倍增将外部多元主义重新引入美国的媒介体制一样。

我们最后提出了以下问题：媒介公共机构与社会和政治体制之间关系的变化过程能否根据差异化理论来加以理解——该理论经常内含在**现代化**这一术语的使用中。差异化理论在一个非常重要的方面非常适用：欧洲社会的“世俗化”意味着社会公共机构——大众型政党以及宗教的和基于阶级的社区——的衰落，而它们一度融汇了许多不同的社会功能：从政治协议到闲暇时间的组织，再到社会化和传播；大众媒介作为独立于这些群体的专门化的传播机构已经崛起。另一方面，商业化往往更难被整合进差异化理论的视角：商业化似乎明显意味着媒介体制相对于市场的显著的去差异化，这是对新闻工作者在 20 世纪后期获得的专业自主权的一次侵蚀，还有可能是媒介在代表社会利益集团方面轻视政治平衡而对商界政治利益的一种屈尊。

第九章 结 论

我们在本书开篇就提出了一个问题，即媒介体制与政治体制之间的 296
关联是否可以辨识。我们相信，我们的研究已经显示这样的关联的确可以辨识。我们推出了一组用以比较媒介体制的四个主要维度：媒介市场的结构，特别包括大规模发行报界的发展程度；政治平行性的程度和形式；新闻专业主义的发展；以及国家干预媒介体制的程度和形式。我们认为，基于这些维度，在媒介体制发展的类型与政治体制的某些关键特征之间存在着重要关联，如国家在社会中的角色；政治体制的多数至上或共识性质；利益集团组织的类型，包括更为碎片化的自由主义体制与更倾向于法团主义的体制之间的分殊；温和多元主义与极化多元主义之间的分殊；以及法理型权威相对于社会组织的依侍主义形式的发展。一组围绕这些变量之间的关联的假设在第三章中呈现出来，我们在此不必赘述。

有时候，政治体制的特征或多或少直接体现在媒介结构中，就像政府的多数至上主义类型和共识类型就反映在公共广播电视机构的组织中。然而，通常无法将媒介体制与政治体制的变量之间的关联诠释为机械的一一对应关系。首先，政治结构的要素与包括科技和经济因素在内

的各种要素存在互动，有一些对于作为整体的社会是一般性的——例如
297 产业结构和消费文化的特征——而另外一些对媒介产业来说则是特殊的，例如报业市场结构。这些关联也不是源于单向的因果关系。在许多案例中，媒介体制对政治体制有其自己的效果；而我们正在描述的过程实际上是在特定的历史语境下媒介和政治制度的共同演化之一。

我们假设这里讨论的政治变量是政治结构和政治文化的共存特征。在以下意义上这些是包括多组制度和程序、资源配置类型等等的结构因素。这些制度性结构创造了媒介组织和行动者做出回应的限制和机会，进而塑造了媒介的发展。因此，在政党强有力地控制着决策——这是极化多元主义模式最显著的特征——的体制中，媒介所有者乃至单个的新闻工作者都拥有与政党行动者结盟的动机；在有组织社会群体有强大追随者和重要影响力的体制中，媒介组织有可能与它们发展关系，而新闻工作者可能成立他们自己的同类组织。哪里的市场特别强势，哪里的商业性媒介就有可能支配那些与政治和社会组织相联系的媒介。与此同时，我们讨论过的政治变量包括政治文化特有的类型——特有的政治价值观和信仰以及思考和表述政治世界的方式。这些也许不会直接“反映”在新闻事业和媒介文化中，但是它们明显影响着新闻工作者关于他们自身社会角色的观念、他们的专业价值观和表述实践等。

我们认为，在我们的研究所涵盖的 18 个国家中提炼出三种不同的媒介体制“模式”——我们称之为极化多元主义模式、民主法团主义模式与自由主义模式——是有可能的。我们将之与三种模式联系起来的这三组国家之间的相似性，既基于国家组别之间的历史关联，也基于其政治结构和文化历史的相似性。正如我们已经看到的那样，具体某个国家的媒介体制只是大略地契合我们的模式所反映的理想类型，并且许多媒介体制应当被理解为混合案例。尽管如此，我们依然认为，这些模式对于理解媒介和政治体制特征之间关系的类型，以及作为比较各国媒介体制的基准点，都是有帮助的。

在本书的若干要点上我们概述了这三种模式的特征，在中编的三章中表达得最为全面。这里是另外一个摘要版，在此情况下侧重于政治文

化与媒介文化之间的关联。

极化多元主义模式的特征是高度政治化即国家和政党强力干预社会生活的许多领域，而许多人对变化多端的政治意识形态保持高度忠诚。忠诚于这些意识形态同时伴随着对将超越它们自身的任何“共同福祉”概念的广泛怀疑，以及公认规则和规范的相对缺失。最终，极化多元主义体制以公共信息的不平等消费为特征，大量消费报刊上的政治评论的政治积极人群与几乎不消费政治信息的政治消极人群有鲜明的分野。与 298
此类似，新闻媒介以高度的外部多元主义为特征，媒介在其中被视为多种政治意识形态的卫士，而媒介对这些意识形态的承诺倾向于超越对共同的专业文化的承诺。新闻工作者与政治行动者之间关系紧密，国家积极干预媒介部门，报纸侧重于针对政治活跃人士读者群的高端评论。

民主法团主义模式的特征是强烈侧重于社会上有组织社会群体的角色，但是同时体现为对“共同福祉”和对被社会各界普遍接受的规则与规范的承诺的强烈意识。一种强大的价值观被植入信息的自由流动中；与此同时，国家被视为对推进这种流动承担着积极的义务。最终就产生了高度消费有关公共事务信息的文化。这种媒介文化以这样一个幸存的鼓吹传统为特征：它将媒介视为社会群体与多样性意识形态表达的载体，同时以对共同规范和程序的高度承诺为特征。国家广泛干预媒介，但是一种高度的价值观基于媒介自治而被植入。政治信息受到相对高度的重视，并且其生产是为了向大规模受众散播。

自由主义模式以对代表性的更加个人主义的观念为特征，其中有组织社会群体的角色不如在其他两种体制中那么受到强调，并经常有贬义 299
色彩，例如将“特殊利益”凌驾于“共同福祉”之上。后者受到的强调可能胜过对意识形态的忠诚和连贯性。国家的角色是负面的，而信息的自由流动被理解为限制国家干涉。这一模式强调公共信息消费对公民权至关重要，这一点被个人主义和文化的反政治要素舒缓了，倾向于个人优先于公共生活。媒介的角色与其说是代表社会群体和意识形态多样性，不如说是向公民—消费者提供信息和新闻界作为政府的“看门狗”的观念。一种共同的新闻事业专业文化得到了相对强劲的发展，尽管不像在民主法团主义模式中那样被正式地制度化。对政府干预媒介领域的限制受到高度重视，媒介倾向于瞄准广大受众，并且也不像在其他模式中那样强调公共事务。

在推出关于比较媒介体制的四个主要维度时，我们提出了一个问题，即它们是否相互独立。我们坚持认为它们应当被当作是独立的，尽管不可能通过本研究来证明它们是独立的：鉴于我们分配给三种模式的各国之间的相互关联性，我们有四个变量，而在某种意义上只有三个经验性案例。尽管如此，看看我们在三种模式中发现的对关于这些维度变异类型的简化表述（见表 9—1）也许是有益的。该表在诸多方面过度简化了我们的论证，我们希望读者不会用它来取代我们在先前的篇章中所呈现的更为复杂的分析。它将我们的四个维度简约为数量词，而我们坚持认为它们还有质量上的差异——例如，国家在极化多元主义和民主
300 法团主义模式中都扮演着重大角色，但是它们以非常不同的方式去实现。该表还将四个维度一分为二，它从单个国家的变异以及随着时间推移而发生的变化中加以抽象（它描述的应该是彼此差别最大的那个时期的三种模式，例如从 20 世纪 50 年代到 70 年代）。

表 9—1　　媒介体制四种维度变异类型

	极化多元主义	民主法团主义	自由主义
大众报刊的发展	低	高	高
政治平行性	高	高	低
专业化	低	高	高
国家干预	高	高	低

尽管有上述限制条件，这个简表也许仍然值得让人思考片刻。它说明的一点是，两对媒介体制变量显示了不同模式之间的相同差异类型：大众报刊的发展与专业化，政治平行性与国家的角色。似乎正确的是，这些维度之间存在关联。专业化有可能在大规模发行报刊强大的地方发展起来，这部分是因为二者都是资本主义、大众民主和中产阶级发展的结果，部分是因为专业化也许有可能在大规模的、经济上自给自足的组织中发展起来，在那里新闻工作者与其读者群之间的关系对于企业的成功至关重要。似乎正确的还有，政治平行性与国家干预之间有某种关

联。凡是国家在社会中扮演重大角色的地方，政党就可能根深蒂固并具有强大的影响力，而在某种程度上它也许会以相反的方式运作：在政党强大的地方，借助于国家的集体行动也许是解决社会问题的一个优选手段。凡是政治居于社会生活的中心、政党在共同体决策过程中扮演中心角色的地方，用布迪厄的术语说，政治场域对媒介的影响力就应该是强大的，并且政治平行性高。我们无意于将我们的四个维度降为两个，但是我们提出这样的假设：在此提炼出的两对变量在若干重要方面也许是相互关联的。

在本书中，我们还相当重视历史：我们相信，要理解当今媒介体制的功能，非常有必要去追溯新闻界和政治体制二者的起源，并从二者历史的角度回顾它们的发展。在 20 世纪 60 年代比较政治学的经典著作之一中，李普塞特和罗坎（Lipset and Rokkan 1967：2）写道：“一旦我们进入比较分析，我们就不得不加入历史的维度。在选举权扩大之前或之后……没有关于政党形成先后顺序的差异的详细资料，我们就无法理解当下各联盟的变异。”他们持续追溯政党体制从封建制或世袭制到自由主义制度过渡的起源，围绕那种过渡所涉及的不同国家特定的冲突类型来解释政党体制中的变异。媒介体制被同样的社会冲突、被从中兴起的 301
制度和文化类型强烈地塑造出来，其程度不亚于在大多数情况下与它密切相关的政党体制。这并不意味着过去完全决定现在，或者说变化不发生。但是，在起源于现代性（modernity）发端之时的历史演化类型与如今盛行的媒介体制类型之间，存在着清晰的关联性。

我们还看到了经济与政治结构的变革，以及技术和媒介商业化，特别是从 20 世纪 80 年代以来，已经产生了这样一个同质化的过程：它实质上侵蚀了在 20 世纪大部分时间中占优势的各国媒介体制之间的变异。这个同质化过程非常显著地意味着，极化多元主义和民主法团主义模式中媒介与政党和有组织社会群体之间在历史上所结成的关系的弱化，以及向作为自由主义体制特征的商业性结构和中立性专业主义实践（practices of neutral professionalism）的转变。从这个意义上说，有一个朝向自由主义体制的明显的趋同倾向。与此同时，我们注意到，各种体制之间的重要差异确实持续存在，并且我们也识别了种种限制和反向趋势，它们暗示我们，在媒介体制的发展中，应该谨慎对待以自由主义模式完全胜利的形式提出“历史的终结”。

我们还探讨了差异化理论作为理解媒介体制发展的一个框架的效用。我们注意到，差异化理论的假设经常内隐于媒介的比较研究，尤其是内隐于以下观点中：由于自由主义模式意味着媒介与政治体制的高度差异化，因此它是最先进的模式，而媒介体制本质上应当被当作走向那个模式的演化阶段而加以比较。我们坚持认为，就对媒介体制的比较分析而言，差异化理论在若干重要方面确实是有用的。媒介与其他社会和政治结构差异化的程度是一个非常重要的变量，而我们在同质化标签下分组的种种变化当然可以用差异化理论加以解释：曾经发挥多种社会功能，包括组织大量社会传播过程的功能的政党以及社会和政治群体已经
302 将许多此类功能让渡给了其他公共机构，包括一个日益独立于它们的大众媒介体制。尽管如此，与哈贝马斯和布迪厄这样的理论家的观点相一致，我们坚持认为，去差异化的重要过程也在起作用。在此非常重要的是，尽管商业化过程可能加快媒介与政治制度的差异化，但是它有可能使媒介服从于市场的和公司争夺市场份额的逻辑，而这经常会降低新闻工作者和其他传播专业人士的自主权。在这个意义上，媒介在与政治体制的差异变大的同时，与经济体制的差异变小了。正如我们注意到的那样，这种转变也提出了我们在此无法充分回答的关于权力与民主的重要问题：当树大根深的政治群体失去或减少了对媒介体制的控制时，当媒介更深地处在商业控制之下时，当消费者的、投资者的和广告商的金钱而非公民的选票开始构成媒介结构发展的基础时，向自由主义模式的转变使得沟通的流动更为开放和平等了吗？

我们还希望，我们在此已经展示了比较分析法作为一种传播学方法论的潜力，以及这个领域对众多更广泛的比较研究的需求。这看起来也许是一件平常之事，如同我们在导论中认为的那样，比较性传播研究的雄心自从《传媒的四种理论》以来就产生了。但是，在撰写本书的时候——如果我们暂且改用意大利语——*abbiamo sperimentato sulla nostra pelle*（尽管我们仅仅是浅尝辄止），那么我们就已经“切身体会到了”比较研究的以下价值：提出关于媒介体制与其社会和政治语境之间关系的种种理论问题，理解媒介体制中随着时间推移而发生的变化，以及深化我们对特定国家媒介制度的理解。如同本迪克斯（Bendix 1963：537）所说的那样，比较分析有能力“通过将一个结构与另一个对比来增加它的‘能见度（‘visibility’）’”。沉浸在一种媒介体制中的分析家经常会忽视他们自己所处的媒介体制的重要特征，这些特征对他们来说再熟悉不过，以至于不能在背景的反衬下显得醒目。显然，他们甚至不太可能提出任何包含了解释**为什么**是这些特定的体制特征，而不是一组其他特征发展起来的问题。如果我们想超越这些限制，那么比较分析就是不可或缺的。

呈现于此的分析极具试验性和探索性，它在许多方面受阻于现有研究及其所产生的数据库的局限，以及超越如此众多复杂案例而进行概括 303
的高难度。我们希望其他学者会跟踪研究在此提出的许多观点。我们也衷心期待，当他们做的时候，并非所有我们所坚持的观点将被证明是正确的或充分有据的。

我们确实有若干关于特定种类比较研究的建议，而在我们看来它们似乎非常有潜力。试举一例，有这样一种关于媒介内容的比较性数据的需求：这些数据能够显示新闻选择标准中的差异或相似性，呈现的常规以及不同社会群体和利益集团的代表性。在此我们用新闻报道作为例证，但是对其他形式媒介内容的比较分析也会非常有用，例如考察不同社会群体或议题在娱乐电视中的代表性。比较性内容数据是稀少的，这部分是因为语言障碍，而现有的数据中有许多是描述性的，并在概念上显得薄弱，它们经常聚焦于某些特殊事件报道，而没有提出与媒介体制之间差异相关的理论问题。此外，对媒介内容的比较分析需要的不仅仅是合适的定量分析。以系统的方式进行的定性的和诠释性的分析经常具有巨大价值，例如显示新闻呈现中典型文体的差异。

对媒介的“民族志”研究非常少，不管是就单个国家所进行的，还是真正的比较性的民族志研究。在此我们想到了对媒介组织的运作以及/或者对它们与其他社会行动者和公共机构之间互动的、基于田野观察和大量访谈的研究①。在对新闻媒介的研究中，经常使用问卷调查方法来向若干国家的新闻工作者询问关于他们的角色观念、价值观等等可比较的问题。开展这样的调查需要面临大量挑战，但是这样做的难度要小于在许多国家为了实现调查标准化和复制而从事的其他多种研究。在一定程度上，这也是有用的；但是我们的研究显示，新闻工作者们在实际如何从事其工作上的差异要大于他们在对调查的回应中的差异，他们的回应受到跨越国家的规范性期待和抱负的强烈影响（当然，这些跨越国家的期待的影响可以借助这种民族志研究加以探讨）。我们在查阅有关“美国化”的文献时发现，关于这个过程是如何具体发生的，前人所
304 做的追溯工作寥寥无几——新闻教育发生了哪些种类的变化，来自不同国家的新闻工作者之间有哪些互动，引进了什么样的顾问，举办了什么样的研讨会，等等。真正要紧的是，新闻工作者或其他媒介人士在**实践**中是怎样起作用的——他们怎样做出决定，怎样处理信息，怎样就限制做交涉，怎样协调他们的活动——这些通过问卷调查只能研究到非常有限的程度。详尽的田野研究是困难的，尽管并非不可能以比较的方式进行。但是，如果在进行这些研究的时候知晓其他案例并参照植根于比较研究中的概念框架，那么即便是单个案例研究，对于比较分析也可能是有用的。

传播学需要一种比较性历史研究。只需举出一例：我们惊讶于有关政党报刊历史的可用材料是多么稀少——至少就英文文献和我们能够阅读的其他原文文献而言；鉴于传统上讲述媒介史的故事总是聚焦于商业性报刊，因此有关政党报刊历史的材料对于我们的工作是重要的。我们在对民主法团主义国家的讨论中认为，现有的文献显示，共同的专业标准跨越商业性报纸和政党报纸而发展起来，伴随的结果是政治平行性与高度的新闻专业主义并存；但是，可能需要做更多的工作来准确探究这

① 如塔奇曼（Tuchman 1978）、甘斯（Gans 1979）、吉特林（Gitlin 1980）、帕迪奥勒（Padioleau 1985）、施莱辛格（Schlesinger 1987）、塞米特科等人（Semetko 等 1991）、佩德尔蒂（Pedelty 1995）和埃塞尔（Esser 1998）的研究。

为什么和如何发生在这些特定的国家，而没有发生在其他国家。

最后，在媒介与其他社会行动者在对特定事件或议题的报道中如何互动方面需要更多的案例研究。这样的研究可能是真正具有比较性的，或者只是能够与其他国家进行的类似研究相比较的单个案例。这种研究可能聚焦于选举（现有研究中最常见的焦点）、社会运动、媒介事件（它们具有在不同国家成为共同的报道焦点的优势），或者聚焦于特定类型的议题或事件——移民、罢工、丑闻。这种研究对于探究权力议题尤为重要，而我们坚持认为，有鉴于其对于传播学研究者最终经常回归的许多规范性问题的意义，这些议题在很大程度上未被探究：这种研究在以下方面提供了可能性：探究哪些观点能够进入公共领域，哪些行动者和公共机构能够形塑辩论过程，以及这些过程如何受到媒介体制的结构特征的影响。

当然，在此提出的各种形式的分析可以用多种方式加以综合：例 305
如，对媒介与社会运动之间互动的案例研究可以运用内容分析或者人类学的田野研究。又如，考察政党报纸仍然强大的时期和商业性媒介占压倒优势的时期的报道，而那也是基于史实的。

我们想用寥寥数语来结束在此呈现的分析对于西欧和北美以外的媒介体制的适用性。在此我们有意聚焦于有限范围的不同媒介体制。我们拒绝了成为《传媒的四种理论》特征的那种普适方法，希望我们的工作不会像《传媒的四种理论》那样作为一组范畴被运用，以一种实际上会阻止我们根据其他体制的条件来分析它们并理解它们的特有逻辑的方式，强加于在非常不同的语境下发展起来的体制。与此同时，我们希望我们的工作对于研究其他媒介体制的那些人有用，成为如何思考媒介与政治体制之间关系的一个普遍例证，并成为其他模式据以建构的一组模式。

至于我们的三种模式可能与其他体制有怎样的关系，我们确实有一些非常具有试验性的想法。当然，自由主义模式将与大多数其他模式的研究相关，这部分是因为它的全球影响力如此巨大，同时也因为新自由主义和全球化持续散播自由主义媒介结构和理念。它可能与理解拉丁美洲的体制和许多亚洲的体制尤其相关，前者一直受到北美模式的强大影响，后者的近期发展具有强烈的资本主义性质。当然，在这两个案例中，自由主义原则在若干重要方面首先被强大的国家角色修改了。我们推测，民主法团主义模式对于分析具有相同的历史发展的那些东欧和中欧国家将有特别强烈的相关性，像波兰、匈牙利、捷克共和国和波罗的海国家。在某些方面，它也有可能与分析亚洲的体制相关，亚洲与民主法团主义国家共有一种相对而言的集体主义政治文化。①

306 即便自由主义模式一直主导着媒介研究，并充当传统上据以衡量其他媒介体制的规范性模式，但是作为媒介与政治体制之间关系的经验性模式而可能更广泛地适用于其他媒介体制的，与其说是我们在此概述的其他两种，不如说是极化多元主义模式。我们推测，研究世界许多地方——东欧和苏联、拉美、中东和全部地中海地区、非洲以及亚洲大多数地区——的学者，会在我们对南欧的分析中发现有许多是相关的，包括依侍主义②的角色、国家的强大角色、媒介作为政治斗争工具的角色、大规模发行报刊的有限发展，以及共同性专业规范的相对薄弱。

① 例如，德国的媒介法对一些亚洲国家的媒介法似乎有显著的影响［如尤姆（Youm 在1993）年提出的］，黑格尔与孔子对国家的观念无疑有相似性。

② 在这一点上南欧与拉美之间的比较是由哈林和帕帕萨纳索普洛斯（Hallin and Papathanassopoulos 2002）阐发的。

缩略语表

AGI	Agencia Giornalistica Italia　意大利新闻社
ASNE	American Society of Newspaper Editors　美国报纸主编协会
BBC	British Broadcasting Corporation　英国广播公司
CBC	Canadian Broadcasting Corporation　加拿大广播公司
CSA	Consiel Superieur de I'Audiovisuel　最高视听委员会
DNVP	German National People's Party　德国全国人民党
DR	Danmarks Radio　丹麦电台
EBU	European Broadcasting Union　欧洲广播电视联盟
ECU	European Currency Unit　欧洲货币单位
EU	European Union　欧盟
FCC	Federal Communications Commission　联邦通讯委员会
IBA	Independent Broadcasting Authority　独立广播电视管理局
ITC	Independent Television Commission　独立电视委员会
ITV	Independent Television　独立电视网
IU	Izquierda Unida　团结联盟

NOS	Dutch Broadcasting Foundation 荷兰广播电视基金会
NUJ	National Union of Journalists 全国新闻工作者联盟
ORTF	Office de Radiodiffusion-Télévision Française 法国广播电视局
PASOK	Panhellenic Socialist Party of Greece 泛希腊社会主义党
PBS	Public Broadcasting System 公共广播电视体制
PCC	Press Complaints Commission 报业投诉委员会
PCI	Partido Comunista Italiana 意大利共产党
PP	Partido Popular 人民党
PSOE	Spanish Socialist Workers Party 西班牙工人社会党
RAI	Radiotelevisione Italiana 意大利广播电视台
RTF	Radio Télévision Française 法兰西广播电视台

参考文献

Agee, Warren K. and Nelson Traquina (1984). "A Frustrated Fourth Estate: Portugal's Post-Revolutionary Media." *Journalism Monographs* no. 87, February.

Albert, Pierre (1983). *La presse française.* Paris: La Documentation française.

Alexander, Jeffrey C. (1981). "The Mass News Media in Systemic, Historical and Comparative Perspective." In E. Katz and T. Szecskö, eds., *Mass Media and Social Change,* pp. 17–51. Beverly Hills: Sage.

Almond, Gabriel and Sidney Verba (1989). *The Civic Culture.* Newbury Park: Sage.

Alsop, Joseph and Stuart Alsop (1958). *The Reporter's Trade.* New York: Renal and Company.

Altick, Richard D. (1957). *The English Common Reader: A Social History of the Mass Reading Public, 1800–1900.* Columbus: Ohio State University Press.

Altschull, J. Herbert (1995). *Agents of Power: The Media and Public Policy.* White Plains, NY: Longman.

Alvarez, Jesús Timoteo (1981). *Restauracion y Prensa de Masas: Los Engranajes de un Sistema (1875–1883).* Pamplona: Ediciones Universidad de Navarra.

Anderson, Benedict (1983). *Imagined Communities.* London: Verso.

Article XIX (1993). *Press Law and Practice.* London: Article XIX.

Åsard, Erik and W. Lance Bennett (1997). *Democracy and the Marketplace of Ideas: Communication and Government in Sweden and the United States.* Cambridge: Cambridge University Press.

Avery, Robert (1993). *Public Service Broadcasting in a Multichannel Environment.* New York and London: Longman.

Bagnasco, Arnaldo (1977). *Tre Italie.* Bologna: Il Mulino.

Baker, C. Edwin (1994). *Advertising and a Democratic Press.* Princeton: Princeton University Press.

Baldasty, Gerald J. (1992). *The Commercialization of News in the Nineteenth Century.* Madison: University of Wisconsin Press.

Barbrook, Richard (1995). *Media Freedom: The Contradictions of Communication in the Age of Modernity.* London: Pluto Press.

Barnhurst, Kevin and John Nerone (2001). *The Form of News: A History.* New York: Guilford Press.

Barrera, Carlos (1995). *Sin Mordaza: Veinte Años de Prensa en Democracia.* Madrid: Temas de Hoy.

Bastiansen, Henrik and Trine Syvertsen (1996). "Towards a Norwegian Television History." In Ib Bondebjerg and Francesco Bono, eds., *Television in Scandinavia: History, Politics, Aesthetics.* Luton: University of Luton Press.

Bechelloni, Giovanni (1980). "The Journalist as Political Client in Italy." In A. Smith, ed., *Newspapers and Democracy.* Cambridge, MA: MIT Press.

——— (1995). *Giornalismo o postgiornalismo?* Napoli: Liguori.

Beck, Ulrich (2000). *What is Globalization?* Cambridge: Polity Press.

Bekken, Jon (1997). "The Chicago Newspaper Scene: An Ecological Perspective." *Journalism and Mass Communication Quarterly.*

Bell, Desmond (1985). "Proclaiming the Republic: Broadcasting Policy and the Corporate State in Ireland." *West European Politics* 8(2): 26–49.

Bellah, Robert (1974). "Le cinque religioni dell'Italia moderna." In F. Cavazza and S. Graubard, eds., *Il caso italiano.* Milano: Graznati.

Bendix, Reinhard (1963). "Concepts and Generalizations in Comparative Sociological Studies." *American Sociological Review* 28(4): 532–9.

Bennett, W. Lance (1990). "Toward a Theory of Press-State Relations." *Journal of Communication* 40: 103–25.

Benson, Rodney D. (1998). "Field Theory in Comparative Context: A New Paradigm for Media Studies." *Theory and Society* 28: 463–98.

——— (2000). *Shaping the Public Sphere: Journalistic Fields and Immigration Debates in the United States and France, 1973–1994.* Ph.D. diss., University of California, Berkeley.

Berka, Walter (1993). "Press Law in Austria." In Article XIX, *Press Law and Practice.* London: Article XIX.

Bettetini, Gianfranco (1985). "Un fare italiano nella televisione." In Fondazione Giovanni Agnelli, ed., *Televisione: la provvisoria identità nazionale.* Torino: Fondazione Giovanni Agnelli.

Bionda, M. L., A. Bourlot, V. Cobianchi and M. Villa (1998). *Lo spettacolo della politica.* Roma: Eri.

Bird, Karen L. (1999). "Racist Speech or Free Speech? A Comparison of the Law in France and the United States." *Comparative Politics* 32:1: 399–418.

Blanchard, Margaret A. (1986). *Exporting the First Amendment: The Press-Government Crusade of 1945–1952.* New York: Longman.

Block, Fred (1987). *Revising State Theory: Essays in Politics and Postindustrialism.* Philadelphia: Temple University Press.

Blumler, Jay G. (1992). *Television and the Public Interest.* London: Sage.

Blumler, Jay G. and Michael Gurevitch (1995). "Towards a Comparative Framework for Political Communication Research." In Blumler and Gurevitch, eds., *The Crisis of Public Communication*, pp. 59–72 [first published 1975]. London: Routledge.

——— (2001). "'Americanization' Reconsidered: U.K.-U.S. Campaign Communication Comparisons Across Time." In Lance Bennett and Robert M. Entman, eds., *Mediated Politics: Communication in the Future of Democracy.* New York: Cambridge University Press.

Blumler, Jay, Dennis Kavanaugh, and T. J. Nossiter (1996). "Communication versus Politics in Britain." In D. Swanson and P. Mancini, eds., *Politics, Media and Modern*

Democracy: An International Study of Innovations in Electoral Campaigning and Their Consequences. Westport, CT: Praeger.

Blumler, Jay, Jack M. McLeod, and Karl Erik Rosengren, eds. (1992). *Comparatively Speaking: Communication and Culture Across Space and Time.* Newbury Park: Sage.

Böll, Heinrich (1975). *The Lost Honor of Katharina Blum: How Violence Develops and Where it Can Lead.* New York: McGraw-Hill.

Borre, Ole (1995). "Scope-of-Government Beliefs and Political Support." In O. Borre and E. Scarbrough, eds., *The Scope of Government*, pp. 343–66. Oxford: Oxford University Press.

Bourdieu, Pierre (1998). *On Television.* New York: The New Press.

Boyd-Barrett, Oliver (1977). "Media Imperialism: Towards an International Framework for the Analysis of Media Systems." In J. Curran, M. Gurevitch, and J. Woolacott, eds., *Mass Communication and Society*, pp. 116–35. London: Arnold.

Brants, Kess (1985). "Broadcasting and Politics in the Netherlands: From Pillar to Post." In R. Kuhn, ed., *Broadcasting and Politics in Western Europe.* London: Cass.

——— (1998). "Who's Afraid of Infotainment?" *European Journal of Communication* 13: 315–35.

Brants, Kees and Denis McQuail (1997). "The Netherlands." In Euromedia Research Group, ed., *The Media in Western Europe.* London: Sage.

Brants, Kees and Karen Siune (1998). "Politicization in Decline?" In D. McQuail and K. Siune, eds., *Media Policy: Convergence, Concentration and Commerce*, pp. 128–43. London: Sage.

Breed, Warren (1955). "Social Control in the Newsroom." *Social Forces* 33: 326–35.

Briggs, Asa and Peter Burke (2002). *A Social History of the Media: From Gutenberg to the Internet.* Cambridge: Polity.

Brown, DeNeen (2002). "Canadian Publisher Raises Hackles." *The Washington Post*, January 27: A25.

Brown, Stephen J. (1991). *The Press in Ireland: A Survey and Guide* [first published 1937]. New York: Lemma Publishing.

Budge, Ian (1996). "Great Britain and Ireland." In J. Colomer, ed., *Political Institutions in Europe*, pp. 18–61. London: Routledge.

Burgelman, Jean-Claude (1989). "Political Parties and Their Impact on Public Service Broadcasting in Belgium: Elements from a Political-Sociological Approach." *Media, Culture & Society* 11(2): 167–93.

Bustamante, Enrique (1989). "TV and Public Service in Spain: A Difficult Encounter." *Media, Culture & Society* 11: 67–87.

——— (2000). "Spain's Interventionist and Authoritarian Communication Policy: Telefónica as a Political Battering Ram of the Spanish Right." *Media, Culture & Society* 22: 433–55.

Butler, David and Dennis Kavanagh (1997). *The British General Election of 1997.* London: Macmillan.

Butler, David and Austin Ranney (1992). *Electioneering.* Oxford: Clarendon.

Canel, María José and Antoni M. Piqué (1998). "Journalists in Emerging Democracies: The Case of Spain." In David H. Weaver, ed., *The Global Journalist: News People Around the World*, pp. 299–319. Creskill, NJ: Hampton Press.

Canel, María José, Roberto Rodríguez, and José Javier Sánchez (2000). *Periodistas al descubierto.* CIS.

Carr, Raymond (1980). *Modern Spain, 1875–1980.* New York: Oxford University Press.

Carty, R. K. (1981). *Party and Parish Pump: Electoral Politics in Ireland.* Waterloo, Ontario: Wilfred Laurier University Press.

Caruso, Maria Pia (2000). "La 'Par Condicio' in Francia, Germania, Regno Unito e Spagna." *Comunicazione Politica* 1: 99–109.

Cassese, Sabino (1984). "The Higher Civil Service in Italy." In E. Suleiman, ed., *Bureaucrats and Policy-Making.* New York: Holmes and Meier.

Castronovo, Valerio (1976). *La stampa italiana dall'unità al fascismo.* Bari: Laterza.

Castronovo, Valerio and Nicola Tranfaglia, eds. (1994). *La stampa italiana nell'età della TV, 1975–1994.* Bari: Laterza.

Chalaby, Jean K. (1996). "Journalism as an Anglo-American Invention: A Comparison of the Development of French and Anglo-American Journalism, 1830s–1920s." *European Journal of Communication* 11(3): 303–26.

——— (1998). *The Invention of Journalism.* London: Macmillan.

Charon, Jean-Marie (1990). "Decline of a Polemical Press: The Case of France." *Gannett Center Journal* 4(4): 103–9.

Cheesman, Robin and Carsten Kyhn (1991). "The Structure of Danish Mass Media." *Nordicom Review* 2: 3–19.

Chiarenza, Franco (2002). *Il cavallo morente.* Milano: Angeli.

Cipolla, Carlo M. (1969). *Literacy and Development in the West.* Middlesex: Penguin.

Clark, Charles E. (1994). *The Public Prints: The Newspaper in Anglo-American Culture, 1665–1740.* New York: Oxford University Press.

Clift, Dominique (1981). "Press Councils and Ombudsmen." In Royal Commission on the Press, *The Journalists.* Ottawa: Minister of Supply and Services Canada.

Collier, David (1993). "The Comparative Method." In Ada W. Finifter, ed, *Political Science: The State of the Discipline II.* Washington, DC: American Political Science Association.

Collins, Randall (1990). "Changing Conceptions in the Sociology of the Professions." In R. Torstendahl and M. Burrage, eds., *The Formation of Professions: Knowledge, State and Strategy.* London: Sage.

Colomer, Josep M. (1996). "Spain and Portugal: Rule by Party Leadership." In J. Colomer, ed., *Political Institutions in Europe.* London: Routledge.

Cook, Timothy E. (1998). *Governing with the News: The News Media as a Political Institution.* Chicago: University of Chicago Press.

Curran, Catherine (1996). "Fianna Fáil and the Origins of *The Irish Press.*" *Irish Communications Review* 6: 7–17.

Curran, James (1978). "The Press as an Agency of Social Control: An Historical Perspective." In G. Boyce, J. Curran, and P. Wingate, eds., *Newspaper History: From the Seventeenth Century to the Present Day*, pp. 51–75. London: Constable.

——— (1979). "Capitalism and Control of the Press, 1800–1975." In J. Curran, M. Gurevitch, and J. Woolacott, eds., *Mass Communication and Society*, pp. 195–230. Beverly Hills: Sage.

——— (1991). "Rethinking the Media as a Public Sphere." In P. Dahlgren and C. Sparks, eds., Communication and Citizenship: *Journalism and the Public Sphere in the New Media Age.* London: Routledge: 27–57.

Curran, James and Colin Leys (2000). "Media and the Decline of Liberal Corporatism in Britain." In J. Curran and M. Park., eds., *De-Westernizing Media Studies*, pp. 221–36. London: Routledge.

Curran, James and Myung-Jin Park (2000). *De-Westernizing Media Studies.* London: Routledge.

Curran, James and Jean Seaton (1997). *Power Without Responsibility: The Press and Broadcasting in Britain.* London: Routledge.

Curry, Jane Leftwich (1990). *Poland's Journalists: Professionalization and Politics.* Cambridge: Cambridge University Press.

Dader, José Luis (1998). "European Political Communication in Comparison: Some Perspectives about Spain." Paper presented at Workshop on Media and Politics in Europe, Center for German and European Studies, University of California, Berkeley, April 16–18.

Dagnaud, Monique (2000). *L'État et les Médias: Fin de Partie.* Paris: Éditions Odile Jacob.

Dahl, Robert A. and Charles E. Lindblom (1976). *Politics, Economics, and Welfare.* Chicago: University of Chicago Press.

Dalton, Robert (1988). *Citizen Politics in Western Democracies.* New York: Chatham House.

Dalton, Russell J. and Martin P. Wattenberg (2000). *Parties without Partisans: Political Change in Advanced Industrial Democracies.* New York: Oxford University Press.

Danziger, Charles (1986). "The Right of Reply in the United States and Europe." *New York University Journal of International Law and Politics* 19(1–2): 171–201.

Dardano, M. (1976). *Il linguaggio dei giornali italiano.* Bari: Laterza.

Dauncy, Hugh and Geoff Hare (1999). "French Youth Talk Radio: The Free Market and Free Speech." *Media, Culture & Society* 21(1).

De Bens, Els and Vibeke Petersen (1992). "Models of Local Media Development." In K. Siune and W. Truetzschler, eds., *Dynamics of Media Politics: Broadcast and Electronic Media in Western Europe*, pp. 154–78. London: Sage.

de Carvalho, Arons (1999). *A Censura à Imprensa na Época Marcelista.* Coimbra: Livraria Minerva Editora.

Delberghe, Michel (2000). "Le lectorat de la presse nationale reste dépendent du niveau d'études." *Le Monde*, December 15.

De Mateo, Rosario (1997). "Spain." In B. Østergaard, ed., *The Media in Western Europe: The Euromedia Handbook*, 2nd ed. London: Sage.

De Mauro, Tullio (1979). "La cultura." In AA. VV. *Dal 68 ad oggi, Come siamo e come eravamo*, pp. 168–218. Bari: Laterza.

de Tocqueville, Alexis (1969). *Democracy in America.* Garden City: Doubleday.

Deutsch, Karl (1966). *The Nerves of Government: Models of Political Communication and Control.* New York: Free Press.

Dicken-Garcia, Hazel (1989). *Journalistic Standards in Nineteenth-Century America.* Madison: University of Wisconsin Press.

Díez Nicolas, Juan and Holli Semetko (1995). "La Televisión y las elecciones de 1993." In A. Muñoz-Alonso and J. Rospir, eds., *Comunicación Política.* Madrid: Editorial Universitas.

Dimitras, Panayote Elias (1997). "Greece." In B. Østergaard, ed., *The Media in Western Europe: The Euromedia Handbook*, 2nd ed. London: Sage.

Dimock, Michael A. and Samuel L. Popkin (1997). Political Knowledge in Comparative Perspective. In S. Iyengar and R. Reeves, eds., *Do the Media Govern? Politicians, Voters and Reporters in America*, pp. 217–24. Thousand Oaks, CA: Sage Publications.

Djerf-Pierre, Monika (2000). "Squaring the Circle: Public Service and Commercial News on Swedish Television, 1956–99." *Journalism Studies* 1(2): 239–60.

Djerf-Pierre, Monika and Lennart Weibull (2000). *News and Current Affairs Journalism in Sweden 1925–1995.* Working Paper presented at the European Science Foundation Seminar, Changing Media, Changing Europe, Paris, May 25–8.

Dogan, Mattei and Dominique Pelassy (1984). *How to Compare Nations: Strategies in Comparative Politics.* Chatham, NJ: Chatham House.

Donsbach, Wolfgang (1995). "Lapdogs, Watchdogs and Junkyard Dogs." *Media Studies Journal* 9(4): 17–31.

Donsbach, Wolfgang and Bettina Klett (1993). "Subjective Objectivity: How Journalists in Four Countries Define a Key Term of Their Profession." *Gazette* 51: 53–83.

Donsbach, Wolfgang and Thomas Patterson (1992). "Journalists' Roles and Newsroom Practices: A Cross-National Comparison." Paper presented at 42nd Conference of the International Communication Association, Miami.

Donsbach, Wolfgang, J. Wolling, and Constanze von Blomberg (1996). "Repräsentation politischer Positionen im Mediensystem aus der Sicht deutscher und amerikanisher Journalisten." In W. Hömberg and H. Pürer, eds., *Medien-Transformation: Zehn Jahre dualer Rundfunk in Deutschland.* Konstanz: UVK Medien.

Drake, William J. and Kalypso Nicolaïdis (1992). "Ideas, Interests and Institutionalization: 'Trade in Services' and the Uruguay Round." *International Organization* 46(1): 37–100.

Durkheim, Émile (1965). *The Rules of Sociological Method.* New York: Free Press.

Edelstein, Alex. S. (1982). *Comparative Communication Research.* Beverly Hills: Sage.

Edwards, Mark U. (1994). *Printing, Propaganda and Martin Luther.* Berkeley: University of California Press.

Eisendrath, C. R. (1982). "Press Freedom in France: Private Ownership and State Controls." J. L. Curry and J. R. Dassin, eds., *Press Control Around the World.* New York: Praeger.

Eisenstadt, S. N. and René Lemarchand, eds. (1981). *Political Clientelism, Patronage and Development.* Beverly Hills: Sage.

Eisenstein, Elizabeth (1979). *The Printing Press as an Agent of Change.* Cambridge: Cambridge University Press.

——— (1983). *The Printing Revolution in Early Modern Europe.* Cambridge: Cambridge University Press.

Ekecrantz, Jan (1997). "Journalism's 'Discursive Events' and Sociopolitical Change in Sweden 1925–87." *Media, Culture & Society* 19(3): 393–412.

Emery, Michael and Edwin Emery (1996). *The Press and America: An Interpretive History of the Mass Media.* Boston: Allyn and Bacon.

Ericson, Richard V., Patricia M. Baranek, and Janet B. L. Chan (1987). *Visualizing Deviance: A Study of News Organization.* Toronto: University of Toronto Press.

Errera, Roger (1993). "Press Law in France," in Article XIX, *Press Law and Practice: A Comparative Study of Press Freedom in European and Other Democracies.* London: Article XIX.

Esping-Andersen, Gøsta (1985). *Politics Against Markets: The Social Democratic Road to Power.* Princeton: Princeton University Press.
Esser, Frank (1998). "Editorial Structures and Work Principles in British and German Newsrooms." In *European Journal of Communication* 13(3): 375–405.
Etzioni-Halevy, Eva (1987). *National Broadcasting Under Siege: A Comparative Study of Australia, Britain, Israel and West Germany.* London: Macmillan.
European Commission (2001). *Eurobarometer: Public Opinion in the European Union.* Report No. 55. Brussels: European Commission.
Evans, Peter (1997). *Embedded Autonomy: States and Industrial Transformation.* Princeton: Princeton University Press.
Fagen, Richard (1966). *Politics and Communication.* Boston: Little, Brown and Company.
Farinelli, G., E. Paccagnini, G. Santambrogio, and A. I. Villa (1997). *Storia del giornalismo italiano.* Torino: Utet.
Farrell, David M. and Paul Webb (2000). "Political Parties as Campaign Organizations." In R. J. Dalton and M. P. Wattenberg, eds., *Parties Without Partisans: Political Change in Advanced Industrial Democracies*, pp. 102–12. New York: Oxford University Press.
Featherling, Douglas (1990). *The Rise of the Canadian Newspaper.* Toronto: Oxford University Press.
Ferenczi, Thomas (1993). *L'Invention du journalisme en France.* Paris: Librairie Plon.
Fernández, Isabel and Fernanda Santana (2000). *Estado y Medios de Comunicación en la España Democrática.* Madrid: Alianza Editorial.
Fernández, Raquel (1997). "Communication Workers in Spain: The Reward of Appearance." *The Communication Review* 2(3): 381–93.
Flanagan, Scott and Russell J. Dalton (1990). "Parties under Stress." In P. Maier, ed., *The West European Party System*, pp. 232–46. New York: Oxford University Press.
Forcella, Enzo (1959). "Milleciquecento lettori." *Tempo Presente*, no. 6.
Franklin, Bob (1997). *Newzak and News Media.* London: Arnold.
Franklin, Bob and John Richardson (2002). "A Journalists Duty? Continuity and Change in Local Newspaper Reporting of Recent UK General Elections." *Journalism Studies* 3(1): 35–52.
Frieberg, J. W. (1981). *The French Press: Class, State and Ideology.* New York: Praeger.
Gagnon, Lysane (1981). "Journalism and Ideologies in Québec." In Royal Commission on the Press, *The Journalists.* Ottawa: Minister of Supply and Services Canada.
Galli, G. (1968). *Il comportamento elettorale in Italia.* Bologna: Il Mulino.
Gans, Herbert (1979). *Deciding What's News: A Study of* CBS Evening News, NBC Nightly News, Newsweek *and* Time. New York: Pantheon.
Garcia, José Luís (1995). "Os jornalistas portugeses enquanto actores do espaço público: Legitimidade, poder e interpermutação." *Revista de Comunicação e Linguagens*, 21–2.
George, Alexander L. (1979). "Case Studies and Theory Development: The Method of Structured Focussed Comparison." In P. G. Lauren, ed., *Diplomatic History: New Approaches.* New York: The Free Press.
George, Alexander L. and Timothy J. McKeown (1985). "Case Studies and Theories of Organizational Decision Making." In *Advances in Information Processing in Organizations* 2: 21–58.
Gerth, H. H. and C. Wright Mills (1946). *From Max Weber: Essays in Sociology.* New York: Oxford University Press.

Geyer, Robert, Christine Ingebritsen, and Jonathan W. Moses, eds. (2000). *Globalization, Europeanization and the End of Scandinavian Social Democracy?* New York: St. Martins.

Giddens, Anthony (1990). *The Consequences of Modernity.* Stanford: Stanford University Press.

Gitlin, Todd (1980). *The Whole World Is Watching: Mass Media in the Making and Unmaking of the New Left.* Berkeley: University of California Press.

Golding, Peter (1977). "Media Professionalism in the Third World: The Transfer of an Ideology." In J. Curran, M. Gurevitch, and J. Woollacott, eds., *Mass Communication and Society*, pp. 291–308. London: Sage.

Grossman, Michael Baruch and Sandra Joynt Kumar (1981). *Portraying the President: The White House and the News Media.* Baltimore: Johns Hopkins University Press.

Gundle, Stephen (2000). *Between Hollywood and Moscow: The Italian Communists and the Challenge of Mass Culture, 1943–1991.* Durham NC: Duke University Press.

Gunther, Richard and José Ramón Montero (2001). "The Multidimensionality of Attitudinal Support for New Democracies: Conceptual Redefinition and Empirical Refinement." Paper presented at the annual meeting of the American Political Science Association, San Francisco.

Gunther, Richard, P. Nikiforos Diamandouros, and Hans-Jürgen Puhle, eds. (1995). *The Politics of Democratic Consolidation: Southern Europe in Comparative Perspective.* Baltimore: Johns Hopkins University Press.

Gunther, Richard, José Ramón Montero, and José Ignacio Wert (2000). "The Media and Politics in Spain: From Dictatorship to Democracy." In R. Gunther and A. Mughan, eds., *Democracy and the Media: A Comparative Perspective.* Cambridge: Cambridge University Press.

Gustafsson, Karl-Erik (1980). "The Press Subsidies of Sweden: A Decade of Experiment." In A. Smith, ed., *Newspapers and Democracy. International Essays on a Changing Medium*, pp. 104–26. Cambridge, MA: MIT Press.

Gustafsson, Karl-Erik and Stig Hadenius (1976). *Swedish Press Policy.* Stockholm: The Swedish Institute.

Gustafsson, Karl-Erik and Olaf Hulten (1997). "Sweden." Euromedia Research Group, ed., *The Media in Western Europe.* London: Sage.

Gustafsson, Karl-Erik and Lennart Weibull (1997). "European Newspaper Readership: Structure and Development." *The European Journal of Communication Research* 22(3): 249–73.

Hachten, William A. (1996). *The World News Prism: Changing Media of International Communication.* Ames: Iowa State University Press.

Hackett, Robert A. and Yuezhi Zhao (1998). *Sustaining Democracy? Journalism and the Politics of Objectivity.* Toronto: Garamond Press.

Hadenius, Stig (1983). "The Rise and Possible Fall of the Swedish Party Press." *Communication Research* 10:3: 287–311.

Hadenius, Stig and Lennart Weibull (1999). "The Swedish Newspaper System in the Late 1990s." *Nordicom Review* 20(1): 129–52.

Hagen, Lutz M. (1993). "Opportune Witnesses: An Analysis of Balance in the Selection of Sources and Arguments in the Leading German Newspapers' Coverage of the Census Issue." *European Journal of Communication* 8: 317–43.

Hall, Stuart, C. Chrichter, T. Jefferson, J. Clarke, and B. Roberts (1978). *Policing the Crisis: Mugging, the State, and Law and Order.* London: Macmillan.

Hallin, Daniel C. (1986). *The "Uncensored War": The Media and Vietnam.* New York: Oxford University Press.
——— (1992). "Sound Bite News: Television Coverage of Elections, 1968–1988." *Journal of Communication* 42(2): 5–24.
——— (2000). "Commercialism and Professionalism in the American News Media." In J. Curran and M. Gurevitch, eds., *Mass Media and Society*, pp. 218–37. London: Arnold.
Hallin, Daniel C. and Paolo Mancini (1984). "Speaking of the President: Political Structure and Representational Form in U.S. and Italian TV News." *Theory and Society* 13: 829–50.
——— (1994). "Summits and the Constitution of an International Public Sphere: The Reagan-Gorbachev Meetings as Televised Media Events." In D. C. Hallin, ed., *We Keep America on Top of the World: Television Journalism and the Public Sphere*, pp. 153–69. London: Routledge.
Hallin, Daniel C. and Stylianos Papathanassopoulos (2002). "Political Clientelism and the Media: Southern Europe and Latin America in Comparative Perspective." *Media Culture & Society* 24(2): 175–95.
Harcup, Tony and Dierdre O'Neill (2001). "What is News: Galtung and Ruge Revisited." *Journalism Studies* 2(2): 261–80.
Hardt, Hanno (1979). *Social Theories of the Press: Early German and American Perspectives.* Beverly Hills: Sage.
——— (1988). "Comparative Media Research: The World According to America." *Critical Studies in Mass Communication* 5: 129–43.
——— (1996). "Sites of Reality: Constructing Press Photography in Weimar Germany: 1928–33." *The Communication Review* 1(3): 373–402.
Harris, Michael (1978). "The Structure, Ownership and Control of the Press, 1620–1780." In G. Boyce, J. Curran, and P. Wingate, eds., *Newspaper History: From the Seventeenth Century to the Present Day*, pp, 82–97. London: Constable.
Hartz, Louis (1955). *The Liberal Tradition in America.* New York: Harcourt Brace and World.
Hazel, Kathryn-Jane (2001). "The Media and Nationalism in Québec: A Complex Relationship." *Journalism Studies* 2(1): 93–107.
Heclo, Hugh (1984). "In Search of a Role: America's Higher Civil Service." In E. N. Suleiman, ed., *Bureaucrats and Policy Making: A Comparative Overview*, pp. 8–34. New York: Holmes and Meier.
Heinonen, Ari (1998). "The Finnish Journalist: Watchdog with a Conscience." In D. H. Weaver, ed., *The Global Journalist: News People Around the World*, pp. 161–213. Cresskill, NJ: Hampton Press.
Henningham, John and Anthony Delano (1998). "British Journalists." In D. H. Weaver, ed., *The Global Journalist: News People Around the World*, pp. 143–60. Cresskill, NJ: Hampton Press.
Herman, Edward S. and Noam Chomsky (1988). *Manufacturing Consent: The Political Economy of Mass Media.* New York: Pantheon.
Herman, Edward and Robert McChesney (1997). *The Global Media: The New Missionaries of Corporate Capitalism.* London: Cassel.
Herstgaard, Mark (1988). *On Bended Knee: The Press and the Reagan Presidency.* New York: Farrar Straus Giroux.

Hibberd, Matthew (2001). "The Reform of Public Service Broadcasting in Italy." *Media, Culture & Society* 23(2): 233–52.

Hickey, Neil (1998). "Is Fox News Fair?" *Columbia Journalism Review* March/April: 30–5.

Hill, Christopher (1961). *The Century of Revolution, 1603–1714.* New York: W. W. Norton.

Hoffmann-Riem, Wolfgang (1996). *Regulating Media: The Licensing and Supervision of Media in Six Countries.* New York: Guilford.

Holz-Bacha, Christina (2002). "Internal Press Freedom in Germany: What Has Been Achieved after Struggling for More Than 30 Years?" Paper presented at the annual meeting of the Intenational Communication Association, Seoul, July 14.

Hoover, Stewart M. (1988). *Mass Media Religion: The Social Sources of the Electronic Church.* Newbury Park: Sage.

Horgan, John (2001). *Irish Media: A Critical History Since 1922.* London: Routledge.

Horwitz, G. (1966). "Conservatism, Liberalism and Socialism in Canada: An Interpretation." *Canadian Journal of Economics and Political Science* 32:2: 143–71.

Horwitz, Robert (1989). *The Irony of Regulatory Reform: The Deregulation of American Telecommunications.* New York: Oxford University Press.

——— (1997). "Broadcast Reform Revisited: Reverend Everett C. Parker and the WLBT Case (Office of Communications of the United Church of Christ v. FCC)." *The Communication Review* 2(3): 311–48.

Høst, Sigurd (1999). "Newspaper Growth in the Television Era." *Nordicom Review* 20(1): 31–76.

Høyer, Svennik and Pål E. Lorentzen (1977). "The Politics of Professionalization in Scandinavian Journalism." In M. Berg, P. Hemanus, J. Ekecrantz, F. Mortensen, and P. Sepstrup, eds., *Current Theories in Scandinavian Mass Communication Research.* Grenaa: GMT.

Hoynes, William (1994). *Public Television for Sale: Media, the Market and the Public Sphere.* Boulder, CO: Westview Press.

Humphreys, Peter (1994). *Media and Media Policy in Germany: The Press and Broadcasting Since 1945.* Oxford: Berg.

——— (1996). *Mass Media and Media Policy in Western Europe.* Manchester: Manchester University Press.

Inglehart, Ronald (1977). *The Silent Revolution: Changing Values and Political Styles among Western Publics.* Princeton: Princeton University Press.

Jacobson, Gary (2001). "A House and Senate Divided: The Clinton Legacy and the Congressional Elections of 2000." *Political Science Quarterly* 116: 5–27.

Johansson, Egil (1981). "The History of Literacy in Sweden." In H. Graff, ed., *Literacy and Social Development in the West.* Cambridge: Cambridge University Press.

Johnson, Terence J. (1972). *Professions and Power.* London: Macmillan.

Jones, Nicholas (1997). *Campaign 1997: How the General Election Was Won and Lost.* London: Indigo.

Katz, Richard and Peter Mair (1994). *How Parties Organize.* London: Sage.

Katzenstein, Peter J. (1985). *Small States in World Markets: Industrial Policy in Europe.* Ithaca: Cornell University Press.

Kelly, Mary (1983). "Influences on Broadcasting Policies for Election Coverage." In J. Blumler, ed., *Communicating to Voters: Television in the First European Parliamentary Elections*, pp. 65–82. London: Sage.

Kelly, Mary and Wolfgang Treutzschler (1992). "Ireland." In Euromedia Research Group, *The Media in Western Europe*. London: Sage.
Keman, Hans (1996). "The Low Countries: Confrontation and Coalition in Segemented Societies." In J. Colomer, ed., *Political Institutions in Europe*, pp. 211–53. London: Routledge.
Kepplinger, Hans Mathias, Hans-Bernd Brosius, and Joachim Friedrich Staab (1991). "Instrumental Actualization: A Theory of Mediated Conflicts." *European Journal of Communication* 6: 263–90.
Kernell, Samuel (1986). *Going Public: New Strategies of Presidential Leadership*. Washington, DC: Congressional Quarterly Press.
Kindelmann, K. (1994). *Kanzlerkandidaten in den Medien*. Opladen: Westdeutscher Verlag.
Kirchheimer, Otto (1966). "The Transformation of the West European Party Systems." In J. LaPalombara and M. Weiner, eds., *Political Parties and Political Development*, pp. 50–60. Princeton: Princeton University Press.
Kitschelt, Herbert (2000). "Citizens, Politicians and Party Cartelization: Political Representation and State Failure in Post-Industrial Democracies." *European Journal of Political Research* 37: 149–79.
Kleinsteuber, Hans (1997). "Federal Republic of Germany." In Euromedia Research Group, ed., *The Media in Western Europe*. London, Sage.
Kluger, Richard (1986). *The Paper: The Life and Death of the New York Herald Tribune*. New York: Alfred A. Knopf.
Köcher, Renate (1986). "Bloodhounds or Missionaires: Role Definitions of German and British Journalists." *European Journal of Communication* 1(1): 43–65.
Koss, Stephen (1981). *The Rise and Fall of the Political Press in Britain*, 2 vols. Chapel Hill: University of North Carolina Press.
Kruuse, Helle Nissen (n.d.). "Press Ethics in Denmark." Danish School of Journalism: www.djh.dk [downloaded February 2002].
Kuhn, Raymond (1995). *The Media in France*. London: Routledge.
Lægried, Per and Johan P. Olsen (1984). "Top Civil Servants in Norway." In E. Suleiman, ed., *Bureaucrats and Policymaking: A Comparative Overview*, pp. 206–41. New York: Holmes and Meyer.
Laitila, T. (1995). "Journalistic Codes in Europe." *European Journal of Communication* 10(4): 527–44.
Lane, Jan-Erik and Svante O. Ersson (1991). *Politics and Society in Western Europe*. London: Sage.
Lawson, Linda (1993). *Truth in Publishing: Federal Regulation of the Press's Business Practices, 1880–1920*. Carbondale, IL: Southern Illinois University Press.
Legg, K. R. (1975). "Patrons, Clients and Politicians: New Perspectives on Clientelism." Berkeley, CA: Institute of International Studies, Working Papers on Development 3.
Leurdijk, Ardra (1997). "Common Sense Versus Political Discourse: Debating Racism and Multicultural Society in Dutch Talk Sows." *European Journal of Communication* 12(2): 147–68.
Levy, Leonard W. (1985). *The Emergence of a Free Press*. New York: Oxford University Press.
Lewis, Charles (2000). "Media Money: How Corporate Spending Blocked Political Ad Reform and Other Tales of Influence." *Columbia Journalism Review* September/October, pp. 20–7.

Lijphart, Arend (1968). *The Politics of Accommodation.* Berkeley: University of California Press.

——— (1971). "Comparative Politics and the Comparative Method." *American Political Science Review* 65(3): 682–93.

——— (1977). *Democracy in Plural Societies.* New Haven: Yale University Press.

——— (1999). *Patterns of Democracy: Government Forms and Performance in Thirty-Six Countries.* New Haven: Yale University Press.

Lindblom, Charles E. (1977). *Politics and Markets: The World Political and Economic Systems.* New York: Basic Books.

Lipset, Seymour M. and Rokkan Stein (1967). *Party Systems and Voter Alignments: Cross-National Perspectives.* New York: Free Press.

Listhaug, O. and M. Wiberg (1995). "Confidence in Political and Private Institutions." In H. D. Klingeman and D. Fuchs, eds., *Citizens and the State.* Oxford: Oxford University Press.

Lorimer, Rowland and Mike Gasher (2001). *Mass Communication in Canada.* New York: Oxford University Press.

Lorwin, V. (1971). "Segmented Pluralism: Ideological Clevages and Political Cohesion in the Smaller European Democracies." *Comparative Politics* 3(2): 141–77.

Luhmann, Niklas (1978). *Stato di diritto e sistema sociale.* Napoli: Guida.

——— (2000). *The Reality of the Mass Media.* Stanford, CA: Stanford University Press.

Lukes, Stephen (1974). *Power: A Radical View.* London: Macmillan.

Mair, Peter (1997). *Party System Change: Approaches and Interpretations.* Oxford: Clarendon Press.

Mair, Peter, ed. (1990). *The West Euroepan Party System.* Oxford: Oxford University Press.

Malefakis, Edward (1992). "Southern Europe in the 19th & 20th Centuries: An Historical Overview." Madrid: Juan March Institute.

——— (1995). "Contours of Southern European History." In R. Gunther, P. N. Diamandouros, and H.-J. Puhle, eds., *The Politics of Democratic Consolidation: Southern Europe in Comparative Perspective*, pp. 33–76. Baltimore: Johns Hopkins University Press.

Mancini, Paolo (1991). "The Public Sphere and the Use of News in a 'Coalition' System of Government.'" In P. Dahlgren and C. Sparks, eds., *Communication and Citizenship: Journalism and the Public Sphere in the New Media Age*, 137–54. London: Routledge.

——— (2000a). "How to Combine Media Commercialization and Party Affiliation: The Italian Experience." *Political Communication* 17(4): 319–24.

——— (2000b). *Il sistema fragile: I mass media in Italia tra politica e mercato.* Roma: Carocci.

——— (2000c). "Political Complexity and Alternative Models of Journalism: The Italian Case." In J. Curran and M.-J. Park, eds., *De-Westernizing Media Studies*, pp. 265–78. London: Routledge.

——— (2002). "Parliament and the News." Paper presented at the annual meeting of the American Political Science Association, Boston.

Mannheimer, Renato and Giacomo Sani (1987). *Il mercato elettorale.* Bologna: Il Mulino.

Marchetti, Dominique (2000). "Les Révélations du 'Journalisme d'Investigation.'" *Actes de la recherche en sciences sociales*, 131–2.

Marletti, Carlo (1985). *Prima e dopo.* Torino: Eri.

Marletti, Carlo, ed. (1999). *Politica e società in Italia.* Milano: Angeli.
Marletti, Carlo and Franca Roncarolo (2000). "Media Influence in the Italian Transition from a Consensual to a Majoritarian Democracy." In R. Gunther and A. Mughan, eds., *Democracy and the Media: A Comparative Perspective.* Cambridge: Cambridge University Press.
Marlière, Philippe (1998). "The Rules of the Journalistic Field: Pierre Bourdieu's Contribution to the Sociology of the Media." *European Journal of Communication* 13(2): 219–34.
Marsh, Robert M. (1964). "The Bearing of Comparative Analysis on Sociological Theory." *Social Forces* 20(2): 188–96.
Martin, L. John and Anju Grover Chaudhary (1983). *Comparative Mass Media Systems.* New York: Longman.
Marzolf, Marion Tuttle (1991). *Civilizing Voices: American Press Criticism 1880–1950.* New York: Longman.
Maxwell, Kenneth, ed. (1983). *The Press and the Rebirth of Iberian Democracy.* Westport, CT: Geenwood Press.
Maxwell, Richard (1995). *The Spectacle of Democracy: Spanish Television, Nationalism and Political Transition.* Minneapolis: University of Minnesota Press.
Mazzoleni, Gianpietro (1987). "Media Logic and Party Logic in Campaign Coverage: The Italian General Election of 1983." *European Journal of Communication* 2(1): 81–103.
McChesney, Robert W. (1994). *Telecommunications, Mass Media & Democracy: The Battle for Control of U.S. Broadcasting, 1928–1935.* New York: Oxford University Press.
McClelland, Charles E. (1990). "Escape from Freedom: Reflections on German Professionalization, 1870–1933." In R. Torstendahl and M. Burrage, eds., *The Formation of Professions: Knowledge, State and Strategy*, pp. 97–113. London: Sage.
McLachlan, Shelly and Peter Golding (2000). "Tabloidization and the British Press: A Quantitative Investigation into Changes in British Newspapers, 1952–1997." In C. Sparks and J. Tulloch, eds., *Tabloid Tales: Global Debates Over Media Standards*, pp. 75–90. Oxford: Rowman and Littlefield.
McMane, Aralyn Abare (1998). "The French Journalist." In D. H. Weaver, ed., *The Global Journalist*, pp. 191–212. Cresskill, NJ: Hampton Press.
McQuail, Denis (1993). "Dutch Public Service Broadcasting." In R. K. Avery, ed., *Public Service Broadcasting in a Multichannel Environment: The History and Survival of an Ideal*, pp. 75–92. New York: Longman.
——— (1994). *Mass Communication Theory. An Introduction.* London: Sage.
Mendes,Victor (1999). *Legislação sobre Comunicação Social.* Porto: Legis Editora.
Menduni, Enrico (1998). "Televisione e radio." In Istituto di Economia dei Media, ed., *L'industria della comunicazione in Italia. Quarto rapporto Iem.* Milano: Guerrini e Associati.
Merrill, John C. and Harold Fisher (1980). *The World's Great Dailies: Profiles of Fifty Newspapers.* New York: Hastings House.
Michnik, Adam (1995). "*Samizdat* Goes Public." *Media Studies Journal* 9(3): 69–78.
Miliband, Ralph (1969). *The State in Capitalist Society.* New York: Basic Books.
Monteleone, Franco (1992). *Storia della radio e della televisione in Italia.* Venezia: Marsilio.
Moog, Sandra and Jeffrey Sluyter-Beltrao (in press). "The Transformation of Political Communication?" In B. Axelrod and R. Huggins., eds., *New Media and Politics.* London: Sage.

Morlino, Leonardo and José R. Montero (1995). "Legitimacy and Democracy in Southern Europe." In R. Gunther, P. N. Diamandouros, and H.-J. Puhle, eds., *The Politics of Democratic Consolidation: Southern Europe in Comparative Perspective*, pp. 231–60. Baltimore: Johns Hopkins University Press.

Mouzelis, Nicos (1980). "Capitalism and the Development of the Greek State." In R. Scase, ed. *The State in Western Europe*. London: Croom Helm.

——— (1995). "Greece in the Twenty-First Century: Institutions and Political Culture." In D. Constas and T. Stavrou, eds., *Greece Prepares for the Twenty-First Century*. Baltimore: Johns Hopkins University Press.

Mundt, Whitney R. (1991). "Global Media Philosophies." In J. C. Merrill, ed., *Global Journalism: Survey of International Communication*, pp. 11–27. White Plains, NY: Longman.

Murdock, Graham and Peter Golding (1977). "Capitalism, Communication and Class Relations." In J. Curran, M. Gurevitch, and J. Woollacott, eds., *Mass Communication and Society*, pp. 12–43. London: Sage.

Murialdi, Paolo (1986). *Storia del giornalismo italiano*. Torino: Gutenberg.

Murschetz, Paul (1998). "State Support for the Daily Press in Europe: A Critical Appraisal; Austria, France, Norway and Sweden Compared." *European Journal of Communication* 13(3): 291–313.

Nacos, Brigitte Lebens (1990). *The Press, Presidents and Crises*. New York: Columbia University Press.

Negrine, Ralph (1994). *Politics and the Mass Media in Britain*. London: Routledge.

——— (1998). *Parliament and the Media: A Study of Britain, Germany and France*. London: Chatham House.

Negrine, Ralph and Stylianos Papathanassopoulos (1996). "The 'Americanization' of Political Communication." *Harvard International Journal of Press/Politics* 1(2): 45–62.

Nerone, John C., ed. (1995). *Last Rights: Revisiting Four Theories of the Press*. Urbana: University of Illinois Press.

Neveu, Erik (1999). "Politics on French Television: Toward a Renewal of Political Journalism and Debate Frames?" *European Journal of Communication* 14(3): 379–409.

——— (2001). *Sociologie du journalisme*. Paris: La Découverte.

——— (2002). "The Four Generations of Political Journalism." In R. Kuhn and E. Neveu, eds., *Political Journalism. New Challenges. New Practices*. London: Routledge.

Newton, Kenneth and Nigel Artingstall (1994). "Government and Private Censorship in Nine Western Democracies in the 1970s and 1980s." In I. Budge and D. McKay, eds., *Developing Democracy: Comparative Research in Honor of J. F. P. Blondel*, pp. 297–321. London: Sage.

Nieuwenhuis, J. (1992). "Media Policy in The Netherlands: Beyond the Market." *European Journal of Communication* 7(2): 195–218.

Nimmo, Dan and Michael W. Mansfield (1982). *Government and the News Media: Comparative Dimensions*. Waco, TX: Baylor University Press.

Nobre-Correia, J. M. (1997). "Portugal." In B. Østergaard, ed., *The Media in Western Europe: The Euromedia Handbook*, 2nd ed. London: Sage.

Nobre-Correia, J.-M. and Suzy Collard (1999). "Bélgica: la federalización radiotelevisiva y la televisión comunitaria." In M. de Moragas, C. Garitaonandia, and B. López, eds., *Televisión de Proximidad en Europa*, pp. 95–112. Barcelona: Bellatera Castellón.

Nord, David Paul (2001). *Communities of Journalism: A History of American Newspapers and Their Readers.* Urbana: University of Illinois Press.
North, Douglass C. (1990). *Institutions, Institutional Change, and Economic Performance.* New York: Cambridge University Press.
Olsson, Tom (2002). "The Right to Talk Politics in Swedish Journalism 1925–1995." In M. Hurd, T. Olsson, and P. Åker, eds., *Storylines: Media, Power and Identity in Modern Europe. Festschrift for Jan Ekecrantz.* Stockholm: Hjalmarson and Högberg.
Ortega, Félix and M. Luisa Humanes (2000). *Algo Mas Que Periodistas: Sociología de una Profesión.* Barcelona: Editorial Ariel.
Ortiz, David (1995). *Opposition Voices in Regency Spain: Liberalism, the Press and the Public Sphere, 1885–1902.* Ph.D. diss., University of California, San Diego.
Osler, Andrew M. (1993). *News: The Evolution of Journalism in Canada.* Toronto: Copp Clark Pitman.
Østbye, Helge (1991). "Norwegian Media in the 1980s." *The Nordicom Review* 2: 10–37.
——— (1997). "Norway." In Euromedia Research Group, ed., *The Media in Western Europe.* London: Sage.
Padioleau, Jean G. (1985). *Le Monde et Le Washington Post: Précepteurs et Mousquetaires.* Paris: Presses Universitaires de France.
Padovani, Cinzia and Andrew Calabrese (1996). "Berlusconi, RAI and the Modernization of Italian Feudalism." *The Public* vol. 3.
Palmer, Michael and Claude Sorbets (1997). "France." In B. Østergaard ed., *The Media in Western Europe: The Euromedia Handbook*, 2nd ed. London: Sage.
Panebianco, Angelo (1988). *Political Parties: Organization and Power.* Cambridge: Cambridge University Press.
Pansa, Gianpaolo (1977). *Comprati e venduti.* Milano: Bompiani.
Papathanassopoulos, Stylianos (1997). "The Politics and the Effects of the Deregulation of Greek Television." *European Journal of Communication*, 12(3).
——— (1999). "The Effects of Media Commercialization on Journalism and Politics in Greece." *The Communication Review* (3)4: 379–402.
——— (2000). "Election Campaigning in the Television Age: The Case of Contemporary Greece." *Political Communication* 17: 47–60.
——— (2001a). "Media Commercialization and Journalism in Greece." *European Journal of Communication* 16(4): 505–21.
——— (2001b). "The Decline of Newspapers: The Case of the Greek Press." *Journalism Studies* 2(1): 109–23.
Parsons, Talcott (1939). "The Professions and Social Structure." *Social Forces* 17(4): 457–67.
——— (1971). *The System of Modern Societies.* Englewood Cliffs, NJ: Prentice-Hall.
Patterson, Thomas C. (1993). *Out of Order.* New York: A. Knopf.
Patterson, Thomas E. and Wolfgang Donsbach (1993). "Press-Party Parallelism: A Cross-National Comparison." Paper presented at the annual meeting of the International Communication Association, Washington, DC.
——— (1996). "Decisions: Journalists as Partisan Actors." *Political Communication* 13: 455–68.
Pedelty, Mark (1995). *War Stories: The Culture of Foreign Correspondents.* London: Routledge.

Petersen, Vibeke G. and Karen Siune (1997). "Denmark." In Stubbe Østergaard, ed., *The Media in Western Europe: The Euromedia Handbook*, 2nd ed. London: Sage.
Pew Research Center for the People and the Press (2003). "Public Wants Neutrality *and* Pro-American Point of View." [News Release.] Washington, DC, July 13.
Pfetsch, Barbara (1996). "Convergence Through Privatization? Changing Media Environments and Televised Politics in Germany." *European Journal of Communication* 11(4): 427–51.
——— (2001). "Political Communication Culture in the United States and Germany." *Press/Politics* 6(1): 46–68.
Piattoni, Simona (2001). *Clientelism, Interests and Democratic Representation: The European Experience in Historical and Comparative Perspective.* Cambridge: Cambridge University Press.
Picard, Robert G. (1984). "Levels of State Intervention in the Western Press." *Mass Comm Review* 11(1–2): 27–35.
——— (1985). *The Press and the Decline of Democracy: The Democratic Response in Public Policy.* Westport, CT: Greenwood Press.
——— (1988). *The Ravens of Odin: The Press in the Nordic Nations.* Ames: Iowa State University Press.
Pilati, Antonio (1987). *Il nuovo sistema dei media.* Milano: Edizioni di Comunità.
——— (1990). *L'Industria dei Media.* Milano: Il Sole 24 Ore.
Pizzorno, Alessandro (1998). *Il potere dei giudici.* Bari: Laterza.
Plasser, Fritz (2000). "American Campaign Techniques Worldwide." *Harvard International Journal of Press/Politics* 5(4): 33–54.
Poggioli, Sylvia (1991). "The Media in Europe after 1992: A Case Study of *La Repubblica.*" Cambridge, MA: Joan Shorenstein Barone Center on Press, Politics and Public Policy, Discussion Paper D-11.
Popkin, Jeremy D. (1990). *Revolutionary News: The Press in France, 1789–1799.* Durham, NC: Duke University Press.
Porter, Vincent and Suzanne Hasselbach (1991). *Pluralism, Politics, and the Marketplace: The Regulation of German Broadcasting.* London: Routledge.
Porter, William E. (1976). *Assault on the Media: The Nixon Years.* Ann Arbor: University of Michigan Press.
——— (1983). *The Italian Journalist.* Ann Arbor: University of Michigan Press.
Prior, Markus (2002). "Liberated Viewers, Polarized Voters: The Implications of Increased Media Choice for Democratic Politics." *The Good Society* 11(3).
Pritchard, David and Florian Savageau (1998). "The Journalists and Journalisms of Canada." In D. H. Weaver, ed., *The Global Journalist: News People Around the World*, pp. 373–93. Cresskill, NJ: Hampton Press.
Przeworski, Adam and Henry Teune (1970). *The Logic of Comparative Social Inquiry.* Malabar, FL: Robert E. Krieger Publishing Company.
Putnam, Robert D. (1973). *The Beliefs of Politicians: Ideology, Conflict and Democracy in Britain and Italy.* New Haven: Yale University Press.
——— (1993). *Making Democracy Work: Civic Traditions in Modern Italy.* Princeton: Princeton University Press.
Pye, Lucian W., ed. (1963). *Communications and Political Development.* Princeton: Princeton University Press.

Reese, Stephen D. (1990). "The News Paradigm and the Ideology of Objectivity: A Socialist at *The Wall Street Journal*." *Critical Studies in Mass Communication* 7: 390–409.

Reig, Ramón (1998). *Medios de Comunicación y Poder en España: Prensa, Radio, Televisión y Mundo Editorial.* Barcelona: Paidós.

Ricuperati, G. (1981). "I giornalisti italiani fra poteri e cultura dalle origini all'Unità." In AA.VV., *Storia d'Italia*, pp. 1085–132. Torino: Einaudi.

Rieffel, Rémy (1984). *L'Élite des Journalistes: Les Hérauts de L'Information.* Paris: Presses Universitaires de France.

Rodriguez, América (1999). *Making Latino News: Race, Language, Class.* Thousand Oaks, CA: Sage.

Roidi, Vittorio (2001). *La fabbrica delle notizie.* Bari: Laterza.

Roniger, Luis and Ayse Günes-Ayata, eds. (1994). *Democracy, Clientelism and Civil Society.* Boulder, CO: Lynne Rienner.

Rooney, Dick (2000). "Thirty Years of Competition in the British Tabloid Press: The Mirror and the Sun 1968–1988." In C. Sparks and J. Tulloch, eds., *Tabloid Tales: Global Debates over Media Standards*, pp. 91–109. Oxford: Rowman and Littlefield.

Rose, Richard (1984). "The Political Status of Higher Civil Servants in Britain." In E. N. Suleiman, ed., *Bureaucrats and Policy Making: A Comparative Overview*, pp. 136–73. New York: Holmes and Meier.

Rospir, Juan I. (1996). "Political Communication and Electoral Campaigns in the Young Spanish Democracy." In D. Swanson and P. Mancini eds., *Politics, Media and Modern Democracy*, pp. 155–69. Westport, CT: Praeger.

Rutenberg, Jim (2002). "Cable TV Serves Business News with Opinions." *The New York Times*, April 3: C1.

Saint-Jean, Armande (1998). "Journalistic Ethics and Referendum Coverage in Montreal." In G. Robinson, ed., *Constructing the Quebec Referendum: French and English Media Voices*, pp. 37–51. Toronto: University of Toronto Press.

Salokangas, Raimo (1999). "From Political to National, Regional and Local." In *Nordicom Review* 20(1): 31–76.

Sampedro Blanco, Víctor (1997). *Movimientos sociales: debates sin mordaza.* Madrid: Centro de Estudios Constitucionales.

Sandford, J. (1976). *The Mass Media of German Speaking Countries.* London: Oswald Wolff.

Sani, Giacomo (1980). "The Political Culture of Italy: Continuity and Change." In G. Almond and S. Verba, eds. *The Civic Culture Revisited.* New York: Sage.

Sani, Giacomo, ed. (2001) *Mass Media ed Elezioni.* Mulino.

Sartori, Giovanni (1976). *Parties and Party Systems: A Framework for Analysis.* Cambridge: Cambridge University Press.

Scammell, Margaret and Martin Harrop (1997). "The Press." In D. Butler and D. Kavanaugh, *The British General Election of 1997.* London: Macmillan.

Schiller, Dan (1981). *Objectivity and the News: The Public and the Rise of the Commercial Journalism.* Philadelphia: University of Pennsylvania Press.

Schiller, Herbert I. (1969). *Mass Communications and American Empire.* Boston: Beacon Press.

——— (1973). *The Mind Managers.* Boston: Beacon Press
——— (1976). *Communication and Cultural Domination.* White Plains, NY: International Arts and Sciences Press.
Schlesinger, Philip (1987). *Putting "Reality" Together: BBC News.* London: Methuen.
——— (1999). "Changing Spaces of Political Communication: The Case of the European Union." *Political Communication* 16(3): 263–79.
Schmidt, Manfred G. (1996). "Germany. The Grand Coalition State." In J. Colomer, ed., *Political Institutions in Europe.* London: Routledge.
Schoenbach, Klaus, Dieter Stuerzebecher, and Beate Schneider (1998). "German Journalists in the Early 1990s: East and West." In D. H. Weaver, ed., *The Global Journalist,* pp. 213–27. Cresskill, NJ: Hampton Press.
Schou, Søren (1992). "Postwar Americanisation and the Revitalisation of European Culture." In M. Skovmand and K. C. Schroder, eds., *Media Cultures: Reappraising Transnational Media,* pp. 142–58. London and New York: Sage.
Schudson, Michael (1978). *Discovering the News: A Social History of American Newspapers.* New York: Basic Books.
——— (1995). "Question Authority: A History of the News Interview." In *The Power of News.* Cambridge, MA: Harvard University Press.
——— (2001). "The Objectivity Norm in American Journalism." *Journalism* 2(2): 149–70.
Schulz, Winfried (1996). "A Study of the Success of the Chancellor Candidates' Strategies during the 1990 German Bundstag Elections." *European Journal of Communiction* 11(1): 33–57.
Sciolla, Loredana (1990). "Identitàe mutamento culturale nell'Italia di oggi." In Cesareo, Vincenzo, ed., *La cultura dell'Italia contemporanea.* Torino: Edizioni della Fondazione Agnelli.
Seaton, Jean and Ben Pimlott (1980). "The Role of the Media in the Portuguese Revolution." In A. Smith, ed., *Newspapers and Democracy,* pp. 174–99. Cambridge, MA: MIT Press.
Seaton, Jean and Ben Pimlott, eds. (1987). *The Media in British Politics.* Aldershot: Avebury.
Semetko, Holli and Kaus Schoenbach (1994). *Germany's "Unity Elecion": Voters and the Media.* Cresskill, NJ: Hampton.
Semetko, Holli, Jay G. Blumler, Michael Gurevitch, and David H. Weaver (1991). *The Formation of Campaign Agendas: A Comparative Analysis of Party and Media Roles in Recent American and British Elections.* Hillside, NJ: Lawrence Erlbaum Associates.
Seymour-Ure, Colin (1974). *The Political Impact of Mass Media.* London: Constable.
——— (1996). *The British Press and Broadcasting Since 1945.* Oxford: Blackwell.
Shawcross, William (1992). *Murdoch.* New York: Simon and Schuster.
Shefter, Martin (1977). "Party and Patronage: Germany, England and Italy." *Politics and Society* 7(1): 403–35.
Siebert, Fred S., Theodore Peterson, and Wilbur Schramm (1956). *Four Theories of the Press.* Urbana: University of Illinois Press.
Sigal, Leon V. (1973). *Reporters and Officials: The Organization and Politics of Newsmaking.* Lexington, MA: D. C. Heath.
Smith, A. C. H. with Elizabeth Immirzi and Trevor Blackwell (1975). *Paper Voices: The Popular Press and Social Change 1935–1965.* Totowa, NJ: Rowman and Littlefield.

Smith, Culver H. (1977). *The Press, Politics, and Patronage: The American Government's Use of Newspapers, 1789–1875.* Athens, GA: University of Georgia Press.

Smythe, Ted Curtis (1980). "The Reporter, 1880–1900: Working Conditions and Their Influence on the News." *Journalism History* 7.

Søllinge, Jette Drachmann (1999). "Danish Newspapers." *Nordicom Review* 20(1): 31–76.

Sonninen, P. and T. Laitila (1995). "Press Councils in Europe." University of Tampere: Department of Journalism and Mass Communication.

Splichal, Slavko and Colin Sparks (1994). *Journalists for the 21st Century.* Norwood, NJ: Ablex.

Squires, James (1993). *Read All About It: The Corporate Takeover of America's Newspapers.* New York: Random House.

Steele, Janet E. (1990). "The 19th Century *World* Versus the *Sun*: Promoting Consumption (Rather than the Working Man)." *Journalism Quarterly* 67(3): 592–600.

Suleiman, Ezra N. (1984). *Bureaucrats and Policy Making: A Comparative Overview.* New York: Holmes and Meier.

Swanson, David and Paolo Mancini, eds. (1996). *Politics, Media and Modern Democracy.* Westport: Praeger.

Taras, David (1999). *Power and Betrayal in Canadian Media.* Peterborough, Ontario: Broadview Press.

Taylor, Paul (1992). "Political Coverage in the 1990s: Teaching the Old News New Tricks." In Twentieth Century Fund, *The New News v. the Old News.* New York: Twentieth Century Fund.

Thogmartin, Clyde (1998). *The National Daily Press of France.* Birmingham, AL: Summa Publications.

Thompson, John B. (1995). *The Media and Modernity.* Cambridge: Polity.

Tilly, Charles (1984). *Big Structures, Large Processes, Huge Comparison.* New York: Russell Sage Foundation.

Tracey, Michael (1998). *The Decline and Fall of Public Service Broadcasting.* New York: Oxford University Press.

Traquina, Nelson (1995). "Portuguese Television: The Politics of Savage Deregulation." *Media, Culture & Society* 17(2): 223–38.

——— (1997). *Big Show Media: Viagem pelo Mundo do Audiovisual Português.* Lisboa: Editorial Noticícias.

Trigilia, C. (1981). "Le subculture politiche territoriali." In *Sviluppo economico e trasformazioni socio-politiche dei sistemi territoriali a economia diffusa, Quaderni della Fondazione Feltrinelli,* 16.

Tsan-Kuo, Chang with Pat Berg, Anthony Ying-Him Fung, Kent D. Kedl, Catherine A. Luther, and Janet Szuba (2001). "Comparing Nations in Mass Communication Research, 1970–97: A Critical Assessment of How We Know What We Know." *Gazzette* 63(5): 415–34.

Tuchman, Gaye (1978). *Making News: A Study in the Construction of Reality.* New York: Free Press.

Tunstall, Jeremy (1971). *Journalists at Work.* London: Constable.

——— (1977). *The Media Are American.* London: Constable.

——— (1993). *Television Producers.* London: Routledge.

Tunstall Jeremy and Michael Palmer (1991). *Media Moguls.* London: Routledge.

Twentieth Century Fund (1993). *Quality Time? The Report of the Twentieth Century Fund Task Force on Public Television.* New York: Twentieth Century Fund Press.
Underwood, Doug (1993). *When MBAs Rule the Newsroom: How the Marketers and Managers are Reshaping Today's Media.* New York: Columbia University Press.
van der Eijk, Cees (2000). "The Netherlands: Media and Politics between Segmented Pluralism and Market Forces." In R. Gunther and A. Mughan, eds., *Democracy and the Media*, pp. 303–42. Cambridge: Cambridge University Press.
Van Gompel, R. (1998). "Political Control, Market Logic and Public Responsibility." Paper presented at 21st Scientific Conference of IAMCR, Glasgow, July 26–30.
Van Lenthe, Francine and Ineke Boerefin (1993). "Press Law in the Netherlands." In *Press Law and Practice.* London: Article XIX.
Vedel, Thierry and Jérome Bourdon (1993). "French Public Service Broadcasting: From Monopoly to Marginalization." In R. K. Avery, ed., *Public Service Broadcasting in a Multichannel Environment: The History and Survival of an Ideal*, pp. 29–52. New York: Longman.
Vincent, David (2000). *The Rise of Mass Literacy: Reading and Writing in Modern Europe.* Cambridge: Polity Press.
Waisbord, Silvio (2000). *Watchdog Journalism in South America: News, Accountability and Democracy.* New York: Columbia University Press.
Weaver, David H., ed. (1998). *The Global Journalist: News People Around the World.* Cresskill, NJ: Hampton Press.
Weaver, David and G. Cleveland Wilhoit (1991). "Journalists in the United States." In D. H. Weaver, ed., *The Global Journalist*, pp. 395–414. Cresskill, NJ: Hampton Press.
Weber, Eugen Joseph (1976). *Peasants into Frenchmen: The Modernization of Rural France, 1870–1914.* Stanford, CA: Stanford University Press.
Weber, Max (1946). "Politics as a Vocation." In H. H. Gerth and C. Wright Mills, eds., *From Max Weber: Essays in Sociology.* New York: Oxford University Press.
Weibull, Lennart (1983). "Political Factors in Newspaper Readership." *Communication Research* 10(3): 311–33.
Weibull, Lennart and M. Anshelm (1991). "Signs of Change. Swedish Media in Transition." *Nordicom Review* 2: 37–63.
——— (1992). "Indications of Change: Developments in Swedish Media 1980–1990." *Gazette* 49(1–2): 41–73.
Weibull, Lennart and Britt Börjesson (1991). "The Swedish Media Accountability System: A Research Perspective." *European Journal of Communication* 7:121–39.
Weischenberg, Siegfried, Martin Löffelholz and Armin Scholl (1998). "Journalism in Germany." In D. H. Weaver, ed., *The Global Journalist*, pp. 229–56. Cresskill, NJ: Hampton Press.
Westergaard, John (1977). "Power, Class and the Media." In J. Curran, M. Gurevitch, and J. Woollacott, eds., *Mass Communication and Society*, pp. 15–115. London: Sage.
Weymouth, Anthony and Bernard Lamizet, eds. (1996). *Markets and Myths: Forces for Change in the Media of Western Europe.* New York: Longman.
Wiebe, Robert H. (1967). *The Search for Order, 1877–1920.* New York: Hill and Wang.
Wigbold, Herman (1979). "Holland: The Shaky Pillars of Hilversum." In A. Smith, ed., *Television and Political Life: Studies in Six European Countries*, pp. 191–231. London: Macmillan.

Wilensky, Harold L. (1964). "The Professionalization of Everyone?" *American Journal of Sociology* 70(2): 137–58.
Winston, Brian (2002). "Towards Tabloidization? Glasgow Revisited, 1975–2001." *Journalism Studies* 3(1): 5–20.
Wolland, Steingrim (1993). "Press Law in Norway." In *Press Law and Practice.* London: Article XIX.
World Association of Newspapers (2001). *World Press Trends.* Paris.
Youm, Kyu Ho (1993). "Right of Reply Under Korean Press Law: A Statutory and Judicial Perspective." *The American Journal of Comparative Law* 61(1): 49–71.
Zaharopoulos, Thimios and Manny E. Paraschos (1993). *Mass Media in Greece: Power, Politics and Privatization.* Westport, CT: Prager.

索引

（所注页码为英文原书页码，即本书边码）

译后记

2006年初夏，我与胡舒立女士、苗棣教授和钱刚先生赴美国加利福尼亚大学圣迭戈分校参加政治科学教授苏珊·舍克（谢淑丽）女士主持的名为“变革中的中国，变革中的媒介”的学术会议。其间顺访了该校“小巧玲珑”的传播系。说是“小巧玲珑”，是因为这个传播系只有十来位教师，与美国其他知名传播学院相比着实很小。但是该系有两位享誉国际传播学界的教授：丹尼尔·C·哈林（系主任）和迈克尔·舒德森。巧的是我去造访的那天，两位教授都在办公室。

我依稀记得舒德森教授的儒雅和矜持。如今，哈佛社会学博士舒德森的著作几乎全部有了中文版，在国内学界日益受到关注。而其中除了以他的博士论文为基础的《探索新闻》，《广告：艰难的说服》、《新闻社会学》、《为什么民主需要不可爱的新闻界》和《新闻的力量》都是在最近几年翻译出版的。舒德森本人近年成了加利福尼亚大学圣迭戈分校和哥伦比亚大学新闻学院双聘教授。

相对于舒德森，国内学界对于至今留守圣迭戈的哈林教授就比较陌生了。在本书出版之前，他的著述国内公开出版的大概只有《现代传播》杂志上的一篇译文和《大众媒介与社会》中的另一篇。这位留着斑白长发、和蔼好客的政治科学和传播学双聘教授当即向我赠送了当时算是新作的本书英文本，签名的落款时间是 2006 年 5 月 8 日。

说真话，当时我对比较研究知之不多，又被《传媒的四种理论》和 2000 年问世的《去西方化媒介研究》影响，所以过了一段时间才向中国人民大学出版社建议购买本书版权。一来二去，就到了 2009 年左右，此书中文版权被中国人民大学出版社买下，由我组织翻译。经过几位师生的参与和努力，本书中文译稿在 2011 年初基本完成。

接下来就是校译了。说真的，不是译者不努力、不认真，实在是因为本书翻译难度大，既需要了解欧美传播史，又必须了解政治学、社会学的若干重要概念，以及比较研究的基本方法，处理若干中文世界不熟悉的名词术语。于是，对于某个特定学科的学人而言，译、校过程中的甘苦可想而知。加之本人自去年以来身体不大好，颈椎病时常发作，肩背部作痛，眼睛发胀，直接影响了案头工作的效率。

此前我在 2010 年 10 月赴瑞典参加一次国际传播学研讨会，见到了保罗·曼奇尼教授。那次会议重点探讨了作为案例的俄罗斯、中国、意大利和南非等国的媒介与国家的关系。在短短一天的发言中，我听到发言者引用最多的文献作者就是曼奇尼。这使我陡增了加快翻译本书的压力。

虽然我至今也不知道曼奇尼和哈林的确切年龄，但我估计曼奇尼应该是 65 岁左右。茶歇期间我与曼奇尼先生交谈，问他欧美国家大学教授何时退休。他告诉我，意大利教授的退休年龄是 70 岁。他还提及，2011 年 5 月将第一次访华，到宁波参加一个学术会议。当时我以为校译进度会比较快，于是对曼奇尼说，争取在他访华期间把中文版交给他。

后来的校译过程说明，我一是低估了工作的难度，二是受到了颈椎病和其他事务的困扰。书稿的翻译进度一延再延，直至 2011 年年末。所以我内心里觉得愧对曼奇尼教授和哈林教授。但是认真想一想，既然这是我所主持翻译的最有难度、学术价值也最高的著作，宁肯慢些。这不完全是自我开脱吧。

参加翻译的除了华南理工大学的陈娟博士和本人，还有商道纵横企业社会责任咨询公司的戴鑫、北京外国语大学的裴心雅。法语、瑞典语和德语疑难术语的翻译得到了法国《国际邮报》亚洲主编郭妮（Agnes Gaudu）女士、瑞典隆德大学东亚和东南亚研究中心副教授史雯（Marina Svensson）博士、中国传媒大学传播研究院博士生李磊磊的帮助；为索引翻译和资料查找提供协助的还有中央民族大学研究生金星、刘寒青、张伟鸥、许莹、张京京、陈颖，在此一并致谢。

展江

2012 年 2 月 16 日

Comparing Media Systems：Three Models of Media and Politics，1st edition，9780521543088 by Daniel C. Hallin，Paolo Mancini first published by Cambridge University Press 2004.

This simplified Chinese edition for the People's Republic of China is published by arrangement with the Press Syndicate of the University of Cambridge，Cambridge，United Kingdom.

图书在版编目（CIP）数据

比较媒介体制/（美）哈林，（意）曼奇尼著；陈娟、展江等译．—北京：中国人民大学出版社，2011.9
（当代世界学术名著·新闻与传播学译丛·大师经典系列）
ISBN 978-7-300-14139-8

Ⅰ.①比…　Ⅱ.①哈…②曼…③陈…④展…　Ⅲ.①新闻-传播媒介-对比研究　Ⅳ.①G210

中国版本图书馆 CIP 数据核字（2011）第 159494 号

当代世界学术名著
新闻与传播学译丛·大师经典系列
比较媒介体制
媒介与政治的三种模式
[美] 丹尼尔·C·哈林
[意] 保罗·曼奇尼　著
陈娟　展江 等　译
Bijiao Meijie Tizhi

出版发行	中国人民大学出版社		
社　址	北京中关村大街 31 号	**邮政编码**	100080
电　话	010－62511242（总编室）		010－62511770（质管部）
	010－82501766（邮购部）		010－62514148（门市部）
	010－62515195（发行公司）		010－62515275（盗版举报）
网　址	http://www.crup.com.cn		
经　销	新华书店		
印　刷	涿州市星河印刷有限公司		
规　格	155 mm×230 mm　16 开本	**版　次**	2012 年 4 月第 1 版
印　张	24.25 插页 2	**印　次**	2020 年 9 月第 2 次印刷
字　数	331 000	**定　价**	79.80 元